"十二五"国家重点出版物出版规划项目

教育部新兴领域教材研究与实践项目

城市交通系列教材　　邵春福　闫学东　总主编

城市交通调查

（第 2 版）

魏丽英　主编

北京交通大学出版社

·北京·

内 容 简 介

本书内容共 10 章，包括绪论、居民出行调查、货运机动车 OD 调查、物流调查、道路交通调查、道路交通调查新技术、城市公共交通客流调查、停车调查及停车特性分析、道路交通安全调查、大数据采集和应用分析。

本书是"十二五"国家重点出版物出版规划项目"城市交通系列教材"之一，可作为高等院校交通工程专业的教材，也可作为道路工程、交通运输管理等相关专业选修课教材，同时可供从事交通运输规划与管理的工程技术人员参考。

版权所有，侵权必究。

图书在版编目（CIP）数据

城市交通调查／魏丽英主编. —2 版 . — 北京：北京交通大学出版社，2022.8
城市交通系列教材／邵春福，闫学东总主编
ISBN 978-7-5121-4746-1

Ⅰ. ① 城…　Ⅱ. ① 魏…　Ⅲ. ① 城市交通-交通调查-高等学校-教材　Ⅳ. ① U12

中国版本图书馆 CIP 数据核字（2022）第 107285 号

城市交通调查
CHENGSHI JIAOTONG DIAOCHA

责任编辑：孙秀翠

出版发行：北京交通大学出版社　　　　　电话：010-51686414　　http://www.bjtup.com.cn
地　　址：北京市海淀区高梁桥斜街 44 号　邮编：100044
印 刷 者：北京时代华都印刷有限公司
经　　销：全国新华书店
开　　本：185 mm×260 mm　　印张：18　　字数：449 千字
版 印 次：2014 年 9 月第 1 版　　2022 年 8 月第 2 版　　2022 年 8 月第 1 次印刷
印　　数：1～2 000 册　　定价：59.00 元

总　序

　　现代交通系统对我国城镇化发展具有支撑性和先导性作用，它既是市民生活出行的基本保障，又是带动城市经济社会发展的"先行者"。自改革开放以来，我国的城镇化以年均超1%的速度快速发展，截至 2021 年底，我国的城镇化率已经超过 64.72%。城市交通系统，尤其在超大城市和特大城市，以公共交通为骨干的城市综合交通体系发展迅速，已经有 51 个城市开通了城市轨道交通系统，运营总里程位居世界第一。然而，城市交通拥堵、汽车尾气污染和交通事故多发等"城市病"现象也日趋严重，已经成为阻碍我国城市经济社会发展的社会问题，严重影响市民的生产和生活，人们出行的获得感、安全感不高，更谈不上满足感和幸福感。

　　"城市病"问题得到了政府和社会各界的广泛关注，但是至今尚没有设置城市交通专业，又没有与此对应的系列化、专业化教材，导致城市交通治理人才匮乏。城市交通牵涉人文、社会、政治、经济、工程等多个领域，是典型的交叉学科，治理城市交通需要复合型人才。

　　为满足社会对城市交通专业人才的培养需求，从 2012 年开始，作者与北京交通大学出版社共同组织北京交通大学交通运输学院交通工程和交通运输 2 个国家级教学团队的师资力量编写了"城市交通系列教材"，包括《城市交通概论》《城市总体规划》《城市交通调查》《城市交通规划》《城市交通流理论》《城市公共交通》《城市交通管理与控制》《城市交通设计》《城市交通枢纽》《城市道路工程》《城市交通安全》《城市交通经济》《城市智能交通系统》《城市交通专业实验教程》《城市智慧物流》，共 15 册教材。本系列教材获批了原国家新闻出版广电总局的"'十二五'国家重点出版物出版规划项目"，并于 2016 年完成了本系列教材第 1 版的出版发行。

　　本系列教材一直作为北京学院的主要参考教材使用。北京学院是北京市教育委员会借助在京高校的优势特色资源为北京市培养特需人才的一项重要工程。北京交通大学依托在交通运输领域的传统优势和特色，于 2015 年申报北京学院城市交通辅修专业并获批，并于同年招生，至今已经连续招收了 6 届。

　　本系列教材为"城市交通系列教材"的第 2 版。修订出版第 2 版的理由如下：首先，本系列教材初版发行 6 年来，受到了相关高等院校和科研单位的厚爱。其次，中共中央、国务院于 2019 年 9 月发布了《交通强国建设纲要》，于 2021 年 2 月发布了《国家综合立体交通网规划纲要》，并把交通强国建设作为国家战略，要求到 21 世纪中叶，构建安全、便捷、高效、绿色、经济的现代化综合交通体系，打造一流设施、一流技术、一流管理、一流服务，建成人民满意、保障有力、世界前列的交通强国，为全面建成社会主义现代化强国、实现中华民族的伟大复兴中国梦提供坚强支撑；实现"全国 123 出行交通圈"（都市区 1 小时通勤，城市群 2 小时通达，全国主要城市 3 小时覆盖）和"全球 123 快货物流圈"（国内 1 天送达，周边国家 2 天送达，全球主要城市 3 天送达），做到"人享其行，物优其流"。最后，城市和都市圈内部的"多规融合"和"多规合一"，京津冀、长三角、粤港澳、成渝等世界级城市群和国家、区域级城市群建设的推进，以及智慧城市、智慧交通和城市治理等对城市交通的知识体系和人才培养提出了新的需求。编写团队为适应上述需求的变革，修订出版本系列教材的第 2 版。

由于编者的水平、时间有限，本系列教材中难免出现疏漏和不足之处，敬请读者批评指正。

作 者
2022 年 4 月

前　言

随着经济社会的飞速发展，我国城市化进程迅速加快，城市规模不断扩大，市民出行次数增加、出行范围扩大，私人小汽车数量骤增，城市交通多种车型混杂，相互干扰严重。这些原因使得城市交通系统日趋复杂，随之而来的交通拥堵、交通安全、环境污染等城市交通问题日益凸显。正确的决策来源于科学的预测，而科学的预测又必须来源于系统周密的调查和准确的情报信息。城市交通调查就是通过对各种交通现象进行调查，提供准确的数据信息，为城市交通规划、交通设施建设、交通控制与管理、交通安全、交通环境保护和交通流理论研究等提供可靠的基础数据。交通调查是一项平凡、工作量大而又非常重要的基础性工作，为了发展我国的城市道路交通事业，必须积极开展系统的、有计划的城市交通调查工作。

随着交通科技的发展，特别是智能交通的快速发展，近年来许多先进的交通调查仪器、设备、自动检测技术等在城市交通领域得到了广泛应用。交通数据的采集手段不断丰富，如车载 GPS、手机定位、无线射频等物联网技术的应用，以及各种监控系统和道路检测器等的广泛使用，对交通发展产生了深远的影响。城市交通调查的相关理论、技术和方法也随之在不断更新和进步。城市交通调查教材的编写要与时俱进，既要反映交通科技快速发展的现实，也要满足教学本身的要求。本教材在编写的过程中，系统性与先进性并重，循序渐进，力求符合教学的规律和原则。在内容上以城市交通调查为重点，介绍了居民出行调查、货运机动车 OD 调查、物流调查、道路交通调查、道路交通调查新技术、城市公共交通客流调查、停车调查及停车特性分析、道路交通安全调查、大数据采集和应用分析等内容。

本教材由一直从事交通调查、交通规划、交通管理和控制领域教学与科研工作的教师团队编写而成。北京交通大学魏丽英副教授担任主编。具体编写分工为：魏丽英副教授负责整体统稿，并编写了第 1 章、第 4 章、第 5 章、第 9 章和第 10 章，赵熠讲师编写了第 2 章和第 3 章，姚恩建教授编写了第 6 章和第 8 章，陈旭梅教授编写了第 7 章。

在教材编写的过程中，编者们努力做到体系完善、内容准确、深浅适宜。本教材参考了大量本领域国内外同行的有关著作、研究成果等资料，在此对这些作者表示衷心的感谢。另外，博士研究生杨扬、张永生，硕士研究生吴荣华、李鸣君、王志龙、夏萍萍、王超、彭欢欢、刘鲁建、冯梅、段意、郝俊啟、光志瑞、王大蕾、夏冬飞、王佑安等帮助完成了教材中的图表绘制、资料收集、整理和校核等工作，在此表示感谢！

本教材既是"教育部新兴领域教材研究与实践项目"的重要内容，也是"十二五"国家重点出版物出版规划项目之一，在编写过程中得到了北京交通大学教材出版基金的资助。

由于编者的能力和水平所限，书中肯定还存在不足之处，恳请广大读者批评指正。

编　者

2022 年 7 月

完稿于北京交通大学

目　录

第1章　绪论 ……………………………………………………………………… 1

1.1　概述 …………………………………………………………………………… 1

1.1.1　城市交通调查的定义 …………………………………………………… 1

1.1.2　城市交通调查的要求 …………………………………………………… 2

1.1.3　城市交通调查的发展 …………………………………………………… 2

1.2　城市交通调查的作用和必要性 ……………………………………………… 3

1.2.1　城市交通调查的作用 …………………………………………………… 3

1.2.2　城市交通调查的必要性 ………………………………………………… 5

1.3　城市交通调查的目的与种类 ………………………………………………… 5

1.3.1　城市交通调查的目的 …………………………………………………… 5

1.3.2　城市交通调查的种类 …………………………………………………… 5

1.4　城市交通调查的内容与方法 ………………………………………………… 8

1.4.1　城市交通调查的内容 …………………………………………………… 8

1.4.2　城市交通调查的方法 …………………………………………………… 11

1.5　城市交通调查新技术与发展趋势 …………………………………………… 11

1.5.1　城市交通调查新技术 …………………………………………………… 11

1.5.2　城市交通调查的发展趋势 ……………………………………………… 16

复习思考题 …………………………………………………………………………… 16

第2章　居民出行调查 …………………………………………………………… 17

2.1　概述 …………………………………………………………………………… 17

2.1.1　居民出行调查基本概念 ………………………………………………… 17

2.1.2　居民出行调查发展简介 ………………………………………………… 17

2.1.3　居民出行调查相关定义和术语 ………………………………………… 19

2.1.4　居民出行调查分类 ……………………………………………………… 20

2.2　调查问卷设计 ………………………………………………………………… 21

2.2.1　确定居民出行调查的基本内容 ………………………………………… 21

2.2.2　调查问卷的具体设计 …………………………………………………… 22

2.2.3　调查问卷的最终设计 …………………………………………………… 27

2.3　调查方案设计 ………………………………………………………………… 41

2.3.1　调查区域范围确定 ……………………………………………………… 41

2.3.2 交通小区划分 ·· 41

2.3.3 抽样确定调查样本 ··· 43

2.4 调查数据分析及方法 ·· 44

2.4.1 居民出行的空间分布 ·· 44

2.4.2 居民出行强度 ·· 46

2.4.3 居民出行目的分布 ·· 47

2.4.4 居民出行方式分布 ·· 48

复习思考题 ··· 49

第3章 货运机动车 OD 调查 ··· 50

3.1 概述 ·· 50

3.2 货运机动车 OD 调查设计 ··· 51

3.2.1 调查流程 ·· 51

3.2.2 调查内容 ·· 52

3.2.3 调查方法 ·· 53

3.2.4 调查问卷设计 ··· 55

3.3 货运机动车 OD 调查抽样方法 ··· 60

3.3.1 简单随机抽样法 ··· 61

3.3.2 分层随机抽样法 ··· 64

3.3.3 系统抽样法 ·· 66

3.3.4 多阶段抽样法 ··· 67

3.3.5 样本量的确定 ··· 68

复习思考题 ··· 69

第4章 物流调查 ·· 70

4.1 概述 ·· 70

4.1.1 物流调查的概念与意义 ·· 70

4.1.2 物流调查的范围及对象 ·· 70

4.2 物流调查的种类与供需分析 ··· 72

4.2.1 物流调查的种类 ··· 72

4.2.2 物流供需分析 ··· 74

4.3 物流的抽样调查 ·· 80

4.3.1 抽样调查的意义 ··· 80

4.3.2 抽样调查的方法 ··· 80

4.3.3 抽样调查的精度 ··· 87

4.3.4 物流调查方法 ··· 87

4.4 物流的统计调查 ·· 97

4.4.1 统计调查方法的内涵与特点 ·· 97

4.4.2 统计调查方法的比较 ·· 99

4.4.3 调查的统计处理 ··· 100

复习思考题 ··· 103

第5章　道路交通调查‥‥‥‥‥‥‥‥‥‥‥‥‥‥‥‥‥‥‥‥‥‥‥‥‥‥‥ 104

5.1　概述 ‥‥‥‥‥‥‥‥‥‥‥‥‥‥‥‥‥‥‥‥‥‥‥‥‥‥‥‥‥‥‥‥‥ 104

5.2　道路断面交通调查 ‥‥‥‥‥‥‥‥‥‥‥‥‥‥‥‥‥‥‥‥‥‥‥‥‥‥ 104

　5.2.1　交通量调查 ‥‥‥‥‥‥‥‥‥‥‥‥‥‥‥‥‥‥‥‥‥‥‥‥‥ 105

　5.2.2　车速调查 ‥‥‥‥‥‥‥‥‥‥‥‥‥‥‥‥‥‥‥‥‥‥‥‥‥‥ 110

　5.2.3　密度调查 ‥‥‥‥‥‥‥‥‥‥‥‥‥‥‥‥‥‥‥‥‥‥‥‥‥‥ 116

　5.2.4　交通延误调查 ‥‥‥‥‥‥‥‥‥‥‥‥‥‥‥‥‥‥‥‥‥‥‥ 120

　5.2.5　道路交通调查仪器简介 ‥‥‥‥‥‥‥‥‥‥‥‥‥‥‥‥‥‥ 124

5.3　交叉口交通调查 ‥‥‥‥‥‥‥‥‥‥‥‥‥‥‥‥‥‥‥‥‥‥‥‥‥‥ 126

　5.3.1　交叉口交通量调查 ‥‥‥‥‥‥‥‥‥‥‥‥‥‥‥‥‥‥‥‥ 126

　5.3.2　交叉口延误调查 ‥‥‥‥‥‥‥‥‥‥‥‥‥‥‥‥‥‥‥‥‥ 129

5.4　行人交通调查 ‥‥‥‥‥‥‥‥‥‥‥‥‥‥‥‥‥‥‥‥‥‥‥‥‥‥‥ 130

　5.4.1　行人交通调查的目的和意义 ‥‥‥‥‥‥‥‥‥‥‥‥‥‥‥ 130

　5.4.2　行人交通调查常用术语 ‥‥‥‥‥‥‥‥‥‥‥‥‥‥‥‥‥ 132

　5.4.3　行人交通服务水平 ‥‥‥‥‥‥‥‥‥‥‥‥‥‥‥‥‥‥‥‥ 133

　5.4.4　行人交通调查方法 ‥‥‥‥‥‥‥‥‥‥‥‥‥‥‥‥‥‥‥‥ 135

　5.4.5　过街行人调查 ‥‥‥‥‥‥‥‥‥‥‥‥‥‥‥‥‥‥‥‥‥‥ 137

　5.4.6　过街行人流量调查 ‥‥‥‥‥‥‥‥‥‥‥‥‥‥‥‥‥‥‥‥ 138

复习思考题 ‥‥‥‥‥‥‥‥‥‥‥‥‥‥‥‥‥‥‥‥‥‥‥‥‥‥‥‥‥‥‥‥ 140

第6章　道路交通调查新技术‥‥‥‥‥‥‥‥‥‥‥‥‥‥‥‥‥‥‥‥‥‥‥ 141

6.1　基于遥感技术的交通调查 ‥‥‥‥‥‥‥‥‥‥‥‥‥‥‥‥‥‥‥‥‥ 142

　6.1.1　遥感技术及其特征 ‥‥‥‥‥‥‥‥‥‥‥‥‥‥‥‥‥‥‥‥ 142

　6.1.2　遥感技术在交通调查中的应用 ‥‥‥‥‥‥‥‥‥‥‥‥‥ 143

6.2　基于数字图像处理技术的交通调查 ‥‥‥‥‥‥‥‥‥‥‥‥‥‥‥‥ 144

　6.2.1　图像处理技术概述 ‥‥‥‥‥‥‥‥‥‥‥‥‥‥‥‥‥‥‥‥ 144

　6.2.2　基于图像处理技术的交通调查 ‥‥‥‥‥‥‥‥‥‥‥‥‥ 145

6.3　基于浮动车技术的交通调查 ‥‥‥‥‥‥‥‥‥‥‥‥‥‥‥‥‥‥‥ 148

　6.3.1　浮动车技术 ‥‥‥‥‥‥‥‥‥‥‥‥‥‥‥‥‥‥‥‥‥‥‥‥ 148

　6.3.2　基于浮动车交通调查 ‥‥‥‥‥‥‥‥‥‥‥‥‥‥‥‥‥‥ 149

6.4　基于无线通信技术的交通调查 ‥‥‥‥‥‥‥‥‥‥‥‥‥‥‥‥‥‥ 151

　6.4.1　无线射频识别技术 ‥‥‥‥‥‥‥‥‥‥‥‥‥‥‥‥‥‥‥‥ 151

　6.4.2　专用短程通信技术 ‥‥‥‥‥‥‥‥‥‥‥‥‥‥‥‥‥‥‥‥ 152

6.5　基于移动通信技术的交通调查 ‥‥‥‥‥‥‥‥‥‥‥‥‥‥‥‥‥‥ 152

　6.5.1　基于手机定位的交通信息采集技术 ‥‥‥‥‥‥‥‥‥‥ 153

　6.5.2　基于移动通信数据的交通信息采集技术 ‥‥‥‥‥‥‥ 154

复习思考题 ‥‥‥‥‥‥‥‥‥‥‥‥‥‥‥‥‥‥‥‥‥‥‥‥‥‥‥‥‥‥‥‥ 154

第7章　城市公共交通客流调查‥‥‥‥‥‥‥‥‥‥‥‥‥‥‥‥‥‥‥‥‥ 155

7.1　城市公共交通客流调查概述 ‥‥‥‥‥‥‥‥‥‥‥‥‥‥‥‥‥‥‥ 155

　7.1.1　公共交通客流的概念 ‥‥‥‥‥‥‥‥‥‥‥‥‥‥‥‥‥‥ 155

7.1.2 公共交通客流的影响因素 ·············· 155

7.1.3 公共交通客流调查的概念 ·············· 155

7.1.4 公共交通客流调查的作用及必要性 ·············· 155

7.2 常规公交客流调查 ·············· 156

7.2.1 常规公交客流分类 ·············· 156

7.2.2 常规公交客流调查指标 ·············· 157

7.2.3 公交客流调查的种类 ·············· 157

7.2.4 客流调查常用方法 ·············· 158

7.2.5 常规公交客流调查资料的整理与统计 ·············· 163

7.2.6 常规公交客流变化规律 ·············· 164

7.3 城市轨道交通客流调查 ·············· 170

7.3.1 城市轨道交通客流分类 ·············· 170

7.3.2 城市轨道交通客流规模影响因素 ·············· 170

7.3.3 城市轨道交通客流调查指标 ·············· 171

7.3.4 城市轨道交通客流特性 ·············· 172

7.3.5 城市轨道交通客流调查种类 ·············· 173

7.3.6 客流调查统计指标 ·············· 174

7.3.7 城市轨道交通客流调查方法与数据处理 ·············· 175

7.3.8 轨道交通出行意愿调查分析 ·············· 176

7.3.9 城市轨道交通客流特征分析 ·············· 177

7.4 城市公交客流数据采集与分析的新方法 ·············· 181

7.4.1 利用公交 IC 卡进行公交客流调查 ·············· 181

7.4.2 基于移动支付的公交客流调查 ·············· 184

7.4.3 基于图像处理的公交客流调查 ·············· 185

7.4.4 自动乘客计数系统 ·············· 186

7.4.5 城市公交客流数据分析方法 ·············· 189

复习思考题 ·············· 191

第8章 停车调查及停车特性分析 ·············· 192

8.1 停车调查概述 ·············· 192

8.1.1 停车调查的目的及意义 ·············· 192

8.1.2 停车调查的主要内容 ·············· 193

8.1.3 停车调查方法介绍及优缺点分析 ·············· 193

8.1.4 停车调查资料的应用 ·············· 196

8.2 停车设施供应调查 ·············· 197

8.2.1 调查内容 ·············· 197

8.2.2 调查范围 ·············· 198

8.2.3 调查方法 ·············· 198

8.3 车辆停放实况调查 ·············· 198

8.3.1 调查内容 ·············· 199

8.3.2 调查方法的选择 ………………………………………………………… 201

8.4 停车行为调查 …………………………………………………………………… 202

8.4.1 停车行为概述 …………………………………………………………… 202

8.4.2 停车行为调查 …………………………………………………………… 203

8.4.3 停车行为影响因素分析 ………………………………………………… 205

8.5 停车特征分析 …………………………………………………………………… 208

8.5.1 停车设施特征分析 ……………………………………………………… 208

8.5.2 停车行为特征分析 ……………………………………………………… 210

复习思考题 ……………………………………………………………………………… 213

第9章 道路交通安全调查 …………………………………………………………… 214

9.1 概述 ……………………………………………………………………………… 214

9.1.1 国内外道路交通安全现状 ……………………………………………… 214

9.1.2 道路交通安全调查的目的与意义 ……………………………………… 215

9.2 交通冲突调查 …………………………………………………………………… 216

9.2.1 基本概念 ………………………………………………………………… 216

9.2.2 交通冲突调查的目的与特点 …………………………………………… 218

9.2.3 交通冲突分类 …………………………………………………………… 220

9.2.4 交叉口交通冲突调查 …………………………………………………… 221

9.2.5 路段交通冲突调查 ……………………………………………………… 225

9.2.6 冲突测量与判定 ………………………………………………………… 227

9.3 交通事故调查 …………………………………………………………………… 229

9.3.1 基本概念 ………………………………………………………………… 230

9.3.2 交通事故的形态 ………………………………………………………… 231

9.3.3 交通事故的分类与统计 ………………………………………………… 231

9.3.4 交通事故调查方法 ……………………………………………………… 234

9.4 事故多发点（段）调查 ………………………………………………………… 238

9.4.1 基本概念 ………………………………………………………………… 238

9.4.2 事故多发点调查内容 …………………………………………………… 239

9.4.3 事故多发点（段）排查方法 …………………………………………… 240

9.4.4 事故多发点调查方法 …………………………………………………… 244

复习思考题 ……………………………………………………………………………… 245

第10章 大数据采集和应用分析 …………………………………………………… 246

10.1 概述 ……………………………………………………………………………… 246

10.1.1 城市交通大数据的含义 ………………………………………………… 246

10.1.2 城市交通大数据的特点 ………………………………………………… 247

10.1.3 城市交通大数据的分类 ………………………………………………… 247

10.2 城市交通数据资源及应用 ……………………………………………………… 249

10.2.1 道路交通 ………………………………………………………………… 249

10.2.2 公共交通 ………………………………………………………………… 253

    10.2.3　对外交通 ·· 255

10.3　相关领域数据资源及应用 ·· 258

    10.3.1　气象与环境 ··· 258

    10.3.2　人口与社会经济 ··· 258

    10.3.3　城市规划与土地利用 ·· 259

    10.3.4　移动通信数据 ··· 259

    10.3.5　公众互动信息 ··· 261

10.4　城市交通大数据应用展望 ·· 262

    10.4.1　交通政策和管理的精细化决策支持 ·· 262

    10.4.2　交通设施规划和建设的优化辅助设计 ··· 263

    10.4.3　基于智能车辆和道路技术的智能化交通协同 ······································ 263

    10.4.4　客货运交通快速集散和多式联运的高效化服务 ··································· 263

    10.4.5　公众出行全过程交通信息的便捷、个性化服务 ··································· 264

10.5　城市交通大数据调查案例 ·· 264

    10.5.1　广州市第三次交通综合调查框架和特点 ··· 264

    10.5.2　大数据在广州市交通综合调查中的应用 ··· 266

复习思考题 ··· 268

参考文献 ·· 269

第1章

绪　　论

1.1　概　　述

随着经济社会的飞速发展，我国城市化进程迅速加快，城市规模不断扩大，市民出行次数增加、出行范围扩大，私人小汽车数量骤增。这些原因使得城市交通系统日趋复杂，随之而来的交通拥堵、交通安全、环境污染等城市交通问题日益凸显。中国科学院可持续发展战略研究组首席科学家牛文元的研究成果表明，因交通拥堵和管理问题，中国15座城市每天损失近10亿元财富。由此推算，仅仅这15座城市，每年因交通拥堵导致的损失就达3 000多亿元。

2019年9月，中共中央、国务院印发了《交通强国建设纲要》。建设交通强国是以习近平同志为核心的党中央立足国情、着眼全局、面向未来作出的重大战略决策，是建设现代化经济体系的先行领域，是全面建成社会主义现代化强国的重要支撑，是新时代做好交通工作的总抓手。2021年2月，为加快建设交通强国，构建现代化高质量国家综合立体交通网，支撑现代化经济体系和社会主义现代化强国建设，中共中央、国务院印发了《国家综合立体交通网规划纲要》。这对交通发展提出新的更高要求，必须立足现实、着眼长远，构建科学完善的交通运输系统。

正确的决策来源于科学的预测，而科学的预测又必须来源于系统周密的调查和准确的情报信息。城市交通调查就是通过对各种交通现象进行调查，提供准确的数据信息，为城市交通规划、交通设施建设、交通控制与管理、交通安全、交通环境保护和交通流理论研究等提供可靠的基础数据。交通调查是一项平凡、工作量大而又非常重要的基础性工作，为了发展我国的城市道路交通事业，必须积极开展系统的、有计划的城市交通调查工作。

1.1.1　城市交通调查的定义

要想准确认识城市交通调查的含义，首先要了解交通调查的定义。交通调查是交通工程学的一个重要组成部分，目前我国学术界专家学者对交通调查（traffic survey）的定义尚未达成完全一致的意见。

在王建军和严宝杰主编的《交通调查与分析》(第二版)中认为：交通调查是一种用客观的手段测定道路交通流的，以及与其有关现象的片段，并进行分析，从而了解与掌握交通流的规律。其目的是向交通、城市建设规划和环境保护及公安交通管理等部门提供用于改善、优化道路交通的实际参考资料和数据。

在刘东主编的《交通调查与分析》一书中认为：交通调查是通过实测与分析判断，掌握交通运行状态及有关交通现象的工作过程（对交通调查的理解有三点，即现场实测、对原始数据处理分析与计算相应的交通要素、观察并掌握道路交通流运行现象及规律）。

在陆化普等著的《城市道路混合交通流分析模型与方法》一书中认为：交通调查是指通过人工或交通调查专用仪器设备，观测和实测交通流现象与特性数据，掌握交通流状态及有关交通现象的工作过程，是城市交通规划、城市交通管理和控制相关研究过程中的重要环节。

尽管上述定义在语言组织上有所差异，但其本质是基本相似的。对于城市交通调查，编者认为：城市交通调查是通过一定可靠的技术手段，采取合理和切实可行的调查方法，对城市的交通运行状况，以及与其有关的现象进行数据和信息采集、分析、挖掘，从而掌握城市交通流规律的过程。

城市交通调查的对象是城市交通流现象，主要包括与城市交通流有关的居民和机动车出行情况、道路交通情况、交通设施及交通环境、城市公交系统、城市停车状况、交通安全设施和措施等。在进行城市交通调查和分析时，应充分考虑各因素对交通流的影响。

1.1.2 城市交通调查的要求

1. 长远规划的要求

由于城市道路上的交通流具有很大的随机性和一定的规律性，所以在进行城市交通调查时应保证相当大的样本数量。同时，进行长远规划也要求调查资料具有较大的时间跨度，否则将不具有理论分析价值。因此，要将城市交通调查作为一项战略性的长期任务来进行。

2. 脚踏实地的作风

城市交通调查是城市交通研究工作的基础。只有根据实际测得的交通调查数据，才能进一步开展交通规划、道路设计及交通管理与控制等工作。因此，要求城市交通调查工作严谨、数据真实，只有这样才能反映出道路交通的实际情况。

3. 严格的管理制度

城市交通调查涉及面广，调查所得资料众多。为了便于资料的长期保存和管理，需要建立系统完善的调查数据库，并建立严格的管理制度。

1.1.3 城市交通调查的发展

国外发达国家普遍都很重视城市交通调查理论的研究、实践与实施，并且较早地开展了城市交通调查。美国早在1921年就开始了交通调查和研究，并于1953年对底特律大都市圈进行了大规模城市居民出行调查。英国从1922年开始进行交通量调查，并于1964年在雷塞斯特市进行了交通调查和规划。日本的道路交通调查始于1928年，以把握道路断面交通量和道路状况为目的。从 20 世纪 50 年代后期开始，日本进行了以居民出行调查为基础的交通规划，1952 年，东京进行了第一次机动车 OD（origin and destination）调查，是目前世界上交通数据较全的国家。

我国的城市交通调查是从新中国成立后开始的，公路交通部门、城市建设部门和交通管理部门为我国交通事业的发展开展了大量的交通调查工作。1955 年和 1958 年，公路交通系统对干线公路进行了较大规模的交通量调查，取得了一批调查资料。随着交通工程学的发展，交通调查出现了新的局面，先后研制了一批交通调查仪器，开发了利用电子计算机进行交通调查数据分析和建立数据库的软件。

我国很多城市都进行了系统的交通调查，如交叉口和路段的交通量调查、车速的调查、延误的调查，公交客运和月票乘客的连续客流调查，同时还开展了城市出入口道路交通调查、汽车和自行车停车调查等，为城市总体规划、交通规划、道路网规划、停车规划等提供了大量资料。自 1981 年以来，我国的天津、上海、徐州、沈阳、北京、广州、长沙、长春、哈尔滨等大中城市进行了居民和机动车的 OD 调查，取得了第一手资料，完成了一批研究成果，为城市交通的综合治理提供了基础资料。北京市于 1986 年进行了第一次居民出行调查，全市调查区域内总户数为 150 万，人口约为 582 万人；2000 年又进行了第二次居民出行调查；随着城市交通拥堵问题的日益严峻，北京市 2005 年、2010 年、2014 年又分别进行了第三次、第四次和第五次居民出行调查。北京市是目前国内居民出行调查数据比较系统和全面的城市。

为了对城市道路交通实施科学有效的管理，我国还组织了各种形式的城市道路交通调查，规模最大、效果最为明显的是从 2000 年开始由公安部和建设部联合实施的"畅通工程"。它通过综合性交通管理水平评价指标体系的建设要求、对实施效果的监督机制和在全国建制市范围内的实施，提高了我国城市道路交通调查、交通管理规划和道路交通管理的水平，在我国城市道路交通管理方面起到了里程碑作用。

1.2 城市交通调查的作用和必要性

1.2.1 城市交通调查的作用

城市交通调查的作用是显而易见的，开展良好的城市交通调查能够为城市管理者提供用于城市规划、城市综合交通系统设计与改善，以及优化城市交通的第一手资料，有利于缓解城市交通压力，减少拥堵带来的损失，最终还城市一个良好的形象。

1. 交通调查在交通规划中的作用

在交通系统规划过程中的每个阶段都需要有相对应的基础数据作基础。为了分析城市交通现状，建立交通需求预测模型，分析交通供求关系的发展趋势，通常要进行大规模的城市交通调查。因此，进行合理而有效的城市交通调查是交通规划的重要课题之一，其作用主要体现在以下几方面。

（1）城市交通调查资料是城市交通运输系统现状评价的基础

通过交通调查，得到城市社会经济系统、交通运输系统、交通流等现状资料，构建定性或定量的评价方法，对交通运输系统的现状进行评价；与此同时，通过对现状的分析和评价

（道路状况、交通特征、交通安全和服务水平等），找出现有交通系统存在的问题，为交通规划提供依据。

（2）城市交通调查可以为交通需求预测模型提供基础数据

通过对规划区域社会经济系统、交通运输历史和现状的调查，以此为基础建立交通需求预测模型或采用客观的定性分析方法，对规划区域的社会经济、交通运输的发展趋势作出科学预测，为制订交通管理规划和中长期交通规划提供直接的依据。

（3）城市交通调查资料也是制定交通规划目标的重要依据

通过对规划区域的社会经济发展规划、综合交通运输发展规划、资源开发等宏观规划资料的调查，了解调查规划区域内社会经济发展历史、现状和战略构思，是进行交通规划目标制定的重要依据。

2. 交通调查在土地开发中的作用

城市土地的开发往往会带来大量的交通需求，这些交通需求的产生将对原有交通系统产生或大或小的冲击。因此，在土地开发前对该区域进行交通调查有利于预测和评估该开发项目对该地区交通系统的影响，为土地开发的模式、停车场的设置及合理性等提供支持。在土地开发后对该区域进行交通调查能有效掌握和评估该开发项目对周边交通的实际影响，为是否需要改建周围交通设施提供切实可靠的数据支持。

3. 交通调查在城市建设中的作用

交通系统是城市的重要组成部分。在城市的总体规划中，交通规划往往会作为其中的一个专项规划来探讨和研究。通过城市交通调查，可以对现有城市路网进行了解和掌握，进而与城市总体规划相结合，根据交通现状规划城市未来的交通系统，并根据调查数据预测未来的交通需求和交通分布情况，为城市总体规划提供必要的数据支持。

4. 交通调查在交通设施建设中的作用

通过城市交通调查，得到交通相关数据，可以为城市交通设施建设提供必要的数据支持。特别是城市停车需求调查、城市道路的修建或改建调查等，尤其需要重视。我国城市人口众多，机动车增速大大高于交通基础设施建设增速，城市停车难等问题日益突出，严重影响了城市的发展。

5. 交通调查在交通管理与控制中的作用

在现有的交通设施下，通过一定的交通管理与控制措施能有效提高路网的实际通行能力。城市交通调查可以得到路段交通量、路段通行能力、交叉口通行能力、交叉口各个进口道方向的交通量等数据，能为道路及交叉口渠化、优化信号灯配时、绕行等交通管理与控制措施提供依据，进而优化整个路网；同时，在交通事故"黑点"处采取必要的改建或提示管理措施，可明显改善其安全性；在小区内采取限速等交通宁静化措施，可促使小区交通绿色化。

6. 交通调查在理论研究中的作用

城市交通调查所得的调查数据可以为城市交通流理论、城市交通规划理论、城市交通管理与控制理论等理论研究提供切实可靠的基础数据，从而为城市交通相关理论研究、城市交通仿真等提供必要的支持。

1.2.2 城市交通调查的必要性

城市交通调查是交通工程学的重要组成部分之一，交通工程学的发展在一定程度上依赖交通调查水平的提高、调查数据的积累、分析和利用。城市交通调查是一项平凡而又非常重要的基础性工作，为了发展我国的城市道路交通事业，必须充分利用交通工程学的原理和方法，积极开展系统的、有计划的城市交通调查工作。

城市交通调查作用广泛、意义深远，其必要性不言而喻。城市交通调查是进行城市交通规划、城市道路系统规划、城市道路设计和城市交通管理与控制等的基础和前提，也是制订城市交通战略规划、中长期综合交通规划和近期交通治理规划与设计的主要数据依据。通过对城市交通现状的实地调查与分析，可以较好地摸清城市道路上的交通状况，准确掌握城市交通的产生、分布、运行规律，以及存在的主要问题。

城市交通调查工作必要性显著，所以在开展城市交通调查时，应首先遵循实事求是的原则，防止主观臆断，进行客观调查，了解城市交通调查对象的实际背景；其次，要遵循全面、系统性原则，确保调查数据能够反映研究对象的全面资料；最后，要遵循重点和一般相结合的原则，分清主次，对主要影响因素要详细调查，对次要影响因素可以适当省略。

1.3 城市交通调查的目的与种类

1.3.1 城市交通调查的目的

城市交通调查是为了找出交通现象的特征性趋向，在城市道路系统的选定点或路段，收集和掌握车辆或行人运行情况的实际数据所进行的调查分析工作。

随着我国城市化进程的不断加快，城市规模正在逐步扩大，城市交通系统日趋复杂。开展城市交通调查的目的就是在城市发展进程中，准确掌握城市不同性质道路、城市道路网不同类型交叉口的交通现状及其变化规律，为制订城市交通规划和进行交通管理提供全面、系统而又真实可靠的实际参考资料和基础数据，依据这些数据准确分析研究区域的交通现状，对其经济、运输、交通量等作出准确可靠的预测，从而制订出合乎社会发展规律的，同时又与交通需求相适应的交通规划方案，进而使得规划工作指导交通建设与发展，城市交通反过来也要适应城市不断发展的需要。

为了更好地研究城市道路交通流的特性，准确揭示出城市道路交通流的特性与规律，研究建立城市道路交通流特性和通行能力的分析计算模型，有时还需要对城市道路交通尤其是城市主要道路的通行能力，交通流的流量、速度、密度关系等进行大规模的交通调查，以了解交通量、速度、密度等参数在时间、空间上的变化和分布规律，为交通规划、道路建设、交通控制与管理、工程经济分析等提供必要的数据。

1.3.2 城市交通调查的种类

1. 以查明全国性或全省性（市、地区）等大范围的交通需求和交通状况为目的的城市交通调查

这类城市交通调查是根据中央有关部委提出的规划或设计，由省（市、地区、县）的交通、建设、公安交通管理和环保等部门承担。如果为大城市，也可由城市主管部门组织实施。该类调查的主要内容有：

① 城市客流出行调查与货运出行调查；

② 城市道路车辆起始点调查；

③ 主要交叉口的交通调查；

④ 交通阻塞路段的阻塞程度及阻塞频率调查等。

上述调查结果应按照统一格式逐级上报，汇总后由相关部门定期出版，汇总的数据可供有关部门利用和参考。

2. 以道路新建、改建项目、城市建设项目和综合交通治理等交通工程措施为目的的城市交通调查

这类城市交通调查通常要求对城市交通的组成和随时间的变化作出较为详细的记录，一般由市、县的交通、城建和公安交通管理等部门来实施，其主要包括以下内容：

① 城市机动车的起讫点和行经路线调查；

② 主要交叉口分流向、分车种的交通量调查；

③ 区域出入交通量调查；

④ 地点车速、区间车速、行驶车速调查；

⑤ 停车调查；

⑥ 通行能力调查；

⑦ 阻塞程度及发生频率调查（延误调查）；

⑧ 城市公交运输系统及利用情况调查；

⑨ 事故多发点及事故原因调查。

3. 为改善局部不良路段和个别交叉口的交通状况而进行的城市交通调查

这类城市交通调查可由交通、建设和公安交通管理部门实施，其目的是改善交通阻塞或交通事故多发交叉口、路段的交通运行状况、交通安全管理设施（或措施）、道路几何线形和渠化、交通标志标线等设施和管理措施，其主要包括以下内容：

① 路口或路段交通量调查；

② 各类车速调查；

③ 车流密度调查；

④ 延误调查；

⑤ 影响交通流的主要因素（自行车、行人、车辆停放、交通安全与管理设施、交通管理措施等）调查。

4. 其他的城市交通调查

交通工程研究领域涉及的内容很多，因此有关的其他调查也很多，如行人交通调查，自行车交通调查，车辆行驶特性调查，交通事故调查，人的（特别是驾驶人的）生理、心理调查，道路和交通设施调查，各种交通运输方式实况调查，道路两侧土地使用特性调查，社会经济调查，道路照明调查及交通环境调查等。另外，还有措施实施前后的对比性交通调查。

发达国家都很重视城市交通调查的理论研究、实践与实施，并较早地开展了城市交通调查工作，形成了较为完整的体系。表1-1列出了日本进行的与城市交通相关的交通调查种类和特征。在我国，早些年，大多都是不同政府部门根据工作需要，各自对城市道路交通进行专项调查，没有固定形式，各部门的城市交通调查数据也难以做到共享。但随着科技的快速发展，近年来交通数据调查和采集技术进步很快，许多先进的调查仪器、设备、自动检测技术等在我国城市交通领域都得到了广泛应用。北京、上海、广州、天津、深圳等许多城市都相继开展了较为系统的城市交通综合调查。我国城市交通调查的相关理论、技术和方法也随之在不断更新和进步。未来，随着交通强国发展战略的进一步贯彻和落实，我国城市交通将全面提高智慧交通建设水平，实施"互联网+交通"工程，真正实现跨行业、跨部门数据资源融合共享，构建城市交通综合数据平台，推动交通运输数字化转型等。

表1-1 日本城市交通调查的种类和特征

项目	道路交通情势调查	城市OD调查	个人出行调查	大城市交通调查	国势调查（人口普查）
实施周期	每5年	不定期	不定期（大约每10年）	每5年	每5年
对象地区	全国	50万人以下的都市圈	50万人以上的都市圈	首都圈、中京圈、近畿圈	全国
调查对象	车辆的运行（一天）	人的流动或车的运行（一天）	人的流动（一天）	轨道、公交利用乘客移动（一天）	人的通勤、通学活动
流动性质	总流动	总流动	纯流动	月票调查或纯流动	纯流动
抽样及调查方法	从汽车登录数据中随机抽取机动车。出租车、租赁车在记录中追加计入起止地点。普通公交可抄录运营实况报告书。上门访问，留下调查表，日后回收	机动车抽样（同道路交通情势调查），或者是从户籍记录抽样（同个人出行调查）。上门访问，留下调查表，日后回收	从户籍记录随机抽样，以家庭中5岁以上成员为对象进行调查。上门访问，留下调查表，日后回收	轨道、公交实际使用情况调查对象为全体月票使用者。轨道票制票价调查、OD调查、公交利用率调查、企业经营者调查	家庭成员调查。上门访问，留下调查表，日后回收
调查精度抽样率	2%～3%	平日10%～20%；休息日2%～3%	大都市圈2%～3%；地方都市圈5%～10%	月票调查：5%～6%；普通票全票调查	全数
OD表分区单位	Bzone	Czone（小分区）	规划基本zone	规划基本zone	市区町村
特征：时间段	○	○	○	○	×
特征：休息日	○	○	×	×	×
主管单位	国土交通省	国土交通省	国土交通省	国土交通省	总务厅

注：① OD表分区单位通常为A、B、C三级，A级最大，C级最小。
② ○表示对应（是），×表示非对应（不是）。

另外，城市交通调查还可分为社会经济及土地利用基础资料调查、OD 调查、交通量与交通设施调查、道路交通管理调查等。

1.4 城市交通调查的内容与方法

1.4.1 城市交通调查的内容

在进行城市交通调查时，其具体内容因调查的侧重点不同而有所不同，其中，土地利用调查、社会经济调查及城市交通运输调查是城市交通调查的主要研究内容，应该给予足够的重视，力求真实、全面、系统、客观。城市交通调查主要包括以下内容。

1. 土地利用调查

城市土地利用与交通运输有着密切的关系，不同性质的土地（如居住、商业、工业等）有不同的交通特征。交通与土地利用的关系是进行交通需求预测的基础。

城市土地利用基础资料调查包括城市和各分区现有用地状况、规划的土地开发计划。

1）调查内容

（1）土地利用性质与面积

各交通区主要土地利用类别的土地面积，如工业、商业、居住、公共管理与公共服务等土地利用类别的面积，一般应根据现行的《城市用地分类与规划建设用地标准》（GB 50137—2011）中规定的八大类城市用地性质分别进行，如表 1-2 所示。

表 1-2 城市用地分类与代码

城市用地分类	居住用地	公共管理与公共服务用地	商业服务业设施用地	工业用地	物流仓储用地	道路与交通设施用地	公用设施用地	绿地与广场用地
代码	R	A	B	M	W	S	U	G

（2）就业岗位数

全部交通区或典型交通区的就业岗位数。

（3）就学岗位数

全部交通区或典型交通区的就学岗位数。

（4）商品销售额调查

调查规划区域或典型交通小区的商品销售额。

2）数据来源

城市土地利用基础资料一般可从规划、建设、土地管理等政府机构获得。

2. 社会经济调查

社会经济状况对交通有直接的影响，一定的社会经济状况对应一定的交通状况。对未来城市社会经济状况进行预测，建立交通与社会经济的关系需要历史及现状的社会经济基础资料。

1）调查内容

（1）城市人口资料

城市人口总量及各交通区人口分布量，城市人口年龄结构、性别结构、职业结构、出生率、死亡率、机械增长率等。

（2）经济资料

城市 GDP（国内生产总值）、各行业产值、产业结构、人均收入等。

（3）自然资源等

资源分为自然资源和社会经济资源。自然资源调查的主要内容有矿产资源、旅游资源、动力资源等，其中与交通运输关系比较密切的是矿产资源和旅游资源。社会经济资源调查的主要内容包括劳动力、科学技术、工业经济、农业经济、基础设施存量等。

为了分析、预测未来的城市社会经济发展变化情况，调查中应包括历史及现状的资料。

2）数据来源

城市社会经济基础资料一般可从统计、计划、交通等政府机构获得。

3. 居民出行调查

居民出行调查是为了掌握城市调查区域在一天内，居民出行活动及相关信息而进行的家庭访问式问卷调查。居民出行调查能得到调查区域的社会、经济基本特性，如居民属性、交通设施、出行特性等，以及调查对象区域的人均日出行次数、人均出行距离、人均出行时间、交通方式分担情况、居民出行 OD 矩阵等基本出行信息。

居民出行调查的实施步骤一般包括：① 成立专门调查机构；② 准备资料；③ 编制调查技术方案；④ 宣传；⑤ 培训调查员；⑥ 调查前检查和准备；⑦ 调查的全面实施；⑧ 调查表回收；⑨ 调查数据的输入及处理。在制作调查表格时，主要包含家庭信息、家庭成员信息及出行信息。居民出行调查常用的调查方法有交通参与者的出行行为（revealed preference，RP）调查和交通参与者的意向行为（stated preference，SP）调查。

4. 机动车出行调查

城市机动车出行 OD 调查包括公交车出行 OD 调查及非公交车出行 OD 调查两类。城市公交车出行 OD 调查的内容包括行车路线、行车次数、行车时间等，可直接由公交公司的行车记录查得。城市境内除公交车外的其他机动车辆境内出行 OD 调查的内容，包括车辆的种类、起讫地点、行车时间、距离、载客载货情况等，其出行 OD 调查的方法，一般有发（收）表格法、路边询问法、登记车辆牌照法、车辆年检法、明信片调查法等。

5. 道路断面交通量调查

交通量是描述交通流特征最重要的参数之一，通过对城市道路交通量调查资料的整理分析，可以了解交通量的空间和时间分布特性、变化规律和影响因素，从而为城市道路网规划、道路设计和建设、交通管理和控制、交通安全和道路环境等提供可靠的依据。

城市道路交通流量调查主要调查研究范围内所有道路不同类型的机动车流量，调查时间为正常工作日的早高峰时段或晚高峰时段。道路机动车流量调查应分车型进行，采取人工观测法，记录通过调查断面的所有双向车流量。车辆类型包括：小客车、出租车、公交车、有轨电车、大中客车（非公交）、货车、摩托车、电动自行车、自行车、三轮车、其他车。在实施调查之前，需要到现场进行实地踏勘，选定各路段上的具体调查地点，并进行拍照以方便工作。调查地点的选取要求能够清楚观测到调查路段的交通流量，并且充分考虑调查人员的交通安全。

6. 道路交叉口调查

交叉口是城市道路网络中的节点，交叉口调查包括交叉口道路主体调查、交叉口交通组织方案调查和交叉口转向交通量调查。

交叉口道路主体包括平面交叉口或立体交叉口的几何线形、构造物。对于平面交叉口，调查内容包括各相交道路的几何线形、转向车道及各种构造物等设施。对于立体交叉口，其道路主体分为主线、匝道、辅助车道及其他构造物。交叉口交通组织方案调查主要考虑信号灯配时方案及车道转向方案，重点考察左转交通控制方案。调查是否有禁止转向，以及禁止何种转向。调查其他控制方案，如停车、让行，并记录交叉口范围内的速度限制、禁令标志，以及其他警告标志。交叉口转向交通量调查是整个交叉口调查的核心内容，通常连续调查 30 min，最短时间为 15 min。

7. 公共交通调查

城市公共交通调查是建立和优先发展城市公交系统的基础和前提。公共交通调查的目的主要有：

① 了解公交线路网、公共交通工具供给，以及城市公共交通结构的状况，从而找到制约城市公交系统运营的问题，为解决问题提供方法和思路；

② 通过调查，获取规划或优化公交线路网、公交站点及枢纽、公交场站等所需的基础资料；

③ 通过调查，为采取保证公交优先的交通管理措施（如设置公交专用道、公交专用信号等）提供依据。

了解和掌握城市公交的线路及其运营状况，包括城市公共汽（电）车和城市轨道交通两种方式。两种方式的调查内容主要包括：客流调查、乘客出行特征调查和满意度调查。客流调查内容应包括线路、公交枢纽（站点）的客运量、上（下）客量、断面客流量、客流 OD、换乘量等。乘客出行特征调查内容应包括乘客的性别、年龄、职业等社会经济特征和出发地点、到达地点、出发时间、到达时间、出行目的、换乘信息（包括换乘次数、换乘站、接驳方式等）、出行时间（等车时间、接驳时间、换乘时间、车内时间等）等出行特征指标。满意度调查是指乘客对公交服务满意程度的调查。

公共交通调查可采用人工调查和信息化数据利用技术相结合的方式。公共汽（电）车客流调查可采用人工观测和跟车法，有条件的城市可采用公交 IC 卡系统、公交车辆定位系统等信息化数据利用技术来采集数据。轨道交通客流调查可采用轨道交通自动售检票系统数据，有条件的城市可采用移动通信等信息化数据利用技术来采集数据。

8. 停车调查

停车调查是为了获得研究范围内停车场的分布和使用状况、停车特性及停车意向等而实施的调查。完整的停车调查包括 5 部分内容：停车设施现状调查、现状停车需求调查、停车特性调查、停车意向调查、其他停车相关调查。其中停车设施现状调查主要包括社会公共停车场、住宅小区停车场、公建配建停车场、路边停车场。此外还包括自行车停车场的分布和使用情况。

停车设施现状调查是要了解研究区域内可利用停车资源的规模、性质及分布等宏观信息；现状停车需求调查是对研究区域所有路边和路外停车场进行现状停车普查，能够清楚地反映区域内不同的停车需求强度；停车特性调查包括停车场利用率、收费、停放车辆类型、停车时间等基本参数；停车意向调查是通过问卷的形式调查研究区域内停车者的意愿，以及对未来停车供给的接受程度；其他停车相关调查主要包括停车收费、停车管理、静态交通与动态交通之间的相互影响关系等。

9. 其他调查

除上述所列的几项调查内容外，城市交通调查还包括货物流动调查、城市出入口调查和道路交通安全调查、出租车调查、流动人口出行调查、交通环境调查、相关政策与法规调查、建设资金调查等。在实际工作中，应根据工作的实际需要，实施相应的交通调查。

1.4.2 城市交通调查的方法

将人、物的移动作为调查对象的方法，可大致分为通过观测进行的调查和通过询问进行的调查两种。通过观测进行的调查是指在交通工具上或交通的始终点处进行实际观测。这种调查具有代表性的实例为断面交通量调查、车站上下车人数调查等。在这种观测调查中，有直接观测出行和货运的调查，也有用观测通过的汽车数来掌握移动动量的调查。有研究者开发了根据道路断面交通量来推算 OD 交通量的方法，此法在国内外一些地方已开始应用。

但是，为了调查移动的详细内容，有必要以某种形式进行询问调查。在调查人的移动时，可以在出行现场直接询问出行中的人，也可以到住处或工作单位采访，调查一个人的出行状况。前者作为现场询问的例子，如有关机动车交通，可进行路侧询问调查；后者作为家庭访问的例子，如为了进行居民出行调查采取的家庭访问调查和物质流动调查时所进行的工厂、机关访问调查等。国内调查员在实施调查过程中，一般以纸质问卷填写为主，之后再统一汇总进行数据录入工作。随着信息技术的高速发展，一些城市已率先采用 PDA（personal digital assistant，个人数字助理）等电子媒介进行居民出行调查，通过电子终端直接录入调查数据，避免了后期数据录入工作，同时部分电子终端软件还具备了自动分析功能，极大地提升了居民出行调查工作的效率。目前主要的采集手段除了纸质问卷调查、PDA 调查外，还有微信小程序、H5 小程序等。

城市交通调查中最常提到的是道路断面交通量调查，其调查方法主要有人工计数法、浮动车法、机械计数法等。其中机械计数法常借助自动机械计数装置进行。目前国内外已广泛使用各种自动调查技术。交通量自动调查机械装置一般由车辆检测器（传感器）和计数器两部分组成，常用的检测器（传感器）有光电检测器、超声波检测器、红外检测器、雷达检测器、视频检测器、地磁检测器、感应线圈等。在实际工作中具体采用何种调查方法主要取决于调查目的、所获得的装备、经费和技术条件等。

1.5 城市交通调查新技术与发展趋势

1.5.1 城市交通调查新技术

随着计算机科学、通信技术、传感器技术、网络技术等先进科学技术的发展，城市交通调查方法和信息采集技术正在发生巨大变化。城市交通调查正逐步由过去的单纯人工记录方式向自动化、实时化、动态化方向发展。射频技术、线圈自动采集技术、视频采集技术、基于移动体的交通调查新技术都得到了长足的发展。

1. 射频识别技术

射频识别（radio frequency identification，RFID）是一种非接触式的自动识别技术，它通过射频信号自动识别目标对象并获取相关数据信息，无须人工干预，可以工作于各种恶劣环境之下。RFID 技术的基本工作原理是：当射频卡（标签）进入磁场后，接收读写器发出的射频信号，凭借感应电流所获得的能量送出存储在芯片中的物体信息，或者主动发送某一频率的信号；读写器读取信息并解码后，送至中央信息系统处理有关数据。RFID 技术是不停车收费系统的关键技术之一，其作用过程如图 1-1 所示。

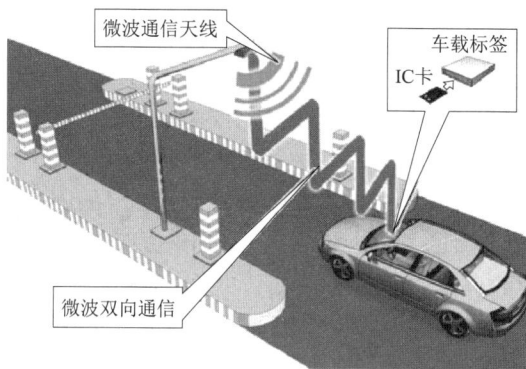

图 1-1　不停车收费系统

采用 RFID 技术可以对道路交通流量进行实时监控、统计、调度，还可以用作车辆闯红灯记录报警、（可疑）车辆报警与跟踪、肇事逃逸车辆排查等。我国已经将 RFID 技术应用于特种设备与危险品管理、公共交通，以及生产过程管理等多个领域。另外，RFID 技术还应用于交通意外的救援和特殊车辆的监控中。

2. 感应线圈采集技术

最常见的感应线圈采集技术是环形线圈感应式检测技术，交通流量、流向、车速、车道占有率，以及车长、排队长度等都可以通过不同的感应线圈的设置方式来实现。环形线圈采集技术的基本工作原理是：由传输馈线连接的环形线圈与检测处理单元组成初级调谐电路，环形线圈相当于此电路中的电感元件，当电流通过环形线圈时，在其附近形成一个电磁场。当车辆进入这个磁场时，车身金属中感应出的涡流电流使磁场的磁力线减少，引起调谐电路中的环形线圈电感量降低，频率上升，此时得到一个输出信号。环形线圈感应式检测器通常由环形线圈、传输馈线、检测处理单元等组成，如图 1-2 所示。

当用于流量检测时，线圈长度应尽可能地小于车间距；对于车速和占有率检测，在实际应用中，大多采用两个技术参数完全相同的线圈，既可用来检测车速，又可用来检测占有率。目前，环形线圈感应式检测器设备主要应用于交通流数据信息采集系统、交通信号控制系统、交通诱导及停车管理系统。环形线圈感应式检测器非常容易设置和安装，主要应用在道口收费、交通控制、停车场及车辆计数等方面。

3. 视频采集技术

视频检测具备图像监控和交通数据采集双重功能，其灵活性大，并且设备可以移到新的

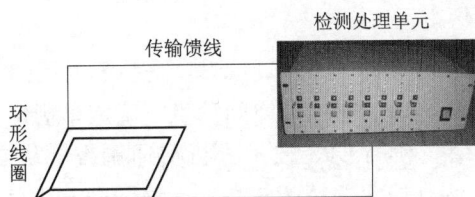

图 1-2 环形线圈感应式检测器

地方使用，无须破坏路面。视频检测是通过安装在路口或路段的摄像机采集交通图像，再进行图像处理，得到车流量、瞬时车速、占有率、平均车距等交通动态信息，并对监控范围内的交通事件自动报警，从而为交通信号控制、信息发布、交通诱导等提供实时交通动态信息。随着图像处理技术的发展，视频采集技术已经应用到交通管理工作中。

视频采集技术对视频交通图像数据处理及特征提取都是实时进行的，对摄像机有一定的要求。为了准确获得速度、车头时距等参数，要求摄像机必须正确安装，镜头离地面高度要超过 7 m，以避免被摄车辆在摄像机的视野中被另一车辆所遮挡。图 1-3 所示的 Autoscope 交通调查设备能在输出视频信号的同时，进行交通流数据调查整理，尤其是通过多个摄像头同时测量交叉口各方向的流量。

图 1-3 Autoscope 实装情况（美国洛杉矶长滩旁道路）

4. 微波检测采集技术

微波检测采集技术的应用主要有雷达测速仪、微波交通检测器等。雷达测速仪广泛应用于道路交通巡逻、车流速度检测等方面，目前用于交通检测的雷达主要有交通测速雷达和碰撞告警雷达、车速自控雷达、防撞制动雷达、辅助测障雷达等。微波交通检测器中应用比较广泛的是远程交通微波传感器（remote traffic microwave sensor，RTMS），它是一种工作在微波波段的小范围雷达传感器，主要应用于高速公路、城市道路、桥梁等进行全天候的交通检测。它可以测量微波投影区域内目标的距离，通过距离来实现对多车道的静止车辆和行驶车辆的检测，并且利用雷达线性调频技术原理，对路面发射微波，通过对回波信号进行高速实时的数字化处理分析，检测车流量、速度、车道占有率和车型等信息。它可在线实时提供道路上的交通信息。

5. GPS 定位技术

全球定位系统（global positioning system，GPS）是基于卫星的无线导航系统，利用全球定位系统（GPS）可以获得出行者的时间和空间信息，确定车辆位置和速度，因此在机动车OD调查方面将发挥重要作用。利用GPS技术进行交通调查的优点是：不需要维持管理费用，调查结果容易数据化，调查位置的精度较高。这种调查方法存在的缺点是：存在调查的盲区，全样调查困难，难以普及。

浮动车（floating vehicles equipped with GPS）也称GPS探测车（probe car），是近年来国际智能交通系统（intelligent transportation system，ITS）中所采用的获取道路交通信息的先进技术之一，具有应用方便、经济、覆盖范围广等特点。它是指通过安装有接收终端设备的载体（车辆、飞机、人）实时接收卫星信号，对车辆的速度、行驶方向和位置等交通信息进行采集，并把采集到的数据通过无线通信传到数据处理中心，进而进行数据汇总、处理，生成反映实时道路情况的交通信息，如道路平均速度、行程时间、拥堵状态等，为交通管理部门和公众提供动态、准确的交通控制、诱导信息，其系统结构如图1-4所示。

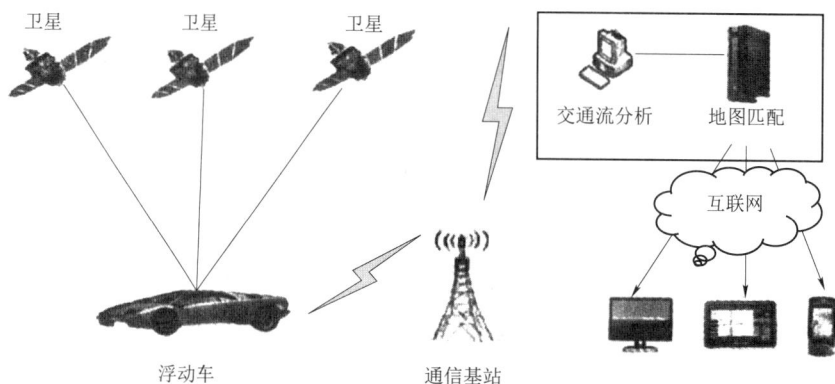

图 1-4　基于 GPS 的动态交通信息采集技术系统组成

6. 个人手持终端技术

个人手持终端（PDA）在早期应用中主要集中了计算、电话、传真和网络等功能，可用来管理个人信息（如通信录、计划等）、上网浏览、收发 E-mail、发传真，还可以当作手机来用。个人手持终端（PDA）作为便于携带的数据处理终端，主要有以下通用特性：

① 具有数据存储及计算能力；

② 可进行二次开发；

③ 能与其他设备进行数据通信；

④ 有人机界面，具体而言有显示和输入功能；

⑤ 可拆卸电池进行供电。

上海市历次居民出行调查均采用纸质表格填写，第五次调查采用个人手持终端（PDA）进行调查数据录入。个人手持终端进行调查数据录入，在入户访问时即完成数据录入，并通过预先设计的程序，在录入时即完成问卷调查填写、信息完整性检查、出行空间轨迹逻辑性检查等。调查数据在现场同步上传到数据平台，减少了传统方式还需誊抄入库的环节，避免登记信息在传递过程中丢失，同时可以实时查看调查进度和总体质量。

采用PDA进行调查，首先须具备足够的PDA设备（见图1-6）及可供调查数据上传存储的数据平台，其次录入软件设计应人性化、便于操作，同时利用嵌入开发的方式植入路名库和地名库、逻辑审核规则，实现现场审核（见图1-7）。采用PDA调查能够有效提高调查实施质量、数据汇总速度和精度。但是，该技术对调查员的素质要求更高，前期软件设计、培训需投入大量人力，特别要加强录入软件逻辑审核规则的测试。

图1-6　PDA设备

图1-7　软件录入界面

7. 其他先进的交通调查技术

除了上述提到的城市交通调查技术外，目前还有其他一些先进的调查技术，如蓝牙技术、手机定位技术、遥感技术、车牌识别技术等。

蓝牙技术是一种无线数据与语音通信的开放性标准，它以低成本的近距离无线连接为基础，为固定于移动设备通信建立一个特别连接。蓝牙系统正逐渐成为车辆内部信息网络的基础。目前，蓝牙车辆检测器应用于智能交通领域，安装在车辆上的智能车载卡由蓝牙模块、嵌入式处理器、存储器、传感器及人机交互接口组成。传感器在车辆每前进一段时间后，发出一个脉冲信号，处理器用来接收传感器的脉冲信号，计算车辆的速度和里程，并进一步判断车辆是否超速或急刹车，同时把相关数据放入存储器中。蓝牙车辆检测器与智能车载卡通信，实时准确地测量车流动态，同时把延误、停车次数和堵塞数据反馈到控制中心。

根据工业和信息化部发布的2020年通信业统计公报，截至2020年底，全国移动电话用户达15.94亿户，普及率为113.9部/百人，4G用户总数占移动电话用户数的80.8%，5G基站总数达到71.8万个，实现了对所有地级市及重点县区的广泛覆盖，表明公众移动通信网络演进步伐正在加快，这为利用手机探测进行交通信息的采集奠定了基础。手机定位技术以道路上行驶车辆的车载手机为检测对象，检测器仅获得手机ID号和经纬度信息，在将来会有进一步发展。

遥感技术根据电磁波理论，应用各种传感器对远距离目标所辐射和反射的电磁波信息，进行收集、处理、成像，从而对地面各种景物进行探测和识别。遥感技术（remote sensing，RS）通常与地理信息系统（geographic information system，GIS）和全球定位系统（GPS）结合应用，人们将其统称为3S技术。目前，遥感技术在智能交通系统中的应用主要体现在以下几个方面：① 对交通事故等突发事件进行动态监测；② 实现电子地图的快速更新；③ 利用高光谱遥感进行道路与路口车辆调查。

车牌识别系统（vehicle license plate recognition，VLPR）是指能够检测到受监控路面的车辆并自动提取车辆牌照信息（含汉字字符、英文字母、阿拉伯数字及号牌颜色）进行处理的技术。车牌识别是现代智能交通系统中的重要组成部分之一，应用十分广泛。它以数字图像处理、模式识别、计算机视觉等技术为基础，对摄像机所拍摄的车辆图像或视频序列进行分析，得到每一辆汽车唯一的车牌号码，从而完成识别过程。通过后续数据挖掘，可以获得：① 基于车牌数据识别车辆行驶路径，获取车辆出行空间分布特征；② 基于市境出入口、高架路（桥）的车牌数据，刷选长期在城市内使用的外地车牌总量和出行特征；③ 利用这些数据对小客车实际保有量、车辆出行分布等人工调查结果进行辅助校核。

1.5.2 城市交通调查的发展趋势

随着计算机科学、通信技术、传感器技术、网络技术等先进科学技术的发展，城市交通调查方法和信息采集技术正在发生巨大变化。在可预见的将来，还会产生更多更加方便、更加精确的城市交通调查方法和手段。

未来的城市交通调查应该是基于动态、实时、精确、可视化的先进方法来开展的，期待其在 21 世纪获得新发展。

复习思考题

1. 城市交通调查的目的和作用是什么？
2. 城市交通调查在交通规划中发挥什么作用？主要体现在哪几个方面？
3. 城市交通调查分为哪些种类？其常用方法有哪些？
4. 请结合我国城市交通实际，分析我国城市居民出行调查方面有哪些需要完善的地方。
5. 请简要描述射频识别技术在城市交通调查中的应用。
6. 请谈谈环形线圈、视频检测和微波检测等城市交通调查信息采集技术的区别。

第 2 章

居民出行调查

2.1 概　　述

2.1.1　居民出行调查基本概念

居民出行调查是指在调查区域内，以在当地居住的交通参与者为对象进行的一种综合性交通行为调查，从而了解居民一天内的交通出行特征（如出行强度、出行目的、出行方式、出行时间、出行距离、出行次数、出行起讫点等内容），以及交通参与者家庭特征、个人特征等情况，从而掌握城市交通出行总量、主要发生吸引源、时空分布、交通使用方式等资料，是城市交通规划中必不可少的组成部分。

2.1.2　居民出行调查发展简介

居民出行调查始于 20 世纪 40 年代的美国。在此之前，交通规划所需的基础数据主要依赖于路侧的问卷调查所得。1944 年美国通过的《联邦公路法案》使居民出行调查得到了联邦政府的支持，现联邦公路局（Federal Highway Administration，FHWA）的前身公共道路署（Bureau of Public Roads，BPR）联合部分州政府制定了入户调查的基本流程。根据这些调查流程，美国堪萨斯城、林肯、小石城、孟菲斯、新奥尔良、俄克拉荷马城、萨凡纳和塔尔萨等城市开展了首次大规模的居民出行调查。

美国的全国居民出行调查（national household travel survey，NHTS）是美国个人出行国家级数据的唯一来源，是美国居民出行数据的权威数据。调查内容包括家庭、人口、车辆的统计数据，以及不同方式和目的的出行情况。美国居民出行调查数据从家庭样本中收集数据，并根据出行方式、出行目的和其他出行特征开展调查，以用于估计出行情况。美国在 1969—2017 年共开展 8 次居民出行调查，这些数据成为考察随着时间出行趋势变化的丰富信息来源。美国在 2017 年进行了最近一次的全国居民出行调查，该调查是在 1969 年、1977 年、1983 年、1990 年和 1995 年开展的日常出行的全国个人交通调查（nationwide personal transportation survey，NPTS），以及 1977 年和 1995 年开展的长距离的全美出行调查（American travel survey）的基础上，将二者整合后对居民日常和长距离出行开展的综合性交通调查。该调查目前进行过 3 次，分别为 2001 年、2009 年和 2017 年。调查信息主要包括家庭属性中的人口、收入和车辆拥有情况，个人属性中的性别、年龄、职业情况，日常出行特征中的出行目的、出行次数、出行方式等信息和长距离出行的详细信息等内容。

英国目前的全国交通调查（national travel survey，NTS）始于 1965 年，其调查方法主要为家庭访问调查，调查内容极为细致和全面，涵盖了个人属性、家庭属性、出行属性中几乎所有内容。在 1965—1966 年实施了第一次全国交通调查后，英国在 1972—1973 年、1975—1976 年、1985—1986 年又进行了 3 轮大规模全国交通调查。从 1986 年开始，英国的全国交通调查由原来的数年一轮大规模调查改为每年数次小规模的调查。如英国交通部 2010 年进行了 17 次居民出行调查，2012 年进行了 8 次居民出行调查等。尽管居民出行调查开展的次数每年略有不同，但调查的总样本量基本控制在每年 8 000 户左右。近几十年连续的全国交通调查数据也使得英国成为全世界拥有最为翔实的居民出行调查数据的国家，这些数据可以为英国的交通规划提供最新的、连续的、规律的居民出行信息。近年来，英国交通部也持续关注新技术可能为 NTS 带来的技术革新，包括在出行信息收集中采用 GPS 定位设备、采用网页互动的数据工具包、电子出行日志等；为了缩短单次调查的访问时间，交通部也不断通过用户反馈来优化问卷，移除一些不必要的问题，将不重要的问题改为每两年或多年调查一次。从 2018 年开始，NTS 开始引用电子出行日志来代替部分纸质出行日志；从 2019 年开始，NTS 计划开发网页互动的数据分析工具。

日本的居民出行调查都是基于都市圈进行的，其首次居民出行调查始于 1967 年的广岛都市圈。在广岛都市圈正式进行了第一次居民出行调查之后，日本其他都市圈相继开展了此类调查，到目前为止，日本共有 60 余个都市圈实施了居民出行调查。大多数的都市圈每 10 年开展定期调查。

从上述 3 个开展交通调查的典型国家来看，国外开展居民出行调查的时间较早，宣传和信息透明度高，国民对居民出行调查参与的积极性很高。此外，由于近年来新型采集设备的研发和使用，通过 GPS 等设备来记录居民日常出行信息被广泛使用。

我国进行居民出行调查起步较晚，开始于 20 世纪 80 年代。随着居民出行调查数据在交通规划中的作用日益明显，北京、上海、广州、天津、深圳等城市相继开展了居民出行调查。其中上海于 1986 年、1995 年、2004 年、2009 年、2014 年和 2019 年先后开展了 6 轮市域范围内的居民出行调查，为国内开展居民出行调查次数最多的城市，具体如表 2-1 所示。

表 2-1 上海市 6 次居民出行调查情况

年份	调查范围/km²	常住人口/万人	调查人数	抽样率/%
1986	6 180	1 232	24 万人	2
1995	6 340	1 415	13 万人	1
2004	6 340	1 710	9 万人	0.5
2009	6 340	1 888	15 万人	0.8
2014	6 340	2 415	18 万人	0.9
2019	6 340	2 423	5.1 万户	—

北京于 1986 年、2000 年、2005 年、2010 年和 2014 年开展了 5 轮市域范围内的居民出行调查，具体如表 2-2 所示。最近一次的 2014 年的调查内容共涉及 6 个大项、17 个分项。6 个大项内容主要包括：一是无线信令数据采集分析，二是居民出行调查，三是公共交通调查，四是道路流量调查，五是专项辅助调查，六是数据收集。2014 年的调查共获取 4 万户家庭的居民出行信息，500 多个宾馆的流动人口出行信息，482 个道路路段，以及城六区 46 万中小学生的出行信息等交通调查数据。调查问题包括出行目的、出行时间、出行距离、交通方式、乘车路线、交通费用等相关信息。

表 2-2 北京市 5 次居民出行调查情况

年份	调查范围	专项调查数/个	调查入户数/万户	抽样率/%
1986	城八区和远郊的通县、昌平及大兴的部分乡镇	1	7.5	5
2000	城八区、两个卫星城（昌平、顺义）、5 个典型镇（通州、黄村、门城、亦庄、沙河）	10	6.2	2.1
2005	全市域范围（重点中心城区和新城建成区范围）	12	8.2	1.5
2010	在 2005 年调查范围的基础上，增加新城、边缘集团、城乡接合部地区的覆盖	16	4.7	0.64
2014	考虑京津冀城市圈，覆盖北京市市域范围，重点范围为六环路以内，同时针对重点新城和边缘集团、重点镇开展调查工作	17	4	—

2.1.3 居民出行调查相关定义和术语

出行——指居民或车辆为了某一目的从一地向另一地移动的过程，可以分为车辆出行和居民出行。出行作为计测单位，具备 3 个基本属性：① 每次出行有起、讫两个端点；② 每次出行有一定的目的；③ 每次出行采用一种或几种交通方式。

出行链——分为出行目的链和出行方式链。出行目的链为一日出行中每次出行目的构成的一条链，反映了个人一天出行的目的轨迹；出行方式链为一日出行中使用的交通方式构成的一条链，反映了出行中各种交通方式间的转换。

出行起点——一次出行的起始地点。

出行终点——一次出行的结束地点。

境内出行——起讫点均在调查区域内的出行。

过境出行——起讫点均在调查区域外的出行。

内外出行——起讫点中有一个在调查区域内的出行。

交通小区——为了全面了解交通源间的交通流时，不可能对每个交通源单独分析，而将其合并为若干个交通小区。

小区质心（形心）——小区内出行代表点，小区所有的出行从该点发生，但不是该区的几何中心。

境界线——规定调查区域范围的边界线。

核查线——为校核起讫点调查结果的精度，在调查区域内设置的分隔线，一般借用天然的或人工的障碍，如河流、铁道等。可设一条或多条，将调查区分为几部分，在穿过该线的所有道路断面上进行交通流量调查，将通过该线的实测交通量与起讫点调查中所得到的通过该线的 OD 交通量进行比较，如图 2-1 所示。

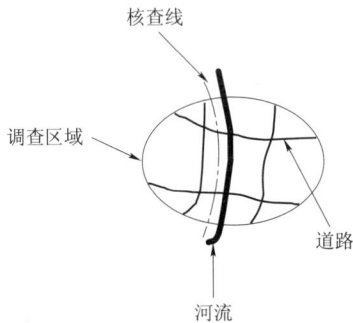

图 2-1 核查线图

期望线——连接各个小区形心的直线，代表了小区之间的出行，其宽度通常根据出行数大小而定。

OD 表——根据 OD 调查结果整理而成的表示各个小区间出行量的表格。

2.1.4 居民出行调查分类

1. 按调查目的可分为综合居民出行调查和专项居民出行调查

综合居民出行调查是为了掌握城市整体的交通现状，为城市综合交通规划和交通建设提供服务。综合居民出行调查较为复杂，技术难度较高，调查的内容包括了城市交通的所有方面，主要有住户特征（所属区、家庭住址、户籍类型、车辆拥有、家庭人口数等）、个人特征（年龄、性别、户籍状况、职业、工作单位及个人收入等）、出行特征（居民一日出行链的构成，包括出行强度、出行起点、出行目的、出发时间、到达时间、到达地点、出行方式、交通方式换乘等）、个人意愿（购买小汽车的打算、需求管理政策意见等）。专项居民出行调查是为了特定的交通规划的制订和修编或是对特定的交通现状而进行的局部的规模较小的交通调查，具体来说调查目的有：为制订公共交通规划的居民出行调查、为城市轨道交通线网规划或修编的居民出行调查、为实施一项公共交通设施建设的居民出行调查等。专项居民出行调查具有很强的针对性，调查的内容也主要为以后的专项规划和建设服务。

2. 按调查区域可分为全市居民出行调查和局部居民出行调查

全市居民出行调查的区域涵盖整个城市，为了调查整个城市的交通现状；局部居民出行调查的区域限制在城市中的某一局部区域，为了调查此局部区域内的交通现状。

3. 按调查过程可分为试验调查和正式调查

试验调查是在正式调查之前对试点单元进行的一次检验性调查，以发现调查方案中的不足之处，随后调整方案以保证正式调查质量，大部分综合性居民出行调查都要进行试验调查；正式调查是按照调查方案设计而进行的调查。

4. 按调查对象可分为常住居民出行调查、暂住居民出行调查和流动人口出行调查

常住居民出行调查是对城市内常住居民进行的调查，这是居民出行调查的主体调查对象；暂住居民出行调查是对外来人口在城市中暂时居住的调查，在经济发达地区，暂住居民占总体人口的比例大，也是不可忽略的一部分；流动人口出行调查是对城市外来流动人口的出行调查，在商业型城市和旅游型城市中，流动人口出行占城市总出行的比例很大，应予以重视。

5. 按调查日期可分为工作日居民出行调查和节假日居民出行调查

工作日居民出行调查是在法定节假日之外的调查，用以调查居民工作日出行情况，大部分居民出行调查都选择在工作日进行；节假日居民出行调查是在节假日进行的调查，以调查居民在特定的节假日的出行情况。

在实际的居民出行调查中，都是上述几类调查分类的综合，如全市居民综合出行调查、暂住人口节假日出行调查等。

2.2 调查问卷设计

2.2.1 确定居民出行调查的基本内容

居民出行调查有着不同的方法，但不论是根据时间顺序还是基于活动或出行链的出行调查，都需要获取足够的数据来满足基本的调查要求，这些数据包括人口、机动车保有、出行特征等内容。本节将主要讨论如何确定居民出行调查中一系列最基本的问题。当然，如果某些调查涉及这些基本的问题之外的内容，那么问卷设计需要在此之上进行补充，但基本调查内容应该是各类型居民出行调查中所涵盖的通用部分。

结合美国《个人出行调查基本流程》及国内外城市针对个人出行调查的问卷内容能够发现，个人出行调查的基本内容主要包含家庭属性、个人属性、车辆属性和出行属性4个大类。针对上述4个大类的内容，综合已有的调查问卷可以发现，在上述4个大类中，已有的问卷主要涵盖表2-3所示的32个问题。

表2-3 居民出行调查基本问题

分类	编号	项目	注 释
家庭属性	A1	地理位置	家庭地址信息及邮编
	A2	房屋类型	自有、租住
	A3	家庭成员数	在该房屋内长期居住的成员数
	A4	成员关系	与户主间的关系
	A5	家庭收入	家庭各项收入总和
	A6	拥有机动车数	家庭机动车拥有总数
	A7	是否接受回访	是否愿意接受回访或在未来接受再次访问

分类	编号	项目	注　释
个人属性	B1	性别	
	B2	出生年月	
	B3	个人状态	学习、工作、退休、失业
	B4	职业	
	B5	企业类型	自有、国有、集体、私营、外企
	B6	驾照类型	是否拥有驾照及驾照类型
	B7	教育程度	取得的最高教育等级
	B8	出行起点	调查日的出行起点
	B9	未出行原因	若调查日被调查人未出行，填写此项并解释原因
车辆属性	C1	生产厂商	
	C2	型号	
	C3	车辆类型	轿车、SUV、面包车、卡车
	C4	购车年份	
	C5	主要使用人员	
	C6	车辆保有情况	自有、租用、公车
出行属性	D1	出行起始时间	
	D2	出行目的	
	D3	出行目的地	
	D4	出行方式	出行过程中采用了何种交通方式（包括指出是驾驶员还是乘客）
	D5	不同交通方式的使用顺序	如果问卷不是基于出行段展开调查，需要对出行过程中各交通方式使用的先后顺序进行排序
	D6	共同出行人数	出行过程中共同出行的人数
	D7	共同出行人的关系	共同出行人是否与被调查人共同居住
	D8	出行花费	出行过程中花费的总费用，包括油费、车票、过路费等
	D9	停车类型	如果采用私家车出行，占用停车泊位的类型
	D10	停车花费	停车费

在实际应用过程中，为保证调查内容的完整性，建议在设计居民出行调查问卷中涵盖上述的所有问题，但也可以根据实际调查需求适当增减、调整调查项目。例如，减少调查中的部分项目：企业类型（B5）、个人状态（B3）、共同出行人数（D6）、出行花费（D8）、停车花费（D10）等；或者增加车辆排放等级、燃油消耗等项目，以更有针对性地完成调查需求。

2.2.2　调查问卷的具体设计

居民出行调查问卷具体设计的主要内容是针对上阶段确定的基本调查项目中的各项内容进行细化，整理出潜在的调查答案，并进行分类、汇总，尽可能地将规范化的答案选项提供给被调查者，从而使调查结果更加规范、有序。居民出行调查问卷的具体设计及标准化对居民出行调查质量的控制，后期调查问卷整理、数据分析，以及不同年份或地区之间调查结果的分析和对比有着极为重要的意义。

在进行调查内容的具体设计时，首先需要确定某项调查内容是否能够进行具体的标准化设计。例如，成员关系（A4）、教育程度（B7）、车辆类型（C3）、出行目的（D2）、出行方式（D4）等项目均为能够进行具体标准化设计的调查内容，这些内容在实际调查中通常以选择的形式提供给被调查人来进行回答；而地理位置（A1）、出行起点（B8）、生产厂商（C1）、出行目的地（D3）等，则较难进行标准化设计，这些项目在实际调查工作中则通常以问答的形式提供给被调查人，需要被调查人自己填写相应调查内容。

在选定具体标准化设计的项目后，就需要根据该项目所涉及的内容，充分考虑其可能的潜在答案并进行分类整理，归纳总结出相应的大类问题。例如，针对出行方式（D4），可以首先根据现有出行方式的分类习惯将其分为：公交车、轨道交通、出租车、自驾机动车、摩托车、自行车、步行等几大类。随后，再对其中的各项内容进行细化，譬如将公交车进一步细分为普通公交、BRT公交、定制公交、校车、班车等；将轨道交通进一步细分为地铁、轻轨、通勤铁路、市郊铁路等。对表2-3中的各项内容进行具体标准化设计，可形成表2-4所示的标准化问题。

表2-4 居民出行调查问题具体设计

调查问题	主要分类	编号	细化分类	编号
房屋类型 A2	自有	A21	自有	A211
	租住	A22	独租	A221
			合租	A222
	其他	A23	其他（需注明）	A231
成员关系 A4	夫妻	A41	夫妻	A411
	子女	A42	血亲子女	A421
			继子女	A422
			养子女	A423
	父母	A43	血亲父母	A431
			继父母	A432
			养父母	A433
	兄弟姐妹	A44	血缘兄弟姐妹	A441
			继兄弟姐妹	A442
			养兄弟姐妹	A443
	祖父母	A45	爷爷奶奶	A451
			姥姥姥爷	A452
	孙子女	A46	孙子女	A461
			外孙子女	A462

调查问题	主要分类	编号	细化分类	编号
成员关系 A4	其他亲戚	A47	男性	A471
			女性	A472
	非亲戚关系	A48	合租人	A481
			寄宿人	A482
			其他（需注明）	A483
个人状态 B3	学习	B31	小学	B311
			中学	B312
			大学	B313
	在职	B32	固定工作	B321
			临时工作	B322
	离退休	B33	离休	B331
			退休	B332
			病退	B333
	失业	B34	失业	B341
	其他	B35	其他（需注明）	B351
驾照类型 B6	大型车 A	B61	大型客车 A1	B611
			牵引车 A2	B612
			城市公交车 A3	B613
	中型车 B	B62	中型客车 B1	B621
			大型货车 B2	B622
	小型车 C	B63	小型汽车 C1	B631
			小型自动挡汽车 C2	B632
			低速载货汽车 C3	B633
			三轮汽车 C4	B634
			残疾人专用小型载客汽车 C5	B635
	普通三轮摩托车 D	B64	普通三轮摩托车 D	B641
	普通二轮摩托车 E	B65	普通二轮摩托车 E	B651
	轻便摩托车 F	B66	轻便摩托车 F	B661
	其他	B67	其他（需注明）	B671
教育程度 B7	研究生	B71	博士	B711
			硕士	B712
	大学	B72	大学本科	B721
			大学专科	B722
			高职专科	B723
	中学	B73	高中	B731
			初中	B732

调查问题	主要分类	编号	细化分类	编号
教育程度 B7	小学	B74	小学	B741
	文盲	B75	文盲	B751
	其他	B76	其他（需注明）	B761
车辆类型 C3	轿车	C31	轿车	C311
	面包车	C32	面包车	C321
	SUV	C33	SUV	C331
	卡车	C34	皮卡	C341
			中型卡车	C342
			大型货车	C343
	摩托车	C35	摩托车	C351
	其他	C36	其他（需注明）	C361
出行目的 D2	家庭	D21	回家	D211
	工作	D22	主要工作	D221
			其他工作	D222
			社会服务	D223
			找工作	D224
	教育	D23	幼儿园	D231
			小学	D232
			中学	D233
			大学	D234
	就餐	D24	餐厅、饭店	D241
			快餐店	D242
			朋友家	D243
	个人	D25	寻求政府公共服务	D251
			寻求专业技术服务	D252
			寻求个人医疗服务	D253
			寻求个人其他类型服务	D254
	购物	D26	购买食物等基本生活用品	D261
			购买服装	D262
			购买其他用品	D263
	社交、休闲活动	D27	拜访	D271
			社会活动	D272
			娱乐文化活动	D273
			体育运动	D274

调查问题	主要分类	编号	细化分类	编号
出行目的 D2	社交、休闲活动	D27	游戏、个人爱好	D275
			宗教	D276
	陪同出行	D28	陪同儿童出行	D281
			陪同访客出行	D282
			机场、车站接送	D283
	其他	D29	其他（需注明）	D291
出行方式 D4	公交车	D41	普通公交	D411
			BRT 公交	D412
			定制公交	D413
			校车	D414
			班车	D415
	轨道交通	D42	地铁	D421
			轻轨	D422
			通勤铁路	D423
			市郊铁路	D424
	出租车	D43	出租车	D431
	自驾机动车	D44	小客车	D441
			货车	D442
			面包车	D443
			租车	D444
	摩托车	D45	三轮摩托车	D451
			二轮摩托车	D452
	自行车	D46	普通自行车	D461
			电动自行车	D462
	步行	D47	步行	D471
	其他	D48	其他（需注明）	D481
停车类型 D9	路内停车	D91	路侧停车	D911
			违章路侧停车	D912
	路外停车	D92	居住小区提供停车泊位	D921
			单位提供停车泊位	D922
			公建路外停车泊位	D923
			其他配建路外停车泊位	D924
			违章路外停车	D925
	没有停车	D93	没有停车	D931

2.2.3 调查问卷的最终设计

在形成规范化的居民出行调查问卷的具体形式之后，就需要对上述具体的内容进行整理，从而形成最终形式的居民出行调查问卷。最终形成的居民出行调查问卷从形式上主要包含调查基本信息、具体出行信息、调查辅助信息和调查说明信息4部分内容。

其中，调查基本信息的作用是了解被调查人的基本个人属性。这就包括了被调查人的姓名、性别、收入、职业等个人信息。这些信息有助于在后期进行交通出行行为分析时，更好地掌握不同类型出行者在出行行为上的差异，从而更为准确地确定不同群体的出行特征。

具体出行信息则是上一阶段形成的标准化出行问题的具体实现，在实际的居民出行调查表中能够发现该部分占据了调查表的绝大部分。在设计这一部分的过程中，主要需考虑的是填写问卷过程的流畅性和逻辑性。也就是说，在设计这一部分内容时，需要保证被调查人能够顺畅并连贯地填写调查问卷。这就要求不同问题尽可能地接近被调查人日常出行的行为习惯，将出行起点、出行终点、出行目的、出行方式、出行费用、出行时间等和出行紧密相关的信息以最为顺畅的形式整合在一起。

调查辅助信息的作用是协助调查人了解被调查人在调查过程中存在哪些意见和建议。能够看出调查辅助信息主要是提供给被调查人一个针对调查的反馈渠道，让被调查人填写出行调查过程中存在的问题或是建议，能够帮助调查人动态地了解到他们在接受调查过程中遇到的困难及期待的解决方案。而这些反馈信息对制订下次的调查计划和调查问卷极为重要。

调查说明信息贯穿于整个调查问卷中，它的作用是将调查人想要具体说明的信息传递给被调查人，同时协助被调查人更准确地进行调查问卷的填写。这一部分主要包括了调查问卷中问题回答的形式、问题的说明、答案选项的说明、根据被调查人的回答动态引导其填写后续问题等内容，目的是协助准确填写调查问卷。

表2-5、表2-6、表2-7分别为2014年北京市第五次交通综合调查居民一日出行问卷、2012年综合信息条件下居民出行调查表样例和2012年澳大利亚维多利亚省居民出行调查表样例，附后供读者参考。

表2-5　　**2014年北京市第五次交通综合调查**
居民一日出行问卷

表　号：京交综调1表
制定机关：北京市交通委员会
批准文号：
有效期至：

家庭编号： □□□□□□□□□□

一审：＿＿＿＿＿＿＿＿＿

二审：＿＿＿＿＿＿＿＿＿

＿＿＿＿女士、先生：

　　您好，我们正在进行全市居民一日出行调查，需要了解您和您的家人在一天的出行情况。

　　调查的数据将支持全市交通规划、建设、管理、运营、服务等工作。我们将对您提供的信息进行严格保密。感谢您的支持和配合！

被 访 者 信 息

　　姓　名：＿＿＿＿＿＿　联系电话：＿＿＿＿＿＿

　　地　址：＿＿＿＿＿＿＿＿＿＿＿＿＿＿＿

　　小区号：□□□□□□

调 查 信 息

　　调查员姓名：＿＿＿＿＿＿＿　编　号：□□□□□□

　　第一次入户时间：＿＿＿月＿＿＿日　星期＿＿＿

　　第二次入户时间：＿＿＿月＿＿＿日　星期＿＿＿

　　指导员编号：□□□□□□　　　陪访1　复核2

样 本 类 别

拥有小汽车数：	有几口人住在这里：	有几个人工作：
□ 0辆	□ 1	□ 0
	□ 2	□ 1
□ 1辆	□ 3	□ 2
□ 2辆	□ 4	□ 3
□ 3辆及以上	□ 5人及以上	□ 4人及以上

所 属 城 区

□1 原东城区	□2 原西城区	□3 原崇文区	□4 原宣武区
□5 朝阳区	□6 海淀区	□7 丰台区	□8 石景山区
□9 房山区	□10 大兴区	□11 通州区	□12 门头沟区
□13 昌平区	□14 顺义区	□15 平谷区	□16 延庆县
□17 怀柔区	□18 密云县		

样 本 类 型

□1 随机　　　　　□2 追加

① 凌晨3点，您在哪？

□1 在家	□2 在单位/学校	□3 在其他地方，地址为：	□4 在途中	□5 在返京途中/外地
(入户的地址)	(已登记于家庭信息表中)	＿＿＿＿＿＿＿＿＿＿＿	(北京市内)	您所到省直辖市名称＿＿＿＿

□3 在其他地方，地址为：

＿＿＿＿＿＿＿＿＿＿＿＿＿＿

＿＿＿＿＿＿＿＿＿＿＿＿＿＿

(具体到门牌/建筑名称/邻近路口/桥)

小区号：□□□□□□

您在那儿干什么了？

□1 睡觉　　　□2 吃饭　　　□3 工作　　　□4 公务外出

□5 上课/学习　□6 个人事务(银行/就医等)　□7 家务/照顾人

□8 休闲娱乐健身　□9 购物　　　□10 探亲访友

□11 接送人　　□12 陪同他人　　□13 取送货物

□14 其他（请注明）＿＿＿＿＿＿

□4 在途中　（北京市内）　**请翻到下一页**

□5 在返京途中/外地

您所到省直辖市名称＿＿＿＿

省直辖市编号＿＿＿＿

(从卡片6选)

于北京时间 ＿＿ ＿＿：＿＿ ＿＿

到达＿＿＿＿＿＿＿＿＿＿

(机场、车站或具体地点)

② 请问，您是什么时候离开的？

□ 离开时间 ＿＿：＿＿	□ 没离开
您去了：□1 家	**→请翻到该人问卷封底**
□2 单位/学校(登记于家庭信息表中)	
□3 其他地方 **→请翻到下一页**	

①您离开时采用哪种交通方式呢？（单选）	地 点 1	
□1 步行 → 您到达时间是 ____:____ →		④ 您到哪儿了？ □1 家 → 跳到⑥ □2 单位/学校(已登记于家庭信息表中) □3 其他地址 (具体到门牌/建筑名称/邻近路口/桥)

□2.1 小客车(私人)
□2.2 小客车(单位)
□2.3 小客车(租赁)
□3 客货两用车
□4 货车
□5 摩托车
	那么，您是驾驶员吗？
	□ 乘 客
	□ 驾驶员
	● 同乘家庭成员编号____
	  车上总共____人
	  取车您用了____分钟
	● 过路费____元
	  目的地停车费___元/(次/月)
	  停车地类型：___(从卡片4选)
		②您下车（到达）时间是
		 __ _:_ __
		
		③您继续乘车或换乘吗？
		□ 我不换乘了
		  下车后又走了____分钟
		  →请转到④
		
		□ 还要乘车或换乘
		  换乘站名/地名：
		  ____
		  →请翻到下一页
			小区号：_ _ _ _ _ _ _
			
			⑤ 您在那儿干什么了？
			□1睡觉/休息 □2吃饭
			□3工作 □4公务外出
			□5上课/学习 □6个人事务(银行/就医等)
			□7家务/照顾人 □8休闲娱乐健身
			□9购物 □10探亲访友
			□11接送人 □12陪同他人
			□13取送货物
			□14其他（请注明）____

□6 地铁/城铁
线路号____
□7 公交车
线路号____
□8 出租车
□9 单位班车
□10 校车
□11 黑车/摩的
	那么，走路、等车、换乘花了
	多少时间？
	● 为乘车您先走了____分钟
	  等车花了____分钟
	● 乘车费用：____元/次
			⑥ 请问，您是什么时候离开那里的？
			□ 离开时间 __ _:_ __
			  您去了 □1家
			      □2单位/学校(登记于家庭信息表中)
			      □3其他地方
			      →请翻到下一页
			□ 没离开 →请翻到该人问卷封底

□12 租赁自行车 □13 自行车 □14 电动自行车 □15 其他	→		

①您离开时采用哪种交通方式呢？（单选）	地 点 2	
□1 步行 → 您到达时间是 ____:____ →		④ 您到哪儿了？ □1 家 → 跳到⑥ □2 单位/学校(已登记于家庭信息表中) □3 其他地址 (具体到门牌/建筑名称/邻近路口/桥) ____

□2.1 小客车(私人)
□2.2 小客车(单位)
□2.3 小客车(租赁)
□3 客货两用车
□4 货车
□5 摩托车
	那么，您是驾驶员吗？
	□ 乘 客
	□ 驾驶员
	● 同乘家庭成员编号____
	  车上总共____人
	  取车您用了____分钟
	● 过路费____元
	  目的地停车费___元/(次/月)
	  停车地类型：___(从卡片4选)
		②您下车（到达）时间是
		 __ _:_ __
		
		③您继续乘车或换乘吗？
		□ 我不换乘了
		  下车后又走了____分钟
		  →请转到④
		
		□ 还要乘车或换乘
		  换乘站名/地名：
		  ____
		  →请翻到下一页
			小区号：_ _ _ _ _ _ _
			
			⑤ 您在那儿干什么了？
			□1睡觉/休息 □2吃饭
			□3工作 □4公务外出
			□5上课/学习 □6个人事务(银行/就医等)
			□7家务/照顾人 □8休闲娱乐健身
			□9购物 □10探亲访友
			□11接送人 □12陪同他人
			□13取送货物
			□14其他（请注明）____

□6 地铁/城铁
线路号____
□7 公交车
线路号____
□8 出租车
□9 单位班车
□10 校车
□11 黑车/摩的
	那么，走路、等车、换乘花了
	多少时间？
	● 为乘车您先走了____分钟
	  等车花了____分钟
	● 乘车费用：____元/次
			⑥ 请问，您是什么时候离开那里的？
			□ 离开时间 __ _:_ __
			  您去了 □1家
			      □2单位/学校(登记于家庭信息表中)
			      □3其他地方
			      →请翻到下一页
			□ 没离开 →请翻到该人问卷封底

□12 租赁自行车 □13 自行车 □14 电动自行车 □15 其他	→		

注：地点3至地点12的表格相同，此处省略

次日凌晨3点前，您还会去其他地方吗？
- □会——请退回到问卷部分，完成出行记录填写。
- □不会——出行问卷已经完成，感谢您的配合！

如果在这24小时内，该被访者没有出行，请选出原因：
- □1 身体不适　□2 在家休息　□3 在家学习　□4 料理家务　□5 照顾家人
- □6 天气原因　□7 未出小区
- □8 其他（请注明）____

家庭信息表

请填写以下人员的相关信息：每周五天以上居住在您家里的和调查当日临时居住在您家里的所有人。
包括：保姆、同学、亲戚朋友等。

成员编号	性别	与户主1关系	出生年份/户籍类型	最高学历	在此居住半年以上	人员类别（多选）	职业	所属行业	驾照类型	公交票证类型（多选）	手机运营商
1 户主填写	□男 □女	户主	出生年份：____年 □1京籍户口在本区 □2京籍户口在外区 □3外地户口 □4外国籍 □5港澳台 □6其他	□1学龄前儿童 □2小学 □3初中 □4高中 □5中专 □6大专 □7本科 □8研究生 □9未受教育	□是 □否	□1全职工作 □2兼职工作 以下不填职业、行业 □3全日制学习 □4非全日制学习 □5学龄前儿童 □6退休人员 □7照料家庭 □8无职业 □9其他 [跳问驾照类型]	从卡片1选（　）	从卡片2选（　）	□0无 □有，从卡片3选（　） □10其他____	□1一卡通普通卡 □2一卡通学生卡 □3职工专用证件卡号后九位____ □4老年证 □5其他免费证 □6无	□1移动 □2联通 □3电信
	□单位 □学校 地址：									（具体到门牌/建筑名称/临近十字路口/桥）　小区代码____	
2	□男 □女	□1配偶/伴侣 □2子女 □3父母 □4孙子女 □5(外)祖父母 □6兄弟姐妹 □7其他亲属 □8非亲属	出生年份：____年 □1京籍户口在本区 □2京籍户口在外区 □3外地户口 □4外国籍 □5港澳台 □6其他	□1学龄前儿童 □2小学 □3初中 □4高中 □5中专 □6大专 □7本科 □8研究生 □9未受教育	□是 □否	□1全职工作 □2兼职工作 以下不填职业、行业 □3全日制学习 □4非全日制学习 □5学龄前儿童 □6退休人员 □7照料家庭 □8无职业 □9其他 [跳问驾照类型]	从卡片1选（　）	从卡片2选（　）	□0无 □有，从卡片3选（　） □10其他____	□1一卡通普通卡 □2一卡通学生卡 □3职工专用证件卡号后九位____ □4老年证 □5其他免费证 □6无	□1移动 □2联通 □3电信
	□单位 □学校 地址：									（具体到门牌/建筑名称/临近十字路口/桥）　小区代码____	
3	□男 □女	□1配偶/伴侣 □2子女 □3父母 □4孙子女 □5(外)祖父母 □6兄弟姐妹 □7其他亲属 □8非亲属	出生年份：____年 □1京籍户口在本区 □2京籍户口在外区 □3外地户口 □4外国籍 □5港澳台 □6其他	□1学龄前儿童 □2小学 □3初中 □4高中 □5中专 □6大专 □7本科 □8研究生 □9未受教育	□是 □否	□1全职工作 □2兼职工作 以下不填职业、行业 □3全日制学习 □4非全日制学习 □5学龄前儿童 □6退休人员 □7照料家庭 □8无职业 □9其他 [跳问驾照类型]	从卡片1选（　）	从卡片2选（　）	□0无 □有，从卡片3选（　） □10其他____	□1一卡通普通卡 □2一卡通学生卡 □3职工专用证件卡号后九位____ □4老年证 □5其他免费证 □6无	□1移动 □2联通 □3电信
	□单位 □学校 地址：									（具体到门牌/建筑名称/临近十字路口/桥）　小区代码____	

表2-6　2012年综合信息条件下居民出行调查表样例

综合交通信息条件下居民出行调查问卷

您好！感谢您能在百忙中抽出宝贵的时间来完成这份调查问卷，您的意见是交通部门改善服务的依据，恳请您认真填写，您的意见或建议：_____。是建设数据库的目标，让我们齐心协力营造更舒心的出行环境！本调查经统计处理后用于研究目的，所有个人信息均严重保密，请放心填写，多谢您的合作！

调查时间：_____
调查地点：_____
调查员：_____

次序	出发地/到达地名称及性质（见选项）	出发地/到达地点位置（见选项）	出发/到达时间 时 分	实际交通出行情况（按出行顺序填写，步行换乘除外） 方式（见选项） / 线路名称 / 到站名称 / 时间（距离km）（min）	出行环境熟悉程度 A.非常熟 B.一般 C.不熟	本次前信息需求	假若您在这次出行前就知道了本次出行的路况，您会 改变出发时间吗（A、B栏任选一填写）：A是 B否	取消本次出行 A是 B否	改变交通方式、线路名称、到站站名（分） A是：交通方式 / 线路名称 / 到站名称 / 时间　B否	本次行程中信息需求	假若您在这次出行中知道本次出行的路况，您会 改变交通方式、线路名称、到站站名（分） A是：交通方式 / 线路名称 / 到站名称 / 时间　B否
第一次出行	出发地 目的地										
第二次出行	出发地 目的地										
第三次出行	出发地 目的地										
第四次出行	出发地 目的地										

出发地/到达地点位置的选项：
1.住宅　2.公寓　3.宾馆、旅馆　4.商务、银行等商业设施　5.娱乐、快餐等文化设施　6.公园、景点、博物馆等文化设施　7.体育健身设施　8.医疗、教育设施　9.写字楼、办公设施　10.其他

出行目的（见选项）：
A.道别购物　B.参观游览　C.外出就餐　D.休闲娱乐　E.探亲访友　F.其他私事　G.磋商　H.上学、上班　I.公事公务　J.返回家、住宅或单位　K.其他

交通方式选项：
1.步行　2.自行车　3.公交车　4.地铁/轻轨　5.出租车　6.其他公共交通　7.电动车　8.摩托车　9.其他

出行前的信息需求选项：
A.交通路况信息　B.交通管制信息　C.路段限速信息　D.行驶时间预测　E.路段拥堵情况　F.交通方式换乘接驳　G.出行时间信息　H.公交换乘信息　I.地铁换乘线信息　J.目的地（目标）停车场信息　K.您的其他

不改变出发时间的原因：
1.没有其他时间　2.路况影响不大　3.有重要活动　4.这种方式最快　5.习惯　6.您的其他

不改变交通方式的原因：
1.没有其他方式　2.这种方式最快　3.这种方式费用最少　4.这种方式最舒服　5.习惯　6.其他

行程中信息需求选项：
A.实时的交通路况信息　B.前方路段拥堵信息　C.前方路段限速信息　D.可供选择的行驶路线预测　E.公交车到站时间信息　F.换乘线路信息预测　G.可供选择的其他线路信息　H.过路费信息　I.实时居住停车场信息　J.停车场车辆停车信息　K.您的其他

不改变交通方式、到达站名的原因：
1.不熟悉其他线路　2.前方的路况信息不明　3.这种线路最短　4.这种方式线路时间最少　5.习惯　6.其他

续表

个人与家庭属性

1. 您是 A. 本地居民 B. 外地游客
2. 您的性别: A. 男 B. 女
3. 您的年龄: A. 20岁以下 B. 21~30岁 C. 31~40岁 D. 41~50岁 E. 51~60岁 F. 61岁以上
4. 您的职业: A. 管理人员 B. 普通职员 C. 务工人员 D. 自由职业 E. 退休、无业 F. 学生 G. 其他
5. 您的个人平均月收入: A. 0元 B. <500元 C. 500~200元 D. 2 000~4 000元 E. 4 000~6 000元 F. 6 000~8 000元 G. 8 000~10 000元 H. 10 000元以上
6. 您的学历: A. 本科以上 B. 大中专、高中 C. 初中及以下
7. 您个人拥有小汽车____辆, 自行车____辆。
8. 您的家庭人口总数（含暂住人口）____人, 其中12岁以下儿童____人。
9. 您的家庭每月总收入: A. 0~4 000元 B. 4 000~8 000元 C. 8 000~12 000元 D. 12 000~16 000元 E. 16 000~20 000元 F. 20 000元以上
10. 您的家庭共拥有小汽车____辆, 自行车____辆。

信息属性

11. 您出行前是否需要预知交通状况等方面的信息:
    A. 需要 B. 不需要
12. 出行前您需要获取的交通信息数量: ____
13. 在出行途中是否需要交通信息进行引导:
    A. 需要 B. 不需要
14. 出行中您需要获取的交通信息数量: ____
15. 您对目前可获得交通信息的准确性、实时性是否满意:
    A. 满意 B. 不满意
16. 将下列获取交通信息的方式按您喜欢的程度由大到小排序: ____>____>____>____>____
    A. 广播电台 B. 车载信息系统 C. 可变信息板 D. 移动电话 E. 传统地图 F. 互联网
    G. 过路费信息 H. 沿途停车场剩余车位 I. 您的建议:

出行成本

17. 您在出行过程中的平均出行费用是（包括车费、燃油费等）: A. 0~10元 B. 10~20元 C. 20~30元 D. 30~40元 E. 40~50元 F. 50~60元 G. 60元以上
18. 您在出行过程中用于停车的平均费用是: A. 0元 B. 10元 C. 10~20元 D. 20~30元 E. 30~40元 F. 40~50元 G. 50元以上

表 2-7　2012 年澳大利亚维多利亚省居民出行调查表样例

个人出行调查表

您的出行日期是: _____　　　　保密

开始前的准备
请填写您的个人编号(黄色家庭问卷中的编号)、姓名,以及本问卷涉及的出行日期。

个人编号: _____　　姓名: _____　　出行日期: ___ / ___ / ___

请在×月×日至×月×日中,选择您认为能够反映您的出行规律的一天来填写该出行调查问卷。

- 本问卷填写中应包括从清晨4:00开始到第二天清晨4:00这24小时中的所有出行。
- 例如,外出午餐或慢跑等短距离的出行也应该被全面记录在本次调查中。
- 如果您到达某地后又回到出行的起点,请您在问卷中详细记录您的回程出行。
- 如果您在调查日中没有进行任何出行,请您在本问卷对应空白部告知您未出行的原因。
  您的反馈对于我们了解公众的出行行为非常宝贵。

清晨4:00开始的出行活动

问题1　本出行调查日清晨4时您所处的位置?

在家	___	前往问题2
单位	___	请在后续空格中填写上述地址的具体信息,前往
其他地点	___	问题2
在途中	___	前往终点1(见下页)

门牌号: _____　　街道名: _____

最近的交叉口名或地标建筑: _____

区县: _____

问题2　本出行调查日您是否离开过该地点?　　是 ___ 前往问题3　否 ___ 前往问题4

问题3　您本出行调查日首次(清晨4点后)离开该地点的具体时间是?

_____ : _____　am　pm　前往终点1 >>

问题4　请告知您本日未进行任何出行的原因。

_____

问题5　若您在本出行调查日未离开过该地点,请填写您上次离开该地点的日期。

星期几 _____　　日期 ___ / ___ / ___

如果您在出地调查日没有去任何地方,请翻到第7页。

终点1–出行调查日到达的第一处地点

A 终点1的类型是？
（单选）

- 公交车站
- 地铁车站
- 火车站
- 我通常的工作地点
- 临时工作地点
- 托儿所、幼儿园
- 中小学
- 大学
- 餐馆、咖啡厅、快餐店
- 商场
- 加油站
- 我的住所
- 他人的住所
- 其他

请详述

B 终点1的名称是？
（表A中您所勾选类型的具体名称）

请您在空白处填写终点1的名称
- 请填写车站、商店、工作地点、学校或其他类型终点的具体名称。

若终点1没有具体的名称，您也可以不填写此项。

C 终点1的位置？

我的住所 ☐ 前往表D

其他地点 ☐ 请在下面空白处填写终点1的详细地址

门牌号

街道名

最近的交叉口名或地标建筑

区县

D 谁与您一同前往终点1？

请勾选黄色家庭问卷中个人编号

- 成员1　成员4
- 成员2　成员5
- 成员3　成员6
- 我与其他人一同出行（非本家庭成员）
- 独自出行

E 为何要前往终点1？
（单选）

- 搭乘公交、地铁或火车
- 工作地点
- 与工作相关的其他原因
- 上学或教育
- 接送货物（非工作相关）
- 餐饮
- 购物
- 社交活动
- 接送人
- 陪同出行
- 回家
- 其他原因

请详述

F 搭乘何种交通方式达到终点1？
（单选）

- 火车
- 地铁
- 校车
- 公交
前往表G

- 私家车
- 摩托车
- 小型货车
前往表H

- 步行
- 自行车
- 出租车
- 电动自行车
- 其他
前往表J

请详述

G 火车、地铁、公交用户

线路编号：

您的购票种类？

- 全价票
- 月票
- 其他类型
- 免票
前往表J

H 私家车用户

您是私家车驾驶员或是乘客？

- 驾驶员
- 乘客

你所乘坐的私家车里共搭乘了几位乘客（含司机）？

该机动车是否记录在黄色家庭问卷中？

是 ☐　黄色家庭问卷中该机动车的编号

否 ☐

到达终点1后，您选择在何处停车？

- 居住小区内停车场
- 路侧停车
- 单位提供的路外停车场
- 其他路外停车场
- 没有停车

停车费缴纳类型？

- 单位集中缴纳停车费
- 自付短期停车费
- 自付每日停车费
- 自付长期停车费
- 工作合同中提供停车费支付方案
- 他人代付停车费
- 不用缴纳停车费
- 不清楚

从停车费步行到终点1需要花费您多长时间？

☐ 分钟

I 到达终点1的时间？

：　am ☐　pm ☐

您在本出行日是否还前往其他终点（包括回家）？

否 ☐ 前往第7页

是 ☐

您离开终点1的具体时间是？

：　am ☐　pm ☐

前往终点2 > >

续表

终点2

A 终点2的类型是?
(单选)

公交车站
地铁车站
火车站

我通常的工作地点
临时工作地点

托儿所、幼儿园
中小学
大学

餐馆、咖啡厅、快餐店
商场
加油站

我的住所
他人的住所

其他

请详述

B 终点2的名称是?
(表A中您所勾选类型的具体名称)

请您在空白处填写终点2的名称
- 请填写车站、商店、工作地点、学校或其他类型终点的具体名称。

若终点2没有具体的名称,您也可以不填写此项。

C 终点2的位置?

我的住所 → 前往表D

其他地点 → 请在下面空白处填写终点2的详细地址

门牌号

街道名

最近的交叉口名或地标建筑

区县

D 谁与您一同前往终点2?

请勾选黄色家庭问卷中个人编号

成员1 成员4
成员2 成员5
成员3 成员6

我与其他人一同出行
(非本家庭成员)

独自出行

E 为何要前往终点2?
(单选)

搭乘公交、地铁或火车
工作地点
与工作相关的其他原因
上学或教育
接送货物
(非工作相关)
餐饮
购物
社交活动
接送人
陪同出行
回家
其他原因

请详述

F 搭乘何种交通方式达到终点2?
(单选)

火车
地铁
校车
公交 → 前往表G

私家车
摩托车
小型货车 → 前往表H

步行
自行车
出租车
电动自行车
其他 → 前往表J

请详述

G 火车、地铁、公交用户?

线路编号:

您的购票种类?

全价票
月票
其他类型
免票 → 前往表J

H 私家车用户

您是私家车驾驶员或是乘客?

驾驶员
乘客

你所乘坐的私家车里共搭乘了几位乘客(含司机)?

该机动车是否记录在黄色家庭问卷中?

是 → 黄色家庭问卷中该机动车的编号

否

到达终点2后,您选择在何处停车?

居住小区内停车场
路侧停车
单位提供的路外停车场
其他路外停车场
没有停车

停车费缴纳类型?

单位集中缴纳停车费
自付短期停车费
自付每日停车费
自付长期停车费
工作合同中提供停车费支付方案
他人代付停车费
不用缴纳停车费
不清楚

从停车费步行到终点2需要花费您多长时间?

分钟

I 到达终点2的时间?

: am pm

您在本出行日是否还前往其他终点(包括回家)?

否 → 前往第7页

是

您离开终点2的具体时间是?

: am pm

前往终点3 >>

续表

终点3

A 终点3的类型是？
（单选）

公交车站 ☐
地铁车站 ☐
火车站 ☐

我通常的工作地点 ☐
临时工作地点 ☐

托儿所、幼儿园 ☐
中小学 ☐
大学 ☐

餐馆、咖啡厅、快餐店 ☐
商场 ☐
加油站 ☐

我的住所 ☐
他人的住所 ☐

其他 ☐

请详述

B 终点3的名称是？
（表A中您所勾选类型的具体名称）

请您在空白处填写终点3的名称

- 请填写车站、商店、工作地点、学校或其他类型终点的具体名称。

若终点3没有具体的名称，您也可以不填写此项。

C 终点3的位置？

我的住所 ☐   前往表D

其他地点 ☐   请在下面空白处填写终点3的详细地址

门牌号

街道名

最近的交叉口名或地标建筑

区县

D 谁与您一同前往终点3？

请勾选黄色家庭问卷中个人编号

成员1 ☐   成员4 ☐
成员2 ☐   成员5 ☐
成员3 ☐   成员6 ☐

我与其他人一同出行 ☐
（非本家庭成员）

独自出行 ☐

E 为何要前往终点3？
（单选）

搭乘公交、地铁或火车 ☐
工作地点 ☐
与工作相关的其他原因 ☐
上学或教育 ☐
接送货物 ☐
（非工作相关）
餐饮 ☐
购物 ☐
社交活动 ☐
接送人 ☐
陪同出行 ☐
回家 ☐
其他原因 ☐

请详述

F 搭乘何种交通方式达到终点3？
（单选）

火车 ☐
地铁 ☐   前往表G
校车 ☐
公交 ☐

私家车 ☐
摩托车 ☐   前往表H
小型货车 ☐

步行 ☐
自行车 ☐
出租车 ☐   前往表J
电动自行车 ☐
其他 ☐

请详述

G 火车、地铁、公交用户

线路编号：

您的购票种类？

全价票 ☐
月票 ☐   前往表J
其他类型 ☐
免票 ☐

H 私家车用户

您是私家车驾驶员或是乘客？

驾驶员 ☐
乘客 ☐

你所乘坐的私家车里共搭乘了几位乘客（含司机）？ ☐

该机动车是否记录在黄色家庭问卷中？

是 ☐   黄色家庭问卷中该机动车的编号 ☐

否 ☐

到达终点3后，您选择在何处停车？

居住小区内停车场 ☐
路侧停车 ☐
单位提供的路外停车场 ☐
其他路外停车场 ☐
没有停车 ☐

停车费缴纳类型？

单位集中缴纳停车费 ☐

自付短期停车费 ☐
自付每日停车费 ☐
自付长期停车费 ☐
工作合同中提供停车费支付方案 ☐

他人代付停车费 ☐
不用缴纳停车费 ☐
不清楚 ☐

从停车处步行到终点3需要花费您多长时间？

☐ 分钟

I 到达终点3的时间？

☐ ： ☐   am ☐ pm ☐

您在本出行日是否还前往其他终点（包括回家）？

否 ☐   前往第7页

是 ☐

您离开终点3的具体时间是？

☐ ： ☐   am ☐ pm ☐

前往终点4 >>

续表

终点4

A 终点4的类型是?
(单选)

公交车站 ☐
地铁车站 ☐
火车站 ☐

我通常的工作地点 ☐
临时工作地点 ☐

托儿所、幼儿园 ☐
中小学 ☐
大学 ☐

餐馆、咖啡厅、快餐店 ☐
商场 ☐
加油站 ☐

我的住所 ☐
他人的住所 ☐

其他 ☐

请详述 ▼

B 终点4的名称是?
(表A中您所勾选类型的具体名称)

请您在空白处填写终点4的名称
- 请填写车站、商店、工作地点、学校或其他类型终点的具体名称。

若终点4没有具体的名称,您也可以不填写此项。

C 终点4的位置?

我的住所 ☐ | 前往表D

其他地点 ☐ | 请在下面空白处填写终点4的详细地址 ▼

门牌号

街道名

最近的交叉口名或地标建筑

区县

D 谁与您一同前往终点4?

请勾选黄色家庭问卷中个人编号

成员1 ☐ 成员4 ☐
成员2 ☐ 成员5 ☐
成员3 ☐ 成员6 ☐

我与其他人一同出行 ☐
(非本家庭成员)
独自出行 ☐

E 为何要前往终点4?
(单选)

搭乘公交、地铁或火车 ☐
工作地点 ☐
与工作相关的其他原因 ☐
上学或教育 ☐
接送货物 ☐
(非工作相关)
餐饮 ☐
购物 ☐
社交活动 ☐
接送人 ☐
陪同出行 ☐
回家 ☐
其他原因 ☐

请详述 ▼

F 搭乘何种交通方式到达终点4?
(单选)

火车 ☐
地铁 ☐
校车 ☐ | 前往表G
公交 ☐

私家车 ☐
摩托车 ☐ | 前往表H
小型货车 ☐

步行 ☐
自行车 ☐
出租车 ☐ | 前往表J
电动自行车 ☐
其他 ☐

请详述

G 火车、地铁、公交用户

线路编号:

您的购票种类?

全价票 ☐
月票 ☐
其他类型 ☐ | 前往表J
免票 ☐

H 私家车用户

您是私家车驾驶员或是乘客?

驾驶员 ☐
乘客 ☐

你所乘坐的私家车里共搭乘了几位乘客(含司机)?

该机动车是否记录在黄色家庭问卷中?

是 ☐ | 黄色家庭问卷中该机动车的编号

否 ☐

到达终点4后,您选择在何处停车?

居住小区内停车场 ☐
路侧停车 ☐
单位提供的路外停车场 ☐
其他路外停车场 ☐
没有停车 ☐

停车费缴纳类型?

单位集中缴纳停车费 ☐

自付短期停车费 ☐
自付每日停车费 ☐
自付长期停车费 ☐
工作合同中提供停车费支付方案 ☐

他人代付停车费 ☐
不用缴纳停车费 ☐
不清楚 ☐

从停车费步行到终点4需要花费您多长时间?

☐ 分钟

I 到达终点4的时间?

☐ : ☐ am ☐ pm ☐

您在本出行日是否还前往其他终点(包括回家)?

否 ☐ | 前往第7页

是 ☐

您离开终点4的具体时间是?

☐ : ☐ am ☐ pm ☐

前往终点5 〉〉

续表

终点5

A 终点5的类型是？
（单选）

公交车站
地铁车站
火车站

我通常的工作地点
临时工作地点

托儿所、幼儿园
中小学
大学

餐馆、咖啡厅、快餐店
商场
加油站

我的住所
他人的住所

其他

请详述

B 终点5的名称是？
（表A中您所勾选类型的具体名称）

请您在空白处填写终点5的名称
- 请填写车站、商店、工作地点、学校或其他类型终点的具体名称。

若终点5没有具体的名称，您也可以不填写此项。

C 终点5的位置？

我的住所   前往表D

其他地点   请在下面空白处填写终点5的详细地址

门牌号

街道名

最近的交叉口名或地标建筑

区县

D 谁与您一同前往终点5？

请勾选黄色家庭问卷中个人编号

成员1   成员4
成员2   成员5
成员3   成员6

我与其他人一同出行
（非本家庭成员）
独自出行

E 为何要前往终点5？
（单选）

搭乘公交、地铁或火车
工作地点
与工作相关的其他原因
上学或教育
接送货物
（非工作相关）
餐饮
购物
社交活动
接送人
陪同出行
回家
其他原因

请详述

F 搭乘何种交通方式达到终点5？
（单选）

火车
地铁
校车   前往表G
公交

私家车
摩托车   前往表H
小型货车

步行
自行车
出租车   前往表J
电动自行车
其他

请详述

G 火车、地铁、公交用户

线路编号：

您的购票种类？

全价票
月票
其他类型   前往表J
免票

H 私家车用户

您是私家车驾驶员或是乘客？

驾驶员
乘客

你所乘坐的私家车里共搭乘了几位乘客（含司机）？

该机动车是否记录在黄色家庭问卷中？

是   黄色家庭问卷中该机动车的编号

否

到达终点5后，您选择在何处停车？

居住小区内停车场
路侧停车
单位提供的路外停车场
其他路外停车场
没有停车

停车费缴纳类型？

单位集中缴纳停车费
自付短期停车费
自付每日停车费
自付长期停车费
工作合同中提供停车费支付方案

他人代付停车费
不用缴纳停车费
不清楚

从停车费步行到终点5需要花费您多长时间？

分钟

I 到达终点5的时间？

：   am   pm

您在本出行日是否还前往其他终点（包括回家）？

否   前往第7页

是

您离开终点5的具体时间是？

：   am   pm

在新调查表中继续填写 >>

续表

您目前的收入水平是？（单选）

20 000元/月及以上 □	5 000～7 999元/月 □
15 000～19 999元/月 □	3 000～4 999元/月 □
10 000～14 999元/月 □	1 000～2 999元/月 □
8 000～9 999元/月 □	低于1 000元/月 □

过去7天里您是否骑自行车进行了以下活动？（多选）

是 – 我骑自行车…　　　　　　否 – 我在过去7天内没有骑自行车出行 □

上下班 □
购物 □
锻炼或休闲 □
其他原因 □

请详述

问卷填写人的具体信息？

个人编号（黄色家庭问卷中个人编号信息） □　　　　姓名

您填写的出行调查日是星期几？

星期几　　　　　　　　　日期　　／　　／

如果您已经年满15周岁，你是否还愿意帮助填写政府发放的其他调查问卷？

是 □ –　　请留下您的联系电话和电子邮箱

否 □

转到第8页

续表

意见及建设

您对城市道路基础设施、公共交通系统、自行车交通系统及城市交通系统总体情况有何意见或建议？

您对本次调查的意见和建议？

感谢您参加本次个人出行调查！

本次调查的结果旨在辅助Victoria进行交通规划，并了解居民日常出行变化情况。

如有问题请拨打电话1800 816 337。关于此次调查的详细信息也可登录www.transport.vic.gov.au/vista了解具体信息。

再次感谢您的协助和支持！

DOT 689012

2.3 调查方案设计

在完成基本的居民出行调查问卷设计后，就需要针对整个调查来设计其具体的调查方案和实施步骤。这里主要包含调查区域范围确定、交通小区划分、抽样确定调查样本3个主要阶段。

2.3.1 调查区域范围确定

划定调查区域范围就是确定调查的边界线，调查区域的选择和确定与交通规划的目标紧密相关。由于在进行居民出行调查时会受到人力、物力等资源的限制，居民出行调查的区域应充分考虑到城市交通出行的特点及空间分布特性。居民出行调查的区域应该适度超前于城市规划在一定发展阶段的规模。

交通规划根据交通出行的范围将出行分为内内出行、内外出行、外内出行和过境出行4类，而这4类出行的前提就是对交通出行区域进行划分，如图2-2所示。在进行居民出行调查的区域设定时，若制定的调查范围过小，则会将内内出行变为内外出行或外内出行，将内外出行、外内出行或内内出行统计为过境出行；若制定的范围过大，则会将内外出行、外内出行甚至过境出行都统计为内内出行。这就要求在确定调查区域范围时，应充分考虑以下因素：

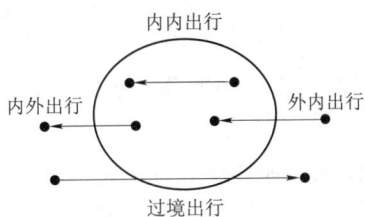

图2-2 出行范围示意图

① 考虑规划区域社会经济系统规划及经济活动地域分布情况，调查范围应足够大；
② 考虑调查区域的出入境交通情况，尽可能配合天然地形界限，避免不规则的形状；
③ 考虑适合路边调查站点的设立；
④ 考虑利用现有行政区划的统计数据；
⑤ 考虑调查区域的交通出行特征及交通基础设施特点。

2.3.2 交通小区划分

为了便于调查统计及分析，需要按照一定的规则将调查区域划分成适当数量的交通调查小区。分区太细、太多，会使调查分析难度加大；分区太粗、太少，则一方面会影响抽样精度，另一方面会将大部分出行都归于区内出行而影响后续交通分析的准确性。通常，交通小区分区（zoning）遵照以下原则。

1. 现有统计数据采集的方便性

社会经济指标一般是以行政区域为单位统计、预测的。在我国，最高级行政区域划分为省、自治区、直辖市和特别行政区,其次是自治州、县、自治县、市、乡、民族乡、镇。在交通小区划分时,要充分利用这些行政区的划分,以减少不必要的工作量,提高预测的精确度。

2. 均匀性和由中心向外逐渐增大

对于对象区域内部的交通小区,一般应该在面积、人口和发生与吸引交通量等方面,保持适当的均匀性;对于对象区域外部的交通小区,因为精度要求的变低,应该随着距对象区域距离的变远,规模逐渐增大,以减少不必要的工作量。目前美国推荐的在进行城市范围的交通调查时,交通小区划分应保证每个分区的人口控制在 1 万~2 万人,每条由小区质心至周边路网的连接道路上的机动车交通量控制在 1 万~1.5 万辆。

3. 充分利用自然障碍物

尽量利用对象区域内部的山川等自然障碍物作为小区边界线,河流上的桥梁便于作为交通调查核实线使用。一般情况下,山川等自然障碍物被作为行政区划分界线使用着,因此这与"现有统计数据采集的方便性"所述并不矛盾。

4. 包含高速公路匝道、车站、枢纽

对于含有高速公路和轨道交通等的对象区域,高速公路匝道、车站和枢纽应该完全包含于交通小区内,以便利用这些交通设施的流动进一步分析空间影响、区域分布等,避免匝道被交通小区一分为二的分法。

5. 考虑土地利用

交通小区的划分应避免将同一用途的用地分在不同的交通小区,这样有利于土地利用中指标的统计处理。

图 2-3 为交通小区划分的示例。图中数字为交通小区号码。图 2-4 为各交通小区对应的土地利用。可知该例的交通小区划分遵循了上述原则。

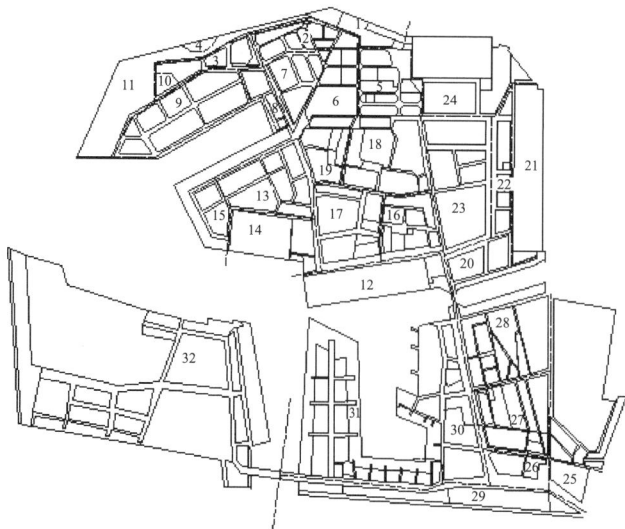

图 2-3　交通小区划分示例

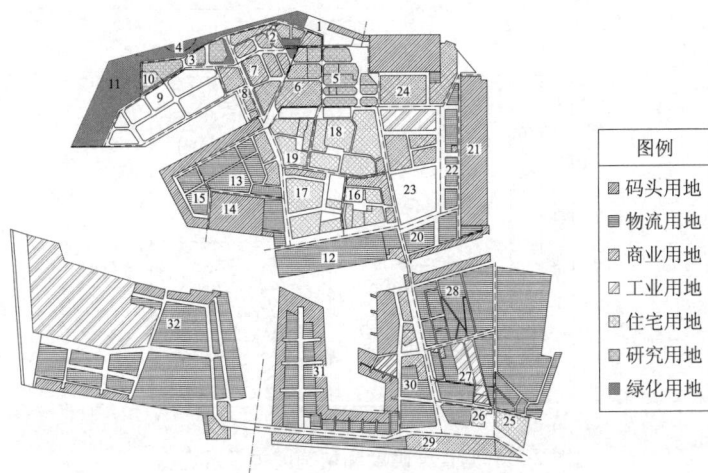

图 2-4 交通小区划分与土地利用

2.3.3 抽样确定调查样本

由于受到现有人力、时间、财务等资源的多重限制，居民出行调查只能利用抽样调查的方法，通过获取部分个体的出行数据，来推断总体出行的规律和特性。抽样方法和抽样率等多方面的因素都会影响抽样结果，因此，合理地确定抽样方法和抽样率对居民出行结果的准确性有着极为重要的影响。但不论如何设计抽样方法和抽样率，抽样调查只能通过小部分群体的特性去估计总体样本的特性。由于在抽样过程中会丢失部分信息，就使得抽样群体的特性与总体的特性有所偏差，这里所说的偏差主要是由抽样过程中的两种不同类型误差联合导致的。

抽样过程中的第一种误差称为抽样误差。换言之，这种误差产生的原因是在实际操作中分析的仅仅是总体的一个子集而非总体。因此，抽样误差是不可避免的。但是，抽样误差不影响估计过程中样本的均值，它只影响样本在空间上的分布，也就是影响样本的方差及置信区间。在实际操作中，抽样误差取决于抽样过程中样本的大小及参数内在的波动特性。抽样率的具体计算方法本书会在第3章中具体讨论。

抽样过程中的第二种误差称为抽样偏差。抽样偏差是在抽样样本的选取过程中，或者是在抽样方法的选取过程中存在错误所导致的。抽样偏差与抽样误差是截然不同的两个概念，它们的区别主要体现在以下两个方面。

① 抽样误差不对调查结果的均值产生影响，只影响调查结果的波动范围；抽样偏差则会对调查结果的均值产生严重的影响，从而严重干扰调查的准确性。

② 抽样误差不能被消除，只能通过增大抽样样本来提高精确度；抽样偏差则能通过对抽样方法重新设计来消除。可以认为抽样误差会影响到调查结果的精确度，而抽样偏差会影响到抽样结果的准确度。抽样误差影响精确度和抽样偏差影响准确度的相互关系如图2-5所示。

从图2-5可以看出，调查的精确度呈现出规律的重复性。即如果在类似的条件下进行多次相似的调查，调查者会得到相同的答案（不论答案正确与否）。另外，调查的准确度是

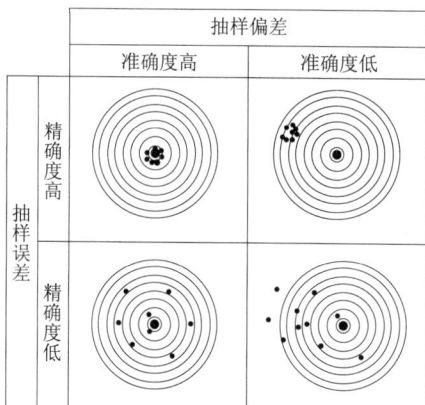

图 2-5 调查准确度和精确度关系示意图

图中所显示的那样，调查的结论都会围绕正确的结果分布，也就是说，调查涵盖能够反映出整体特性的正确目标人群。抽样调查的精确度可以通过增加样本大小提高，而抽样调查的准确度主要受抽样群体分布随机性和抽样群体覆盖度的影响，想要提高抽样调查准确度需要避免以下因素对抽样偏差的影响。

① 在随机抽样过程中出现的原则性偏差。这表现在刻意挑选有"代表性"的样本，导致样本分布的极度不均衡；或者刻意挑选较为"平均"的样本，导致大多数结果都在平均值附近。这些错误都是在调查初期样本抽选的过程中，调查人认为某些样本空间不是随机分布而放弃抽选产生的。

② 在采用的抽样方法中某些属性和调查对象有相关性。例如，单纯利用电话调查方法来进行居民出行调查就会造成抽样偏差。由于在电话抽样调查的过程中，被调查对象必须是有电话覆盖的群体，这个群体和出行特征与整体需要调查群体的出行特征之间有偏差，就产生了抽样偏差。

③ 替代抽样。这通常由于在入户调查过程中，当调查人发现没法按时赶到抽样对象家中或抽样对象家中暂时没人时，调查人擅自更换了调查对象。

④ 未能覆盖所选样本。如果在一个抽样中，有部分具有相似特性的样本都未能调查到，就会对调查的准确度产生影响。例如，在进行居民出行调查中，若调查人搭乘公交前往调查目的地，那么调查人可能仅调查那些接近于公交线路的被调查人，而那些远离公交线路的被调查人就可能被忽略。这样可能导致该调查得出过高的公交覆盖率和使用率。

2.4 调查数据分析及方法

2.4.1 居民出行的空间分布

居民出行的空间分布能用居民出行 OD 表来表示，OD 表可以分为矩形表和三角形表两种，能够明确地反映出调查区域内的流量、流向，以及起点和终点，还能反映出车流是区间流动、区内流动还是过境流动。

表2-8 为矩形 OD 表，它能够反映地区间车流流向和流量，适用于车流的流动方向经常变化和流量显著不同的情况。

表2-9 为三角形 OD 表，它是将矩形表中往返车流合计成一个回程的表达方法，适用于区间往返流量相对稳定的情况。

表 2-8　矩形 OD 表

D　$\diagdown$　O	1	2	3	⋯	n	$O_i = \sum\limits_{j=1}^{n} q_{ij}$
1	q_{11}	q_{12}	q_{13}	⋯	q_{1n}	O_1
2	q_{21}	q_{22}	q_{23}	⋯	q_{2n}	O_2
3	q_{31}	q_{32}	q_{33}	⋯	q_{3n}	O_3
⋮	⋮	⋮	⋮		⋮	⋮
n	q_{n1}	q_{n2}	q_{n3}	⋯	q_{nn}	O_n
$D_j = \sum\limits_{i=1}^{n} q_{ij}$	D_1	D_2	D_3	⋯	D_n	$T = \sum\limits_{i=1}^{n} O_i = \sum\limits_{j=1}^{n} D_j$

表 2-9　三角形 OD 表

D　$\diagdown$　O	1	2	3	⋯	n	$O_i = \sum\limits_{j=1}^{n} q_{ij}$
1	q_{11}	q_{12}	q_{13}	⋯	q_{1n}	O_1
2		q_{22}	q_{23}	⋯	q_{2n}	O_2
3			q_{33}	⋯	q_{3n}	O_3
⋮					⋮	⋮
n					q_{nn}	O_n
						$T = \sum\limits_{i=1}^{n} O_i$

在实际路网中，由于调查区域之间通常有几条线路相通，用 OD 表很难掌握各个区之间的交通流，所以按照人们选择最短和最畅通路线的意愿，在交通规划地图上用线条宽度和交通量成一定比例的粗直线将各个区的形心连接起来，绘成 OD 调查表所要求的期望线图，如图2-6 所示。

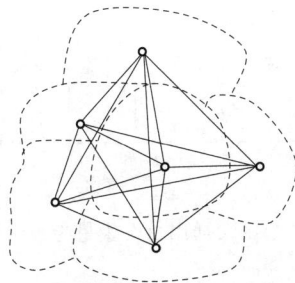

图 2-6　居民出行全方式期望线图

如果将期望线图上小区之间的直线改绘成与道路走向相同而粗细不同的折线，折线粗细表示汇集该路段上交通量的大小，即形成交通量等值线图。

2.4.2　居民出行强度

出行强度即居民的出行频度，反映了居民在日常生活中出行的生成情况，包括出行总量、平均出行次数（出行率）和平均出行距离 3 个指标。出行强度数据来自对上述 3 个指标，以及与其他相关因素间的关系进行的统计分析。在不同出行目的、出行方式等因素情况下，反映城市居民出行的需求强度。根据北京市居民出行调查统计，得到的北京市历年居民出行强度指标如表 2-10 所示。

表 2-10　北京市历年居民出行强度指标

年份	1986 年	2000 年	2005 年	2010 年
六环内常住人口/万人	582	831	1 107	1 465
出行总量/万人次	939	2 301	2 920	4 130
出行率/［次/（人·日）］	1.61	2.77	2.64	2.82
平均出行距离/（km/次）	5.2	5.8	6.0	7.6

（1）出行总量

所有出行者各次出行的总和，即各个小区交通出行发生量总和，能够表示为：

$$N = \sum_{p=1}^{P} n_p = \sum_i O_i \tag{2-1}$$

式中：

N——调查区域内的出行总量，次/日；

P——出行者总人数，人；

n_p——第 p 个出行者的出行次数，次/日；

O_i——第 i 个小区的交通发生量，次/日。

将小区的出行起点或终点的出行量绘制成柱状图、折线图或扇形统计图，可以清楚地表示各小区的发生与吸引量。例如，图 2-7 为根据某出行调查结果绘制的出行发生量与吸引量柱状图。

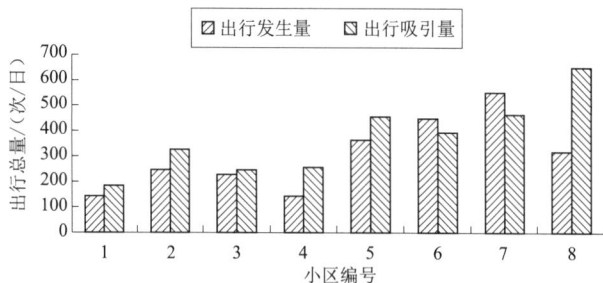

图 2-7　各小区交通出行发生量与吸引量统计图

（2）平均出行次数（出行率）

平均出行次数反映出调查对象每日的平均出行强度，具体计算方法如式（2-2）所示。

另外，根据统计对象的不同，平均出行次数还能进一步细化分解为分区域、分职业、分性别、分年龄等的平均出行次数。

$$\bar{n} = \frac{N}{P} \tag{2-2}$$

式中：

$\bar{n}$——居民平均出行次数，次/（人·日）；

N——同式（2-1）；

P——同式（2-1）。

（3）平均出行距离

平均出行距离反映出调查对象在空间上的平均出行强度，具体计算方法如式（2-3）所示。

$$\bar{d} = \frac{\sum\limits_{n} d_n}{N} \tag{2-3}$$

式中：

$\bar{d}$——统计区域内居民各次出行的平均出行距离，km/次；

d_n——第 n 次出行的出行距离，km；

N——同式（2-1）。

2.4.3　居民出行目的分布

出行目的分布能够反映出城市居民在日常从事不同活动中，对出行需求程度的变化情况。目前居民出行目的通常分为：上下班、上下学、公务、购物、休闲娱乐、接送服务、个人事务、回家及其他几类。利用居民出行调查信息获取居民出行目的的计算方法如式（2-4）所示。

$$p_i = \frac{N_i}{N} \tag{2-4}$$

式中：

p_i——第 i 种出行目的所占的比例，%；

N_i——第 i 种出行目的的出行总量，次/日；

N——同式（2-1）。

受到社会经济结构、收入水平、生活习惯等因素的影响，居民出行目的的分布在不同城市或不同时期存在一定的差异。从国内居民出行调查数据分析来看，经济发达城市由于居民可支配收入较高、城市设施完善和居民消费欲强，生活性出行（购物、休闲娱乐、接送服务、个人事务）比例较大。表 2-11 为根据北京市居民出行调查统计得到的高峰时段出行目的分布表，可以看出早晚高峰时段的出行仍以通勤出行为主。

表 2-11　北京市居民高峰时段出行目的分布

年份	2005 年		2010 年		2014 年	
出行目的	早高峰	晚高峰	早高峰	晚高峰	早高峰	晚高峰
上下班	44.40%	59.30%	43.00%	54.00%	53.35%	68.44%
上下学	10.80%	13.30%	9.10%	8.60%	7.83%	5.56%

年份	2005 年		2010 年		2014 年	
出行目的	早高峰	晚高峰	早高峰	晚高峰	早高峰	晚高峰
购物	13.20%	3.70%	13.50%	5.10%	10.45%	2.71%
休闲娱乐健身	5.70%	1.10%	5.90%	3.80%	7.65%	3.37%
接送人	6.30%	3.20%	6.10%	3.90%	6.34%	3.52%
个人事务	1.70%	0.20%	2.60%	0.60%	1.88%	0.22%
回家	11.20%	15.40%	12.00%	18.30%	11.47%	15.84%
公务	1.60%	1.90%	0.90%	1.40%	0.33%	0.03%
其他	5.10%	2.00%	6.80%	4.30%	0.70%	0.31%
总计	100%	100%	100%	100%	100%	100%

2.4.4 居民出行方式分布

出行方式是指居民在出行时使用交通工具的类型。一次出行通常对应多于一种的出行方式，倘若一次出行中使用了几种交通工具，则以主要使用的交通工具作为此次出行方式。出行结构一般指城市居民日常出行采用的各种交通工具的人数比例，是反映城市交通发展水平的一个重要指标。在我国目前广泛使用的交通方式有：地铁、公交、小汽车、出租车、班车、校车、自行车、步行及其他。居民出行方式分布的计算方法如式（2-5）所示。

$$m_i = \frac{N_i}{N} \tag{2-5}$$

式中：

m_i——第 i 种出行方式的构成比例，%；

N_i——第 i 种出行方式的出行总量，次/日；

N——同式（2-1）。

在进行居民出行方式分布分析时，常根据不同出行目的下的出行方式分布来了解城市居民在进行不同活动时对交通方式需求的变化，从而来优化交通资源配置；另外，不同年度的出行方式变化能够用来分析和讨论城市交通总体发展策略实施的有效性。表 2-12 和表 2-13 分别表示了根据北京市居民出行调查统计得到的分出行目的的出行方式分布情况及分年度的出行方式变化情况。

表 2-12 2014 年北京市分出行目的的出行方式分布情况

出行方式	上下班	上下学	公务外出	接送人	购物	休闲娱乐健身
地铁	9.45%	3.58%	7.58%	0.89%	0.68%	0.68%
公交	15.77%	16.63%	12.39%	6.45%	12.80%	10.99%
小汽车	24.86%	13.76%	51.75%	33.79%	5.60%	2.44%
出租车	0.51%	0.22%	4.52%	0.37%	0.17%	0.13%
班车、校车	2.90%	2.70%	1.90%	0.28%	0.44%	0.21%
自行车	23.57%	23.16%	10.64%	28.74%	18.76%	8.39%

续表

出行方式	上下班	上下学	公务外出	接送人	购物	休闲娱乐健身
步行	22.08%	35.29%	8.60%	28.07%	60.67%	76.50%
其他	0.86%	4.66%	2.62%	1.41%	0.88%	0.66%
总计	100%	100%	100%	100%	100%	100%

表 2-13　北京市历年出行方式变化情况

交通方式	地铁	公交	小汽车	出租车	自行车	其他	步行	总计
2000 年	2.40%	15.40%	15.50%	5.90%	25.80%	2.00%	33.00%	100%
2005 年	3.90%	16.60%	20.60%	5.30%	20.90%	1.70%	31.00%	100%
2010 年	8.00%	19.60%	23.80%	4.70%	11.40%	2.10%	30.40%	100%
2014 年	8.72%	18.30%	16.00%	0.50%	18.64%	2.67%	35.17%	100%

　　从表 2-13 中不难发现，2000—2010 年北京市公共交通的使用比例有了较大幅度的提高。2014 年的统计数据显示轨道交通出行比例仍有一定程度的提高，但北京市的小汽车出行比例呈现显著下降趋势，公交出行比例亦出现下滑。

　　公共交通作为集约化的客运方式，在人口密度高、用地规模大的城市，是优化城市交通方式结构、改善城市交通系统、减少交通拥堵的关键环节和首要条件。从城市交通发展策略来看，如何引导居民使用公共交通，倡导绿色出行，成为维持城市交通可持续发展的必要条件。

复习思考题

1. 请简要叙述居民出行调查的分类。
2. 居民出行调查的基本内容有哪些？
3. 交通小区在划分时应考虑的主要原则有哪些？
4. 抽样误差和抽样偏差的主要区别是什么？

第 3 章

货运机动车 OD 调查

3.1 概　　述

OD 调查的目的在于掌握机动车出行的起讫点、出行时间、车辆类型、载货种类、额定吨位等方面的运行状况。在进行道路网规划和设计时，OD 调查数据不仅能够协助制定道路等级、断面形式等参数，其结果还能够用来测算道路收费等因素所导致的交通量转移。此外，规划区 OD 调查结果还可以结合土地利用、人口分布和经济指标预测未来交通需求，并分析规划区域道路网的设计方案。

货运机动车 OD 调查的目的是通过获取研究区域的货运车辆出行信息，为交通规划、交通管理等工作提供交通基础数据和资料。货运机动车 OD 调查是全面了解调查区域内货运车辆交通运行状况、空间分布情况及货运流动规律的最直接和最有效的途径，开展货运机动车 OD 调查的意义主要体现在以下几个方面：

① 全面了解调查区域内货运交通的时间、空间分布特性，从而帮助掌握路网资源配置情况，分析路网内部交通流出行特性，为调整与改善道路系统和进一步做好交通管理工作提供依据；

② 结合土地利用、人口分布和经济指标，货运机动车 OD 调查数据能够帮助规划部门更为准确地建立货运交通需求预测模型，为公路网规划工作提供依据；

③ 大规模的货运机动车 OD 调查可以从宏观层面协助交通部门对公路网进行日常运营管理。此外，还能够通过利用 OD 调查结果测算不同收费策略、行驶时间和行驶里程的变化所引起的交通量转移，进而更好地引导货运车辆在大区域内合理分布；

④ 在货运机动车 OD 调查资料基础上建立的公路网络交通信息数据库和电子地图可以多次使用，并可以从中得到有关路网的多种信息，为驾驶员的出行及路径选择提供依据，从而可以提高整个公路网的运输效率和效益。

3.2　货运机动车 OD 调查设计

3.2.1　调查流程

货运机动车 OD 调查的工作流程可大致划分为 8 个阶段，即前期规划、调查方法选择、问卷设计、样本抽样、预调查、正式调查、数据处理和后续研究阶段。货运机动车 OD 调查工作流程图如图 3-1 所示，各个阶段的主要任务如表 3-1 所示。

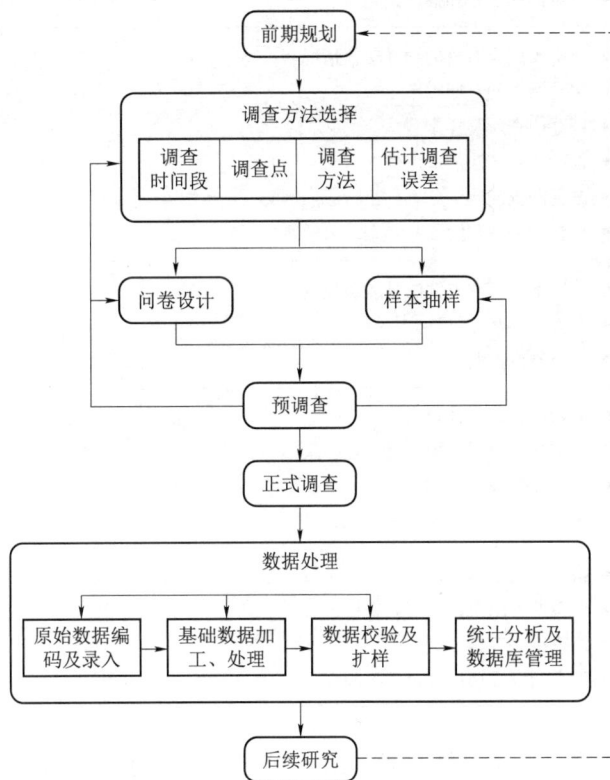

图 3-1　货运机动车 OD 调查工作流程图

表 3-1　货运机动车 OD 调查阶段任务汇总表

前期规划	• 确定总体研究目标和调查目标 • 既有数据调研及现状分析 • 获取调查可利用资源 • 确定调查内容
调查方法选择	• 确定调查时间段 • 确定调查方法 • 估计调查误差

续表

问卷设计	• 确定调查问卷类型 • 设计调查的基本问题 • 确定问题类型、问题格式和问题顺序 • 给出问题填写说明 • 规范问卷格式
样本抽样	• 确定抽样范围 • 确定抽样单位、抽样方法和抽样框 • 分析抽样误差和抽样偏差
预调查	• 分析预调查对象的抽样覆盖情况 • 估计调查问卷回收率 • 计算调查所需样本数 • 检验调查方法的适用性 • 改善调查问卷 • 检验数据处理阶段与调查结果的匹配度
正式调查	• 确定不同调查方法的具体实施流程 • 调查实施和监管 • 调查质量控制
数据处理	• 原始数据编码及录入 • 基础数据分析、加工、处理 • 数据校验及扩样 • 统计分析及数据库管理
后续研究	• 撰写调查技术文档 • 汇总调查结果，撰写调查报告 • 调查结果存档 • 调查问题反馈以改善后续调查

从货运机动车 OD 调查的流程图不难看出，货运机动车 OD 调查的各个阶段有着极为紧密的联系并相互影响。例如，在开展预调查后，可能需要根据预调查的结果重新调整调查方法及调查内容，这就要求再次设计问卷并展开新一轮的预调查。这种闭环的调整在货运机动车 OD 调查的过程中会多次出现，这其中就包括对本次调查的总结，发现问题并反馈以改善后续调查。

由于篇幅所限，本章后续内容主要对货运机动的调查内容、调查方法、调查问卷设计和抽样方法进行详细介绍。

3.2.2 调查内容

道路货物运输具有机动灵活、便捷性强、中短途运送速度快等优点。但与其他交通方式相比，货运运输也具有运量小、运输成本高、运行持续性差、安全性低、环境污染严重等问题。因为货运机动车 OD 调查可以协助交通规划和管理部门制定良好的长途货运网络规划，协助货运企业高效安排生产资源，协助用户更为快捷安全地完成货物运输，所以确定合理的货运机动车 OD 调查内容能够在资源限制条件下，高效完成调查任务的基础上，为车辆的顺畅运行、货运企业的经营效益和国民经济的快速发展作出更大的贡献。

通过国内外现有的货运机动车交通调查总结发现，货运机动车 OD 调查的主要内容除起讫点信息外，还涵盖货运车辆出行情况、货运设施基本情况、货物流动情况与货运车辆装卸货情况。

① 货运车辆出行情况。该部分为机动车 OD 调查的核心部分，主要包括车辆类型、车重载重、载货种类、专用车车型结构、轴数、发动机信息、运输时间、起讫点位置、载货里程、货运量、货运周转量等。

② 货运设施基本情况。主要包括货运设施类型、货运设施规模、货运设施人员数、日货物吞吐量、货品类型及规模、是否为联运设施等。

③ 货物流动情况。主要包括货物种类、货物装卸车时间、货物装卸车地点、货物运送时间、货物运送频次等。

④ 货运车辆装卸货情况。主要包括装卸货物时间、装卸货物地点、装卸货物耗费时间、货运车辆类型、货运车辆停留时间等。

3.2.3 调查方法

目前货运机动车交通调查的主要方法包括：货运设施调查、货流调查、货运企业调查、货运车辆驾驶员调查、路侧问卷调查、货运车辆观测调查、货运车辆 GPS 调查。其中，在国内较常使用的货运机动车交通调查方法主要有路侧问卷调查、货运车辆驾驶员调查和货运车辆观测调查。下面分别从基本方法介绍、调查手段和调查对象 3 方面对现有货运机动车的调查方法进行介绍。

1. 货运设施调查

现场调查主要对进出某货运设施的机动车出行信息及货物信息进行记录，从而掌握一段时间内该设施货运车辆的运营规律及变化，并通过调查车辆类型、货物类型、装卸车货物数，以及货物的起讫点等信息从整体反映出进出该设施的货运车辆情况。

针对货运设施调查的常见调查方式有当面问询调查法、电话调查法或问卷调查法，调查对象主要是调查范围内规模较大的货运集散、仓储设施。该方法的优点是调查范围较为集中、调查内容涵盖面广，缺点是抽样样本受到设施类型的影响，易产生抽样偏差。

2. 货流调查

货流调查与货运设施调查内容较为相似，均涉及货物的起讫点、货物类型等信息，其区别主要在于以下内容。

① 调查对象不同。货运设施调查集中开展于某一场站，而货流调查既可针对货运设施开展，也可针对货运企业或货运车辆进行调查。

② 调查内容的精度不同。相比货运设施调查，货流调查在了解货运机动车起讫点位置的基础上，还对货物的走行径路有更详细的记录。

货流调查的常见调查方式有当面问询调查法、电话调查法或问卷调查法。该方法的优点是调查容易开展、调查方法灵活；缺点是抽样对象类型复杂、抽样较为困难。

3. 货运企业调查

货运企业调查主要记录货运企业的进出货物及货物流动情况等数据。货运企业调查的最大优势在于该方法不仅能够获取单一货运车辆所提供的基本信息，还能够获取该企业内部所有货运车辆总体使用情况及该企业覆盖范围内的货运空间分布数据等信息。

货运企业调查的常见调查方式有当面问询调查法、电话调查法或问卷调查法。该方法的优点是调查对象相对集中，能够获取更为全面的货物空间分布数据。其缺点是调查结果极易受到货运企业类型的影响，如：快递企业通常运送时效性强的短途小件货物，而煤炭、汽车等货物运输企业则主要面向时效性较弱的中、远途大宗货物运输。因此，在调查过程中确定各类型企业的抽样比例是该调查方法中的关键因素。

4. 货运车辆驾驶员调查

货运车辆驾驶员调查主要通过货运车辆驾驶员来记录货运车辆驾驶的基本出行信息及运输途中货物的装卸情况等数据（装卸货物时间、装卸货物地点、装卸货物重量及类型、装卸货物耗费时间、货运车辆停留时间等）。该方法通常事先将调查表发给驾驶员，驾驶员在每完成一个货物装卸活动后，填写调查表中的对应信息。

货运车辆驾驶员调查的常见调查方式主要为问卷调查法或当面问询调查法。该方法的优点是调查工作量小、调查成本相对较低；缺点是调查回收率低、报废表格比例较高、调查结果容易受到驾驶员自身属性的影响等。这就要求调查人在表格中给予更为详细的填写说明，并针对表格回收进行后续跟踪。

5. 路侧问卷调查

路侧问卷调查是指在选定的道路上设置调查点，让驾驶员停车，由专门的调查人员询问他们的起讫点信息、车辆类型、车重载重、载货种类、轴数轴重、发动机信息、运输时间、载货里程、货运量等相关信息，并填写相应调查表格的一种交通调查方法。

路侧问卷调查采用的调查方式为当面问询调查法。该方法的优点是样本采集率高、调查结果的可靠性高、调查周期短、数据获取及时，以及由于访问者和回答者之间有个人接触，该方法可以获得最完全、最准确的资料。其缺点在于动用人力多，组织实施难度较大。另外，在路边拦车询问会对车辆的正常行驶造成影响，可能造成车辆绕过出现阻塞的路段，进而使调查结果失真。

6. 货运车辆观测调查

货运车辆观测调查是根据行驶在公路上的车辆牌照号码在不同路段上被记录的情况，通过对比分析，确定车辆的出行 OD 情况的调查方法。

货运车辆观测调查采用的调查方式为人工记录法或视频自动识别法。该方法的优点是外出调查工作量小，只需记录车辆牌照号、车辆类型、经过时间等极少量的数据；缺点是仅根据车辆牌照难以准确界定车辆的真实行驶起讫点，数据处理工作量过大，在检索中很有可能误配出行 OD 点对，因此在大区域内使用时，效果不是很好。另外，此方法调查到的信息不够完善，对于货类、实载率、出行目的、出行频率等交通信息无法调查得到。

7. 货运车辆 GPS 调查

货运车辆 GPS 调查采用 GPS 设备自动记录货运车辆走行信息，替代了传统方法中人为记录信息。在利用GPS设备获取货运车辆走行径路信息之外，还需要货运车辆驾驶员输入出行相关信息，填写出行日志。

货运车辆GPS调查采用的调查方式为设备自动记录辅助人工填写出行日志。该方法的优点在于GPS的精确记录，可避免用户主观填写带来的不确定性，提高调查精度，减少错报漏报；缺点是GPS信号接收会受到多种因素的干扰，一旦失去GPS信号，便无法获取调查结果。

上述7种货运机动车OD调查的方法所需的调查设备花费、调查人工费用、调查问卷的回复率、单位样本的调查费用（调查经费有限时获取样本数量的多少）、调查所涵盖内容的深度和广度，以及调查抽样过程中发生偏差的可能性等技术和经济指标的横向对比结果如表3-2所示。

表3-2 货运机动车调查方法对比表

调查方法	调查所需设备费用	调查所需人工费用	调查回复率	单位样本调查费用	调查内容全面性	抽样偏差
货运设施调查	低	中-高	低-高	中	高	中-高
货流调查	低	中-高	低-高	低	中	低
货运企业调查	低	中-高	低-高	高	高	高
货运车辆驾驶员调查	低	中	低-中	低-中	中	低-中
路侧问卷调查	低	高	高	中	低	低
货运车辆观测调查（人工）	低	高	低-中	中	低	低
货运车辆观测调查（自动）	高	低	低-中	中-高	低	中
货运车辆GPS调查	中	低	中-高	低	中	中

注：由于采用了不同的调查方式（电话调查、当面问询调查、问卷调查），同一调查方法得到的回复率会有较大差异。

3.2.4 调查问卷设计

如前所述，货运机动车OD调查表通常涵盖货运车辆出行信息，即包括车辆类型、车重载重、载货种类、专用车车型结构、轴数、发动机信息、运输时间、起讫点位置、载货里程、货运量、货运周转量等内容。针对货运车辆驾驶员的调查问卷还涉及装卸货物时间、装卸货物地点、装卸货物重量及类型、装卸货物耗费时间、货运车辆停留时间、燃油消耗等内容。将上述内容进行整理，并确定问题类型、问题格式和问题顺序，再给出问题填写说明便能够成一份完善的货运机动车OD调查文件。

典型示例如表3-3至表3-5所示。表3-3货运车辆调查表样例中包含交通运输部设计的"营业性货运车辆调查表"，表3-4机动车驾驶员调查表样例1中包含"营业性货运车辆自行记录表"，表3-5机动车驾驶员调查表样例2中含"营业性货运车辆自行记录表（适用于非整车运输）"。上述表中涵盖了上面列出的所有内容及部分针对该调查的特有内容。

表3-3 货运车辆调查表样例

样本车辆编码 ☐☐☐☐☐☐☐☐☐☐☐

实际调查期 ☐月☐日至☐月☐日

表　　号：运专调201表	
制表机关：交通部	
批准机关：国家统计局	
批准文号：国统制〔2008〕21号	
有效期至：2008年12月31日	

全国公路水路运输量专项调查

营业性货运车辆调查表

1. 基本信息

1.1 车辆信息

车牌号码		号牌颜色		1. 蓝色　2. 黄色　3. 黑色　4. 白色　5. 其他
运管部门征费吨位/t		核定载质量/t		
车辆自重/t		燃油类型		1. 汽油　2. 柴油　3. 其他
车轴数		1. 两轴　2. 三轴　3. 四轴　4. 五轴　5. 六轴及以上		
车辆类型		1. 普通　2. 专用　3. 危险品　4. 农用运输车　5. 运输拖拉机　6. 其他		
专用车车型结构		1. 集装箱　2. 挂车　3. 大件运输车　4. 保温冷藏车　5. 商品车运输专用车　6. 罐车　7. 平板车　8. 其他		
集装箱箱位/TEU		发动机功率/kW		
发动机排量/L		车龄/年		
车辆管理机构所在地		省（区、市）市（区）县（区、市）		

1.2 被访者信息

被访者姓名		联系电话	
被访者身份		1. 车主　2. 驾驶员　3. 企业管理人员　4. 其他（请注明：）	

2. 燃油消耗信息

调查期内耗油总量/L		调查期内总行驶里程/km	

3. 运输信息

趟次序号	开始时间/（月-日）	结束时间/（月-日）	起点区划代码	终点区划代码	货物种类代码	载货里程/km	货运量/t	货物周转量/（t·km）	集装箱运量/TEU	集装箱周转量/（TEU·km）
1										
2										
3										
4										
5										
6										

调查员：审核人：

电话：　　　　　填表日期：　　年　月　日

填 表 说 明

一、本表由调查员根据记录表或电话联系被访者了解的情况据实填写。

二、凡是在调查期内完成的趟次均要填写相应的运输情况。若调查期内车辆有一个长途趟次，调查期开始前已经发生的，填写本次运输的完整信息，调查期相应扩充为从本趟次开始日到调查期结束日为止。所谓趟次是指从开始装货到货物卸空的一个完整过程。

三、每个趟次的运输情况必须按时间顺序填写，并从"1"开始逐一顺序编号。

四、在调查期内由于种种原因未工作或不能工作，包括车辆报停、大修等，此样本车辆按"零样本"处理。

五、指标解释及相关规定。

1. 实际调查期：根据样本的实际调查期进行填写。对于在规定调查期开始时已经发生、调查期内结束的趟次，实际调查期为本趟次开始日至规定调查期结束日。

2. 调查期内耗油总量：根据实际调查期内车辆加油情况计算填写。

3. 调查期内总行驶里程：根据实际调查期开始和结束时的里程表数计算填写。

4. 区划代码：根据国家统计局发布的最新县及县以上行政区划代码（截至 2007 年 12 月 31 日）填写，网址为 http://www.stats.gov.cn/tjbz。

5. 货物种类代码：根据每个趟次所运输的主要货类选择相应的序号进行填写。① 煤炭及制品，② 石油、天然气及制品，③ 金属矿石，④ 钢铁，⑤ 矿物性建筑材料，⑥ 水泥，⑦ 木材，⑧ 非金属矿石，⑨ 肥料及农药，⑩ 盐，⑪ 粮食，⑫ 机械、设备、电器，⑬ 化工原料及制品，⑭ 有色金属，⑮ 轻工、医药产品，⑯ 农林牧渔业产品，⑰ 其他。

6. 载货里程：根据各趟次车辆载有货物（不论是否满载）的行驶里程填写。

7. 货运量：根据各趟次实际运输的货物总重量进行填写。

8. 货物周转量：根据一个趟次内，实际运送的每批货物重量分别乘以其运送里程的综合数进行填写。计算公式为：货物周转量 = $\sum$（每批货物的重量×该批货物的运送距离）。

9. 集装箱运量：该指标集装箱车必填。按折合 20 英尺标准箱的数量计算。折算系数具体为：45 英尺箱为 2.25 TEU，40 英尺箱为 2.00 TEU，35 英尺箱为 1.75 TEU，20 英尺箱为 1.00 TEU，10 英尺箱为 0.50 TEU。

10. 集装箱周转量：根据一个趟次内实际运送的集装箱数量乘以其运送里程的综合数进行填写。该指标集装箱车必填。具体计算公式为：集装箱周转量 = $\sum$（每个集装箱折合的 TEU 数量×该箱运送距离）。

表 3-4 机动车驾驶员调查表样例 1

车牌号码		表 号：运专调 201-1 表
号牌颜色	1. 蓝色 2. 黄色 3. 黑色 4. 白色 5. 其他	制表机关：交通部
里程表是否损坏	1. 是 2. 否	批准机关：国家统计局
		批准文号：国统制〔2008〕21 号

请记录从　月　日到　月　日的运输情况

全国公路水路运输量专项调查

营业性货运车辆自行记录表

一、调查期内车辆运输情况

趟次序号	起止日期		起点（具体到县区）	终点（具体到县区）	货物名称	载货里程/km	货物重量/t	集装箱数量/个	集装箱箱型
1	月　日至	月　日							
2	月　日至	月　日							
3	月　日至	月　日							
4	月　日至	月　日							
5	月　日至	月　日							
6	月　日至	月　日							

续表

趟次序号	起止日期	起点 (具体到县区)	终点 (具体到县区)	货物名称	载货里程/ km	货物重量/ t	集装箱数量/个	集装箱箱型
7	月 日 至 月 日							
8	月 日 至 月 日							
9	月 日 至 月 日							
10	月 日 至 月 日							

二、调查期内加油及耗油情况

加油次数	加油日期	加油量/ L	加油支出/ 元	加油型号	加油次数	加油日期	加油量/ L	加油支出/ 元	加油型号
第1次					第6次				
第2次					第7次				
第3次					第8次				
第4次					第9次				
第5次					第10次				

重载时百公里耗油量：　　　L；空载时百公里耗油量：　　　L

三、调查期内行驶情况

调查开始时里程表数：　　　；调查结束时里程表数：

填表说明：

1. 本表适用于"整车运输"。"整车运输"是指中途没有装卸的运输。趟次是指从开始装货到货物卸空的一个完整过程，如果从甲地装货运到乙地卸空，又从乙地装货运到丙地卸空，则填写两个趟次。如果从甲地装货运到乙地卸了部分货物，又从乙地到丙地全部卸空，则为一个趟次。

2. 对于在调查开始时点已经发生，并在调查期内结束的趟次，需要填写本趟次完整的运输情况，包括起止日期、起点、终点等运输情况。在填写加油相关信息时，也应包括本趟次内的加油情况。在填写"调查开始时里程表数"时也应填写本趟次开始时的里程表数。

3. 根据每个趟次中运输的主要货物填写货物名称。

4. 集装箱相关信息对于集装箱车是必填项。集装箱箱型是指国际 10 英尺标准箱、20 英尺标准箱、35 英尺标准箱、40 英尺标准箱、45 英尺标准箱。

5. 在记录加油情况时要注意，实际调查期开始前应加满油，调查期结束时也应加满油。加油量与加油支出可以选择一项进行填写。若填写加油支出时，请同时填写加油型号。

6. 如因里程表损坏无法填写里程表数，则将每次空载（即卸货至装货）的情况作为一个趟次填写其"起止日期""起点""终点"和"载货里程"。

记录人：　　　　　　电话：　　　　　　　调查员：　　　　　　　电话：

表 3-5 机动车驾驶员调查表样例 2

样本编码												
车牌号码												
车牌颜色	1. 蓝色 2. 黄色 3. 黑色 4. 白色 5. 其他											
里程表是否损坏	1. 是 2. 否											

请记录从　月　日到　月　日的运输情况

全国公路水路运输量专项调查

营业性货运车辆自行记录表（适用于非整车运输）

一、调查期内车辆运输情况

序号	时间（月-日-时）		运输状态	货物装卸情况					地点（具体到县区）	里程表数/km
				装卸	货物名称	货物重量/t	集装箱数量/个	集装箱箱型		
1				装						
				卸						
2				装						
				卸						
3				装						
				卸						
4				装						
				卸						
5				装						
				卸						
6				装						
				卸						
7				装						
				卸						
8				装						
				卸						
9				装						
				卸						
10				装						
				卸						

二、调查期内车辆加油及耗油情况

加油次数	加油日期	加油量/L	加油支出/元	加油型号
第 1 次				
第 2 次				

加油次数	加油日期	加油量/L	加油支出/元	加油型号
第 3 次				
第 4 次				
第 5 次				
第 6 次				
第 7 次				
第 8 次				
第 9 次				
第 10 次				

重载时百千米耗油量：　　　L；空载时百公里耗油量：　　　L

填表说明：

1. 本表由具有非整车运输特点的被调查人填写。"非整车运输"是指中途存在装卸的运输。

2. 对于每次装卸货物，都要如实记录装卸货物发生时的运输状态、时间、地点、货物的重量、名称，并记录当时里程表数。

3. 对于在既定的调查开始时已经出发、在调查期内到达的运输，需要补充填写货物运输出发时的相应情况及在中途装卸货物的相应情况。

4. "运输状态"一栏填写货物装卸时所处的状态，在"出发、中途停靠、到达"中选择一项进行填写。"出发"是指货车从空车开始装货、开始本次运输的状态，"中间停靠"是指在运输途中停靠并装卸部分货物的状态；"到达"是指货车全部卸空、完成本次运输的状态。

5. 每次货物装卸时，以装卸的主要货物进行填写。

6. "集装箱箱型"是指国际 10 英尺标准箱、20 英尺标准箱、35 英尺标准箱、40 英尺标准箱、45 英尺标准箱。该指标对于集装箱车是必填项。

7. 如里程表损坏，则"里程表数"的填写采用如下替代方法：第一次装货时里程表数填写为 0，以后每次装卸货物时填写距离上次装货（卸货）的行驶里程。

8. 在记录加油时要注意，实际调查期开始前应加满油，调查期结束时也应加满油。

9. 对于每次加油，均应逐次记录加油的具体情况，其中加油量与加油支出可以选择一项进行填写。若填写加油支出，请同时填写加油型号。对于因调查期开始时已经出发、调查期内到达而需补充填写完整出发、中间停靠信息，从而导致实际调查期延长的，加油与耗油总量情况的填写应与实际调查期相一致。

记录人：　　　　　　电话：　　　　　　调查员：　　　　　　电话：

3.3 货运机动车 OD 调查抽样方法

在货运机动车 OD 调查过程中，与问卷设计同步展开的另外一项内容就是货运机动车调查样本的抽样。抽样方法有很多种，按照是否遵循随机原则可以分为非概率抽样和概率抽样。非概率抽样是按照调查者的主观判断（即非随机方法）从总体中抽取单元构成样本，是一种便捷、简单、经济的抽样方法。但是，其样本对总体的代表性难以判断。因此，无法根据其样本信息对总体情况进行推断。概率抽样则是根据随机原则（排除调查者的主观因素）从总体中抽选单元构成样本的方法。样本对总体的代表性有可靠保证，可以根据样本信息对总体进行推断。但是与非概率抽样相比，概率抽样比较复杂、耗资大、耗时长、操作起来不够便捷。根据交通调查的需要，为了能够得到有概率保证的样本，并对总体进行推断，通常采用概率抽样法。

在进行货运机动车 OD 调查时常用的抽样法有以下几种：

① 简单随机抽样法（simple random sampling）；

② 分层随机抽样法（stratified random sampling）；

③ 系统抽样法（systematic sampling）；

④ 多阶段抽样法（multi-stage sampling）。

在中国，系统抽样法和分层抽样法被较多的城市所使用，而各个城市在进行交通调查时的抽样率一般控制在 1%～3%。

3.3.1 简单随机抽样法

简单随机抽样法是最简单的一种抽样法，它保证总体中任意 n 个单位被抽取为样本的概率相等，按照随机原则从总体中抽取 n 个单位作为样本。作为最基本的抽样方法，简单随机抽样法适用于均匀总体，即具有某种指标的单位均匀分布于总体的各个部分。例如，图 3-2 所示是 100 个货运机动车调查的潜在对象群体。利用简单随机抽样法抽取 10 个货运机动车驾驶员来进行调查的方法是：首先，对处于抽样总体中的单位按顺序排成 0～（$n-1$）进行编码，即对图 3-2 中的样本总数为 100 的抽样总体进行编号，就能得到图 3-3 所示的样本编码示意图。

*	*	*	*	*	*	*	*	*	*
*	*	*	*	*	*	*	*	*	*
*	*	*	*	*	*	*	*	*	*
*	*	*	*	*	*	*	*	*	*
*	*	*	*	*	*	*	*	*	*
*	*	*	*	*	*	*	*	*	*
*	*	*	*	*	*	*	*	*	*
*	*	*	*	*	*	*	*	*	*
*	*	*	*	*	*	*	*	*	*
*	*	*	*	*	*	*	*	*	*

图 3-2　样本总数为 100 的抽样总体

00	01	02	03	04	05	06	07	08	09
10	11	12	13	14	15	16	17	18	19
20	21	22	23	24	25	26	27	28	29
30	31	32	33	34	35	36	37	38	39
40	41	42	43	44	45	46	47	48	49
50	51	52	53	54	55	56	57	58	59
60	61	62	63	64	65	66	67	68	69
70	71	72	73	74	75	76	77	78	79
80	81	82	83	84	85	86	87	88	89
90	91	92	93	94	95	96	97	98	99

图 3-3　编号后的样本总数为 100 的样本编码示意图

在获取到有编码的抽样总体后，下一步就是利用随机数码表或专用的计算机随机数发生器产生处于 0 ～（n-1）间的随机数，那些在总体中与随机数码吻合的单位便被抽选成为随机抽样的样本（见图 3-4）。最后就能对抽选出的编号为 05、14、18、25、38、41、53、72、86 和 99 的共 10 位货运机动车驾驶员展开调查。

00	01	02	03	04	05	06	07	08	09
10	11	12	13	14	15	16	17	18	19
20	21	22	23	24	25	26	27	28	29
30	31	32	33	34	35	36	37	38	39
40	41	42	43	44	45	46	47	48	49
50	51	52	53	54	55	56	57	58	59
60	61	62	63	64	65	66	67	68	69
70	71	72	73	74	75	76	77	78	79
80	81	82	83	84	85	86	87	88	89
90	91	92	93	94	95	96	97	98	99

图 3-4　利用简单随机抽样法产生的 10 个样本

简单随机抽样法具有如下统计特性。

① 对于简单随机抽样样本，样本均值 $\bar{y}$ 是总体均值 $\bar{Y}$ 的无偏估计：

$$
\begin{aligned}
E(\bar{y}) &= \frac{1}{C_N^n} \sum \bar{y} = \frac{1}{C_N^n} \frac{1}{n}(y_1 + y_2 + \cdots + y_n) \\
&= \frac{n!\,(N-n)!}{N!} \frac{1}{n} \frac{(N-1)!}{(n-1)!\,(N-n)!}(y_1 + y_2 + \cdots + y_N) \\
&= \frac{1}{N}(y_1 + y_2 + \cdots + y_N) \\
&= \bar{Y}
\end{aligned}
\tag{3-1}
$$

式中：

$\bar{y}$——抽样样本均值；

$\bar{Y}$——总体均值；

y_i——第 i 个样本的值；

N——抽样总群中的单位数。

② 对于简单随机抽样样本，样本方差 s^2 为：

$$
\begin{aligned}
s^2 = V(\bar{y}) &= E(\bar{y} - \bar{Y})^2 \\
&= \frac{S^2(N-n)}{n} \frac{1}{N} \\
&= \frac{S^2}{n}(1-f)
\end{aligned}
\tag{3-2}
$$

式中：

s——抽样样本的标准差；

S——总体的标准差；

f——抽样率，$f = n/N$。

③ 对于简单随机抽样样本，样本方差 s^2 是总体方差 S^2 的无偏估计：

$$E(s^2) = E\left(\frac{1}{n-1}\sum_1^n (y_i - \bar{y})^2\right) = E\left(\frac{1}{n-1}\sum_1^n ((y_i - \overline{Y}) - (\bar{y} - \overline{Y}))^2\right)$$

$$= \frac{1}{n-1}\left[E\left(\sum_1^n (y_i - \overline{Y})^2\right) + E\left(n(\bar{y} - \overline{Y}^2)\right)\right]$$

$$= \frac{1}{n-1}\left[\frac{n(N-1)}{N}S^2 + \frac{N-n}{N}S^2\right] = S^2 \tag{3-3}$$

整体来看，简单随机抽样法简便，误差分析较容易，但是需要样本容量较大，适用于各个体之间差异较小的情况。下面给出一个简单随机抽样法在货运机动车 OD 调查中的应用实例。

【例 3-1】某市共有 684 个货运企业，能够知道这些企业日均最高货车发车频数为 42 台次/日，为了进行货运 OD 欲获得本市所有货运企业的每日货车的总体发车数，现通过调查 50 家货运企业，如表 3-6 所示。试着分别估算在 80% 和 95% 的置信水平下该市每日的货运车辆出行总数。

表 3-6 50 家货运企业货车日均发车频数

y_i	42	41	40	39	38	35	34	33	32	31
f	2	2	1	1	3	5	5	12	4	1
y_i	30	28	27	25	24	23	20	19	18	合计
f	3	2	1	2	1	2	1	1	1	50

解：样本总数 $n = \sum f = 50$；样本总出行次数 $y = \sum y_i f = 1\ 609$；

根据调查结果估计，该市货运机动车出行总数为：

$$\hat{Y} = N\bar{y} = 684 \times \frac{1\ 609}{50} \approx 22\ 011\ （台次/日）$$

样本方差 s^2 为：

$$s^2 = \frac{1}{n-1}\left(\sum f(y_i - \bar{y})\right) = \frac{1}{n-1}\left(\sum fy_i^2 - \frac{(\sum fy_i)^2}{\sum f}\right)$$

$$= \frac{1}{49}\left(53\ 339 - \frac{1\ 609^2}{50}\right) \approx 32$$

在某置信条件下该市货运机动车出行总数可以用公式 $\hat{Y} \pm \frac{Nst}{\sqrt{n}}\sqrt{1-f}$ 来进行估算，如要达到 80% 的置信水平，该市的货运机动车出行总数为：

$$22\ 011 \pm \frac{684 \times 5.645 \times 1.28}{\sqrt{50}}\sqrt{1-50/684} = 22\ 011 \pm 673\ （台次/日）$$

如要达到 95% 置信水平，该市的货运机动车出行总数为：

$$22\ 011 \pm \frac{684 \times 5.645 \times 1.96}{\sqrt{50}}\sqrt{1-50/684} = 22\ 011 \pm 1\ 030\ （台次/日）$$

3.3.2 分层随机抽样法

分层随机抽样法是根据调查对象的某些特定特征，将总体分为同质、不相互重叠的若干层 N_1，N_2，…，N_L，样本总体 $N=N_1+N_2+\cdots+N_L$。当层被确定之后，就从各层中独立抽取样本，各层内的样本量分别用 n_1，n_2，…，n_L 来表示，该抽样方法是一种不等概率抽样。例如，在前述含有 100 个货车的样本空间随机抽取 10 个货车驾驶员进行调查的例子中，假设这 100 个货车驾驶员其中有 30 个驾驶大型半挂货车，70 人驾驶中型货车。那么分层随机抽样法会首先确定这两层每层子总体的抽样数，再针对子总体分别抽样。抽样结果如图 3-5 和图 3-6 所示。

00	01	02	03	04	05	06	07	08	09	大型货车
10	11	12	13	14	15	16	17	18	19	
20	21	22	23	24	25	26	27	28	29	
30	31	32	33	34	35	36	37	38	39	中型货车
40	41	42	43	44	45	46	47	48	49	
50	51	52	53	54	55	56	57	58	59	
60	61	62	63	64	65	66	67	68	69	
70	71	72	73	74	75	76	77	78	79	
80	81	82	83	84	85	86	87	88	89	
90	91	92	93	94	95	96	97	98	99	

图 3-5 等比例分层随机抽样法产生的 10 个样本

00	01	02	03	04	05	06	07	08	09	大型货车
10	11	12	13	14	15	16	17	18	19	
20	21	22	23	24	25	26	27	28	29	
30	31	32	33	34	35	36	37	38	39	中型货车
40	41	42	43	44	45	46	47	48	49	
50	51	52	53	54	55	56	57	58	59	
60	61	62	63	64	65	66	67	68	69	
70	71	72	73	74	75	76	77	78	79	
80	81	82	83	84	85	86	87	88	89	
90	91	92	93	94	95	96	97	98	99	

图 3-6 等额分层随机抽样法产生的 10 个样本

图 3-5 和图 3-6 分别表示了等比例分层随机抽样法和等额分层随机抽样法在进行样本抽取时的抽样结果。能够看出不同的分层抽样方法在样本的抽取上有着较大的差异。等比例分层随机抽样法在每个子总体中的抽样数是由子总体大小决定的，而等额分层随机抽样法在每个子总体中的抽样数相等，均等于总抽样数除以分层数所得到的平均值。

简单随机抽样具有如下统计特性。

① 在分层随机抽样中，若每一层样本估计量 y_h 是无偏的，则 $\bar{y}_{st}$ 是总体均值的无偏估计量。

$$E(\bar{y}_{st}) = E\left(\sum_{h=1}^{L} W_h \bar{y}_h\right) = \frac{1}{N} \sum_{h=1}^{L} \sum_{i=1}^{N_h} Y_{hi} = \bar{Y} \tag{3-4}$$

式中：

$\bar{y}_h$——第 h 层的抽样样本均值；

$\bar{y}_{st}$——抽样总体的样本均值；

$W_h = N_h/N$——第 h 层的权重。

② 若各层的样本是独立抽取的，分层随机抽样估计量 $\bar{y}_{st}$ 的方差为：

$$V(\bar{y}_{st}) = \frac{1}{N^2} \sum_{h=1}^{L} N_h(N_h - n_h) \frac{S_h^2}{n_h} = \sum_{h=1}^{L} W_h^2 (1 - f_h) \frac{S_h^2}{n_h} \tag{3-5}$$

若各层中的抽样比 $f_h = n_h/N_h$ 可以忽略时，则有：

$$V(\bar{y}_{st}) = \sum_{h=1}^{L} W_h^2 \frac{S_h^2}{n_h} \tag{3-6}$$

由此可见，在分层随机抽样法实施过程中，尽可能扩大分层间的差异度，可以有效减小分层随机抽样的误差。

分层抽样利用辅助信息分层，各层内应该同质，各层间差异尽可能大。这样的分层抽样能够提高样本的代表性、总体估计值的精确度和抽样方案的效率，抽样的操作、管理比较方便。但是抽样框较复杂，误差分析也较为复杂。此法适用于母体复杂、个体之间差异较大、数量较多的情况。下面给出一个分层随机抽样法在货运机动车OD调查中的应用实例。

【例3-2】表3-7列出了某货运企业所拥有的64台货运车辆的行驶里程，其中大型货车16台，中型货车48台。先按照车辆类型不同对这64台货车构成的样本总体进行分层，现抽取24台货车来分析该企业货运车辆的运行情况，试分别计算按照简单随机抽样、等比例分层随机抽样和等额分层随机抽样时，该企业货车行驶总里程估计值的标准误差。

表 3-7 某货运企业货运车辆年度行驶里程统计表　　　　百公里

大型货车		中型货车					
1 238	573	364	288	253	169	143	119
900	487	328	284	232	164	140	116
822	464	317	272	214	163	139	115
805	459	308	270	209	163	134	114
781	451	302	260	201	154	130	113
670	442	292	260	195	150	127	111
634	400	291	255	183	147	123	107
578	366	291	253	170	143	122	100

解：

① 简单随机抽样的样本方差的估计值如式（3-2）所示，即：

$$V(\hat{Y}_{\text{srs}}) = \frac{N^2 S^2}{N} \cdot \frac{N-n}{n} = \frac{64^2 \times 52\ 448}{64} \times \frac{64-24}{24} \approx 5\ 594\ 453$$

$$s_1 = \sqrt{5\ 594\ 453} \approx 2365$$

② 等比例分层随机抽样的样本方差的估计值用式（3-5）计算得：

$$V(\hat{Y}_{\text{rss}}) = N^2 V(\bar{y}_{\text{st}}) = \sum_{h=1}^{L} N_h (N_h - n_h) \frac{S_h^2}{n_h}$$

$$= 16 \times 10 \times \frac{53\ 843}{6} + 48 \times 30 \times \frac{5\ 581}{18} \approx 1\ 882\ 293$$

$$s_2 = \sqrt{1\ 882\ 293} \approx 1\ 372$$

③ 等额分层随机抽样的样本方差的估计值用式（3-5）计算得：

$$V(\hat{Y}_{\text{rss}}) = N^2 V(\bar{y}_{\text{st}}) = \sum_{h=1}^{L} N_h (N_h - n_h) \frac{S_h^2}{n_h}$$

$$= 16 \times 4 \times \frac{53\ 843}{12} + 48 \times 36 \times \frac{5\ 581}{12} \approx 1\ 090\ 827$$

$$s_3 = \sqrt{1\ 090\ 827} \approx 1\ 044$$

从该算例中能够看出，尽管简单随机抽样和分层随机抽样样本量相同，但分层随机抽样的估计得到的货车行驶总里程的标准误差小于简单随机抽样的标准误差，说明分层随机抽样得到结果更为准确。其中，等额分层随机抽样得到的结果优于等比例分层随机抽样得到的结果。

3.3.3 系统抽样法

系统抽样法又称等距抽样法或顺序抽样法，它首先需要从样本总体的前 k 个单位中，随机抽取出一个单位作为初始样本，然后每 k 个单位抽取一个单位作为抽样样本。例如，在前述含有 100 个货车的样本空间随机抽取 10 个货车进行抽样的例子中，由于要抽取 10 个样本，那么就需要首先确定抽选步长 k，$k = (100/10) = 10$。随后，在前 $1 \sim k$ 个单位中随机抽选一个单位作为初始样本，假设第一个抽取的样本为 03，则后续被抽出的样本号码为 13，23，…，93（见图 3-7）。

00	01	02	03	04	05	06	07	08	09
10	11	12	13	14	15	16	17	18	19
20	21	22	23	24	25	26	27	28	29
30	31	32	33	34	35	36	37	38	39
40	41	42	43	44	45	46	47	48	49
50	51	52	53	54	55	56	57	58	59
60	61	62	63	64	65	66	67	68	69
70	71	72	73	74	75	76	77	78	79
80	81	82	83	84	85	86	87	88	89
90	91	92	93	94	95	96	97	98	99

图 3-7　编号后的样本总数为 100 的抽样总体

系统抽样法与简单随机抽样法相比，具有以下明显的优点。

① 抽样过程只用随机抽样 1 次，实施简便，便于减少差错的发生。样本的随机性完全是由第一个被抽中个体的随机性决定的，一旦选定第一个个体，其他个体只是按照等间距机械地抽取，也就确定了整个样本，这种特性在实用上有很大的便利性。

② 系统抽样法将总体分为 n 层进行等间距抽取，相应地，该抽样方法应与分层随机抽样法具有相同的精确度。差别在于等距抽样的样本单位总在每一层的固定位置上，而在分层随机抽样过程中样本单位的位置是在各层中随机决定的，如图 3-8 所示。

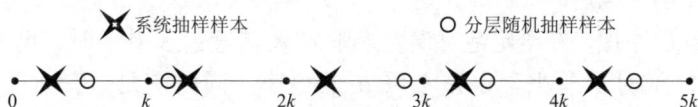

图 3-8 系统抽样法抽样样本分布示意图

由于系统抽样法所固有的等距抽样规律，在系统抽样设计时就要求将总体分成组间差异较小的不同层次的抽样组，这样能够有效提高抽样的精确度。尽管系统抽样便于设计实施，且精确度较高，但从数学上无法对其估计量的精确度进行估计，在很大程度上依赖于总体的性质，如何更好地控制其估计量的精确度，需要在其应用上加以重视。

3.3.4 多阶段抽样法

在简单随机抽样法中，抽样是针对总体中的所有单位展开的，这些单位被抽中的概率是均等的，但在抽样总体含有的单位过多时，抽样的难度和调查资源的消耗使得该方法的适用性非常差。例如，如果要利用简单随机抽样法开展全国范围内的货运机动车 OD 数据调查，就需要首先获取全国所有货运机动车的注册信息，再在此基础上展开抽样调查。在现实工作中，这种方法显然难以奏效。为了避免上述问题的出现，便产生了多阶段抽样法。多阶段抽样法会分别针对两个或多个连续并具有继承关系的阶段抽取样本，从而获得所有抽样单位。其特点是抽样的样本分布集中，且能够节省时间和经费。如果利用多阶段抽样法开展全国范围的货运机动车 OD 数据调查，那么整体抽样过程就可以大致被划分为以下 5 个阶段。

第一阶段：将全国按省份划分为第一级抽样单位，首先抽选待调查的省份。

第二阶段：分别将抽选出的省份进一步按地、市划分为第二级抽样单位，再次从第二级抽样单位中抽取待调查地、市。

第三阶段：分别将抽选出的地、市进一步按行政区划分为第三级抽样单位，从第三级抽样单位中抽取待调查的行政区。

第四阶段：分别将抽选出的行政区进一步按街道划分为第四级抽样单位，从第四级抽样单位中抽取待调查的街道。

第五阶段：分别将注册在抽选出的街道的所有货运车辆作为抽样单位，完成最后阶段的抽样工作。

考虑到多阶段抽样法首先需要抽选省份，而不同省份的抽取应当考虑到该省份货运车辆的总体数量。这就客观地要求在进行多阶段抽样之前对不同阶段划分的子总体大小有所了解，从而保证在各阶段的抽样过程中，抽取到的样本在整体空间上有较为均匀的分布。

总的来说，多阶段抽样法是以两个或多个连续阶段抽取样本的一种不等概率抽样法，其抽样的单元是分级的，每个阶段的抽样单元在结构上也不同。该抽样方法的优点是样本分布集中，能够节省时间和经费；缺点是调查组织复杂，总体估计值计算相对复杂。

3.3.5 样本量的确定

通过对误差分析可知，如果要提高调查的精确度，一个重要的方面就是确定合理的样本量。样本量大小的确定是一个平衡问题，如果在数据收集和分析过程中采用较大的样本容量，达到给定研究目标和精确度要求的费用就很高。若样本量太小，则会使结果容易受到某些误差较大的样本的影响。

根据数理统计的原理，在给定绝对误差上限 σ 及其置信水平 α 时，也就是使抽样结果满足样本与总体的绝对误差小于误差上限 σ 的概率，同时满足置信水平 α 的要求的假设，即

$$P(\,|\bar{x}-d|<\sigma)=\alpha \text{ 成立} \tag{3-7}$$

式中：

$\bar{x}$——样本的均值；

d——总体的均值；

σ——误差上限；

α——置信水平。

结合样本方差与总体方差的计算公式：$s_{\bar{x}}=S/\sqrt{n}$；将其转换为标准正态分布可得：

$$P\left(\left|\frac{d}{S/\sqrt{n}}\right|<\lambda\right)=\alpha \tag{3-8}$$

则该假设被接受时有 $\dfrac{d}{S/\sqrt{n}}=\lambda$，也就是说当抽样总体数量为无穷大时，抽样样本量需要满足 $n'=\dfrac{\lambda^2 S^2}{d^2}$；

再根据有限样本的矫正参数 $\dfrac{n'}{1+(n'/N)}$，则能求得调查最后所需要的最小样本量为：

$$n=\frac{n'}{1+(n'/N)}=\frac{\lambda^2 S^2 N}{d^2 N+\lambda^2 S^2} \tag{3-9}$$

抽样率 f 为：

$$f=\frac{n}{N}=\frac{\lambda^2 S^2}{d^2 N+\lambda^2 S^2} \tag{3-10}$$

式中：

$s_{\bar{x}}$——抽样样本的标准误差；

S——抽样总体的标准误差；

λ——标准正态分布在一定置信水平对应的双侧分位数，当置信水平为 68.3% 时，$\lambda=1$；置信水平为 75% 时，$\lambda=1.15$；置信水平为 90% 时，$\lambda=1.65$；置信水平为 95% 时，$\lambda=1.96$；

N——同式（3-1）。

【例 3-3】某市在开展货运机动车出行调查之前，进行了一次针对性的预调查。通过对 30 辆货运车辆进行预调查发现，这 30 辆货车在一个月内行驶里程的均值为 24 000 km，标准

误差为 5 000 km。根据预调查的结果，试计算，若该市货车总体数量为 1 000 辆时，需要获取多少样本才能满足在置信水平为 95% 下，样本的标准误差估计值不超过其均值的 5%？

解：本例中设计的绝对误差上限 $d = 24\,000 \times 0.05 = 1\,200$，其他参数取值为：$\lambda = 1.96$；$S = 5\,000$；$N = 1\,000$；将其代入式（3-9），则根据预调查获得的统计参数能够得出本次调查所需的样本数为：

$$n = \frac{\lambda^2 S^2 N}{d^2 N + \lambda^2 S^2} = \frac{1.96^2 \times 5\,000^2 \times 1\,000}{1\,200^2 \times 1\,000 + 1.96^2 \times 5\,000^2} \approx 63$$

在实际调查中应该抽取 63 个样本进行调查。

【例3-4】假设针对例3-3中抽取的63个样本展开了第一轮的货运机动车调查，调查结果显示该样本中货车行驶里程的均值变为 23 200（km），标准误差变为 6 000（km）。根据上述调查数据，试计算在例3-3所要求的置信水平下是否需要进行补充调查。

解：本例中设计的绝对误差上限 $d = 23\,200 \times 0.05 = 1\,160$，其他参数取值为：$\lambda = 1.96$；$S = 6\,000$；$N = 1\,000$；将其代入式（3-9），则根据预调查获得的统计参数能够得出本次调查所需的样本数为：

$$n = \frac{\lambda^2 S^2 N}{d^2 N + \lambda^2 S^2} = \frac{1.96^2 \times 6\,000^2 \times 1\,000}{1\,160^2 \times 1\,000 + 1.96^2 \times 6\,000^2} \approx 93.20$$

也就是说根据第一轮调查所得到的结果计算发现，在实际调查中应该至少抽取 94 个样本进行调查才能满足在置信水平为 95% 下，样本的标准误差估计值不超过其均值的 5% 的要求。这就要求进行第二轮补充调查，第二轮调查样本数应为 94-63=31 辆货运机动车。

本章首先对货运机动车 OD 调查的目的和意义进行了简要介绍。随后，给出了包含调查前期规划、调查方法选择、问卷设计、样本抽样、预调查、正式调查、数据处理、后续研究 8 个主要阶段的调查基本流程，并针对上述 8 个阶段中的调查前期规划、调查方法、问卷基本形式进行了较为详细的介绍。对样本抽样过程中不同方法的特点、抽样过程及样本量估计等方面内容进行了详细介绍，并给出了计算实例。由于问卷具体设计流程、数据处理、后期研究等部分与第 2 章内容重复性较高，本章就不再赘述，读者可参照第 2 章居民出行调查中对应的内容进行分析和处理。

■ 复习思考题

1. 请简述货运机动车 OD 调查通常采用的方法及特点。

2. 请简述货运机动车交通调查中通常采用的抽样方法及特点。

3. 在货运机动车 OD 调查中，要求调查结果的绝对误差不超过 10 次，置信水平取 95%，假设已知总体标准差 S 的估计值为 80，调查总体为 4 330 人，求必要的调查抽样率。

第4章

物 流 调 查

4.1 概 述

4.1.1 物流调查的概念与意义

从一般意义上讲，所谓物流调查，是指以科学的方法、客观的态度，明确研究物流市场营销问题所需的信息，有效地收集和分析这些信息，为物流企业决策部门制定更加有效的营销战略提供基础性的数据和资料。具体到城市交通中，物流调查是以科学、实际的方法，收集和整理城市货源点和吸引点的分布，货流的流量、流向、经过路线，货物的分类数量、比重，货运方式分配等信息的一项调查工作。

物流调查对于物流企业来讲意义重大，具体表现为：

① 有利于物流企业进行正确的市场定位；

② 有利于物流企业制定与实施正确的市场营销战略；

③ 有利于物流企业实行正确的产品策略；

④ 有利于物流企业实行正确的价格策略；

⑤ 有利于物流企业开展有效的广告促销活动；

⑥ 有利于了解竞争产品的市场表现，并制定有针对性的市场竞争策略。

4.1.2 物流调查的范围及对象

物流调查包括供需调研、结果分析、供需预测、综合分析研究等，其对象主要包括：交通物流企业、储运公司、制造业、流通企业、社会中介（银行、咨询公司、媒体等）。下面主要对交通物流企业进行简要介绍。

根据交通行业现代物流的定义，交通物流企业有广义和狭义之分。广义的交通物流企业包括所有交通行业的企业和单位，狭义的交通物流企业则指交通行业从事运输、港口、站场、仓储、代理、运输服务等两种以上活动的企业和单位。

交通行业现代物流调查的对象是由交通行业现代物流相关活动的特征及交通行业现代物

流统计工作的实践要求所决定的，其统计对象是交通行业现代物流各种活动过程及其数量特征和发展变化规律，通过对相关物流活动数量特征进行的统计，反映交通行业现代物流的发展规模、结构、水平、质量、效率和效益等。

交通行业现代物流统计的对象范围主要包括：由交通行业主管部门实行行业管理，主要业务涉及公路、水运或多式联运货物运输及物流服务活动的物流企业和功能型物流企业，以及从事公路或水运货物运输相关活动的个体经营业户。

1. 物流企业

2013 年发布的国家标准《物流企业分类与评估指标》（GB/T 19680—2013）对物流企业的定义为：从事物流基本功能范围内的物流业务设计及系统运作，具有与自身业务相适应的信息管理系统，实行独立核算、独立承担民事责任的经济组织。交通行业现代物流统计涉及的物流企业主要指由交通行业主管部门实行行业管理、经营业务符合上述定义要求的经济组织，可称之为"交通物流企业"。

2. 功能型物流企业

这里所说的"功能型物流企业"，是指交通行业虽不符合上述有关物流企业定义规定的基本条件，但是具备一定的物流功能，能够提供一定的物流服务，是具有进行资源整合并向现代物流企业拓展转型潜力的实行独立核算的经济组织。现代物流企业应至少从事运输或仓储一种业务，而且能够对其他如装卸、搬运、包装、流通加工、配送等物流服务功能进行一体化组织管理，并具备相应的信息管理系统。功能型物流企业尚不能完全满足这些条件，目前市场存在的交通功能型物流企业主要有以下几类。

① 一些企业仅从事公路、水运货物运输或货物仓储等基础物流服务，缺乏物流延伸和增值服务功能，不能全面满足客户的物流需求，不能为客户制订物流方案、提供一体化的综合物流服务，缺乏相应的信息管理系统。

② 一些企业能够为客户提供物流活动中其他一些单项的物流服务，如包装、流通加工、装卸搬运、车货配载信息服务等，具备一定的信息化程度，但不能提供公路、水运货物运输、仓储等基本服务功能。

以上两类企业都具有向交通现代物流企业拓展转型的潜力，均属于交通功能型物流企业。除上述两类企业外，交通功能型物流企业还包括以下这类。

③ 交通行业从事部分公路、水运货物运输及物流业务的客运公司或集团公司。这些客运公司或集团公司以客运服务为主营业务，设有货运物流中心、货运子（分）公司或利用客车行李仓开展部分货运物流服务。这些客运公司或集团公司的货运物流服务也应纳入交通行业现代物流统计范围。

3. 个体经营业户

目前，我国运输物流市场存在大量从事公路或水运货物运输及相关物流活动的个体经营业户，其业务经营具有以下主要特征：

① 具有一定数量的运输工具，能提供一定的货物运输及相关物流服务，具有固定（或相对固定）的从业人员；

② 长年从事货物运输活动或从事季节性货物运输活动，全年从事货物运输活动的时间

在 3 个月以上；

③ 具备独立核算的条件或虽非独立核算单位，但是有单独的账目；

④ 向当地工商行政管理部门领取过营业执照。

这些从事公路或水运货物运输及相关物流服务活动的个体经营业户数量众多，分布广泛，也是我国交通行业现代物流的一个组成部分，其出现和发展是我国交通行业由计划经济体制向市场经济体制转型，进而向现代物流拓展的客观历史过程。这些个体经营业户的业务经营活动量小并且分散、经营不规范、缺乏有效的监督管理，存在过度和无序竞争，违规（法）经营现象（如超载运输）较严重，经营信誉和服务质量缺乏保证，也给交通行业现代物流统计带来了较大困难。常规的统计调查法，尤其是统计报表制度难以实施，可采取抽样调查等方法来进行相应的统计，工商行政管理部门和车辆登记管理部门也可获取相关的信息资料。

目前，交通行业货运物流市场存在较为混乱无序的运行状态，但是，随着有关市场准入和退出机制及其他法律法规的健全，交通行业物流市场的运行将得到逐步完善。在政府引导和市场机制的双重作用下，通过资源整合、资产重组、企业的联合并购，交通行业货运市场运作的集约化、规模化、规范化程度将不断得到提升，交通行业现代物流统计的工作效率和质量也将相应得到改善和提高。

4.2　物流调查的种类与供需分析

物流是集运输、仓储、装卸搬运、流通加工、配送、信息处理于一体的综合的经济活动。物流调查是一项系统的工作，即物流市场调查的每一个阶段都必须进行系统的规划，每一阶段的所有步骤也应有条不紊地进行。调查必须客观，应努力提供能够反映真实状况的信息。物流调查要做到"实、宽、活"。"实"即调查要实事求是，客观反映现实；"宽"即调查的范围要大，以保证取样的全面；"活"即调查要灵活采用不同的方式。

4.2.1　物流调查的种类

物流调查的种类根据研究重点的不同可以有不同的划分方法，从研究目的、研究品种、研究业务、抽样方式、调查媒介等角度，物流调查主要可以分为以下几类。

1. 根据研究目的进行分类

根据研究目的，物流调查可以分为物流需求调查和物流供给调查。

① 物流需求调查是调查物流客户群体对物流服务的产品种类、数量、时间的需求等。通过调查可以使物流企业了解物流服务的内容，以便作出及时准确的决策，包括物流需求容量，顾客及消费行为调查等。

② 物流供给调查是调查物流服务提供商所提供物流服务的范围、种类等。主要调查物流产品或服务供给总量、供给变化趋势、市场占有率；消费者对本企业物流产品或服务各方面的意见、评价；物流产品或服务的市场寿命、替代情况等。通过调查可以使物流客户更好

地选择物流服务的提供商，以得到最优的物流服务。

2. 根据研究品种进行分类

根据研究品种的不同，物流调查可以分为单一品种物流调查和综合品种物流调查。

① 单一品种物流调查是根据物资品种的分类情况对某一品种进行物流调查，如钢材物流调查、水泥物流调查、小麦物流调查、食油物流调查、电视机物流调查等。

② 综合品种物流调查是对综合品种大类甚至所有品种的物流调查，如建材物流调查、粮食物流调查、生活资料物流调查等。

3. 根据研究业务进行分类

根据研究业务的不同，物流调查可以分为专业物流业务调查和综合物流调查。

① 专业物流业务调查是对专业化物流业务种类的物流调查，如运输量物流调查、仓储物流调查、搬运物流调查、信息化程度物流调查等。

② 综合物流调查是对综合物流业务进行的物流调查，如第三方物流调查、供应链物流调查、外包物流调查、自办物流调查等。

在具体情况下，常常把以上几种分类方法综合运用。例如，物资储运公司的建材市场物流调查，需要研究建材物资各种品种的供应和需求、储存和运输等；商业储运公司所进行的蔬菜物流调查，需要研究各种蔬菜的生产、调运、储存和配送等。

4. 根据抽样方式进行分类

根据抽样方式的不同，物流调查可以分为普查和抽样调查。

① 普查是将调查区域中的每个对象都列为调查对象，逐个地进行调查。这样的调查比较全面，但是工作量大，成本高，一般只适用于垄断市场的调查。尤其对物流调查来说，由于很少有垄断市场，因此很少采用普查方法。

② 抽样调查就是在调查区域中选取有限的若干个对象作为调查对象。这种调查方法针对性强、调查次数少，可以降低调查成本，提高调查效率。物流企业采用抽样调查，一般只选取那些已经成为或可能成为自己客户的企业作为调查对象，这样可以大大提高调查效率，降低调查成本。

5. 根据调查媒介进行分类

根据调查媒介的不同，物流调查可以分为口头调查、电话调查、书面调查、观察调查和资料调查。

① 口头调查主要是以交谈方式进行的调查。调查者和被调查者通过问答或座谈形式进行调查。

② 电话调查是一种最方便、成本低、效率高的调查方式。电话跨越任何空间距离、排除任何外界干扰、双方直接进行交谈，谈话可以直接针对主题，时间短、调查效率高。随着电信业的不断发展，用电话交谈进行调查则是一种既方便又普遍的调查方式。

③ 书面调查主要是以文字形式进行的调查。最主要的文字形式有两种：一是问卷，二是调查表。书面调查是被调查者根据预先设计的问卷或调查表的内容，自主考虑、自主提供调查结果的方法。这种调查由于被调查者有比较充足的时间进行考虑、反复琢磨，所以调查

结果比较可靠，而且成本低、效率高。

④ 观察调查是调查人员通过直接观察和记录调查对象的言行来收集信息资料的调查方法。

⑤ 资料调查是通过各种渠道收集有关企业经营活动方面的相关资料并进行分析、整理。使用这种方法费用少，而且效果好。

6. 根据利用互联网的方式进行分类

根据利用互联网的方式，物流调查可以分为网上调查和网下调查。

① 网络调查是通过互联网平台发布问卷，由上网的消费者自行选择填答的调查方法。网络调查是在互联网日益普及的背景下经常采用的调查方法。其主要优势是访问者与被访者可以互动，即访问者可以即时浏览调查结果；从样本来源角度看，网络调查可以在更为广泛的范围内、对更多的人进行数据收集，资料庞大；同时网络调查费用低，效率高，客观性、可控性较强。但也有一定的缺陷，主要表现在受调查表的设计、样本的数量和质量、个人信息保护等因素的影响。

② 网下调查，凡是非网上调查方式，都是网下调查方式。例如，口头调查、书面调查等方式均属于网下调查。

7. 根据与被调查者的接触方式进行分类

根据与被调查者的接触方式，物流调查可以分为直接调查和间接调查。

① 直接调查主要是和被调查者直接接触，直接由被调查者提供信息而获得资料的调查方法。

② 间接调查是从侧面的其他渠道调查了解调查对象的有关资料，主要通过政府主管部门的统计资料、企业档案、报纸杂志的报道性文章，调查对象的关系企业或部门。例如，从客户、供应商、银行、社区邻居等处获取调查所用的资料。

8. 根据物流统计调查的功能进行分类

根据物流统计调查的功能不同，分为探索性调研、描述性调研和因果性调研。

① 探索性调研是在对研究对象缺乏了解的情况下，要回答有没有、是不是等问题时常进行的研究。

② 描述性调研是在对研究对象有一定了解的情况下，要回答怎么样、是什么等问题时常进行的研究。

③ 因果性调研是在对研究对象有相当程度了解的情况下，要回答为什么、相互关系如何等问题时常进行的研究。

4.2.2 物流供需分析

物流供需调研是了解物流供需情况的最基本手段，也是进行物流供需市场分析的基础。物流供需调研对企业了解物流市场、准确定位和改进物流系统有至关重要的作用。物流供应方应根据客户需要设计物流方案和进行系统建设，物流供应能力不能满足需求时将对生产和流通产生不良影响，物流供应能力超过物流需求时，不可避免地造成系统的浪费。

1. 物流需求分析

1) 物流需求的概念

所谓物流需求，是指各类企事业单位和个体消费者在社会经济活动过程中，所伴随产生的运输、仓储、包装、装卸搬运、配送等物流活动的需要情况。

物流需求的概念有广义和狭义两种解释。广义的物流需求包括潜在物流需求和社会物流需求。

所谓潜在物流需求，是指企业自行承担的物流需求，即伴随企业生产经营活动中的运输、仓储等物流活动，由企业自行负责。由于受传统经济和生产力发展水平的影响，目前我国大部分生产制造企业和商业企业（包括个体经营者）的运输、储存等物流业务基本上都是由企业自己来承担，物流活动的社会化程度较低。在这些企业中存在着大量的物流业务，但这些物流业务还没有从企业的经营活动中剥离出来，称为潜在物流需求。

所谓社会物流需求，是指由专门经营物流业务的第三方物流承担来自社会各方面的物流业务。

狭义的物流需求只包括社会物流需求，这种需求完全是一种市场行为，由物流供给方来提供物流服务。在分析物流需求时，既要注重现有的物流需求，还应关注未来的物流需求。

2) 影响物流需求的环境因素

物流企业所提供的是物流服务，物流服务的数量和质量与一个国家的经济发展水平关系密切。影响物流需求变化的主要因素有以下几个方面。

（1）产业结构的变化

产业结构主要是指第一、第二、第三产业所占的比重。现代经济发展的总趋势是第一产业的比重逐渐降低，第二和第三产业的比重逐步提高。

在第二产业中，电子工业和加工组装工业的比重越来越大。这些工业生产的是附加值高的产品，相应地对物流服务的要求也较高，产品由过去的"重厚长大"向"轻薄短小"方向转化，所以物流服务的需求也由数量型需求向质量型需求转化。

（2）消费者需求的多样化、个性化

随着人民生活水平的不断提高，人们对物质产品的需求也呈现出多样化和个性化，不但对商品的品种、质量要求越来越高，而且越来越关注商品的售后服务，这对商家的采购、进货方式、配送模式等都会产生深刻的影响，小批量、多批次的进货方式将对物流需求发生直接的影响。

（3）流通结构的变化

从20世纪90年代初期开始，为满足广大消费者的多样化需求和商业的规模效益，我国涌现出大批超级市场、连锁店、仓储式商店等新型零售业态，这些新型业态事业开展的重要基础之一就是高效率的物流系统。通过对物流据点的有效配置，充分发挥其功能，实现高效的商品采购和供应，为降低物流成本提供了条件。

（4）电子商务的影响

电子商务的发展和流通模式的变革为物流的发展带来新的商机，增加了物流的需求量。电子商务运用现代计算机和信息通信技术来完成商品的交易活动，它突破了商流的时间和空间限制，极大地扩展了流通范围，提高了商流的效率，流通方式因此发生了根本的变化，并直接影响到企业的运作模式。

近年来，我国电子商务得到蓬勃发展，成为商品流通领域发展最快的新型业态。但对实物移动的物流来说，显然不可能以电子数据的传输方式进行，只能使用传统的物流方式去实现其空间位移。由于商流活动的电子化极大地提高了商流的速度和范围，因而要求物流也必须作出快速反应，物流的运作方式和活动范围也随之发生变化。

电子商务正以前所未有的速度迅猛发展，改变着传统的生产、流通和消费模式，具有广阔的发展前景。电子商务发展依赖于现代物流配送体系的支撑，而国内电子商务的进一步推进受制于物流瓶颈的制约。一些 B2B 电子交易市场正在发展自己的物流仓储配送体系，大多数电子商务企业特别是 B2C 型企业更多地依托第三方物流企业完成物流配送工作。但是，目前承担电子商务物流服务的企业大部分规模不大，实力不强，执行力度不够，管理技术和体制落后，不适应电子商务快速发展的需要。这些差距和矛盾，正是物流企业发展的新商机。

（5）政治、法律环境日渐完善

政府的重视与支持对物流产业的发展具有决定性的意义。中央政府有关部门，如国家商务部、国家发展和改革委员会、交通运输部等，都从不同角度关注着我国物流产业的发展，并积极地研究促进物流产业发展的有关政策。

（6）物流技术的发展

物流技术是物流发展必不可少的保障，物流的每个环节要想顺利实现都离不开物流技术的发展。物流技术包括硬件技术和软件技术。物流硬件技术指的是基础设施设备的发展，软件技术主要是指信息技术的发展。

经过多年的发展，我国的基础设施已经比较健全，拥有完善的运输基础设施和先进的运输设备。中国铁路的六次大提速，是中国铁路事业快速发展的典型体现。我国还拥有全球货物运输量最大的四大港口，完善的交通体系为现代物流的发展提供了保障。与此同时，近年来我国的信息技术也得到了突飞猛进的发展，ERP（enterprise resource planning）、EOS（electronic ording system）、GPS、GIS 等信息技术在全社会得到了很大的普及。

3）物流需求结构分析

物流需求结构可以从物流需求的客户和物流需求的内容两方面来进行分析。

（1）物流需求的客户

分析物流需求的客户可以从工业企业、现代连锁商业和个体消费者等方面来进行。

① 工业企业对供应物流和销售物流服务的需求。随着市场需求环境的变化，企业的生产经营方式逐步发生改变。生产主导型的推动式生产经营方式正逐步被市场主导型的拉动式生产经营方式所取代，从而导致在采购、库存、商品配送等领域的运作方式与管理方面的根本改变。

工业企业的核心能力是设计、制造和新产品的开发。在专业化分工越来越细的市场环境中，企业的生产环境越来越复杂，这就要求企业将有限的人力、物力、财力集中到核心业务上，重点研究核心技术，不断创新，从而提高企业的核心竞争力，参与全球化竞争。物流有利于工业企业集中核心业务，培育核心竞争力。多品种、小批量、柔性化的生产需要高效率的物流服务作保障，解决这一问题的最佳途径就是将物流外包给第三方物流企业。在国外，物流外包已成为现代企业运作的主要手段，在这样的背景下，工业企业在很大程度上增大了对第三方物流的需求。

② 现代连锁商业对商品配送服务的需求。连锁商业的发展是现代流通业发展的方向，国际连锁商业企业的成功经验，大力推动了我国连锁经营业态的发展。连锁经营的重要目的是要通过集中进货、集中配送所形成的规模效益来降低流通费用，从而提高竞争力，这就需要有较大规模的配送中心来进行配送服务。

③ 个体消费者对物流服务的需求。随着经济的发展，人民生活水平的提高，国内居民对于高质量服务的态度，对待时间的观念，以及对待民营公司的观念都发生了变化，消费者对物流服务的需求也会增大，如搬家服务、包裹速递、商品配送、个人物品储存、接收和中转。由于生活节奏的加快，可靠性和速度对于知名企业来说，尤其是对生产高附加值产品的商家来讲，越来越宝贵。人们更多地关注准时、方便、安全、可靠性，花钱买时间、买服务、买可靠性已经成为他们的需求。第三方物流公司借助信息技术的优势和硬件环境的改善，可以在最短的时间内以最低的成本为顾客提供服务来满足这种需求。

客户对第三方物流的需求千差万别，物流外包对客户而言，降低成本和周期，提高服务水平是其面临的主要挑战，但不同行业重点有所不同。对于汽车制造业，随着其逐步从依赖进口零配件转向从本地零配件生产企业进货，日趋强调通过"及时配送"以降低库存水平的重要性；对于服装行业，更重要的是如何缩短周期，以便对快速变化的市场流行趋势作出及时反应；对于家电行业，由于生产能力过剩和巨大的价格压力，降低物流成本对确保盈利变得至关重要。

（2）物流需求的内容

分析物流需求的内容可以从运输、配送、仓储、包装、流通加工、物流信息等需求来进行分析。

① 运输需求主要是区域间的货物运输。区域间的货物运输需求主要来自3个方面：一是本地区商品外销而产生的区域间的货物运输；二是外埠商品销往本地区而出现的区域间的货物运输；三是作为中转基地而进行的区域间的货物运输。

② 城市内的商品配送。由城市内的配送中心发到各用户之间的商品运输，这种物流运输需求具有小批量、多品种和高频率的特点。

③ 仓储需求主要来自两种需求：一种是以货物的储存保管为主的传统仓储服务；另一种是以加速商品流通为目的，提供从出、入库作业到库存管理、信息提供、商品配送等一系列综合性服务的现代仓储服务。

④ 商品包装需求。为了在流通过程中保护产品、方便储运、促进销售，按一定技术方法而采用的容器、材料及辅助物等的总体名称。也指为了达到上述目的而采用容器、材料和辅助物的过程中施加一定技术方法等的操作活动。

⑤ 商品流通加工需求是为了充分满足消费者对商品的多样化需求，也为解决商品生产与消费之间的矛盾，提升商品的附加值和提高商品的运输效率，而在流通领域对商品进行的简单加工活动。例如，对于农产品的深加工和某些生活用品的简单加工等。

⑥ 物流信息需求。物流信息是现代物流活动必不可少的组成部分，用户需要及时、准确地得到各方面有关物流的信息，如货源信息、运输信息、仓储信息、货物的价格信息等。据有关调研表明，80%左右的运输企业由于得不到货源信息而造成车辆空驶。

4）物流需求定量分析

物流量是指商品在流动过程中的数量。广义的物流量应当反映商品流动过程中的装卸搬运作业量、商品储存量、商品运输量，以及商品的包装、流通加工等的作业量。但由于物流环节众多，上述各环节的物流量统计起来有一定的难度，因此，一般将商品在空间的位移，即货物运输量（简称货运量）或货物运输周转量（简称货运周转量）作为物流量来进行分析。

货运总量一般包括各种运输方式在某一时期内（一般为一年）的货运量的总和。为了达到预测的有效性，需要搜集 10 年以上的货运量数据。有条件的还可按不同货物类别分别进行统计。不同运输方式的货运量汇总表如表 4-1 所示。

表 4-1　不同运输方式的货运量汇总表

运输方式	铁路	公路	水路	航空	管道运输
年货运总量/万 t					
比重/%					

通过对比不同运输方式货运量在货运总量中所占比重，可以分析该地区各种运输方式货运量的结构比例，掌握该地区主要运输方式的货运需求量，进行强化管理。同时也可从中发现薄弱环节，提出相应的改进措施。

2. 物流供给分析

物流供给是指向社会提供运输、储存、装卸搬运、流通加工、配送、包装及物流信息等服务的能力。物流供给的类型主要有以下几种。

1）按物流服务种类

可以将物流供给者分为以资产为基础的物流供给者、以管理为基础的物流供给者、优化型物流供给者、综合物流供给者，以及以行政管理为基础的物流供给者。

（1）以资产为基础的物流供给者（亦称资产型物流公司）

该类物流供给者主要通过运用自己的资产，如仓库、运输车队等来提供专业的物流服务。资产型物流公司拥有自己的铁路线、运输车辆、仓库设施设备等硬件技术，也拥有电子数据交换技术、全球卫星定位系统、电子订货系统等先进的信息技术和软件技术，能够根据自己的资产向用户提供物流服务。这类公司的优点是服务稳定可靠、资信度高，但受自己资产的限制，灵活性较小。

（2）以管理为基础的物流供给者（亦称管理型物流公司）

该类物流供给者是通过系统数据库和咨询服务提供物流服务的，他们并不拥有运输和仓储设施，只提供物流信息及相关的物流服务，且不拥有自己的硬件和软件资产。公司只拥有具有物流管理经验的高级人才，他们向客户提供物流管理的解决方案。这类物流供给者的优点是灵活性较高，根据客户需要临时组成团体，可以随时解散，不具有投资的风险，但资信度不高。

（3）优化型物流供给者（亦称优化型物流公司）

该类物流供给者是集资产型供给者和非资产型供给者优点于一体的公司类型，既具有自己的资产，又有高级管理人员，既可为用户提供高水平的物流服务，又可为用户提供较好的物流解决方案。该类物流公司是专业物流公司发展的方向。

（4）综合物流供给者

该类物流供给者拥有资产，一般是仓库、卡车，但他们所提供的物流服务，并不以使用自己的资产为限。一旦需要，便可与其他提供者签订子合同，提供相关的服务。

（5）以行政管理为基础的物流供给者

此类物流公司主要提供行政性的管理服务，如运费的支付等。

2）按物流市场来分

可将物流供给者分为操作性公司、行业倾向性公司、多元化公司和顾客化公司。

（1）操作性公司

是以精于某项操作为特点的，通常以成本优势来进行竞争。如快运公司，一般是对相对较小的货物进行快速投送，同时还具有货物跟踪系统，提高了对客户的服务水平，如 UPS、DHL 等公司就是典型的操作性公司。

（2）行业倾向性公司

又称行业性公司，他们常为满足某一特定行业的需求而设计自己的服务内容，如荷兰的Pakhoed 公司为满足化工行业的物流需求而建立了相应的作业能力和基础设施。

（3）多元化公司

开发出一系列相关又不具相互竞争性的服务，如班轮运输中的集装箱、码头、汽运、仓储和水运等。

（4）顾客化公司

面向一些有很高专业需求的客户，他们之间的竞争主要在于服务而不在于费用。例如，Frans Maas 公司与一家欧洲大公司有着密切的服务关系，这家公司不仅负责安排其原材料的运入和产成品的运出，而且还提供最终产品装配的操作和在 Venray 的仓库设施为顾客做产品测试。

3）按服务功能来分

按服务功能可将物流供给者划分为：运输型物流企业、仓储型物流企业和综合服务型物流企业。

① 运输型物流企业以从事货物运输业务为主，包括货物快递服务或运输代理服务，具备一定规模，可以提供门到门运输、门到站运输、站到门运输、站到站运输服务和其他物流服务。

② 仓储型物流企业以从事仓储业务为主，为客户提供货物储存、保管、中转等仓储服务，具备一定规模，企业能为客户提供配送服务及商品经销、流通加工等其他服务。

③ 综合服务型物流企业从事多种物流服务业务，可以为客户提供运输、货运代理、仓储、配送等多种物流服务，具备一定规模，可根据客户的需求，为客户制订整合物流资源的运作方案，为客户提供契约性的综合物流服务。

4）按资产性质分

按资产性质分，可将物流供给者分为外商独资或中外合资、国有企业和民营企业。

除上述分类外，还存在以下两种物流供给者。

（1）小型承运人

这些承运人专门在一定地域内提供对特定货物（冷冻品、计算机、家具及危险品）的特定服务。他们活跃在那些对专业能力、技术、设施有特殊要求的较小市场范围内，在这一领域里的竞争不如其他地方激烈。这些专业公司也十分依赖于客户及市场，因为他们的运输能力与运输设备不容易转移到其他领域，行业进出的壁垒很高。

（2）物流咨询公司

越来越多的第三方物流公司正在扩大提供服务的内容，这一趋势是指纵向的发展，而不是横向的发展，即在服务的深度而非广度上发展。一般来说，第三方物流服务通常只着重物流操作性任务，继而由于内外两方面需求的推动，第三方物流开始强调概念上和战略上的物流计划能力，很快便成立了用来提供这些能力的新部门或公司。

4.3　物流的抽样调查

4.3.1　抽样调查的意义

绝大部分物流活动是通过企业物流生产实现的，因此物流统计也应通过物流企业调查填报统计报表实现。在开始建立交通行业现代物流统计调查工作时，应本着循序渐进的原则逐步推进，从现有工作条件出发，以企业现有上报的各种统计报表及财务报表为基础，适当增加物流统计所需指标，尽量不给企业增加负担。同时也应认识到，仅依靠行业统计是不可能掌握所有交通行业现代物流情况的。如货物流量、流向、物流价格指数等资料，需通过其他调查方法取得。因此针对物流企业，考虑先从企业基本情况、企业生产情况和企业财务情况等方面进行统计调查，以掌握交通行业现代物流发展状况。

抽样调查是从调查对象的总体中随机抽取一部分进行观察，并且依据所获得的数据对总体的数量特征得出具有一定可靠性的估计判断，从而达到对总体的正确认识。由于抽样调查是针对总体中的一部分进行的，与全面调查比较起来具有费用低、速度快的特点，特别是对资料信息的时效性要求高的现象进行调查时，抽样调查方法非常适用。

在进行物流调查时，对所有调查对象进行全面调查在绝大多数情况下是很困难或是不可能的，如果对调查区域内所有物流相关企业、流通单位一一进行调查，将花费大量的人力、财力和时间，因此有必要根据统计学原理进行抽样调查。

4.3.2　抽样调查的方法

抽样方法有很多种，按照是否遵循随机原则可以分为非概率抽样和概率抽样。非概率抽样是按照调查者的主观判断（非随机方法）从总体中抽取单元构成样本，是一种便捷、简单、经济的抽样方法。但是，其样本对总体的代表性难以判断，因此无法根据其样本信息对总体情况进行推断。概率抽样则是根据随机原则（排除调查者的主观因素）从总体中抽选单元，构成样本。样本对总体的代表性有可靠保证，可以根据样本信息对总体进行推断。但是与非概率抽样相比，概率抽样比较复杂、耗资大、耗时长、操作起来不够便捷。

根据物流调查的需要，为了能够得到有概率保证的样本，能够对总体进行推断，通常采用概率抽样法。在进行交通调查时，常用的概率抽样有以下几种方法。

1. 简单随机抽样法

这是一种最简单的一步抽样法，它是从总体 N 个单位中随机抽取 n 个单位作为样本进行调查的一种抽样技术形式。简单随机抽样的特点是从总体中抽取的每个可能样本均有同等被抽中的概率。抽样时，处于抽样总体中的抽样单位被编排成 $1 \sim n$ 个编码，然后利用随机数码表或专用的计算机程序确定处于 $1 \sim n$ 间的随机数码，那些在总体中与随机数码吻合的单位便成为随机抽样的样本。这种抽样方法简单，误差分析较容易，但是需要样本容量较多，适用于个体之间差异较小的情况。

2. 系统抽样法

这种方法又称顺序抽样法，是从随机点开始在总体中按照一定的间隔（"每隔第几"的方式）抽取样本。此法的优点是抽样样本分布比较好，有好的理论，总体估计值容易计算。

3. 分层抽样法

它是根据某些特定的特征，将总体分为同质、不相互重叠的若干层，再从各层中独立抽取样本，是一种不等概率抽样。分层抽样利用辅助信息分层，各层内应该同质，各层间差异尽可能大。这样的分层抽样能够提高样本的代表性、总体估计值的精度和抽样方案的效率，抽样的操作管理比较方便。但是抽样框较复杂，费用较高，误差分析也较复杂。此法适用于母体复杂、个体之间差异较大、数量较多的情况。

4. 整群抽样法

整群抽样是先将总体单元分群，可以按照自然分群或按照需要分群，在交通调查中可以按照地理特征进行分群，随机选择群体作为抽样样本，调查样本群中的所有单元。整群抽样样本比较集中，可以降低调查费用。例如，在进行居民出行调查中，可以采用这种方法，以住宅区的不同将住户分群，然后随机选择群体为抽取的样本。此法优点是组织简单，缺点是样本代表性差。

5. 多阶段抽样法

多阶段抽样是采取两个或多个连续阶段抽取样本的一种不等概率抽样。对阶段抽样的单元是分级的，每个阶段的抽样单元在结构上也不同，多阶段抽样的样本分布集中，能够节省时间和经费。调查的组织复杂，总体估计值的计算复杂。

我国幅员辽阔，各地经济发展、物流发展状况不一；交通行业现代物流涉及的业务多，内容复杂，各种物流业务有较大的差异；除了主要的运输和站场、港口业务之外，各类型的交通物流企业分布广、经营情况复杂、企业规模和管理模式各不相同。

目前我国道路运输企业的规模一般偏小，尚有大量的个体营运车存在，而有些登记规模较大的企业，往往采用挂靠形式，没有形成有效的管理。水上运输企业，其规模有大有小，大型的航运企业如远洋集团、海运集团、长航集团和中国外运集团等，拥有较大规模的船队；而相当数量的小型航运企业，只有一艘或几艘运输船舶，在内河航运中，大量的是个体运输户。在港口方面，上海、宁波、深圳等重点港口的货物吞吐量、集装箱吞吐量已位列世界前十；而不少内河小型港口连必要的港口装卸机械都比较缺乏。铁路运输企业，基本上都属于国企，国内的货运也发展很快，在货运量方面紧追水运。随着"一带一路"建设的深入落实，中欧班列和西部陆海新通道班列在国际货运中逐渐承担重要角色。截至目前，我国铁路货运发送量、货运周转量等主要铁路运输经济指标稳居世界第一。航空运输企业，其规模一般都较大，国内货运航空公司主要分为三类：第一类是大型航空公司旗下货运业务整合而成的货运航空公司，如中国国际货运航空有限公司；第二类是快递企业根据业务发展需要成立的货运航空公司，如中国邮政航空有限责任公司；第三类是地方投资平台或非航空企业投资成立的全货运航空公司，如天津货运航空有限公司。快递企业旗下的货运航空公司业务增长很快，顺丰航空是其中的典型代表。物流服务企业发展很不平衡，在激烈的市场竞争中，一些大规模的现代物流企业已然脱颖而出，而大量的小型企业仍在发展和壮大过程中。这些状况决定了必须针对企业的不同状况、不同规模，采取不同的方式进行统计。

（1）企业基本情况

企业基本情况内容包括企业名称、住所及联系方式，行业类别及企业登记注册，从业人员和基础设施及装备等部分。

① 企业名称、住所及联系方式包括企业名称、组织机构代码、法定代表人姓名、企业地址、行政区划代码、电话号码、邮政编码等。通过调查掌握交通物流企业的一般情况。

② 行业类别及企业登记注册等情况包括企业主要物流活动和营业收入、行业代码、登记注册类型、隶属关系、控股情况、实收资本等。这部分内容主要掌握交通物流企业的有关特性。尤其是通过行业类别，充分了解交通物流企业的结构特征。

③ 从业人员情况包括从业人员合计、驾驶员、仓储保管、物流业务人员，以及年平均人数和从业人员劳动报酬等内容。

④ 基础设施及装备情况包括生产设施面积（仓库面积、仓库容积、堆场面积、停车场面积、物流车间面积），仓储能力，装备及设备（运输车辆数和载重量、运输船舶和净载重量、装卸搬运设备、存储设备、包装加工设备和信息设备），以及危险品设施等。这部分内容主要了解交通物流企业设施设备情况，总体把握物流生产能力。

（2）企业生产情况

企业生产情况主要调查内容包括企业物流产量、生产质量和能源消耗3部分。

① 物流产量包括货运量、货物周转量、仓储吞吐量、期末储存量、站场货物发送量、装卸搬运量、包装量、流通加工量、配送量、货物代理量等。

② 生产质量包括货差量、货差率、货损量、货损率、违约率、赔付金额等。

③ 能源消耗包括能源消费总量、煤炭消费量、柴油消费量、汽油消费量、天然气消费量、电力消费量、购进燃料费用等。

（3）企业财务情况

企业财务情况主要了解交通物流企业的资产负债及损益。

① 资产负债包括资产合计、固定资产、负债合计和所有者权益等。

② 损益包括主营业务收入、主营业务成本、主营业务利润、利润总额、净利润等。

主营业务收入包括合同物流收入、运输收入、港务收入、站务收入、仓储收入、装卸搬运收入、包装收入、流通加工收入、配送收入、货物代理收入等。

主营业务成本包括运输成本、港务成本、站务成本、仓储成本、装卸搬运成本、包装成本、流通加工成本、配送成本、货物代理成本等。表4-2~表4-4所示是交通运输部编制的相关企业调查表样例。

表4-2 交通物流企业基本情况表

20 ____年

表 号：交物统-1号
制表机关：交通运输部
文 号：国统字

01 组织机构代码 □□□□□□□□-□

02 企业名称：＿＿＿＿＿＿＿＿＿＿＿＿

03 法定代表人：＿＿＿＿＿＿＿＿＿＿＿＿＿＿＿＿＿

04 企业所在地及行政区别

＿＿＿＿省（区、市）＿＿＿＿市（地区）＿＿＿＿（市、区）＿＿＿＿（乡、镇）＿＿＿＿号（村）

行政区划代码 □□□□□□

05 联系方式

电话号码： 邮政编码：

	主要物流活动	营业收入/元
06 行业类别	1.	
	2.	
	3.	
	4.	
	行业代码：□□□□ （代码见附录一）	
07 登记注册	□□□ （代码见附录二）	
08 隶属关系	□□ （代码见附录三）	
09 控股情况	□□□ （代码见附录四）	
10 实收资本	合计 （万元）	
	1. 国家资本＿＿＿	2. 集体资本＿＿＿	3. 法人资本＿＿＿
	4. 个人资本＿＿＿	5. 港澳台资本＿＿＿	6. 外商资本＿＿＿

指标名称	代码	计算单位	数量
甲	乙	丙	1
从业人员			
从业人员合计	1	人	
合计中：驾驶员	2	人	
仓储保管	3	人	
物流业务人员	4	人	
合计中：专业技术人员	5	人	
年平均人数	6	人	
从业人员劳动报酬	7	万元	
生产设施及设备			
仓库面积	8	m²	
自有仓库面积	9	m²	
仓库容积	10	m³	
自有仓库容积	11	m³	
危险品仓库面积	12	m²	
自有危险品仓库面积	13	m²	
危险品仓库容积	14	m³	
自有危险品仓库容积	15	m³	
堆场面积	16	m²	
自有堆场面积	17	m²	
停车场面积	18	m²	
自有停车场面积	19	m²	
物流车间面积	20	m²	
货物仓储能力	21	t	
运输站场货物发送能力	22	万 t/a	
运输车辆数	23	辆	
运输车辆载重量	24	t	
危险品运输车数	25	辆	
危险品运输载重量	26	t	
运输船舶数	27	艘	
运输船舶净载重量	28	t	
装卸搬运设备	29	台	
仓储设备	30	台	
包装加工设备	31	台	
信息设备	32	台	

表 4-3 交通物流企业生产情况表
20 ____年

| | | | 表　　号：交物统-2 号 |
| 制表机关：交通运输部 |
| 文　　号：国统字 |
| 有效期至： |

指标名称	代码	计算单位	数量
甲	乙	丙	1
一、物流产量			
货运量	1	t	
货物周转量	2	t·km	
仓储吞吐量	3	t	
期末储存量	4	t	
站场货物发送量	5	t	
装卸搬运量	6	t	
包装量	7	t	
流通加工量	8	t	
配送量	9	t	
货物代理量	10	t	
二、生产质量			
货差量	11	t	
货差率	12	%	
货损量	13	t	
货损率	14	%	
违约率	15	%	
赔付金额	16	元	
三、能源消耗			
能源消费总量	17	tce	
煤炭消费量	18	t	
柴油消费量	19	t	
汽油消费量	20	t	
天然气消费量	21	m^3	
电力消费量	22	kW·h	
购进燃料费用	23	元	

表 4-4　交通物流企业财务状况表

20 ____ 年

| 表　　　号：交物统-3 号 |
| 制表机关：交通运输部 |
| 文　　　号：国统字 |
| 有效期至： |

指标名称	代码	数量
甲	乙	1
资产合计	1	
固定资产	2	
负债合计	3	
主营业务收入	4	
合同物流收入	5	
运输收入	6	
站务收入	7	
仓储收入	8	
装卸搬运收入	9	
包装收入	10	
流通加工收入	11	
配送收入	12	
货物代理收入	13	
主营业务成本	14	
运输成本	15	
站务成本	16	
仓储成本	17	
装卸搬运成本	18	
包装成本	19	
流通加工成本	20	
配送成本	21	
货物代理成本	22	
主营业务利润	23	
利润总额	24	
净利润	25	

4.3.3　抽样调查的精度

抽样调查结果和真实值之间存在的差异称为误差。在抽样调查误差理论中，将全部误差分为随机误差和系统误差两部分。

随机误差是由样本与总体之间的随机差异导致的，它存在于所有取样过程中，是无法避免的，这种类型的误差不会影响估计参数的均值，通常所计算的抽样误差就是这部分随机误差。对随机误差的研究，由于有强有力的概率论与数理统计理论和方法的支持，其理论已非常成熟，只要能设计出样本估计量，就能给出相应估计量的随机误差公式。但是对抽样调查中的系统误差，由于导致系统性误差的原因很多，而且多属非随机性因素，主要受主观因素的影响，致使系统性误差的出现是无规律的。

系统误差大致可分为以下几点。

① 设计误差。指因在抽样调查方案设计过程中的错误而导致产生的系统性误差。

② 估计量的偏误。指所选择的估计量破坏了估计的优良标准之一——无偏性，致使产生统计性误差。

③ 调查误差。指在取得样本数据资料过程中产生的误差。

④ 编辑误差。指在取得样本资料之后，在整理、汇总、归类、计算、录入等过程中形成的误差。

因此，为了提高调查精度，一方面可以采取完善抽样调查方案、合理选择抽样方法、提高抽样调查数据的准确性、减少编辑误差和调查误差等手段，即减少系统误差；另一方面要合理确定样本量的大小，即减少随机误差。

要提高调查的精确度就要确定合理的样本量。样本量大小的确定是一个平衡问题，如果在数据收集和分析过程中采用大的样本容量，达到给定研究目标和精度要求的费用就很高。太少的样本则使结果受变异性的影响。根据数理统计的原理，抽样率公式如下：

$$\gamma = \frac{\lambda^2 \sigma^2}{\Delta^2 N + \lambda^2 \sigma^2} \tag{4-1}$$

式中：

γ——抽样率；

λ——同式（3-10）；

σ^2——母体的方差，当样本数足够多时，可以用样本方差代替；

N——同式（3-1）；

Δ——控制误差指标的容许绝对误差。

4.3.4　物流调查方法

1. 交通物流企业调查方法

根据调查内容，设计 3 张报表，分别是交通物流企业基本情况表、交通物流企业生产情况表和交通物流企业财务状况表。针对上述 3 张统计表，可以采用重点调查方式对部分重点企业进行调查，调查对象是独立核算的法人企业。

1）调查范围及对象

（1）运输企业

① 水上运输企业。对于海洋运输企业（包括远洋和沿海运输），由于规模比较大，全部都应纳入统计范围，开始可先调查拥有（包括自有和租用）5 艘以上船舶的企业。对于内河运输企业，应重点调查在主要水系运营，规模较大的水上运输企业，各地可根据本地实际情况具体确定调查范围。企业规模可按拥有的船舶数、净载重量和运输量确定。

② 道路运输企业。由于道路运输市场进入门槛较低，企业规模普遍较小，应重点调查规模较大的道路运输企业，各地可根据本地实际情况具体确定调查范围。企业规模可按拥有的运输车辆数和运输量确定。

③ 铁路运输企业。我国的铁路运输企业基本上是国有企业，其规模大小和当地的发展有关，但因铁路线路及站点比较固定，这些企业应全部纳入统计范围，各地可根据本地的实际情况具体确定调查范围。企业规模可按拥有的货运列车车厢数量、净载重量和运输量确定。

④ 航空运输企业。我国的航空运输（国内和国际）有国有和民营两种，且近几年民营航空也迅猛发展，这些企业规模一般都较大，可全部纳入统计范围，各地可根据本地的实际情况具体确定调查范围。企业规模可按拥有的货机数量和运输量确定。

（2）港口企业

由于国家对港口生产统计比较完备，交通物流统计的重点是依托港口的物流园区和物流中心。

对于沿海港口，全部都应纳入统计范围，开始可先调查主要沿海港口，由港口管理部门负责对港内港口经营人（企业）进行调查、汇总。

对于内河港口企业，应重点调查主要水系，规模较大的港口，各地可根据本地实际情况具体确定调查范围。港口规模可按码头泊位数、码头泊位通过能力和吞吐量确定，由港口管理部门负责对港内港口经营人（企业）进行调查、汇总。

（3）运输站场（物流中心、集装箱中转站）

对于纳入国家级公路运输枢纽总体规划或各级交通主管部门投资的运输站场，都应纳入统计范围；对于位于国家级公路运输枢纽城市，但未列入枢纽总体规划，且规模较大的物流中心等，也应纳入统计范围。企业规模按货物发送能力或库场仓储能力和站场吞吐量、仓储吞吐量确定。

（4）物流服务企业

物流服务企业在物流活动中占有重要的地位，发展十分迅速。它们通常拥有较先进的物流理念和完善的信息化手段，这些企业目前规模还比较小，但应是交通行业现代物流统计调查的重点，应将具有一定规模的物流服务企业纳入重点调查范围。

（5）综合物流企业

综合物流企业是交通行业现代物流的发展方向。这些企业一般都形成了规模，也是交通行业现代物流统计调查的重点，应将全部综合物流企业纳入重点调查范围。

2）统计调查方式

由交通运输部和各地交通主管部门依照重点企业确定的标准，共同确定参加统计调查的企业和单位。原则上选取资产总额和主营业务收入较大的企业（标准以本地规模为准），重点选取原运输企业转型的物流企业、运输站场（物流中心）、依托于港口的物流园区等，同时选取近年迅速成长的第三方物流企业。由交通运输部统一制发统计软件和数据接口，各调查单位按时通过 Internet 网直报交通运输部。

2. 物流市场供需调研方法

一般来说，物流市场供需调研可分 3 个步骤进行，即调研前的准备工作、正式调研和物流供需调研资料的整理。

1）调研前的准备工作

市场调研的主要目的是搜集分析有关资料，从中发现问题并提出解决问题的方案，以指导企业物流管理水平的提高。调研准备工作可以从情况分析入手，例如，企业的物流费用高的原因在哪里，是物流环节中哪个部分出了问题；是运输环节不合理，还是仓储环节不合理。为了确定问题之所在，通常需要进行下面的准备工作。

（1）情况分析

调研人员应先考虑与分析企业已经掌握的各项资料，包括企业的发展历史、产品、竞争者、包装、广告与促销方法等。情况分析的目的在于帮助调研人员探索问题和对问题的认识与了解，为从中发现其因果关系提供线索和条件。

（2）非正式调研

非正式调研也称试探调研。例如，根据情况分析，某企业对物流服务不满意的主要原因是用户对物流质量不满意，还是对物流后续服务有意见，这种看法是否确切；企业今后是着重于改进物流服务质量与加强售后跟踪服务，还是增加物流服务内容，这两种办法究竟哪一种好。调研人员可以根据以上问题进行非正式调研，向有关专家或用户征求意见。

（3）选择调研对象

选择调研对象应考虑的因素如下。

① 应结合考虑调研对象群体人数的多少、分布范围的宽广、调研难易程度等具体情况。当对象群体人数很多、分布范围很广、调研难度大时，宜选择抽样方式选择较少的样本，反之，可逐个进行调研。

② 考虑样本的代表性。如果调研对象之间差异性小、任何一个样本的代表性强，则可以选择较少的样本；反之，则应该选较多的样本。

③ 考虑调研成本。样本选得越多，调研工作量越大，调研成本越高；样本选得越少，调研工作量越小，调研成本越低。

（4）设计调研方案

一个完整的调研方案主要包括明确调研目的、确定调研对象、制定调研项目和调研表、选择调研方式和方法、规定调研的时间标准和空间标准，以及制订全盘调研组织计划。

① 明确调研目的是设计调研方案的关键所在，只有确定了调研目的，才能确定调研的范围、内容和方法，否则就会列入一些无关紧要的调研项目而漏去一些重要的调研内容，进而无法满足调研研究的要求。

② 确定调研对象。调研对象是根据调研目的、任务来确定调研范围与调研单位。调研单位是构成调研对象的每一个单位，是搜集数据、分析数据的基本单位。在实际调研中，调研单位可以是调研对象的全部单位，也可以是部分单位，这主要取决于调研单位是否能较好地完成调研要求。

③ 制定调研项目和调研表。调研项目就是调研的具体内容，它可以是调研单位的数量特征，如一个生产企业的年产量、年销量、原材料的消耗量等。

④ 做好调研人员的选拔工作。市场调研是一项复杂细微的工作，它涉及社会学、统计学、市场学及经济学等多方面的知识，物流市场又处于变化状态。因此，调研人员必须有实践经验，富有市场敏感性，能够实事求是，肯于钻研问题，熟悉地方语言与状况等。

⑤ 做好调研人员的培训工作。当调研人员的选拔工作完成后，就要对他们进行培训。特别是临时性的调研人员，更需要通过培训使他们掌握调研所必需的知识和技巧。调研人员的培训工作，要由经验丰富的市场调研研究人员来担任。在进行培训时，要向他们讲明本次调研的特定目的、要求和有关规定。对讨论中提出的问题，要逐个加以解答。还要教会他们搞好同被调研对象的关系，使调研者与被调研者真诚合作。对于调研人员的培训，不仅要使他们懂得调研的基本知识，而且还要通过一些案例模拟训练，使他们掌握一些调研方法。

⑥ 做好调研人员的管理工作。在整个调研工作中始终要做好调研人员的管理工作，对他们的工作进展情况要进行检查。检查的主要内容一是查看他们搜集的资料，验证其是否符合要求；二是现场检查。具体做法有追查访问、电话调研、邮件检查和路线检查。

2）正式调研

（1）搜集资料

数据资料的搜集可以从两方面进行：一方面是搜集未做任何加工整理的原始资料，也称初级资料；另一方面是搜集他人已调研整理过的资料，也称为次级资料或文案资料，可通过企业内部资料、外部资料等渠道获得。

① 初级资料搜集。初级资料搜集包括采用询问法、观察法、报告法等方式获得调研所需要的基本资料。其中以询问法或访问法最为广泛。

● 询问法。询问法就是通过询问的方式搜集市场信息资料，也就是要求被调研者回答有关事实、意见和原因3个方面的问题。例如：了解客户对物流服务的实际需要或服务状况属于事实调研，了解用户对物流服务的质量、形式、价格等方面的意见属于意见调研，了解用户改变物流需求的理由或停止物流服务合同属于原因调研。按调研者与被调研者的接触方式和调研表格送递的方式不同，又可分为走访、信访、电话调研3种形式。

走访是调研人员走访被调研者，当面向被调研者提出问题，以获得所需情报、资料。走访调研根据调研要求和调研人员、被调研人员的多少，可以分为个别访问或开小组会座谈，一次调研或多次调研。走访询问调研的好处在于能与被调研者进行比较深入的面对面交谈。调研的内容可以开放，有利于对"连锁性问题"、边缘行业与相关产品的市场情况的了解，也可以从中进一步了解消费者的心理、习惯与爱好。它的优点为直观性、灵活性、启发性和真实性高。

信访又称函件通信调研，即将设计好的调研表邮寄给被调研者，请他填好后寄回。此法对于居住分散的调研对象最为适用，不仅费用较低，而且可使被调研者有充分的时间来考虑作答。信访调研要注意所提问题必须简单明了，不宜过多，或者过于庞杂。由于调研人不直接接触回答问题者本人，则可避免个人访问中所产生的调研员偏见的影响。此法的缺点是被调研人的答复往往肤浅，乃至缺乏代表性；也可能因填写回答调研表不够明确，而影响了调研的代表性；此外，许多人没有写信的习惯，所发函件中部分得不到答复，其回收率低。为了弥补以上缺点，可采用询问表留置的方法代替，此法系将询问表由调研员当面交给被调研人，并说明回答问题的方法，然后留交本人，由其自行填写，再由调研员定期收回。

随着信息技术的发展，通过网络方式开展信访调研已被广泛应用，如 E-mail、问卷星等。网上调研是非常便捷的一种方式，它不受时间、空间、人数的限制，成本低、速度快，是传统信访方式的重要补充。

电话调研是由调研员根据确定的抽样原则，抽取样本，通过电话询问的方式来取得有关资料的一种调研方法。电话调研的优点在于：一是搜集的资料速度快、费用低，可节省大量的调研时间和调研经费；二是搜集的资料覆盖面广，可以对任何有电话的地区、单位和个人直接进行电话询问调查。缺点在于：一是每次电话调查时间不能过长；二是不能提出过于复杂的问题；三是对挂断电话拒绝回答者很难做工作。

● 观察法。是指调研者通过直接观察、跟踪和记录被调研者的情况来搜集资料的一种调研方法。它具有目的性、计划性和系统性，要求调研者事先作出观察的计划，事后要对所观察到的事实作出实质性的结论。例如，在调研农贸市场物流情况时，由于农副产品大多是个体户经营，所以，农副产品的物流状况比较分散，适合采用观察法来进行调研，通过对农贸市场上各种农副产品的上市量、运输方式、成交量、成交价格等情况进行的观察，掌握其物流现状。

● 报告法。是指通过行政管理部门的隶属关系，由下属报告单位根据原始记录和核算资料，按照统计机关颁发的统一表格和要求，按一定的报送程序提供资料的方法。报告法适合于已建立比较完善的规章制度和管理体系的部门。

② 次级资料的搜集。次级资料往往是已经公开出版或发表的资料，对这类资料的搜集一般称作文案调研。如物流企业的统计台账、统计报表等。文案调研通常按以下步骤进行。

第一，根据研究目的和内容选择所需资料的类型。例如，搜集反映物流市场状态的资料，应根据研究的目的确定搜集宏观资料还是微观资料，是搜集动态资料还是静态资料等。

第二，寻找资料来源。次级资料的来源渠道很多，有国家统计部门发布的统计公报，出版的各类统计年鉴，优秀硕博论文库、中国期刊网，国内外书籍、报纸杂志所提供的文献资料等。

第三，对次级资料的查找。可查找与调研研究项目有关的著作、论文末尾所列的参考文献目录，进行追踪查找，也可利用百度等网络检索工具进行查找。

第四，对查找的资料进行清理、补充。搜集的资料是分散的、凌乱的，因此要对搜集到的资料进行清理，剔除与研究项目关系不大的资料，对欠缺的资料还需作补充搜集，以使资料充分满足研究的目的，整个文案调研获取资料较为方便、容易，调研费用低。但缺点在于资料是为其他目的或要求而搜集的，在用于某一特定目的时，往往在时间上、完整性上都具有一定的局限性。

（2）设计物流供需调研问卷

在进行物流市场调研时，都要使用一定的调研表或问卷来搜集资料。调研表或调查问卷的设计质量会直接影响到调研效果，关系到能否得到正确的答案，因此是物流调研的重要一环。

① 调研问题的设计。调研问卷的问题类型主要有填空题、选择题、序列题、对比题、评判题和自由回答题。

[填空题] 填空题是让被调研者填写有关内容的方法。填空的题目一定要明确，要使被调研者能正确地反映调研内容。在物流需求调研时，经常要了解物流需求方的一些基本情况，如工业企业的主要产品的品种、年产量、年销量等，这些内容要一目了然。

例如，你公司提供的主要物流产品是（　　　）。

[选择题] 选择题是对所提的问题，事先拟订若干个答案，要求被调研者从中选出一个或数个答案的方法。

例如，本企业类型为（　　　）。

A. 运输型物流企业　　　　　　　　　　B. 仓储型物流企业

C. 综合服务型物流企业　　　　　　　　D. 物流代理企业

[序列题] 序列题又称顺位题，即从列举的若干选项中，由被调研者依照自己的爱好，判断决定高低优劣的顺序。

例如，你在选择物流供给者时，喜欢哪种类型？请排出顺序（　　　）。

A. 资产型　　　　　　B. 管理型　　　　　　C. 综合型

此方法列举的项目不宜过多，否则会使判断发生困难。

[对比题] 用来了解两种不同物流环节选择不同运输工具的比较。

例如，在进行货物运输时，你经常采取（　　　）作为运输工具？请在那种运输工具后打"√"。

A. 火车（　　　）　　B. 飞机（　　　）　　C. 汽车（　　　）　　D. 轮船（　　　）

[评判题] 评判题是要求被调研者表示对某个问题的态度或认识程度。

例如，你对目前物流企业的服务状况有何看法？

A. 非常满意（　　　）B. 满意（　　　）　　C. 较满意（　　　）　　D. 不满意（　　　）

[自由回答题] 请被调研者根据问题自由回答，以了解在调研表中没有列出的问题或不便用上述方法调研的问题，可以让被调研者充分发表意见。

例如，你认为目前影响和制约本企业业务发展的主要因素有哪些？

② 问卷设计的原则。

• 紧扣目标的原则。整个调研问卷问题的设计应该和调研的目标紧密结合，问题要能够反映出调研目标。

• 合乎逻辑的原则。整个问卷的问句设计要有逻辑性，要根据不同受访者和问句的难易程度，设计问句排列的逻辑顺序。

• 易于回答的原则。问题的难度要适应受访对象的理解能力、接受水平和心理特征；问题要单纯明快，不要把几个问题组合在一个问句中，应使受访者易读易懂，不会产生理解上的歧义；要用具体的、实事性的问句来提问；不要使用冷僻深奥或模棱两可的词语，不要过高地估计受访者的理解能力和理解意愿；不要使用可能使受访者自尊心受到伤害的问句；问句的语气也要设计得亲切、自然、有礼貌。

• 便于统计的原则。必须使问句的设计尽可能单纯化，一个问句只问一个问题，避免复合性的问题；对于一些能够量化的问题，应尽可能采用分类分级的方法列出明确的数量界线，使所得到的资料便于分析；对于不易把握的受访者的态度性问题，可以采取态度测量表，将答案用数量的差异或等级的差异表示出来，以利于统计和分析。

• 保持中立的原则。在问卷设计中，设计人员应当保持中立的立场，所设计的问句应当是中性的，即要求获得正面回答的概率与反面回答的概率是相等的；在设计问卷时，选用句式和词句时，要坚持客观的态度，不可以使用带有某种感情色彩的词句，更不可以使用暗示性、诱导性的词句；在问句的编排中，也要注意正面问题和反面问题的排列顺序，不可以将它们集中排列；在访问员实施调研时，对那些备选答案较多的问句提问时还要经常变化备选答案的提问顺序。

- 合理问卷长度的原则。必须保证问卷长度适中。调查内容过多，使得参与者没有耐心完成全部调查问卷。这是调查最常见的误区之一，应引起高度重视。如果一份问卷调查在20分钟之内还无法完成，一般的被调查者都难以忍受，除非这个调查对他非常重要，或者是为了获得奖品才参与调查，即使完成了调查，也隐含一定的调查风险，比如被调查者没有充分理解调查问题的含义，或者没有认真选择问题选项，最终会降低调查结果的可信度。

③ 问卷答案的设计。调研问卷答案的设计方法有二项选择法和多项选择法。

- 二项选择法也称真伪法或二分法，是指提出的问题仅有两种答案可供选择："是"或"否"、"有"或"无"等。

例如，贵公司总部各部门间信息管理是否实现电子网络化？

A. 是（　　　）　　　　　　　　　　　B. 否（　　　）

- 多项选择法。是指所提出的问题事先预备好两个以上的答案，被访者可任选其中的一项或几项。

例如，贵企业有什么竞争优势？（多选题）

A. 拥有先进的物流系统（　　　）

B. 掌握先进的信息技术服务（　　　）

C. 为客户提供多种类的物流配套服务（　　　）

D. 拥有大量先进的运输工具（　　　）

E. 拥有大批高级物流人才（　　　）

答案设计时应注意：答案要穷尽；答案须互斥；注释和填答标记应恰当。

（3）物流调查问卷案例

某地百家物流企业问卷调查如表4-5所示。

表4-5　某地百家物流企业问卷调查

企业负责人_____　　联系电话_____　　联系人_____

一、企业概况

1. 企业名称_____　成立时间_____

2. 所在城市_____　地址_____　邮政编码_____

3. 本企业类型（在字母下画"√"）：

A. 运输型物流企业　　　　　　　　　　B. 仓储型物流企业

C. 综合服务型物流企业　　　　　　　　D. 物流代理企业

4. 企业性质（在字母下画"√"）：

A. 国有或国有控股　　　　　　　　　　B. 股份制

C. 外资或合资　　　　　　　　　　　　D. 民营

E. 其他

二、企业资产、人员结构和装备情况

1. 截至2021年年底，企业总资产为_____亿元，净资产为_____亿元。总员工为_____人，管理人员为_____人，其中本科以上_____人，中专以上_____人，专业物流管理人员_____人，其中具有物流管理高级资质的人员_____人，具有物流管理中级资质的人员_____人，具有物流管理初级资质的人员_____人，获得物流师资格的人员_____人；拥有车辆总数为_____辆，其中轻型载货车_____辆，中型载货车_____辆，重型载货车_____辆，厢式车_____辆，集装箱货车_____辆，冷藏车_____辆，其他特种车辆_____辆，装卸搬运设备_____辆（台）；仓储总面积为_____ m²，其中库房面积_____ m²，露天货场面积_____ m²。

2. 企业总收入：2019 年_____万元，2020 年_____万元，2021 年_____万元。

三、业务构成及辐射范围

1. 下设的分公司、配送中心或办事处（不包括由其他法人企业代理的合作营业点）共_____个，其中，本市_____个，本省_____个，省外国内_____个，国外_____个。

2. 业务辐射范围：

本市业务占_____%，区内业务占_____%，区外国内业务占_____%，国外业务占_____%。

3. 本企业的业务项目（在字母下画"√"）（多选）：

A. 运输　　　　　　　B. 储存　　　　　　　C. 装卸　　　　　　　D. 包装或分装

E. 流通加工　　　　　F. 配送　　　　　　　G. 物流代理　　　　　H. 第三方物流业务

I. 其他物流增值服务

4. 本企业前三项的主营业务及比重为_____。

5. 目前第三方物流业务量占本企业业务总量的比例是_____。

四、物流技术和信息化建设

（一）是否建立了：（在选项后画"√"）

1. 订单管理系统（OMS），是_____否_____

2. 仓库管理系统（WMS），是_____否_____

3. 运输管理系统（TMS），是_____否_____

4. 企业资源管理系统（ERP），是_____否_____

（二）外部是否和客户实现了联网：

1. 货物追踪系统，是_____否_____

2. 单证传递系统，是_____否_____

3. 资金结算系统，是_____否_____

4. 是否具有物流服务方案设计决策支持系统，是_____否_____

（三）信息化建设（在选项后画"√"）

1. 企业总部各部门间信息管理是否实现了电子网络化：

是_____否_____

2. 总部是否与各分公司、配送中心、办事处实现了联网：

全部实现联网_____部分联网_____没有联网_____

3. 是否开设了企业网站：是_____否_____

五、企业面临的主要问题

1. 企业在经营过程中面临的主要问题（包括车辆通行，作业场地、信息化等方面）是什么？

答：_____。

2. 企业希望政府出台哪些措施扶持物流业发展？

答：_____。

六、企业对物流园区/物流中心建设意见

1. 企业现有仓储用地、物流作业用地是否能满足需求？未来是否有扩建计划？

答：_____。

2. 企业现在是否入驻在物流园区内？如是，在哪个物流园区？如否，是否有入驻物流园区的意向？对物流园区提供的服务、配套设施、价格有何具体要求？

答：_____。

3）物流供需调研资料的整理

资料整理分析是要把分散在许多人手中的资料集中起来，统一进行整理、分析和统计，形成一个统一、完整、全面、可靠的空间时间序列数据资料，为预测和经营决策提供数据支持。

物流供需调研资料的整理，就是运用科学的方法，对调研所得的各种原始资料进行审查、检验和初步加工综合，使之系统化和条理化，从而以集中、简明的方式反映调研对象总体情况的工作过程。调研资料整理内容通常包括以下几个方面。

（1）审核统计数据

在进行资料汇总前，首先要对调研得到的资料进行审核，主要是对调研数据和内容的及时性、完整性和正确性的审核。及时性的审核是看各被调研单位是否都按规定的日期填写和报出，填写的资料是否属于最新资料。完整性的审核是看应该包括的被调研单位是否都包括在内，调研表内的各项目是否都填写齐全。正确性的审核又称真实性审核，主要是看数据资料的口径、计算方法、计算单位等是否符合要求，其审核的主要方法有逻辑审核和计算审核。逻辑审核是根据调研项目指标之间的内在联系和实际情况对资料进行逻辑判断，看看是否有不合情理或前后矛盾的情况；计算审核是对数据资料的计算技术和有关指标之间的相互关系进行审核，一般在数据整理过程中进行，主要看各数据在计算方法和计算结果上有无错误。因此，要做好数据资料的审核工作，还需对调研业务有深入的了解，要熟悉调研项目指标的含义、计算方法和资料审核方法。

（2）分组与汇总数据资料

分组调研资料是根据事物内在的特点和调研研究任务的要求，按某种标志将所研究现象的总体划分为若干组成部分。分组的关键在于分组标志的选择。所谓分组标志，就是将统计总体划分为各个不同性质的组的标准或依据。必须紧扣研究目的，在对现象进行分析的基础上，抓住具有本质性的区别及反映现象内在联系的标志作为分组标志。对于同一个研究对象，由于研究目的不同，需要采取不同的分组标志。例如，在对某区域内不同类型的企业进行物流量的分析时，以企业类型作为分类标志即可。

通过分组，将不同性质的现象分开，相同性质的现象归纳在一起，从而反映出被研究对象的本质和特征。这是资料整理中极其重要的一步，然后对分组后的资料通过汇总和必要的计算，汇总出各项总量指标，在此基础上，编制成表或绘制成图，为分析工作打下良好的基础。

（3）汇编、制表和制图

汇编就是按照物流调研的目的和要求，对分组后的数据和资料进行计算编辑和汇总，使之成为能反映调研对象客观情况的系统、完整的材料。目前常用的数据汇总方法有手工汇总和计算机数据处理两种。

① 手工汇总。手工汇总的特点是所需工具少，方便灵活。即使在电子计算机广泛应用的今天，手工处理信息资料在某些调研项目中仍是被采用的方法之一。常用的手工汇总方法有划记法、过录法、折叠法、卡片法等。

• 划记法，是在汇总表上以画点或画线为记号的汇总方法。它适用于对总体单位的汇总。在汇总时，看总体单位属于哪一组，就在汇总表上相应组内画上一个点或一条线。最后，计算各组内的点或线的数目，便得出各组单位数。

● 过录法，是先将调研资料过录到预先设计的汇总表上，然后计算加总，得出各组和总体的单位、标志值的合计数，最后填入统计表。此方法既可汇总单位数，又可汇总标志值，而且便于校对，便于计算。但缺点是过录工作要花较多的时间，项目过多时，也容易发生错误。一般在总体单位不多、分组简单的情况下，采用过录法较适宜。

● 折叠法，是把调研表所要汇总项目的数值折叠在一条线上进行汇总，并将结果直接填入统计表，这种方法适用于对标志值的汇总。这种汇编方法简单易行，也不需设计汇总表，故被广泛采用。它的缺点是在汇总中发现错误，就要从头返工，无法从汇总过程中查明差错的原因。

● 卡片法，是利用特制的摘录卡片作为分组计算的工具。在调研资料多、分组细的情况下，采用卡片法进行汇总，比划记法准确，比过录法和折叠法简便，可以保证汇总质量和提高时效性。但调研资料不多时，采用卡片法就不十分经济，卡片法一般在整理大规模专门调研资料时应用。

② 计算机数据处理。随着统计调研范围的不断扩大，调研项目越来越多，分组要求也越来越细，若只采用手工汇总方式，不仅要花费大量人力，而且时效性差，数据质量难以得到保证。因此，现在大多采用电子计算机汇总，其优点是应用范围广、适应性强、信息量大，适应于复杂计算和分组，且数据汇总质量高、时效性强，数据汇总与资料打印一体化。

在汇总资料的过程中，有时为了更形象地反映事物发展的趋势，要采用表格或图形的方法表示出来。随着计算机软件技术的迅速发展，计算机制表、制图技术使物流调查资料的制表和制图越来越方便。计算机可以根据事先编好的程序，对编辑审核后的数据进行计算和制表，而且可以完成手工难以完成的多层次交叉分组表和多维分析图的制作。

③ 制表。用表格的形式来表达数据，比用文字表达更清晰、简明，便于显示数据之间的联系，有利于进行比较和分析研究。在设计表格时应注意以下几个问题：表格应以科学、适用、简明、美观为原则；表格一般采用开口式，表的左右两端不画纵线，上、下通常用粗线封口，表内各栏应统一编号；表格里的内容不宜过分庞杂，最好一个表集中说明一个问题；表格上方的总标题要简明扼要，恰当地反映表的内容，表中的数据应注明计量单位。

④ 制图。利用图示法可以使复杂的调研信息数据变得简单化、通俗化、形象化，因此具有直观、生动、具体等优点，使人一目了然，印象深刻，具有较强的说服力和吸引力。图示种类很多，主要有条形图、饼状图、曲线图等。

（4）数据分析处理

数据处理是指使用计算机对常规的统计报表、专项统计调研表和其他统计资料等载体上的数据进行录入、审核编辑、汇总、制表、打印等操作的过程。数据处理的内容十分广泛，主要包括对数据的采集、整理，并按一定的数据格式输入计算机；在数据输入过程中，要对原始统计资料进行审核订正、编码、更新和算术运算等；对数据进行分类汇总，制作各式汇总表；输出各式打印表和各类数据文件。

对数据进行分析，基本方法有：频数分析、平均指标分析、指数分析等，复杂的有回归分析、相关分析、聚类分析、主成分分析、多元统计分析等。每种分析方法都有其自身的特点和不同的技术要求，应根据调查目的的要求，选择最佳的分析方法，在方案中进行确定。

数据处理必须严格把好质量关，才能得出正确的分析结论。调研工作比较繁杂，调研问卷容易错填、漏填，由于工作不够细致可能发生技术差错，在录入过程中的差错亦难避免。

因此，在调研数据资料处理前，要严密进行审查，一旦发现差错就应逐个纠正，以保证输入资料的准确性。数据质量控制的好坏，往往成为整个调研工作成败的关键。数据质量控制主要包括事前的资料审查、数据录入的质量控制。数据质量的控制是否成功，还取决于数据审查办法是否周密完备。由于调查内容和指标不同，每一种调研均需要制定专用的审查办法。

4.4　物流的统计调查

4.4.1　统计调查方法的内涵与特点

统计调查是根据调查研究的目的，按照预定的要求，采用科学的方法有计划、有组织地向客观实际搜查统计资料的工作过程。统计调查方法指的是搜集调查对象原始资料的方法，也就是调查者向被调查者搜集答案的方法。现行的统计调查方法一般可以分成5种：统计报表制度、普查、抽样调查、重点调查及典型调查。下面分别进行介绍。

1. 统计报表制度

统计报表制度是我国统计调查方法体系中的一种重要的组织方式。它是按照国家统一制定的调查文件，以基层统计的原始记录为依据，自下而上、逐级定期地提供统计资料的一种报告制度。

统计报表制度是一种有组织、有纪律、自上而下布置，自下而上提供统计资料的有效统计调查方式。统计报表要以一定的原始数据为基础，按照统一的表式、统一的指标、统一的报送时间和报送程序进行填报。统计报表的类型多种多样，按报送范围的不同可分为全面报表和非全面报表。全面的统计报表要求调查对象中的每一个单位都填报，非全面的统计报表只要求调查对象中的一部分单位填报。按报送时间长短的不同可分为日报、月报、季报、年报等。按报送范围的不同可分为国家的、部门的、地方的统计报表。国家级的统计报表是从国民经济整体出发，按国民经济的部门划分填报的指标，为整个国民经济的宏观管理服务；部门和地方统计报表是按部门和地区的要求填报，主要为部门和地区管理服务。

统计报表必须经过法定审批程序，凡按国家法律规定审批和制发的统计报表，有关的地区、部门和单位必须切实实行。在当前市场经济条件下，虽然国家经济计划的职能发生了根本性变化，即由传统的指令性职能转变为宏观指导性职能，但是统计报表制度在一定范围内、在逐级提供统计资料过程中，仍然是一种行之有效的调查方式。

2. 普查

普查是依据调查任务而专门组织的一次性全面调查。它是国家为了详细了解国情、国力而采用的一种重要的统计调查方式，也是各级政府、各部门全面了解情况时采用的一种统计调查方式。

普查有3个主要的特点。① 普查是一次性的全面调查。这是因为普查的规模大、指标多、任务重，需要耗费大量的人力、物力和时间，因此，就某一次普查任务来讲，不可能采用经常性的普查，而只能采用一次性普查。例如，人口普查这项工作，不可能年年搞，一般情况需要间隔十年才组织一次人口普查。② 普查的对象是时点对象。这是因为时点对象的数量在较短的时间内变化不大，没有必要做连续的观察，故可以采用一次性统计调查。例如，人口普查的标准时点一般在普查年的 11 月 1 日零时。这里值得指出的是，普查也不排斥对某些时期现象在某段时期内数量表现的调查。③ 普查资料能做到内容全面、详细、准确，具有重要的分析价值。

由于普查具有上述 3 个特点，能从宏观上为国家提供全面翔实的统计信息，因此，普查是国家了解国情、国力必不可少的重要调查方式。

3. 抽样调查

抽样调查是根据部分实际调查结果来推断总体标志总量的一种统计调查方法，属于非全面调查的范畴。它是按照科学的原理和计算，从若干单位组成的事物总体中，抽取部分样本单位来进行调查和观测，用所得到的调查数据来代表总体、推断总体。抽样调查会遇到误差和偏误问题，其误差有两种，一种是工作误差，另一种是代表性误差。但是，抽样调查可以进行抽样设计，通过计算并采用一系列科学的方法，把代表性误差控制在允许的范围之内；另外，由于调查单位少，代表性强，所需调查人员少，工作误差比全面调查要小。特别是在总体包括的调查单位较多的情况下，抽样调查结果的准确性一般高于全面调查。

4. 重点调查

重点调查是一种非全面调查。它是对总体中的一部分重点单位进行的调查，以便了解总体某一数量特征的整体情况。重点调查主要适用于那些反映主要情况或基本趋势的调查。重点调查的重点单位，通常是指在调查总体中举足轻重的，能够代表总体的情况、特征和主要发展变化趋势的那些样本单位。这些单位可能数目不多，但有代表性，能够反映调查对象总体的基本情况。

选取重点单位应遵循的两个原则，一是要根据调查任务的要求和调查对象的基本情况来确定选取的重点单位及数量。一般来讲，要求重点单位应尽可能少，而其标志值在总体中所占的比重应尽可能大，以保证有足够的代表性；二是要注意选取那些管理比较健全、业务能力较强、统计工作基础较好的单位作为重点单位。重点调查具有以下特点。

① 调查总体具有直观性。这就是说，要采用重点调查，就必须从数量上能直观地了解调查总体的各个组成部分，使之对总体各单位的数量属性有深入的了解，从而能区分哪些是重点单位，哪些不是重点单位。

② 重点单位的确定具有主观性。这种选择方法亦称为主观选择或有意选择。

③ 重点单位具有相对性。这就是说，重点单位不是固定的，它是随时间、空间的变化及调查内容的不同而发生变化的。

④ 调查的目的具有概略性。重点调查是通过对重点单位群的调查来了解总体概况的，因此，调查的目的只需对总体某种数量特征达到一种概略的了解，而不必强求其精确性。

5. 典型调查

典型调查也是一种非全面调查，它是根据调查目的，在对研究对象进行全面分析的基础上，有意识地选出少数有代表性的单位，进行深入细致调查的一种调查方法。典型调查一般有两种：一种是对个别典型单位进行"解剖麻雀"式的调查，即做到搜集资料与分析研究相结合，具有较大的灵活性。另一种是当总体各单位间差异较大时，可选一部分单位进行"划类选典"式的调查，即将总体的全部单位按有关标志划分为若干组，从各组中分别选出若干典型单位进行调查。"划类选典"式调查可以据以估计总体数值，但不能计算和控制调查误差。

典型调查的特点是：调查单位是调查者根据调查目的有意识地选出来的；需要深入实际进行调查研究，以便掌握与统计数据有关的生动具体的情况；调查的着眼点在于获得更详细的资料，侧重于定性调查研究。典型调查可以弥补其他调查方法的不足，为数据资料补充丰富的典型情况，在有些情况下，可以采用典型调查来估算总体数据或验证全面调查数据的真实性。在采用典型调查时，应注意以下几个方面。

① 调查对象具有明显的某种特征。这就是说，调查对象已经显露出某种值得总结的规律，尤其是在调查对象中的个别单位对这种规律已经有了成功的经验或失败的教训需要进行探索和总结的情况下。

② 典型单位已经成熟。即在调查对象中，值得总结经验的单位或值得吸取教训的单位都非常明显、突出，他们分别能成为先进的典型、失败的典型和某种值得研究的典型。

③ 典型调查侧重于定性调查。统计调查是在事物质与量辩证统一的客体中，侧重于定量调查和分析的调查方式，同时也注重定性调查和分析。典型调查作为统计调查方式的一种，比较注重定性调查和分析。

4.4.2 统计调查方法的比较

① 统计报表制度的应用是非常广泛的，任何统计调查方式都可以采用报表制度来搜集基层统计资料。尤其是我国地域辽阔，经济发展极不平衡，更需要运用统计报表制度来进行统计调查和资料汇总。统计报表制度具有定期、全面、统一、强制性的特点，收集资料较为及时、准确，但是成本较高，而且比较容易受到干扰。

② 由于普查的范围广、指标多，因而可以取得按多种不同标志分组的详尽统计资料。它既可以提供反映重大国情国力的基本统计信息，又可以为诸多抽样调查提供基础数据，因此在统计调查方法体系中居于基础地位。

③ 抽样调查是目前国际公认、世界各国普遍采用的一种科学有效的统计调查方法。它具有以下 4 个显著优点。

- 经济性好。由于抽样调查只是对总体中的部分单位进行调查，与全面调查相比，调查的单位数目能大大减少，从而减少调查过程中的各种费用。

- 时效性强。由于抽样调查只是对总体中的部分单位进行调查，较全面调查，工作量大大减少，从而大大缩短调查、整理、分析的时间，进而在短期内得到调查、分析结果。

- 准确性高。抽样调查所调查的单位数目相对于全面调查少，可以大大减少调查人员，因此可以对调查人员进行精心培训，使调查队伍做到少而精，从而大大减少各种系统性误差，提高调查结果的准确性。

- 应用性广。抽样调查作为一种重要的统计调查方法，可以广泛应用于社会、政治、经济的各个领域。抽样调查的结果既可以作调查推断之用，也可以作调查检验之用；既可以用作统计描述，又可以用作统计预测。

抽样调查不仅在对那些不可能进行全面观察或普查，而又需要了解全面情况的客观对象进行调查时具有独特的优势，而且适用于大规模的社会经济调查和民意测验。由于抽样调查避免了对总体单位的逐一调查和较多的中间环节，在很大程度上减少了对统计数据的干扰，便于加强对统计数据的质量控制；另外，抽样调查的调查单位大大减少，从而能节约人力和经费，特别是能大大减轻基层负担，并且周期短，时效性很强，因此在统计调查方法体系中居于主体地位。在国际上，抽样调查已经成为世界各国通用的一种方法，它的应用水平已成为评价一个国家统计工作水平高低的重要标志之一。

④ 重点调查是范围较小的全面调查。一般来说，当调查任务只要求掌握基本情况，而部分单位又比较集中地反映所研究的项目和指标时，采用重点调查比较适宜。重点调查具有投入少、效益高、速度快的优势，今后应继续完善，更好地发挥它的作用。

⑤ 典型调查是一种重要的非全面调查，用得好可以发挥其独特的作用。一是在以其他统计调查方法取得资料后，若选取若干典型单位进行深入具体的分析，既可以搜集到不能用数据反映的各种情况，又可以对事物的发生变化过程和数量形成的原因作出科学的解释。二是可以用来研究新生事物。新生事物刚出现时总是少数，但它具有代表性，采用典型调查就能抓住苗头，发现新情况。5 种统计调查方式的特点与适用范围如表 4-6 所示。

表 4-6 5 种统计调查方式的特点与适用范围

方式	优点	缺点	适用范围
统计报表	可获得全面、可靠、结构稳定的资料；时效性强	人力、财力、物力花费大；调查者与被调查者之间的配合存在难度；上报过程易受人为干扰	调查对象管理强度高、调查的指标比较固定，适用于总量指标、时期指标
普查	调查范围广；调查的资料全面详尽	工作量大、代价高；组织复杂、难度高；调查不能深入、细致	主要应用于较大范围内对社会经济基本情况的调查了解
抽样调查	费用较低、灵活方便；时效性强；可检查、补充、修正全面调查的资料	主观适宜性较大；缺乏评价的客观标准	适用于不可能或不必要进行全面调查的现象；时效性较强的调查；与其他调查方法结合
重点调查	可调查较多的项目和指标，了解较详细的情况；省时省力；取得资料及时	重点单位与一般单位的差别较大，有时不能由重点调查的结果来推断总体调查的情况	当调查任务只要求掌握总体的基本情况，而且总体中确实存在重点单位时
典型调查	能深入实际，搜集详细的第一手数据资料；机动灵活、可节省人力和物力，提高调查的时效性	调查单位的选择受主观影响，不能保证所选单位具有代表性；准确性和可信度难以控制	适用于专项研究，主要用于定性分析、补充和验证全面统计的数据，推论和测算有关现象的总体

4.4.3 调查的统计处理

在进行物流调查的统计处理时，抽样调查数据之所以用来代表和推算总体，主要是因为抽样调查本身具有其他非全面调查所不具备的特点，具体如下。

①　调查样本是按随机的原则抽取的，在总体中每一个单位被抽取的机会是均等的，因此能够保证被抽中的单位在总体中的均匀分布，不致出现倾向性误差，代表性强。

②　抽样调查是以抽取的全部样本单位作为一个"代表团"，用整个"代表团"来代表总体，而不是用随意挑选的个别单位代表总体。

③　所抽选的调查样本数量是根据调查误差的要求，经过科学的计算确定的，因此在调查样本的数量上有可靠的保证。

④　抽样调查的误差在调查前就可以根据调查样本数量和总体中各单位之间的差异程度进行计算，并能够将其控制在允许范围内，调查结果的准确程度较高。

要想构建协调的统计调查方法体系，就必须改革现有的以全面调查为基础、以经常性抽样调查和重点调查为补充的统计调查方法体系，最终形成全面调查、经常性抽样调查和重点调查协调综合运用的新型统计调查方法体系。

一是对于静态指标（如交通物流基础设施存量）的统计，尽量充分依托行政记录来完成；对于动态指标（如物流生产成果，企业财务状况）的统计，则可借助开展周期性的抽样调查和普查来完成。在美国，交通基础设施统计就是通过政府部门日常行政管理记录来完成的，在降低统计成本的同时保证了数据质量；而对综合性交通动态指标（如货流、家庭出行状况）的统计，则借助了5年一次的抽样调查（货流调查、家庭出行调查）来完成。

二是根据客观需要，可以在同一个统计调查项目中综合运用全面调查和非全面调查方法。通常认为不同的调查项目可以采用不同的调查方法，而相同的项目只能采用同一种调查方法。但实际情况是，在某些统计调查项目中，单一的调查方法已无法满足对统计数据准确、及时和全面的要求。

为了形成良性的物流调查统计处理体系，应该分别从以下4点进行努力。

（1）将重点调查和抽样调查作为开展物流统计调查的主要方式

为全面反映交通行业现代物流发展现状，要采用重点调查和抽样调查相结合的方式开展交通行业现代物流统计调查工作。

①　重点调查。重点调查主要针对规模较大，在交通行业物流活动中具有一定地位，以及具有发展潜力的企业。选择这些企业作为直报对象，一是可通过统计反映出我国交通行业物流企业规模化、集约化的成果；二是这些企业均有健全的经营、财务、统计、安全、技术等机构和相应的管理制度，有获取相关信息的途径和手段；三是交通主管部门掌握这些企业的基础资料，便于建立联系。

如能及时、准确地掌握这些企业的相关信息，就可以较好地反映出我国交通行业现代物流企业的生产经营状况，为交通主管部门制定行业政策和发展规划提供依据。对于大型运输企业、港口企业、物流中心和综合物流企业，建议采用重点调查方式。

②　抽样调查。抽样调查主要针对大量存在的小型运输企业和个体运输户，以及众多的运输信息服务企业。仅仅依靠采集大型企业的信息，还不能全面真实地反映我国交通行业现代物流发展的状况。小型交通物流企业与大型物流企业相比，其生产规模和生产量等相对较小，管理水平相对较低，各种规章制度不够健全，不利于全面系统地开展统计工作。但因其数量大、分布广，活跃在我国交通物流市场的各个角落，他们的生产经营状况可更直接地反映出我国交通物流市场的实际发展情况，因此，要适当确定抽样比例，取得相关资料后逐级上报，以便与大型企业的信息进行比照分析，对我国交通行业现代物流市场得出全面的

评价。

对于小型运输企业、个体运输户和小型港口企业，以及小型运输信息服务企业，应采用抽样调查方式。在进行全国经济普查的年份，通过普查资料，取得从事交通行业物流企业的户数和运营情况基础资料。在其他年份，以抽样调查统计小型交通行业现代物流企业的数据。

（2）建立完善的联网直报系统

以往的企业统计工作，一般是根据企业所在地原则，将企业生产经营情况编制成统计报表后逐级上报到县、市、省部级交通行业主管部门。这种逐级上报、层层汇总存在的主要问题是每级综合单位（除第一级综合单位）都是在低一级综合单位的基础上工作，而不掌握其原始基层数据。由于汇总层次多，反复重录，不但上报周期长，效率低下，而且容易出现中间层次干扰而导致统计信息失真的现象，汇总后的信息难以满足领导科学决策对统计信息的需求，致使统计人员时常陷于被动应付状态。

采用联网直报就是将过去通过纸介质进行传递的逐级上报汇总的方式转变为通过计算机网络和统计管理信息系统实现企业直接上报的超级汇总方式，从而在国家行业主管部门和各级行业主管部门与企业之间，建立一条全新的信息互通渠道。这一方式具有时效性强、差错率低、共享度高、信息量大等特点，可有效地提高工作效率，使国家行业主管部门直接从企业快速、便捷地搜集反映交通行业现代物流发展的各种信息资料，及时了解企业发展及经济发展中出现的新情况、新问题，为国家制定政策、进行宏观调控和行业管理提供依据。同时，企业也可以通过这个网络，及时、准确地了解国家宏观经济形势、相关行业的经济运行情况及各类经济政策等大量的经济信息，增强企业在市场经济中科学决策的能力。

（3）建立健全保障措施

随着市场经济的发展，企业竞争愈发激烈，各企业越来越重视企业信息保密问题，以商业保密为由拒绝执行统计报表制度，拒绝报送部分报表或指标的情况也时有发生，致使行业管理部门无法全面获取所需信息，给制定行业政策等工作增加了难度，这也是现行企业统计报表制度在执行过程中面临的主要难题。为解决这一问题，在开展交通行业现代物流统计调查的过程中，可以从以下几方面加大工作力度。

① 加大依法统计宣传力度。《中华人民共和国统计法》第七条规定："国家机关、企业事业单位和其他组织以及个体工商户和个人等统计调查对象，必须依照本法和国家有关规定，真实、准确、完整、及时地提供统计调查所需的资料，不得提供不真实或者不完整的统计资料，不得迟报、拒报统计资料。"应对相关交通物流企业加大宣传力度，使其明确按要求提供统计资料的义务。

② 承诺保守企业商业秘密。《中华人民共和国统计法》第九条规定："统计机构和统计人员对在统计工作中知悉的国家秘密、商业秘密和个人信息，应当予以保密。"因此，应明确承诺保守企业的商业秘密，所有统计资料应用于内部管理，只对外公布行业汇总数据，不对任何第三方公布或提供单个企业的相关资料。

③ 允许企业直接上报有关建议和意见。根据国外经验，允许企业直接向行业管理部门上报有关建议和意见，一方面可以使其直接了解企业在经营管理过程中遇到的困难和问题，并在制定行业政策时对有代表性的问题加以考虑；另一方面也可以间接提高企业的积极性，

促进数据报送渠道的畅通。

（4）培养符合现代化统计调查体系运行需求的干部队伍

积极推进和培养符合现代化统计调查体系运行需求的干部队伍，特别是满足统计调查体系信息技术研发应用性和数理统计理论兼备的综合性人才的引进与培养。

复习思考题

1. 什么是物流调查？物流调查的主要内容有哪些？
2. 物流调查的种类有哪些？
3. 如何进行物流供需调研表的设计？设计调研表应注意哪些问题？
4. 物流供需调研的步骤是什么？有哪些调研方法？
5. 不同物流统计调查方式的适用范围是什么？哪些方式适用于交通物流企业调查？

第 5 章

道路交通调查

5.1 概　　述

交通调查（traffic survey）是指为了找出交通现象的特征性趋向，在道路系统的选定点或路段，收集和掌握车辆或行人运行情况的实际数据所进行的调查分析工作。

交通调查的目的在于通过搜集交通量资料，了解交通量在时间、空间上的变化和分布规律，为交通规划、道路改扩建、交通控制与管理、工程经济分析等提供必要的基础数据。

城市交通调查的目的主要在于了解城市交通流状况。道路上的行人或运行的车辆构成行人流或车流，人流和车流统称为交通流。一般在交通工程学研究中，没有特指时的交通流是针对机动车交通流而言的。

城市交通调查是交通调查中相对涉及内容较多的一大类调查，包括静态交通调查和动态交通调查。其中，静态交通调查是指对交通设施、土地利用、交通管制措施等的调查，这类调查是为动态交通调查做准备的。动态交通调查主要包括道路断面交通调查、交叉口交通调查、行人交通调查等。按交通要素分，动态交通调查又可分为交通量调查、车速调查、密度调查、交通延误调查等，这些特性都是用来描述交通流的。在交通调查中，调查的方法多种多样，通常根据调查目的的不同，选用的方法也不同。

随着我国经济的发展，城市人口和机动车数量的增长，城市交通拥堵问题日益凸显，过多的机动车把城市挤得水泄不通。通过交通调查，可以掌握城市道路交通运行状况，从而寻找合理的方法解决或缓解城市交通拥堵问题。

5.2　道路断面交通调查

道路断面交通调查是城市交通调查中使用频率最高的交通调查，它被广泛应用于城市交通规划和城市交通管理，为改善城市道路拥堵和改善城市交通安全状况提供必要的数据支持。如当需要实施改变道路几何线形、采取渠化措施、优化信号灯配时、改变标志标线等措施时，道路断面交通调查可以为其提供必要的基础数据，从而支持和论证方案的可行性。道

路断面交通调查主要包括:

① 交通量调查;

② 车速调查;

③ 密度调查;

④ 交通延误调查;

⑤ 交通流主要影响因素(横穿道路的行人、混入汽车流中的其他车辆、停车车辆、路面标线和交通标志、信号机配时等)调查。

5.2.1 交通量调查

1. 概述

交通量是描述交通流特性的三大基本参数中最重要的参数,但其调查方法较为简单。交通量及其调查是交通工程学中的必要内容,并且越来越受到人们的重视。近年来,我国大中城市对道路网进行了广泛的交通量调查。通过对交通量调查资料的整理分析,可以初步了解交通量的空间分布和时间分布特性、交通量的各种变化规律和影响因素,从而为道路网规划、道路设计和建设、交通管理和控制、工程项目的经济分析和效果对比、交通安全和道路环境等各个方面提供可靠的依据。

国外发达国家普遍都很重视交通量调查理论的研究和实践工作。美国从 1921 年起就开始进行交通调查和研究工作。英国从 1922 年开始实施交通量调查,1933 年以后每隔 3 年进行一次较大规模的交通量调查,1955 年时已有 5 000 个观测点。意大利从 1927 年起开始进行交通量观测,以后规定每年进行一定天数的连续观测。日本从 1928 年起开始交通量观测,每 5 年一次,1962 年起每 3 年一次,每次在春、秋季非节假日各调查 2 天。

我国交通量调查是在新中国成立以后才开始的。1955 年及 1958 年,我国公路交通系统曾对公路干线进行过规模较大的调查,取得了一批资料。但以后的 20 多年,交通量调查基本处于停滞状态,原有资料也几乎全部散失。只是在 1979 年交通工程学开始在我国受到重视以后,才又重新进行较大规模的交通调查(包括交通量调查)。城市建设部门和交通管理部门,40 多年来也开展了大量的交通量调查工作,为城市交通规划、道路和交通枢纽建设、交通区域控制、交通信号设计、交通管理和交通安全等研究提供了可靠的资料。

2. 交通量的概念

交通量是指在单位时间段内,通过道路某一地点、某一断面或某一条车道的交通实体数,常用字母 q 表示。

交通量是一个随机数,不同时间、不同地点的交通量是变化的。把交通量随时间和空间而变化的现象,称为交通量的时空分布特性。

交通量的时间分布特性是指同一研究对象在一年中的某一月、某一天、某一小时的交通量差异,分为交通量的月变化、周变化、小时变化等。

(1)月交通量变化

以一年为周期,统计 12 个月的交通量,每个月的交通量不尽相同,像这样一年内各月交通量的变化称为月变化。通常可用月交通量变化系数(简称"月变系数")$K_月$ 来表示交通量的月变化规律。

$$月变系数：K_月 = \frac{AADT}{MADT} = \frac{年平均日交通量}{月平均日交通量}$$

$$年平均日交通量：AADT = \frac{12 个月的月平均日交通量的总和}{12}$$

（2）周交通量变化

以一周为周期，每天的交通量分布也不均匀，一周内各天的交通量变化称为交通量的周变化或日变化。

（3）时交通量变化

若以一日 24 h 为周期，各个小时的交通量分布也不均衡。表示各小时交通量变化的曲线，称为交通量的时变图。在交通量的时变化中，高峰小时交通量是指一日内以小时为单位计测的交通量的最高值。高峰小时交通量与该天全天交通量的比值称为高峰小时流量比（以%计）。高峰小时交通量与高峰小时内某一时段的交通量扩大为高峰小时的交通量之比称为高峰小时系数 PHF。

交通量的空间分布特性是指交通量的大小随空间位置的不同而变化的特性，一般是指在同一时间或相似条件下，交通量随地域、城乡、方向、车道等的差别而变化的情况。为了表示交通量在方向上的不平衡性，常采用方向分布系数 K_D 来表示：

$$K_D = \frac{主要行车方向交通量}{双向总交通量} \times 100\%$$

3. 交通量调查的目的与方法

交通量调查是为了获得车和（或）人在道路系统选定地点处运动情况的真实数据而进行的调查研究工作。交通量数据用一定时间内通过的车辆数表示，时间单位的长度根据调查目的和用途而定。交通量调查的测记方法取决于所能获得的设备、经费和技术条件、调查目的，以及要求提供的资料情况等，常用的方法有人工计数法、浮动车法、录像法、自动计数法、GPS 法、航拍法等。

（1）人工计数法

人工计数法的优点是适用于任何地点、任何情况下的交通量调查，机动灵活，易于掌握，精度较高，资料整理也很方便，是我国最常用的交通量调查方法；缺点是对调查人员的培训需要花费较多人力和时间，需要的调查人员数量较多，劳动强度大，冬、夏季户外工作辛苦，同时需要持续的经费支持，且长时间连续观测时，精度不易保证。

该方法一般被应用于以下几种调查中：

① 转向交通量调查；

② 分车种交通量调查；

③ 车辆占用调查；

④ 行人交通量调查；

⑤ 高速公路交通量调查。

人工计数可用一定格式的表格登记，当累计记录时，应按所取时段（5 min、15 min 或 1 h）分别累计。表 5-1 为人工观测记录表格形式之一。

表5-1 交通量调查记录表

线路_____ 观测站_____ 方向由_____向_____

日期___年___月___日 星期___ 气候___ 记录者___ 测量者___

观测时间	小型货车	中型货车	大型货车	小型客车	大型客车	载货拖挂车	摩托车	合计
6:00～								
6:15～								
6:30～								
…								
备注								

（2）浮动车法

浮动车法由英国道路研究试验所的 Wardrop 和 Charlesworth 于 1954 年提出，该方法可同时获得某一路段的交通量、行驶时间和行驶车速，是一种较好的交通调查方法。

浮动车法需要 3 名调查人员和一辆小型汽车：3 人坐在行驶的小型汽车中，1 人记录和测试车对向开来的车辆数；1 人记录和测试车同向行驶的车辆中，被测试车超越的车辆数和超越测试车的车辆数；1 人报告和记录时间及行驶时间。在调查过程中，测试车一般需要沿调查路线往返行驶 6～8 个来回。根据调查数据，可按下列公式进行计算：

① 测定方向上的交通量 q_c

$$q_c = \frac{X_a + Y_c}{t_a + t_c} \tag{5-1}$$

式中：

q_c——路段待测定方向上的交通量（单向），辆/min；

X_a——测试车逆测定方向行驶时，测定的来车数，辆；

Y_c——测试车在待测方向上行驶时，超越测试车的车辆数减去被测试车超越的车辆数，辆；

t_a——测试车与待测定车流方向反向行驶时的行驶时间，min；

t_c——测试车顺向待测定车流方向行驶时的行驶时间，min。

② 平均行程时间 $\bar{t}_c$

$$\bar{t}_c = t_c - \frac{Y_c}{q_c} \tag{5-2}$$

式中：

$\bar{t}_c$——测定路段的平均行程时间，min；

t_c——同式（5-1）；

Y_c——同式（5-1）；

q_c——同式（5-1）。

③ 平均车速 $\bar{v}_c$

$$\bar{v}_c = \frac{l}{\bar{t}_c} \times 60 \tag{5-3}$$

式中：

$\bar{v}_c$——测定路段的平均车速（单向），km/h；

l——观测路段长度，km；

$\bar{t}_c$——同式（5-2）。

表 5-2 为浮动车法调查记录表，其中已填写了某次调查的记录，现根据这些记录数据，分别计算其向东行和向西行的交通量、行程时间和车速。先将记录表内的数据整理好，再填写在计算表 5-3 中。

表 5-2　浮动车法调查记录表

地点_____　距离____1.8 km____　天气_____

日期____年____月____日　星期____上下午____调查人____

序号	测试车出发时间	行程时间 t/min		迎面驶来的车辆数 X/辆	超越测试车的车辆数 Y_1/辆	测试车超越的车辆数 Y_2/辆	$Y=(Y_1-Y_2)$ 辆
	（1）	（2）		（3）	（4）	（5）	（4）-（5）
测试车行驶方向：向____东____行							
1	09:20	2′31″	2.52	42	1	0	1
2	09:30	2′34″	2.57	45	2	0	2
3	09:40	2′22″	2.37	47	2	1	1
4	09:50	3′00″	3.00	51	2	1	1
5	10:00	2′25″	2.42	53	0	0	0
6	10:10	2′30″	2.50	53	0	1	-1
平均值		2′34″	2.56	48.5	1.17	0.5	0.67
测试车行驶方向：向____西____行							
1	09:25	2′29″	2.48	34	2	0	2
2	09:35	2′22″	2.37	38	2	1	1
3	09:45	2′44″	2.73	41	0	0	0
4	09:55	2′25″	2.42	31	1	0	1
5	10:05	2′48″	2.80	35	0	1	-1
6	10:15	2′29″	2.48	38	0	1	-1
平均值		2′33″	2.55	36.2	0.83	0.5	0.33

表 5-3　浮动车法调查计算表

平均行驶时间 t/min	与测试车对向行驶的来车数 X/辆	超越测试车的车辆数减去被测试车超越的车辆数 Y/辆
向东行 6 次，$t_东$=2.56	$X_西$=48.5	$Y_东$=0.67
向西行 6 次，$t_西$=2.55	$X_西$=36.2	$Y_西$=0.33

先计算向东行驶的情况：

$$q_东 = \frac{X_西 + Y_东}{t_东 + t_西} = \frac{36.2 + 0.67}{2.56 + 2.55} \approx 7.22 \text{ 辆/min} \approx 433 \text{（辆/h）}$$

$$\bar{t}_{东} = t_{东} - \frac{Y_{东}}{q_{东}} = 2.56 - \frac{0.67}{7.22} \approx 2.47 \text{（min）}$$

$$\bar{v}_{东} = \frac{l}{\bar{t}_{东}} \times 60 = \frac{1.8}{2.47} \times 60 \approx 43.7 \text{（km/h）}$$

再计算向西行驶的情况：

$$q_{西} = \frac{X_{东} + Y_{西}}{t_{东} + t_{西}} = \frac{48.5 + 0.33}{2.56 + 2.55} \approx 9.56 \text{辆/min} \approx 574 \text{（辆/h）}$$

$$\bar{t}_{西} = t_{西} - \frac{Y_{西}}{q_{西}} = 2.55 - \frac{0.33}{9.56} \approx 2.52 \text{（min）}$$

$$\bar{v}_{西} = \frac{l}{\bar{t}_{西}} \times 60 = \frac{1.8}{2.52} \times 60 \approx 42.9 \text{（km/h）}$$

用浮动车法调查交通量时要保证观测车的车速尽可能接近于车流的平均速度，当交通量很小时，则应接近调查路段的限制车速。对于多车道的情况，最好变换车道行驶。另外，要尽可能使超车数与被超车数接近平衡，特别是当交通量不多时更应如此。

（3）录像法

录像法多用于交叉口处的交通状况调查，目前常利用录像机作为高级的便携式记录设备，通过一定时间的连续图像给出一定时间间隔或实际上连续的交通流详细资料。工作时要求将专门设备升高到工作位置（或合适的建筑物），以便观测到所需的范围，将摄制到的录像（影片或相片）重新放映或显示出来，按照一定的时间间隔以人工计数方法来统计交通量。

录像法的优点是现场工作人员少，资料可长期反复应用，且比较直观；缺点是费用较高，整理资料花费人工较多。

对于交叉口交通状况的调查，通常将摄像机（或时距照相机）安装在交叉口附近的某个制高点上，镜头对准交叉口，按一定的时间间隔自动拍摄一次或连续摄像。根据不同时间间隔情况下每一辆车在交叉口内位置的变化情况，数点出不同流向的交通量。录像法能够获取一组连续时间序列的画面，只要适当选择摄影的时间间隔，就可以得到较完全的交通资料，对于自行车和行人交通量、分车种分流向的机动车交通量、车辆通过交叉口的速度及延误时间损失、车头时距、信号配时、交通堵塞原因、各种行人与车辆冲突情况等，均能提出令人信服的证据，并且资料可以长期保存。但录像法需要在图像上进行大量的量距和计算工作，并且在有茂密树木或其他遮挡物时，调查比较困难，可能会引起较大误差。

（4）自动计数法

近年来，随着电子通信和计算机技术的不断改进，自动计数法得到了突飞猛进的发展。自动计数法通过采用移动或固定的计数器来得到交通流参数，这些计数器包括传感器设备、通信设备、计数设备等组成部分。自动计数器也是实现智能交通控制的基础设备之一。

（5）GPS法

目前采用GPS法进行交通量调查尚在研究阶段，其主要障碍在于目前GPS的普及率还不够高，无法达到进行交通量调查的需求。但是可以预见的是，一旦GPS的普及率达到了进行交通调查的需求时，采用GPS法将会是非常经济实用的。一个相对较简单的测算方法是通过对通过某路段的车辆中带有GPS的车辆的车速来反推测算该路段的交通量。该法的前提是需要得知该路段的通行能力。

（6）航拍法

航拍法是通过带有摄像头的直升机（或调查人员所携带摄像机）对某地区的交通状况进行拍摄，然后通过对录像进行人工处理，得到交通量。该方法方便灵活，受天气的影响较小，适用于对一个片区的交通量进行调查，但是较难区分车型，且调查费用较高。

5.2.2　车速调查

行车速度既是道路规划设计中的一项控制指标，又是车辆运营效率的一项评价指标。速度在某种程度上是效益的表征，对于运输安全、迅捷、经济和舒适具有重要意义。因此，了解和掌握研究路段上的行车速度及其变化规律是正确进行道路网规划、设计、运营、管理的基础和前提。

1. 速度的概念

设车辆在 t 时间内行驶距离为 l，则车速可用 l/t 形式来表示。按 l 和 t 取值的不同，可定义如下不同的车速。

（1）地点车速（spot speed）

地点车速又称点车速或瞬时车速，它是车辆驶过道路上某一断面时的瞬时速度，观测距离很短，以行驶该距离的时间小于 2 s 为限。汽车上车速里程表指示的车速、交通标志中限制的车速和雷达测速仪测得的车速均为地点车速，它是用作道路设计、交通管理和规划的依据。

（2）行驶车速（running speed）

行驶车速是指车辆在某一路段所行驶的距离，用有效行驶时间（不包括停车时间）除之所求得的车速。行驶车速可用来分析道路区段的行驶难易程度和设计道路通行能力，也可用于车辆运行的成本效益分析。

（3）行程车速（travel speed）

行程车速又称区间车速，是车辆行驶路程与通过该路程所需的总时间（包括停车时间）之比。行程车速是一项综合性指标，用以评价道路的通畅程度，估计行车延误情况。要提高运输效率归根结底是要提高车辆的行程车速。

（4）设计车速（design speed）

设计车速是指在道路交通与气候条件良好的情况下，仅受道路条件限制时所能保持的最大安全车速，用作道路线形几何设计的标准。

（5）时间平均车速和区间平均车速

车辆通过道路某断面时，某段时间内车速分布的平均值，称为时间平均车速，简称平均车速。它的大小就是地点车速观测值的算术平均值。

如果说时间平均车速表征的是该路段的"点"车速，那么区间平均车速则表征了某观测路段的"线"车速。它的定义为：某瞬间道路上某区间内全部车辆车速分布的调和平均值，或者定义为一批车辆通过某一路段时，其行驶距离与各辆车行程时间的平均值之比。

2. 速度调查的目的与方法

由于道路设计、交通规划、交通控制与管理、交通设计及道路质量评价等均以车速作为最基本的资料，因此车速调查成为城市交通调查中最重要的调查项目之一。常见的调查有地点车速调查和区间车速（行程车速）调查。

地点车速调查的目的主要有：

① 掌握某地点的车速分布规律及速度变化趋势；

② 作为交叉口交通设计的重要参数；

③ 用于交通事故分析；

④ 判断交通改善措施的成效；

⑤ 确定道路限制车速；

⑥ 设置交通标志的依据；

⑦ 局部地点如道路弯道、坡度、瓶颈等处的交通改善设计的依据；

⑧ 交通流理论研究中的重要参数。

区间车速调查的目的主要有：

① 掌握道路交通现状，作为评价道路服务水平的主要指标；

② 路线改善设计的依据；

③ 作为衡量道路上车辆运营经济性（时间和油耗）的重要参教；

④ 作为交通规划中路网交通流量分配的重要依据；

⑤ 判断道路工程改善措施前后效果对比的重要指标；

⑥ 交通流理论研究中的重要参数。

随着科学技术的不断发展，车速调查的方法越来越多，不同调查方法的应用范围也不一样，但其基本原理是一样的，就是通过测量距离和时间来得到速度这个参数。在实际调查中，有些时候距离是事先给定的，成为一个常量，然后观测车辆通过该段距离所需的时间。但也有一些时候距离是变化的，如雷达测速、超声波测速、激光测速等。

车速量测的方法可分为人工量测法和自动量测法。人工量测法是先选择测速地点，量取一定距离，然后用秒表测定车辆行驶于该距离内所需的时间，从而计算得到车速；自动量测法往往是同时测得距离和时间，通过仪器内部计算，得到该路段的车速。使用的仪器有五轮仪、光感测速仪、雷达测速仪等。

3. 地点车速调查

测定地点车速最常用的方法有以下几种。

（1）人工测速法

人工测速法是最简单，也是最早被使用的测速方法之一。人工测速法中最常见的是秒表测速法。该法需要先在待测试路段量取一段距离 L，然后在两端做好标记，当有车辆经过第一条线时，观测员按下秒表记录时间，待该车辆经过第二条线时再次用秒表记录时间，同时记录下该车车型。记录表格见表5-4。待测完后就可以通过距离和时间差来判定该路段的地点车速。

由于测的是地点车速，故该路段的取值应尽量小。但同时，由于人的反应及视觉差，路段太短又会造成过大的误差，通常将路段取为 20 ~ 25 m。在测量过程中需注意的是，在判断路段车辆经过标记线时必须采用统一的标准，会更加精准，一般采用前车车轮（车轴）通过标记线为宜。人工测速法的优点是简单实用，缺点是误差偏大。

表5-4 地点车速记录表

日期_____ 星期_____ 天气_____ 记录员_____

起讫路线_____至_____ 起讫时间_____至_____时间间隔_____

车种	t_1	t_2	$\Delta t = t_1 - t_2$	v		车种	t_1	t_2	$\Delta t = t_1 - t_2$	v

备注：t_1——车辆到达起始观测点时刻；t_2——车辆到达终末观测点时刻

（2）雷达测速法

雷达测速法是一种便捷实用的测速方法，它是目前现代交通管理中常用的一种方法，用以监测行驶在道路上的超速违章车辆。常用的仪器有雷达测速仪和雷达枪。雷达测速法十分简单，只要用测速雷达瞄准前方被测车辆，即能读出该车辆的瞬时车速。

雷达测速法主要是向车辆发射微波，利用多普勒效应测定车速，其原理是：当目标向雷达天线靠近时，反射信号频率将高于发射频率；反之，当目标远离天线而去时，反射信号频率将低于发射频率。如此即可借由频率的数值改变，计算出目标与雷达的相对速度。

雷达测速仪是根据接收到的反射波频移量的计算而得出被测物体的运动速度，它具有以下特点。

① 雷达波束较激光光束（射线）的照射面大，因此雷达测速易于捕捉目标，无须精确瞄准。

② 雷达测速设备可安装在巡逻车上，在运动中实现检测车速，是"流动电子警察"非常重要的组成部分。

③ 雷达固定测速误差为±1 km/h，运动时的测速误差为±2 km/h，完全可以满足对交通违章查处的要求。

④ 雷达发射的电磁波束有一定的张角，故有效测速距离相对于激光测速较近，最远测速距离为800 m（针对大车）。

⑤ 雷达测速仪因技术成熟，价格适中，因此广受欢迎。

⑥ 雷达测速仪发射波束的张角是一个很重要的技术指标，张角越大，测速准确率越易受影响；反之，则影响较小。

此外，雷达测速仪的效应有一定范围，同向车辆密度过高或对向车辆同时通过道路某断面时，均会产生干扰，使雷达测速仪上的车速数字产生不稳定情况；当道路上车辆行驶速度很低时，测速精确度亦低。由于这些原因，雷达测速仪最宜用于交通管理部门监测车辆超速行驶之用，在科学研究方面，精确度尚有不足。

（3）自动计数器测速法

自动计数器有很多种类，通常使用电感式、环状线圈式和超声波式检测器测量地点车速，它们均设置在固定检测站上，同时测得流量和流速。

自动计数器测速的方法是在测速地点取一小段距离（如取5 m），两端均埋设检测器，车辆通过前后两检测器时发出信号，并传送给记录仪，记录下车辆通过前后两个检测器的时间，从而计算得出车速。当测速精确度要求不太高时，也可用一个检测器的办法，即测某车辆前后车轮通过检测器的时间，并用前后轴距除以该时间求得车速。这种方法适用于交通控制区中已埋设检测器的场合，并与交通流量数据同时存放于数据采集系统中。

（4）录像法

在拟测车速的地点，量取若干段距离，并做好标记。将录像机设置在视野良好的高处，防止行道树及其他设施的遮挡，将录像机镜头瞄准欲测车速路段，以一定的送片速度进行录像。根据车辆通过测定区间的录像胶卷画面数和画面的间隔时间，即可求得车辆的地点车速。

录像法测量地点车速应详细记录开始时间、地点、方向、送片速度、气候、观测员姓名等，以免整理时发生错误。录像法的主要优点是对测定地点有形象记录，不但能录到车辆移动位置，而且也能摄到车型及实地交通情况，且调查资料便于长期保存，有利于进行地点车速和影响因素的相关分析，在科学研究中具有很高的使用价值。但是，录像法的成本较高，资料整理过于复杂，致使其广泛使用受到限制。

（5）视频测速法

基于视频检测的测速方法是将摄像机安装在车道上方，拍摄车辆运动图像序列，运用图像处理与模式识别方法对接收到的图像序列进行分析，获取图像中车辆在两帧间的位移，从而得到车辆的行驶速度。

在基于视频的测速方法中，主要需解决的问题是从图像序列中获得车辆移动的距离，即找到两张图像中车辆位置的匹配关系。常用的方法有角点检测、纹理分析、视频跟踪等。以上方法尽管能够很好地在两张图像中找到相应车辆的匹配位置，但其较大的计算量无法满足实时测速的要求。另外，用车身的不同位置进行匹配，对车辆实际移动距离的计算也有影响。

除上述方法外，地点车速的调查还可使用航空摄影法和光电管法等。地点车速观测地点根据测试目的而定。一般应选在两个交叉口之间的平坦路段上，在该路段上不能有缓行、停放车辆、人行横道、支路出入口等交通障碍。如对交通管制、改善以及对有问题地段进行分析时，应在管制区域内选择有代表性的地点和事故多发地点；在对交通措施、道路条件改善前后的效果进行评价对比时，改善前后调查都应选在同一地点（或同一路段）。

4. 区间车速调查

车辆在区段内行驶时，往往受到各种因素的影响，如道路线型、横断面组成及车行道宽度、路面状况、车辆性能、交通组成、交通流量、交通管理与措施、停靠站位置、交叉口交通状况及气候条件等。这些因素对行程车速的影响通常结合在一起，难以分清各因素对车速的单独影响。上述原因增加了区间车速调查的复杂性，因此在进行区间车速调查之前，必须研究调查方案，确定所需的人力、调查工具及经费。区间车速调查最常用的方法主要有以下几种。

（1）车辆牌照号码登记法

车辆牌照号码登记法是在调查路段的起终点设置观测点，观测人员记录通过观测点的车辆类型、牌照号码（后3位数字）及各辆车的到达时间。测完后，将两处的车型及牌照号码进行对照，选出相同的牌照号码，计算通过起终点断面的时间差即为行程时间，路段距离除以行程时间，得到行程车速。调查记录表格见表5-5。

表 5-5　车辆牌照号码登记法车速调查表

道路名称_____　起始时间_____　日期_____
起 终 点_____　观 测 员_____　天气_____

车辆类型	牌照号码	起点时间 t_1	终点时间 t_2	行程时间 t_1-t_2	区间车速 v

车辆牌照号码登记法需要在起终点断面分别配备两名观测员：一名观测车型、牌照号码及经过本断面的时间；另一名记录，观测时只需配备秒表即可。车辆牌照号码登记法适用于路段上无主要交叉口、单向车道或流量不是很大的单向两车道公路，且路段长度不宜超过 500 m，路段上的交通情况不太复杂，可与其他调查同时进行。

车辆牌照号码登记法的优点是取样速度快，室外工作时间短，能较准确地测得不同时段的平均行程车速及各种车辆类型的平均行程车速、通过断面的单向交通量及车头时距，有利于交通工程中的微观分析。车辆牌照号码登记法的缺点是所测得的只是起终点间的行程时间，无法测定车辆在行驶过程中的延误及交通阻滞情况，当路段中间有交叉口时，由于路段车辆在交叉口的转向，使起、终点的车辆牌照号码不完全一致，增加了调查分析的工作量；在单向两车道或大于两车道的路段，观测时由于靠边车道上车辆的阻挡，无法看清中间车道上车辆的牌照号码，容易漏记车号；另外，此法现场观测的劳动强度大，对于交通繁忙的路段在一般体力情况下，通常只能连续观测 2 h 左右。

（2）试验车跟车测速法

采用试验车跟车测速法，测速前需要用 1 : 2 000 或比例更大的地形图，量测路段全长及各变化点之间的距离，如交叉口、道路断面宽度变化点、小半径弯道的起终点、陡坡的起终点、隧道口、桥梁起终点等，并进行路段编号，然后亲自到现场踏勘，按图上各点位置在实地做好标记，并补充地形图上遗漏的地物特征点。然后准备好测试车，测试车的性能应能跟踪上道路上行驶的车辆；配备两名观测人员，并携带秒表及记录表格等，记录表格见表 5-6。

表 5-6　试验车跟车测速法车速观测表

道路名称_____　起始时间_____　日期_____
起 终 点_____　观 测 员_____　天气_____

路段编号	观测时间			减速次数及原因					
	中途停车			最终断面时间	行人	自行车	会车	转向车	公交停靠	其他
	原因	停止时间	启动时间							

在测速时，测试车辆应紧跟车队行驶，一般不容许超车，除非道路上遇到特别慢的车辆，如大型重载货车、即将进入停靠站的公共汽车、拖拉机等。车内测试人员必须熟记预先在道路上做的各个标记，并注意观测沿途的交通情况。当车辆从起点出发时，打开秒表，每经过一次标记，立即读出经过标记的时刻。当试验车遇到阻塞或严重减速时，应记录减速次

数或停车延误时间及原因。

跟车测速次数一般要求往返 6 ～ 8 次，每次往返时间应尽量小于 40 min。在道路条件好、交通顺畅的市郊道路，路线长度以不超过 15 km 为宜；市区边缘道路，路线长度以小于 10 km 为宜；市中心区道路，一般交通繁忙、车速低，并受到交叉口信号灯的管制，路线长度应小于 5 km。

试验车跟车测速法的优点在于其方法简单，能测到全程及各路段的行程时间、行驶时间、延误时间、沿途交通状况及交通阻塞原因等，且所需的观测人员少，劳动强度小。试验车跟车测速法适用于交通量大、交叉口多、路线上交通较复杂的道路。全国若干城市，如上海、杭州、无锡、宁波、淄博等城市的路网车速调查均采用了这种方法。另外，试验车跟车测速法的缺点主要在于其测量次数不可能很多，相对于某一时段（如高峰小时）只能得到 2 ～ 3 次调查数据，所测车速虽然可以用于宏观控制，但难以用作微观分析，再者，用于建立模型时此法尚感不足。除此之外，当路段交通流量较小时，车辆难以形成车流，往往发生测试车无车流可跟的情况，测试中经常处于非跟踪状态，最后测得的车速也容易受到测试车性能及驾驶员习惯的影响，进而不能完全代表道路上车流的车速。

（3）五轮仪测速法

五轮仪是测量车速的专用仪器，测量车速时要与速度分析仪同时使用。测速时将五轮仪装置于试验车之后，成为试验车以外另加的一个轮子，故名五轮仪。当测试车行驶时，五轮仪的轮子亦与地面接触，一起转动。在五轮仪的轮轴上设有光电装置，其作用是将车轮转动速度转换成电信号，输入速度分析仪，此时记录仪能自动记下行驶距离、行驶时间、行程车速。例如，测试车在路段起点时，观测员打入信号，当车辆行驶到第一个标记时再打入信号，则速度分析仪就能记下从起点到第一个标记时两点间的距离、行程时间和平均行程车速。

五轮仪还可以与另一种速度分析仪一起使用，这种分析仪的功能是可以得到车辆在全线行驶时的速度分布。例如，某路线全长 15 km，测试车在跟车时速度有高有低，通过这种速度分析仪，可以自动地将车速按 0 ～ 10 km/h，10 ～ 20 km/h，20 ～ 30 km/h，…，100 ～ 110 km/h，…自动分挡，最后得到各速度挡的行驶里程和其对应所占的比例。

五轮仪的测速方法与跟车测速法基本相同，其主要优点是自动化程度高，测速精确，能直接将结果打印输出，无须记录。另外，五轮仪可以与车辆油耗仪同时使用，测量不同行驶状态、不同车速时的耗油量，作为建立模型的可靠资料。

在使用五轮仪时，对路面平整度有一定的要求。平整度很差的路面，行驶时五轮仪跳动厉害，影响测速精度，并有损仪器。在测速时如有车辆倒退或调头情况，必须将五轮仪的轮子拉起，使其不与地面接触，否则仪器将会损坏。五轮仪和速度分析仪均属于精密仪器，成本高、易损坏，在使用前或使用后必须经过严格检查，并应注意随时保养。

（4）光感测速仪测速法

光感测速仪也是一种测量车速的专用仪器，这种仪器由光电探测器和光谱屏幕两个主要部件所组成。在测速时，将光感测速仪贴在试验车车厢外壳，光电探测器对准地面，随着车辆行驶，在光电屏幕上产生不同频率的电信号，信号频率的高低与车速成正比。如果再配置一台微型计算机且与之联机，则可以直接打印出速度曲线、行驶时间、行驶距离等。光感测速仪的测速范围在 3 ～ 200 km/h。

使用光感测速仪测速的主要优点是测速方便，便于安装在各种类型的车辆上，且测速精度高，可连续测得各点的瞬时车速和全程平均车速，并直接打印出结果。除此之外，光感测速仪还可用于加速试验和制动试验，分别测得加速的最终速度、加速距离、加速时间，以及制动时的初速度、制动距离、制动时间等。与五轮仪相同，光感测速仪对测速时使用和平时保养的要求均较高。

量测区间车速的方法很多，除上述介绍的几种外，还有浮动车法等，其测量方法在交通量的调查方法中已进行了介绍，在此不再赘述。

5.2.3 密度调查

1. 密度的概念

交通流密度（又称车流密度）是指在某一时刻，某单位长度的路段上一条车道内的车辆数。密度是反映道路上车辆的密集程度、衡量道路上车流畅通情况的重要指标。交通流密度常以 K 表示，其单位是辆/km（若为多车道，则应将车辆数除以车道数，换算成单车道的车辆数，然后再进行计算），一般可用下式表示：

$$K = \frac{N}{L} \tag{5-4}$$

式中：

K——交通流密度，辆/km；

L——道路长度，km；

N——在 L 长的道路上，单车道路段内的车辆数，辆。

例如，在某一时刻，一条 250 m 长的双车道（双向）路段内，每条车道上有两辆车，则其车流密度为：

$$K_{单车道} = \frac{2}{\frac{250}{1\ 000}} = 8 \ （辆/km）$$

$$K_{双车道} = \frac{2+2}{\frac{250}{1\ 000}} = 16 \ （辆/km）$$

在交通流密度中，能够使道路上的交通量达到最大值时的密度，称为最佳车流密度；而道路上的车流使车辆几乎无法行进，即发生交通阻塞时的交通流密度，称为阻塞密度。

车头间距是指同向行驶的一列车队中，两连续行驶的车辆车头之间的距离。路段中所有车头间距的平均值，称为平均车头间距。交通流密度和平均车头间距之间互为倒数关系，即：

$$K = \frac{1\ 000}{d_n} \tag{5-5}$$

式中：

K——同式（5-4）；

d_n——平均车头间距，m/辆。

在交通流的不同车头间距中，可以保证行车安全的最短车头间距，称为极限车头间距，它是同向行车运行安全的重要依据。

与车头间距相对应，在同向行驶的一列车队中，两连续行驶的车辆之车头驶过某一点时的时间间隔，称为车头时距。能够保证行车安全的最短车头时距称为极限车头时距。

由于交通流密度是瞬时值，随观测时间或区间长度的变化而变化，而且反映不出车辆长度与速度的关系，尤其当车辆混合行驶时，交通流密度的高低，并不能明确地表示出交通流的状态，所以在城市交通调查中往往还采用较易测量的车道占有率来间接表征交通流密度。车道占有率包括空间占有率和时间占有率两种。

① 空间占有率：是指在道路的单位面积中，各车辆所占道路面积的总和。在实际观测中，一般将道路一定路段上的车辆总长度与路段长度之比的百分数作为空间占有率。车流密度只能表示车流的密集程度，而空间占有率则能反映某路段上的车队长度。空间占有率的表达式如下：

$$R_s = \frac{1}{L} \sum_{i=1}^{n} l_i \qquad (5-6)$$

式中：

R_s——空间占有率，%；

L——观测路段总长度，m；

l_i——第 i 辆车的长度，m；

n——该路段的车辆数，辆。

② 时间占有率：是指在单位测定时间内，道路的任一断面上，车辆通过时间的累计值与观测总时间的比值，以百分数表示。时间占有率的表达式如下：

$$R_t = \frac{1}{T} \sum_{i=1}^{n} t_i \qquad (5-7)$$

式中：

R_t——时间占有率，%；

T——总观测时间，s；

t_i——第 i 辆车通过观测路段所用的时间，s；

n——在观测时间内通过观测路段的车辆数，辆。

2. 密度调查的方法

交通流密度的调查一般采取定点观测法、出入流量法和摄影观测法 3 种。这里着重介绍前两种。

（1）定点观测法

定点观测法是通过在某一观测点量测车速与车流量数据，根据这些数据，利用流—密—速关系计算得出车流密度。

在拟观测的道路上，选取 100 m 长的路段，标上记号，若路段为双车道，则可将观测人员分为 4 组，每组 4 人，分别记录通过观测路段两端的车辆牌号与交通量，测毕分别整理计算，调查记录表如表 5-7 所示。

表 5-7　测定车流密度记录表

序号	车号	分组时间/ (h：min：s)	起测时间/ (min：s)	终测时间/ (min：s)	行驶时间/ (min：s)	区间车速/ (km/h)	汽车数量/ 辆

根据所测数据，依照如下公式，计算区间平均车速：

$$v_s = \frac{L \cdot n}{\sum_{i=1}^{n} t_i} \tag{5-8}$$

式中：

v_s——区间平均车速，km/h；

L——观测路段长度，即行程距离，km；

n——车辆行驶于行程 L 的次数，次；

t_i——第 i 次行驶的行程时间，h。

最后，将整理后的数据填入表 5-7 中，计算平均车流密度（K），其公式如下：

$$K = \frac{Q}{v_s} \tag{5-9}$$

式中：

K——同式（5-4）；

Q——平均交通流流量，辆/h；

v_s——区间平均车速，km/h。

（2）出入流量法

出入流量法适用于无分流的公路路段，尤其是高速公路的相邻两座互通立交之间的路段，由于中途无车辆出入，故采用这种方法准确性较高。在采用出入流量法时，观测路段长度取 1 km 左右为宜，若路段长度太短，则不宜采用此法。下面介绍出入流量法的基本原理。

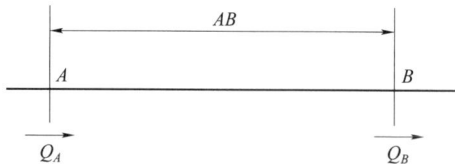

图 5-1　AB 区间示意图

如图 5-1 所示，在某一时刻，上游地点 A 处的交通量是同一时刻 AB 区间内新增加的车辆数；反之，这时在下游地点 B 处的交通量等于从 AB 区间内减少的车辆数，AB 区间内的车辆数的变化应等于出入量之差值。因此，AB 区间在 t 时刻的密度可由下式表示：

$$K(t) = \frac{Q_{A(t)} + E_{(t_0)} - Q_{B(t)}}{L_{AB}} \tag{5-10}$$

式中：

$K(t)$——t 时刻 AB 区间内的交通密度；

$Q_{A(t)}$——从观测开始到 t 时刻通过 A 处的累加交通量；

$E_{(t_0)}$——在观测开始到 t_0时刻，AB 区间内的原始车辆数；

$Q_{B(t)}$——从观测开始到 t 时刻通过 B 处的累加交通量；

L_{AB}——AB 段长度，km。

$$E_{(t_0)} = q_B + a - b \tag{5-11}$$

式中：

$E_{(t_0)}$——同式（5-10）；

q_B——从 t_0 到 t_1 这一时间内通过 B 处的车辆数；

a——试验车超车数；

b——试验车被超车数。

有了上述测量原理，下面接着介绍出入流量法测定车流密度的基本步骤。

① 在观测前准备好出入流量法观测车流密度记录表，如表 5-8 所示。设定观测路段的两个端点 A 点和 B 点，并以 A 端作为车流的流入端，B 端为流出端。备好一台试验车，在 AB 路段之间往返行驶，以测定原始车辆数。

表 5-8　出入流量法观测车流密度记录表

时 间	A 地点交通量	B 地点交通量	变化量	时 刻	初始车辆数	存在车辆数	调整值	修正值	瞬间密度	平均密度	试验车情况
0′—1′	40	54	−14	1′							
1′—2′	74	60	14	2′							
2′—3′	39	40	−1	3′							
3′—4′	61	68	−7	4′							6′50″ 驶入
4′—5′	37	60	−23	5′							8′20″ 驶出
5′—6′	72	59	13	6′							$a=10$
6′—7′	52/9	48/7	4/2	7′	94	96	0	96	119		$b=2$
7′—8′	67	58	9	8′		105	0	105	130		$a-b=8$
8′—9′	19/ 24	21/ 26	−2/−2	9′	103	103/ 101	0	101	125		
9′—10′	69	65	4	10′		105	0	105	130		
小 计	563	566	−3								
10′—11′	46	66	−20	11′		85	0	85	105		
11′—12′	69	56	13	12′		98	0	98	121		
12′—13′	57	65	−8	13′		90	1	91	112 115		
13′—14′	57	59	−2	14′		88	1	89	110		
14′—15′	58	46	12	15′		100	1	101	125		
15′—16′	52	48	4	16′		104	1	105	115		18′43″ 驶入
16′—17′	40	58	−18	17′		86	1	87	130		
17′—18′	59	59	0	18′	5	86	1	87	107		
18′—19′	47/20	29/15	18/5	19′	105	104/ 110	0	110	107 128		
19′—20′	49	31	18	20′		128	0	128	136		
小 计	554	532	22						158		

时 间	A 地点交通量	B 地点交通量	变化量	时 刻	初始车辆数	存在车辆数	调整值	修正值	瞬间密度	平均密度	试验车情况
20′—21′	37	48	−11	21′	117	117	0	117	144		
21′—22′	39	40	−1	22′		116	0	116	143		
22′—23′	48	59	−11	23′		105	0	105	130 125		
23′—24′	41	65	−24	24′		81	−1	80	99		
24′—25′	72	65	7	25′		88	−1	87	107		21′00″ 驶出
25′—26′	65	76	−11	26′		77	−1	70	94		$a=14$
26′—27′	53	63	−10	27′		67	−2	65	80		$b=3$
27′—28′	56	63	−7	28′		60	−2	58	72 75		$a-b=11$
28′—29′	46	50	−4	29′		56	−2	54	67		
29′—30′	42	43	−1	30′		55	−2	52	64		
小 计	499	572	−73								

② 从选定的基准时刻开始，在 A 点、B 点同时观测每分钟通过的车辆数，即可得到每分钟的端点处交通量。

③ 试验车的观测记录。事前应在试验车的明显位置标上易于识别的标志，使观测人员能区分出试验车，以便记录。试验车测试的时间应在观测 A、B 两处交通量的时间范围之内进行。试验车观测的项目为：进入 A 端的时刻、到达 B 端的时刻、在此路段行驶时的超车次数 a、被超车次数 b。

由于需要有测试车抵达 A、B 两地点时的 A 点及 B 点处的交通量，而测试车抵达时间又不总是在测定时间的起点或终点，因此，在 A、B 端处，应于流量的单位观测时间内，分别记录流量观测单位时间的起点至测试车到达时的交通量，以及测试车到达时刻至观测单位时间终了时的交通量，并将其填于表 5-8 的相应栏目内，前者记录于斜线上方，后者记录于下方。例如，试验车第一次进入 A 端的时刻为 6′50″，则 6′0″—6′50″ 的 50 s 时间内，A 端通过的 52 辆车记录于斜线上方，而将 6′50″—7′0″ 通过的 9 辆车记于斜线下方，如表 5-8 第 2 列所示。

5.2.4 交通延误调查

延误是指由于道路和环境条件、交通干扰、交通管理与控制等驾驶员无法控制的因素所引起的行程时间损失，以"s/辆"或"min/辆"计。随着社会和经济的发展，人们越来越重视节约时间，而所谓交通延误，就是由交通带来的道路使用者的时间损失。因此，交通延误成为分析、研究道路交通问题所需进行的一项重要调查内容。交通延误调查通常采用跟车法、输入-输出法和点样本法。其中跟车法观测交通延误往往是和区间车速调查同时进行的，且二者的调查方法也相同，故在此不再重述。下面主要介绍后两种方法。

1. 输入-输出法

输入-输出法适用于调查交叉路口、引道及瓶颈路段的行车延误。该方法的假设前提为车辆出入是均一的；车辆排队现象存在于某一持续时间内，在其中某一时段中，若到达的车辆数大于道路的通行能力时则开始排队，而当到达车辆数小于道路的通行能力时，排队便将逐渐消散。

调查在两个断面同时进行，即在瓶颈路段的起、终点各设一名观测员，用调查交通量的方法，以 5 min 或 15 min 为间隔观测累计交通量。要求两断面的起始时间同步，当车辆受阻排队有可能超过瓶颈起点断面时，应根据实际情况将起点断面位置后移。若该路段通行能力已知，则瓶颈终点（出口）断面可以不予调查。

表 5-9 所示为某瓶颈路段发生阻塞时的调查结果。已知该处通行能力为 360 辆/h 或每 15 min 平均通过 90 辆车，据表分析车辆延误情况。

表 5-9 某瓶颈路段输入-输出法调查结果

时间	到达车数		离去车数		阻塞情况	时间	到达车数		离去车数		阻塞情况
	到达	累计	离去	累计			到达	累计	离去	累计	
4:00—4:15	80	80	80	80	无阻塞	4:45—5:00	90	390	90	350	阻塞
4:15—4:30	100	180	90	170	阻塞开始	5:00—5:15	70	460	90	440	阻塞在消失
4:30—4:45	120	300	90	260	阻塞	5:15—5:30	70	530	90	530	阻塞结束

由表 5-9 可知，最初的 15 min 内到达的车辆数小于道路通行能力，路上没有阻塞。第二个 15 min 内因累计离去车数比累计到达车数少，有 10 辆车通不过，于是开始堵塞。4:15—4:45 是高峰。4:45—5:00 来车量已减少，但累计车辆数仍远远超过累计通行能力。这 45 min（4:15—5:00）是排队开始形成，并且其长度有增无减，直至出现最大排队长度的一段时间。5:00 以后到达车辆累计数和通行能力累计数的差距开始缩小，即表明排队开始消散，直至 5:30 累计车辆数等于路上累计通行能力，于是阻塞结束。

现在试求单个车辆，如第 300 辆车通过瓶颈段的延误时间。它的位置在 300-260＝40（辆）排队车辆的末尾，瓶颈路段的通行能力是 90 辆/15 min，故每辆车通过瓶颈路段所需要的时间为 $\frac{15}{90}$min。因此，第 300 辆车通过瓶颈段所需的时间为：

$$\frac{15}{90} \times 40 = 6\frac{2}{3} \ (\text{min})$$

由此得知第 300 辆车是在 4:45 后的 $6\frac{2}{3}$min，即 4:51:40 时驶出瓶颈段的。

第 300 辆车通过瓶颈段的延误应为实际行程时间与无阻障的行驶时间之差，即：

$$6\frac{2}{3} - \frac{15}{90} = 6.5 \ (\text{min})$$

通过上述实例可以看出，输入-输出法的优点是简单实用，在不需要得到很精确数据的前提下，能大致测算出某个时段内车辆的平均延误和延误趋势。但输入-输出法分不清延误类型，同时精度不高，无法得到比较精细的延误数据，只能判断某一个调查时间间隔的延误情况，因此，时间间隔取得越小，该法精度越高。然而，时间间隔越小，调查人员记录就越频繁，工作量越大。另外，输入-输出法的前提是通行能力已知且固定，但在实际情况下，由于某些客观因素，在相同的时间间隔内离去的车辆不一定是固定的，这就需要在计算时根据调查目的采取适当的修正措施。

2. 点样本法

点样本法来自加利福尼亚大学伯克利分校，该法是为了研究改善经常发生交通阻塞的交叉口的交通状况，需要对交叉口的交通延误情况进行调查。若一个交叉口只有其中一个或几个入口方向上经常发生交通阻塞，也可以只对这一个或几个方向进行调查。但若调查是为了评价整个交叉口的运行效率，则要对该路口的各个方向同时进行调查。交叉口的交通延误调查通常采用点样本法。

点样本法调查可得到车辆在交叉口引道上的排队时间，其具体调查方法是：每一入口需要 3～4 名观测员和一块秒表，观测员站在停车线附近的路侧人行道上，其中一人持秒表，按预先选定的时间间隔（通常为 15 s，根据情况也可以取其他值，如 20 s）通知另外 2～3 名观测员。第二名观测员负责清点停在停车线后面的车辆数，记录在表 5-10 中，每到一个预定的时间间隔就要清点一次。第三名观测员负责清点经过停车通过停车线的车辆数（停驶数）和不经停车通过停车线的车辆数（不停驶数），当交通量较大时，可由两个观测员分别进行清点，每分钟小计一次。连续不间断地重复上述过程，直至取得所需的样本量或道口交通状况发生显著地改变时为止。

表 5-10　交通量调查表

日期___年___月___日　星期___　天气___　观测地点_____　观测方向_____
观测时间___点___分至___点___分　观测员_____　记录员_____

	小型车	中型车 （大客车）	中型货车	大型车	特大型车	摩托车
7:00—7:05						
7:05—7:10						
7:10—7:15						
7:15—7:20						
7:20—7:25						
7:25—7:30						
7:30—7:35						
7:35—7:40						
7:40—7:45						
7:45—7:50						
7:50—7:55						
7:55—8:00						
备注						

若所调查的交叉口为定时信号控制，则选定的取样间隔时间应保证不能被周期长度整除，否则清点停车数的时间有可能是周期中的某个固定时刻而失去了抽样的随机性，调查启动（开始）时间应避开周期开始（如绿灯或红灯启亮）时间。

每到一个清点停到入口车辆数的时刻（如 30 s 时），要清点停车入口（或拟调查的车道）上的所有车辆，而不管它们在上一个时刻（如 15 s 时）是否已被清点过。也就是说，若一辆车停驶超过一次抽样时间间隔，则这辆车就要不止一次地被清点。在任何一分钟内，入口交通量的停驶数的数值总是小于或等于这一分钟内停在入口车辆的总数（即 0、15 s、30 s、45 s 时停在入口车辆数之和），这一特性可用来判断记录的正确性。

对于入口为多车道的交叉口，若不要求区分某一具体车道上的延误，可不分车道调查，否则要按车道安排相应的调查人员。

用点样本法调查交叉口延误，必须有足够的样本数，以保证其调查精度。当调查停驶车辆的百分率时，可应用概率统计中的二项分布来确定最小样本数。

$$N \geqslant \frac{(1-p)\chi^2}{pd^2} \tag{5-12}$$

式中：

N——最小样本数；

p——在交叉口入口引道上的停驶车辆百分率，%；

χ^2——在所要求的置信水平下的卡方值；

d——停驶车辆百分率估计值的允许误差，通常采用 0.05 或 0.10。

交叉口延误调查，通常要求提供以下成果：

$$总延误 = 总停驶数 \times 抽样时间间隔$$

$$每一停驶车辆的平均延误 = \frac{总延误}{停驶车辆数}$$

$$每一入口车辆的平均延误 = \frac{总延误}{入口交通量}$$

$$停驶车辆百分比 = \frac{停驶车辆数}{入口交通量} \times 100\%$$

点样本法的优点是：

① 可以自动调整，因为各个样本是相互独立的，且不依赖于信号设备；

② 能够比较完整地描述交叉口停车延误的统计数据；

③ 在选择观测时间间隔时，避免了与信号周期的同步现象，因此在整个信号周期内观测的一系列数据，为信号周期内的各种交通条件提供了有代表性的随机样本。

点样本法的缺点是：

① 不适合在车流量大、停驶车辆多的时候使用，此时无法数清车辆；

② 只能得到平均延误时间，而无法获得延误时间的分布特性。

5.2.5 道路交通调查仪器简介

1. 气压式检测器

气压式检测器的优点是价格便宜，易于移动，安装和维修简便；缺点是采用气压式检测器进行道路交通调查不能区分出各个车道的交通量，且仪器易于损坏，无人看管时易于被人偷盗，长期使用后橡胶易老化，使其精度降低；另外，冰雪及温度变化较大时使用，也会影响其精度。

2. 光电式检测器

光电式检测器的优点是结构简单，可以和各种类型的计数器相连接，新型光电式检测器除具有交通量检测功能外，还兼有双向短途通信功能；缺点是不能区分车道，停止车辆、行人或自行车遮断光源都会自动计数，在大交通量及多车道道路交通检测时，由于无法区别出同时通过光束的两辆车，因而精度较低。

3. 雷达式检测器

雷达式检测器的优点是精度高、性能可靠，不受来往车辆碾压和气候的影响，也不存在老化问题；缺点是其价格和维修费用比其他类型的检测器都高。

雷达式检测器主要用于测速，所谓雷达测速，就是根据接收到的反射波频移量的计算而得出被测物体的运动速度。通俗地说，就是在道路旁边架设雷达发射器，向道路来车方向发射雷达波束，再接收汽车反射的回波，通过回波分析测定汽车车速，如果检测到车速超过设定值，则指令相机对其进行拍摄（晚间同时触发闪光灯）。目前，警用雷达测速仪分固定和流动两种，固定雷达测速仪安装在桥梁或十字路口，流动雷达测速仪一般安装在巡逻车上。

4. 磁场线圈式检测器

磁场线圈式检测器可以避免气压式检测器的缺点，不受道路上交通情况、冰雪等恶劣气候等的影响，且可以分车道检测。其主要缺点是安装麻烦，需要掘开路面，且不易维修（便携式的安装方便，但价格昂贵，且仅能检测一个车道）。另外，线圈会随着路面沉降、裂缝、搓移等形变，其使用性能及寿命受路面质量影响很大，若路面质量较差，其使用寿命仅有两年左右。与此同时，感应线圈对温度和压力较敏感，因此，环境变化和感应线圈的老化可使检测器谐振回路发生异常，从而失去判断车辆产生的频率变化的能力。

磁场线圈式检测器由埋在路面下的线圈和能够测量该线圈电感变化的电子设备组成，对经过线圈或存在于线圈上的铁件引起的电磁感应变化进行处理而达到检测目的。因为车辆本身就是由大量铁件组成的，所以只要把感应线圈放在路面下，当车辆经过或停在线圈上时，感应线圈就会发生电磁变化，从而感应到车辆通过或存在。感应线圈用来检测车辆计数、车辆出现、车速、占有率及车辆检测信息、排队长度等。其中，利用磁场线圈检测器进行车辆检测的精度可达到±2%，车速测量值可精确到±4%～±6%，排队长度的精度可精确到±4%～±6%。

5. 超声波式检测器

超声波式检测器的优点是精度很高，不受来往车辆碾压和气候的影响；缺点是成本高，无法分辨车辆和行人。

超声波检测器发射超出人的听觉范围的、频率为 25 ～ 50 kHz 的声压波。大多数超声波式检测器发射脉冲波，可提供车辆计数、出现及道路占有率等交通信息。超声波式检测器的探测区域由超声波发射器的波幅决定，通过测量由路面或车辆表面反射的脉冲超声波的波形，可确定由传感器到路面或车辆表面的距离，即路上有车和路上无车时的传感器所测信号有差别，借此可确定车辆的出现。然后，将传感器接收的声信号转换为电信号，由信号处理单元进行分析处理。由于温度变化及强烈的气流扰动会影响超声波传感器的性能，所以许多超声波检测器内设有温度补偿装置。最后，根据用户的不同需求采用不同通信方式，将路口设备采集的交通信息数据传输到中心计算机，如光纤通信、蜂窝数字分组数据网（cellular digital packet data，CDPD）无线网络通信、市话拨号通信、2.4 GHz 无线网络通信等。一般每隔 15 min 将上一个 15 min 内的流量和占有率、车速、堵车数据分别保存在以当日日期为文件名、以 DAT、V、DC 为后缀名的 3 个文件中，所有数据文件都能以文本格式打开。其中，车流量检测准确率大于或等于 98%，车型综合识别率大于或等于 93%，检测车流响应时间小于或等于 1 s，能准确提供道路占有率及堵车时间等指标。

6. 红外线式检测器

红外线式检测器分为主动式和被动式，其优缺点与超声波式检测器类似。被动式红外线传感器本身不发射红外线，而是接收来自两个来源的红外线：传感器监测范围内的车辆、路面及其他物体自身散发的红外线和它们反射的来自太阳的红外线。主动式红外线传感器和被动式红外线传感器中装有特制的光学系统，在光学系统焦面上安装了红外线光敏材料。红外线传感器接收红外线后，经光学系统聚焦于红外线光敏材料上。对红外线传感器来说，探测器指红外线光敏材料，它将来自各个来源的红外线转换为电信号，然后由实时信号分析系统对信号进行分析，从而获得车辆出现参数。

红外线式传感器可安装在车流上方以观测驶来或驶离的交通流，也可安装于路旁。红外线式传感器可用于信号控制，流量、车速和车辆类型的测量，监视人行横道上的行人、非机动车及向驾驶员发布交通信息等。

7. 视频检测器

视频检测器的优点是设备安装方便，应用广泛，省时省力；缺点是成本较高，安装要求较高。视频图像处理的交通检测技术是近年来在传统的电视监视系统基础上，逐步发展起来的一种新型的车辆检测方法，它使用灵活，与其他检测技术相比，能收集更多和更全面的交通数据。

视频检测是一种结合视频图像和模式识别的技术，通过闭路电视和数字化技术分析交通数据。其基本原理是：在很短的时间间隔内，由半导体电荷耦合器件（charge coupled device，CCD）摄像机连续摄得两幅图像，这种图像本身就是数字图像，很容易对两幅图像的全部或部分区域进行比较，若差异超过一定的阈值，则说明有运动车辆。一台摄像机能够采集几个车道的交通数据，使得检测交通动态行为和各种空间交通数据成为可能，包括交通流量、车型分类、占有率、车速、排队长度等，还可获得车辆的外形三维数据及车辆的轴数、轴距和车辆组成等交通参数，这是传统车辆检测器所不能做到的。除此之外，视频检测能提供辅助信息，如路肩交通、停车交通、车辆换道、速度差异和其他方向的交通拥堵等信息。

5.3 交叉口交通调查

城市交通规划、管理、控制等方面的研究，离不开大量实测的交叉口交通数据。通过交叉口交通调查可以得到交叉口的通行能力、几何参数、交通量、交叉口延误等数据。交叉口实地观测的数据准确与否将在一定程度上影响交叉口通行能力的计算分析，从而影响城市的道路规划布局。同时，这些数据更能直接影响对城市道路的交通管理与控制措施的制定与实施，并对能否有效组织好城市交通起着至关重要的作用。

5.3.1 交叉口交通量调查

1. 交叉口交通量调查的目的与方法

对交叉口交通量进行调查主要是为了获得有关交通量的实况、通行能力、流向分布、交通量变化、高峰小时交通量和交通组成等方面的资料，以便对交叉口的运行效能作出准确的评价，从而提出交通管理、控制措施或改建、扩建方案。

交叉口交通量调查一般应选在高峰期间进行，持续时间至少为 1 h，以完整地测到整个高峰小时的交通量资料。同时，可以根据需要，分别对机动车和非机动车的高峰时段进行观测。调查时段的划分大多数采用 15 min，亦可采用 10 min 或 5 min 的时间间隔，如对上下班高峰时的自行车交通量调查而言，即可采用 5 min 的时间间隔计数。另外，对于信号交叉口，也可按其信号周期来统计计数，但此时应同时进行信号灯配时的调查，以便于数据的换算。

交叉口是道路交通的枢纽，城市的交通问题往往突出地表现在交叉口上，因此，了解交叉口的交通量是十分重要的。交叉口流量调查的测记方法有很多种，主要包括人工计数法、机械计数法和录像法等。无论是信号控制交叉口、无信号控制交叉口，或者是环形交叉口，均可采用上述 3 种方法进行交通量的调查。

① 人工计数法适用于任何地点、任何情况下的交通量调查，此法机动灵活，易于掌握，精度较高，资料整理也很方便。但是这种方法需要大量的人力，劳动强度大，冬、夏季室外工作辛苦。

② 机械计数法可以节省大量人力，使用方便，可以同时进行大范围的调查，精度也较高，特别适用于长期连续性交通量调查。但是这种方法一次性投资大，使用率不高，适应性差，无法区分车辆类型和车辆分流流向，对于行人交通量和非机动车交通量调查往往无能为力。

③ 录像法的优点是现场人员较少，资料可长期反复应用，也比较直观。其缺点是费用比较高，整理资料花费大。利用航摄法进行车速和交通量调查较传统交通量调查的优点主要表现在：不受天气、地点、时间的影响，可大大减少实地交通调查的工作量，具有很好的现实性和实用性；能在空中动态地监测道路运行状况，特别是在监测城市汽车行驶线、沿线车辆停放，以及交叉路口交通状况等方面；小像幅航摄法进行公路交通状况调查方便灵活，其不足之处在于因影像较小而对车型判断较困难。

2. 人工计数法

由于交叉口的交通流比较复杂，需要分车型和分流向调查，故一般均采用人工计数法，并以入口引道的停车线作为观测断面。当交通量较小时，如入口处渠化较好，能严格控制车辆分道行驶，则可由 1 人负责整个入口；当交通较繁忙时，每一入口需要 3 人，分别统计左转、直行和右转的机动车流量。若同时调查自行车交通流，则每一入口需要增加一倍的人员，分别统计各向自行车流量。如此看来，每一入口往往需要 6 人，因此一个普通的十字交叉口就需要 24 人。如果为了检验入口流量的可靠程度，需要在交叉口出口引道上再布置人员对驶出交叉口的机动车和自行车进行计数，则总的调查人员将增加到 32 人。假如要求同时调查行人过街流量，则还需另外增加人员。如果人员不足，也可同时调查一个或两个主要入口引道，另抽时间（尽可能使各种条件相似）调查其他入口引道的交通量，但这种方法存在资料来源于不同时间的缺陷。

对于大型环形交叉口、多于四路相交的多路交叉口及畸形交叉口，必须进行具体分析，仔细拟订观测方案。对于环形交叉口，其调查方法与十字交叉口略有不同，除在各相交道路入口引道上设置断面并统计入环车辆总数及右转车辆数外，还需在环道上各交织段设置 4 个观测断面，统计交织段的流量，根据上述观测数据即可计算各进口道直行、左转等的车辆数。对于多路相交的交叉口或畸形交叉口，按照常规的观测方法一般难以测得车辆在各向的流量，因此最好采用牌照法测定各入口引道进入交叉口的车型及牌照号码，然后用人工遴选或编制程序由计算机算出车辆分型往各方向的流量。总之，对交叉口观测方案的确定，是一项十分细致的工作，必须根据实测交叉口的条件和特点、交通情况等确定观测断面及人员配备，稍有疏忽，就会影响调查质量和精度。

调查的日期，除专门的目的外，一般应避开星期六、星期日和节假日。天气则应避开雨、雪、雾等影响正常交通状况的恶劣天气。对于以交叉口改建前后对比研究为目的的交通量调查，要使前后两次调查的时间、地点、方法、气候等条件尽可能相同。同样，对设置信号灯前后，采取某项交通管制措施前后（如区域控制、线控、禁止左转、单向通行等）的对比研究时，也同样应遵循上述要求。

对交叉口进行饱和流量调查，可用于通行能力等的研究中。当交叉口交通量很大、每次绿灯结束尚有大量车辆未能通过时，不难获得饱和交通量。在其他情况下，要得到饱和流量，往往可采用"阻车法"人为地促成饱和状态，即利用原有道路上的车辆，使其在短时间内暂停通行，待各入口引道上积累了一定数量的车辆后再一起放行，这时进行观测即可获得源源不断的饱和交通量。但是这种方法影响面很广，容易发生交通事故，造成交通阻塞，给过往车辆、乘客造成人为的延误，因此，除非确有必要，否则应尽量不用或少用。如万不得已非采用不可时，则事先要向当地政府及有关部门提交详细报告，申述其必要性和重要性，同时在批准实施时要与交通管理部门密切配合，得到他们的协助，并且尽可能缩短阻车的时间。阻车法一般应避开上下班高峰期，以便尽可能地减少影响和损失。参加调查的人员要明确分工、精心尽责，熟悉调查要求和方法，务必使搜集的资料完全适用。

将调查所得的数据记录在表 5-10 中，依据交通运输部印发的《关于调整公路交通情况调查车型分类及折算系数的通知》（厅规划字〔2010〕205 号），用表 5-11 的机动车车型分类和表 5-12 的机动车车型折算系数参考值将交叉口各个车型的交通量统一折算成以标准小客车为单位的交通量。

表5-11 机动车车型分类

车型	一级分类	二级分类	额定荷载参数	轮廓及轴数特征参数	备注
汽车	小型车	中小客车	额定座位≤19座	车长<6 m, 2轴	
		小型货车	载质量≤2 t		包括三轮载货汽车
	中型车	大客车	额定座位>19座	6 m≤车长≤12 m, 2轴	
		中型货车	2 t<载质量≤7 t		包括专用汽车
	大型车	大型货车	7 t<载质量≤20 t	6 m≤车长≤12 m, 3轴或4轴	
	特大型车	特大型货车	载质量>20 t	车长>12 m 或4轴以上；且车高<3.8 m或车高>4.2 m	
		集装箱车		车长>12 m 或4轴以上；且3.8 m≤车高≤4.2 m	
摩托车	摩托车		发动机驱动		包括轻便、普通摩托车
拖拉机	拖拉机				包括大、小拖拉机

注：各车型的额定荷载、轮廓及轴数的特征参数均可作为判定车型的数据。

表5-12 机动车车型折算系数参考值

车型	汽车							摩托车	拖拉机
一级分类	小型车		中型车		大型车	特大型车		摩托车	拖拉机
二级分类	中小客车	小型货车	大客车	中型货车	大型货车	特大型货车	集装箱车		
参考折算系数	1	1	1.5	1.5	3	4	4	1	4

注：交通量折算采用小型车为标准车型。

3. 交叉口的通行能力及饱和度

平面交叉口进口道的车道通行能力都是以直行车道的通行能力为基础进行计算的。直行车道的通行能力计算公式如下：

$$N_S = (3\,600 \times \psi_S / T_c) \times \left(\frac{T_g - T_l}{T_{is}} + 1 \right) \qquad (5-13)$$

式中：

N_S——一条直行车道的通行能力，pcu/h；

ψ_S——考虑绿灯时，每个信号周期通过车流的不完全连续性及其他影响的综合折减系数，取为0.95；

T_c——信号周期，s；

T_g——一个信号周期的有效绿灯时间，s，为简化起见，可取为绿灯时间与黄灯时间之和；

T_l——色灯变为绿灯后第一辆车启动并通过停车线的时间，可以采用2.3 s，作为大型车与小型车各占据一半时的平均值；

T_{is}——直行车或右转车辆通过停车线的平均时间间隔，由小型车组成的车流取为2.5 s，大型车流取为3.5 s，全部为拖挂车组成的车流取为7.5 s，交叉口设计一般以小客车为计算单位。

交叉口的通行能力等于各个车道的通行能力之和。饱和度是描述交叉口交通负荷程度的指标，由交叉口的交通流量除以该交叉口的通行能力而得，俗称 VC 比，即 V/C。根据实测的交通量数据（pcu）和计算得到的通行能力，就能计算出每个进口道的饱和度及整个交叉口的饱和度。

5.3.2　交叉口延误调查

行车延误是指车辆在行驶中，由于受到交通控制设施和各种交通干扰而造成的行驶时间的损失。为获取这种时间损失的大小、原因、地点和持续时间、发生频率等数据，需要进行专门的交通延误调查。延误是间断流设施性能的关键性度量，控制延误是评价信号交叉口和无信号交叉口服务水平的主要度量。

根据实际需要，交叉口延误调查可对一个方向或各个方向，在高峰期或非高峰期分别进行调查。一般是对经常发生阻塞的一个或几个方向的进口道进行延误调查。交叉口延误调查常用的方法有点样本法和抽样追踪法。

1. 点样本法

点样本法是由若干名调查员在入口引道路侧，观测车辆通过交叉口的停车数及累积停车时间。预先规定时间间隔（通常为 15 s），1 组调查员负责清点停车线后面的车数，记录在表 5-13 中，每到预定间隔时间清点一次；另一组调查员负责清点经过停车通过停车线的车辆数（停驶数）和未经停车通过停车线的车辆数（不停驶数），每分钟小计一次记入表 5-13 中。直到取得所需样本量或道口交通状况有显著改变时为止。

最小样本数可按式（5-12）计算，并不少于 50 辆车。

表 5-13　交叉口延误调查表

观测时间/ (h:min)	在下列时刻停在入口引道上车数/辆				入口交通量/辆	
	+ 0 s	+ 15 s	+ 30 s	+ 45 s	停驶数	不停驶数
9:30	0	0	3	5	8	11
31	2	0	3	4	8	9
32	3	4	5	1	10	12
33	1	0	7	2	9	8
34	0	3	2	5	7	11
35	8	2	3	6	16	10
36	7	1	6	0	14	7
37	3	4	0	7	12	11
38	2	6	3	5	15	12
39	4	1	5	2	12	13
40	3	0	7	1	10	15
41	0	3	4	2	10	11
42	4	2	1	3	9	7
43	0	2	0	4	6	5
44	0	5	1	1	7	3
小计	37	33	50	48	153	145
合计	168				298	

根据表 5-13 的调查资料，整理后结果如下：

总延误＝总停驶数×抽样时间间隔＝168×15＝2 520（辆·s）；

每一停驶车辆的平均延误＝总延误/停驶车辆数＝2 520/153≈16.47（s）

每一入口车辆的平均延误＝总延误/入口交通量＝2 520/298≈8.46（s）

停驶车辆百分比＝停驶车辆数/入口交通量＝153/298≈51.3%

$$停车百分比容许误差 = \sqrt{\frac{(1-p) \ K^2}{pN}} = \sqrt{\frac{(1-0.513) \times 1.96^2}{0.513 \times 298}} \approx 11.06\%。$$

2. 抽样追踪法

抽样追踪法以停车线为出口断面（Ⅱ断面），以引道延误段起点为入口断面（Ⅰ断面），车辆通过两断面的时间减去以畅行速度行驶的时间之差即为延误时间。入口引道畅行速度可在低峰时段无排队情况下测得或引用以往资料。在调查中只需观测有排队现象情况下通过Ⅰ—Ⅱ断面之间路段的时间。

在调查时，断面Ⅰ处观测员抽样观测通过车辆的时刻，并将该车车型与牌照号后 3 位数字用对讲机通知断面Ⅱ处观测员，Ⅱ处观测员按照通知寻找来车，当此车通过Ⅱ断面时记下此时时刻，记录在表 5-14 内。抽样最少样本数应符合要求，样本中各车型比例应与交通流中的比例大体一致。

表 5-14　抽样追踪法引道延误观测表

序号	车型	车号	Ⅰ断面时间	Ⅱ断面时间	流向	时间差
1	小型客车	812	45′02″	45′55″	直	53″
2	中型货车	054	46′08″	47′29″	左	1′21″
3	中型货车	319	46′57″	48′30″	左	1′33″
4	大型客车	925	47′13″	48′50″	直	1′37″

调查资料整理工作与地点车速资料整理方法相似，通常是将通过引道时间与引道畅行时间的数据分组整理，分别求得平均值，则两个平均值之差即为平均每辆车的引道延误值。

5.4　行人交通调查

城市行人交通通常包括沿道路纵向行走的行人交通和横向过街行人交通两大部分。由于我国各大、中城市人口普遍密集，行人交通设施不足，行人交通问题十分突出，因此对城市行人交通进行专门的调查和分析十分必要。只要妥善处理好行人交通问题，城市的交通综合治理就大有可为。城市行人交通的调查可以为行人交通管理、行人交通设施的规划和设计等提供科学的依据。

5.4.1　行人交通调查的目的和意义

行人交通调查所获得的数据，对于了解行人交通特性，并据此提供可靠、方便、安全的设施和管理、服务是十分重要的。行人交通调查的目的即在于通过对行人交通现象的调查，掌握行人交通的特性和变化规律，为交通设施的规划、设计和修建，为改善对行人交通的管理提供科学的依据。具体表现在以下 8 个方面。

1. 交通设施规划

根据现在的行人交通情况，可以预测未来的行人交通需求，从而为道路网规划、交叉口规划、交通枢纽规划、车站及码头规划和步行街规划等提供科学的依据。对于人流密集的中心商业区、体育场馆、旅游热点等的规划，必须考虑行人交通的问题，满足其集结的要求，并且注意把人流和车流分隔开，使行人和车辆各行其道。

2. 人行道设计

在街道横断面设计中，必须提供足够的人行道宽度以满足行人交通的需求。而人行道宽度的确定，必须依据行人的交通量和每单位宽度所能通行的行人数，并且还要考虑不同人行道所应提供的行人服务水平。

3. 人行横道设计

行人穿越街道时为了保障过街行人安全和车流通畅，在交叉口处和某些路段中间，必须设置人行横道。对于如何设置人行横道、其宽度及平面形式，与原人行道的连接，以及路段中间是否需要设置等，都需要了解过街行人的流量、步行速度、所能接受的等候时间、绕行距离等具体数据，只有这样才能使人行横道发挥其应有的作用。

4. 行人信号灯设置

不少交叉口除了车辆的信号灯外，还设有行人过街信号灯。对于是否需要设置行人过街信号灯、设置的具体位置、信号灯的配时等，必须根据行人交通的特性、行人的心理特性等进行充分论证。为此，除了要调查行人过街流量、步速等动态指标外，还要调查行人实际等候的时间与能接受的等待时间、站立等候区域的大小和其服务水平等。

5. 人行立交设置

对于人行立交的设置，必须依据行人交通特点进行充分的论证，做好经济分析，并且广泛征求各类行人的意见和要求，尽可能减少其不利影响。

6. 行人交通现状分析

对于现有道路、人行道和人行横道的行人交通情况，可以通过对行人交通的调查，掌握其主要的特征和规律，从而为综合治理行人交通、改善行人交通条件等提供可靠的依据。同时，各地区、各城市的行人交通资料又可用作分别比较与参考之用。

7. 前后对比研究

对于人行道、人行横道、行人栏杆、人行立交和其他为行人服务的设施，通过改善、设置前后的行人交通调查，可以对所采取的措施的效果作出定量的评价。分析其尚存在的问题，以便进行进一步改进。对于行人交通管理的前后对比，同样可以采用类似的方法进行分析。

8. 交通管理和安全

为了加强对行人的交通管理，保障行人的交通安全，交通管理部门必须全面掌握有关行人交通的资料，以便于采取科学的对策与正确的措施。对于某些问题进行预测，做到防患于未然，对发展的趋势也应心中有数，从而使交通的综合治理达到预期的目标。在与此有关的行人交通调查中，必要时应增加对行人遵守交通法规的调查、行人违章乱穿街道的调查等，以便进一步采取相应对策，从而提高服务水平。

5.4.2 行人交通调查常用术语

① 步幅：又称步长，指步行者两脚先后着地，前一脚跟至后一脚跟的距离，即行人行走时每跨出一步的长度，单位为 cm。行人步幅因性别、年龄而异。一般来说，妇女、老年人和儿童的步幅较小，而男性、中青年人步幅较大。大量的观测资料表明，一般身高高步幅大、下坡步幅大、精神愉快步幅大，而身矮、上坡、精神不振则步幅小。

根据北京市的调查资料，行人步幅平均值为 63.7 cm，男性步幅稍大，步幅大小与步行速度快慢几乎无关。

② 步行速度：行人交通在指定方向上运动的速率。可用于描述行人交通，也可以描述静止人流（速度等于零）。一般单位为 m/min，或者用 km/h。

根据北京市的调查资料，行人步行速度平均为 72.5 m/min，速度在 60 ～ 80 m/min 范围内的占行人总数的 60.7%。

③ 行人流（动速）率：人行道或人行横道上的行人在一定时间内按指定方向通过某一断面的数量。当单位为人/min 时，相当于每分钟的行人交通量。有时也使用人/h 来表征。

④ 单位宽度上行人流动速率：在一定时间内，单位有效行走宽度上通过的行人数量。常用的单位为人/(min·m)。

⑤ 行人流量：一般指 15 min 或更长时间（如 0.5 h、1 h）间隔内通过的行人数量。单位为人/15 min 等。

⑥ 行人动态密度：在某一指定瞬间，位于人行道或人行横道上的单位面积上正在行走中的行人数量，单位是人/m²。行人动态密度与行人的流动速率及步速均有一定关系，其大小体现了行人行走时的自由方便程度，与行人在人行道享有的服务水平高低有关。

⑦ 行人空间分配数：又称行人空间面积，是行人动态密度的倒数，即每个行走的人平均占用的面积，单位为 m²/人。

⑧ 行人流量方向分布系数：主要方向上行人流量与双向行人流量的比值，一般用百分数（%）表示。

根据广州市的调查资料，在一个较短时间内，行人流量在两个方向上有很大区别。在影剧院、体育场馆附近人行道上，其分布系数值几乎接近 100%；而在一般商业、服务建筑物附近的人行道上，其分布系数值约为 50%。

⑨ 行人流量时间分布：人行道上的行人流量在一天 24 h 范围内变化的状态。这种变化与车辆交通量的时间分布相似，但具有相对的稳定性和规律性。

⑩ 行人过街间隙利用：又称行人可接受间隙，指行人穿过无信号控制交叉口的人行横道时，对路上行驶车流中间隙的利用程度。行人为了安全过街，必须以即将到来的车辆的距离和速度为依据，预估出车流到达需要多少时间，以此来判断是否过街，即行人根据自己过街所需的时间和可能的车头时距，来决定是否穿越车流过街或等待下一次更大的车头时距。

⑪ 行人过街等待时间：行人过街时为了等候安全的穿越间隙，往往需要有一个等待时间，称为行人过街等待时间。对于同样的道路宽度和车流状况，不同年龄及性别的行人具有不同等待时间。过长的等待时间往往会使在行人信号灯前的行人感到不耐烦，甚至有些行人会闯入车行道。

⑫ 行人静态密度：在某一指定瞬间，位于人行道（或人行横道）单位面积上站立等候中的行人数量，单位是人/m²。行人静态密度与行人动态密度不同，它只与停止等候前后的行人流量有关，并且直接影响排队等候区域的服务水平高低。

⑬ 平均行人间距：静止等候的行人相互间相距的平均值，单位为 m。行人平均间距越大，排队等候的行人越自由舒适，服务水平等级越高。

⑭ 人行道服务水平：为了表征和衡量行人在人行道内行走时的自由、方便和舒适程度所制定的定量指标。一般与车辆的服务水平相类似，分成从 A 到 F 的 6 级，等级越高，行人行走越方便。

⑮ 行人排队等候区域服务水平：为了表征行人在排队等候区域内暂时站立、等待过街或提供服务的情况而提出的标准。这种服务水平与每个等候的行人可利用的平均面积及允许活动的程度有关。

⑯ 步数：步行者在单位时间内两脚着地的次数，一般以每分钟移动的次数为计量单位，通常行人每分钟行走步数为 80～150 次，常用值为 120 次。

⑰ 步频：行人在单位时间内行进的步数（或双脚先后依次着地次数），单位是步数/min。步频是重要的步行特征参数之一，它能反映行人的心理状态和周围环境的变化对步行特征的影响。

⑱ 行人的占有面积：在静止等候时，行人的垂直投影的面积。亚洲人的肩宽通常可以取为 44 cm，加上穿衣的最大厚度为 3.8 cm，前后宽为其 3/4，则纯占有面积为 48 cm×36 cm。

⑲ 行人人均占用面积：静止等候的行人平均每人占用的面积，是行人静态密度的倒数，单位为 m²/人。

5.4.3 行人交通服务水平

为了表征和衡量行人在人行道内行走时的自由、方便和舒适程度，提出了人行道服务水平这一定量指标。人行道服务水平是行人交通调查中的重要组成部分，一般采用人均占有空间、流率、行人速度和流量/通行能力等指标来衡量。表 5-15 是美国 2010 版《道路通行能力手册》采用的一种行人流为随机流状态下的人行道服务水平标准。表 5-16 是美国 2010 版《道路通行能力手册》采用的行人流为成组队列状态下的人行道服务水平标准。表中的注解部分给出了对人行道各级服务水平的详细解释。

美国 2010 版《道路通行能力手册》中，认为当出现以下任一情况时，需要结束对当前人行道路段服务水平的分析，开始一段新的分析：

① 出现了一个十字路口；

② 人行道的宽度发生显著变化；

③ 出现了带有另外一个专用人行道的交叉口，该处行人流量发生显著变化或有交叉流产生；

④ 设施类型发生变化（如走道变为楼梯）。

表 5-15 和表 5-16 提供了两个用于行人设施的服务水平表。行人流量和速度与行人占用的平均空间直接相关，同时表 5-15 中还给出了相应的流量和通行能力之比（v/c）的范围。

人行道服务水平表适用于铺砌人行道、步行区（专用步行街）、坡度不超过 5% 的人行道，以及穿过广场区域的步行区。表 5-15 适用于设施沿线的人流是随机的情况。表 5-16 适用于成组的行人在一起行走的情况，例如，当人行道的入口是由十字路口的交通信号控制时。

交叉流发生在两条近似垂直的人流交会处（例如，两条人行道交叉处或建筑物入口处）。由于行人之间发生的冲突越来越多，与人行道的其他部分相比，在交叉流情况下的人行道通行能力较低。在交叉流位置，服务水平 E-F 阈值为 13 ft²/人，如表 5-15 和表 5-16 的注释所示。

表 5-15 美国人行道服务水平标准（随机流）

服务水平	平均空间面积 ft²/人	相关度量单位			注解
		流率 人/（min·ft）①	平均速度 ft/s	流量/通行能力比②	
A	>60	≤5	>4.25	≤0.21	在 A 级服务水平的人行道上，行人沿期望路径行走，不因其他行人的影响改变自己的行动
B	40~60	5~7	4.17~4.25	0.21~0.31	在 B 级服务水平的人行道上，行人偶尔需要调整路径以避免冲突
C	24~40	7~10	4.00~4.17	0.31~0.44	在 C 级服务水平的人行道上，行人经常需要调整路径以避免冲突
D	15~24	10~15	3.75~4.00	0.44~0.65	在 D 级服务水平的人行道上，行人选择速度和绕越他人的自由度受到限制
E	8~15③	15~23	2.50~3.75	0.65~1.00	在 E 级服务水平的人行道上，行人正常步速受到限制，绕越行人的能力非常有限
F	≤8③	—	≤2.50	—	在 F 级服务水平的人行道上，行人步速严重受限且与他人频繁接触

注：表 5-15 不适用于坡度较陡（>5%）的人行道。

① 每分钟每英尺人行道宽度通过的人数。

② 流量/通行能力比=流率/23，服务水平基于每人的平均空间。

③ 在交叉流情况下，服务水平 E 和 F 的边界是 13 ft²/人。

表 5-16 美国人行道服务水平标准（成组行人流）

服务水平	平均空间面积 ft²/人	相关度量单位 流率① 人/（min·ft）②	注解
A	>530	≤0.5	在 A 级服务水平的人行道上，行人沿期望路径行走，不因其他行人的影响改变自己的行动

续表

服务水平	平均空间面积	相关度量单位	注解
	ft²/人	流率① 人/（min·ft）②	
B	90~530	0.5~3	在B级服务水平的人行道上，行人偶尔需要调整路径以避免冲突
C	40~90	3~6	在C级服务水平的人行道上，行人经常需要调整路径以避免冲突
D	23~40	6~11	在D级服务水平的人行道上，行人选择速度和绕越他人的自由度受到限制
E	11~23③	11~18	在E级服务水平的人行道上，行人正常步速受到限制，绕越行人的能力非常有限
F	≤11③	>18	在F级服务水平的人行道上，行人步速严重受限且与他人频繁接触

注：① 表中的人流速率表示5 min内的平均速率。流率与空间直接相关，服务水平基于每个行人的平均空间。

② 每分钟每英尺人行道宽度通过的人数。

③ 在交叉流情况下，服务水平E和F的边界是13 ft²/人。

5.4.4　行人交通调查方法

1. 人工调查法

人工调查法一般配备2～3人为一组，负责一个调查地点（路段、断面、人行横道、人行设施），以个人计时和记录，1～2人清点通过调查地点的人数。

调查交叉口处的行人交通量时，需要在每个交叉口拐角处安排2个人（流量很少时可以安排1人），分别数离开或到达该拐角的人数（通常为两个方向）。这样，一个十字交叉口通常需要8个人。

调查广场、大型超市、大型综合市场等人口密集区的行人交通量时，通常要在各个入口处安排调查人员，每个入口一般需要配备2名调查人员。

人工调查法每一小组一般设置2～3人，负责一个路段或断面，配备1块电子秒表、1～2个手动计数器，以及量距用的皮尺、记录板等。其中1人专门负责观测行人流量（当分两个方向记录时为2人，单观测1个方向时为1人），另有1人专门负责报时和记录。时段的划分可由调查目的确定：当专门调查行人流率时，应每1 min记录1次，并可由此记录算出单位行走宽度上行人流率；当调查行人流量时，时段划分可小至5 min记录一次流量，并以15 min为单位来表征。调查时应同时丈量所观测人行道路段或断面的宽度，必要时还可绘制平面示意图，图上标明影响行人流量或速度的障碍物，如树木、花草等绿化范围、人行道护栏、电线杆、车站站牌立柱、废物箱、邮筒、广告（橱窗）立柱等的位置。记录表格可参考表5-17。

表 5-17 行人流量调查表

地点：___路___侧　　人行道宽度_____m　　天气_____

日期：___年___月___日　　星期_____　　调查人员：_____

时段	向_____流向（人）	向_____流向（人）	备注
本页合计			

总体来说，行人交通量调查相对简单，需要记录的数据也相对较少。但是行人交通特性调查需要记录的数据则相对较多，其调查难度也随之增加。例如，行人步行速度和步幅调查，调查前需将行人按调查目的预先分类。一般可将行人分成以下 5 类：男性中青年，男性老年，女性中青年，女性老年，儿童。

观测员在调查过程中，选择能便于观测的地点对行人随机抽样进行目光跟踪，当观测对象进入观测范围时开动秒表，开始对行人的步行步数计数，直至观测对象越过终点，停止秒表及计数器，并将所记时间、步数和行人类型告知记录员。行人走向可在一次调查过程开始时预先确定，中间不得更改。行人步行速度调查如表 5-18 所示。

表 5-18 行人步行速度调查表

地点：_____路_____侧　　观测距离_____m　　天气_____

日期：_____年_____月_____日　　星期_____　　调查人员：_____

序号	步幅		速度		行人类别					行人走向		调查时段
	步数	步幅/cm	时间/s	速度/(m/min)	男		女		儿童			
					中青	老	中青	老				

根据北京市的调查资料，北京行人步行速度及步幅长度的调查统计结果如表5-19所示。

表5-19　北京行人步行速度及步幅长度的调查统计结果

行人类别	计算项目	平均值	标准差	方差	95%置信区间	误差精度	统计人数
所有	步幅	61.13	9.04	81.23	(60.3, 61.9)	0.79	500
行人	速度	68.79	12.65	159.31	(67.7, 69.9)	1.11	
男子	步幅	66.25	7.03	48.80	(65.3, 67.2)	0.97	200
全体	速度	73.77	13.03	167.67	(72.0, 75.6)	1.81	
女子	步幅	60.63	7.40	54.13	(59.6, 61.7)	1.03	200
全体	速度	65.92	11.92	140.44	(64.3, 67.6)	1.65	
男性	步幅	70.51	5.90	34.01	(69.4, 71.7)	1.16	100
中青年	速度	81.81	11.61	131.40	(79.5, 84.1)	2.27	
男性	步幅	61.98	5.29	27.26	(61.0, 63.1)	1.04	100
老年	速度	65.73	8.75	74.61	(64.0, 67.4)	1.71	
女性	步幅	65.65	6.03	35.47	(64.5, 66.8)	1.18	100
中青年	速度	73.57	10.86	115.14	(71.4, 75.7)	2.13	
女性	步幅	55.61	4.79	22.38	(54.7, 56.5)	0.94	100
老年	速度	58.27	7.06	48.68	(56.9, 59.7)	1.38	
儿童	步幅	51.89	7.97	62.07	(50.3, 53.3)	1.56	100
	速度	64.56	9.93	96.32	(62.6, 66.5)	1.95	
备注	1. 表中步幅单位为 cm，速度单位为 m/min； 2. 行人类别栏内，除"所有行人"外，其他男性或女性分类中均不包括儿童。						

2. 摄像法

摄像法是用摄像机将需要调查的地点的行人交通情况的录像资料以视频数据的方式记录下来，然后回到实验室，在室内进行数据提取和处理。

摄像法的好处是视频数据可以重复利用，缺点是在实验室进行数据处理的工作量大，仪器成本高。

需要注意的是，采用摄像法调查行人交通时，在安装仪器设备时必须确保将整个断面都包括在镜头内，以保证数据的完整性、正确性和处理的方便性。

5.4.5　过街行人调查

在行人交通调查中，一般可对在交叉口各入口的人行横道，或者必要时在街道路段上的人行横道线及铁路道口等处进行过街行人调查。对于利用人行天桥和人行地道过街的行人也可参照下述办法实施调查。为了保证调查资料的可用性，过街行人调查的时间一般选择在有代表性的时段，与行人步幅和速度调查相似，必要时可根据调查目的，选择特定的时段进行调查。

过街行人调查首先要进行分组，由一个小组担任一条人行横道的调查，一般应由2～3

个人组成，配备电子秒表1块、手动计数器1个、皮尺1卷及其他记录板等。其中1人记录，1人观测和计时。如果需要分向调查，可以增加1个人进行另一方向来往行人的观测；或在同一人行横道设两个组，一个组负责来向，另一组负责去向。

观测方法基本上同于对行人步幅和速度的调查，调查时随机选择各类行人（一般分成4类：男性中青年，男性老年，女性中青年，女性老年，见表5-20），观测其从一侧路缘石进入人行横道，直至到达另一侧路缘石离开人行横道所需要的时间。同时要记录其走向，信号灯相位（红灯或绿灯）、过街时的情况（总的过街时间、实际行走时间和受阻时间）及受阻时的状态（受哪一侧机动车或非机动车阻碍、受阻时间等），同时要丈量人行横道的长度和宽度。过街行人调查最好与过街行人流量调查同时进行。

过街行人调查结束后，其调查结果整理与分析基本与前述内容相似。但要尤其注意交叉口的特点和交通情况，特别是右转交通（机动车、非机动车）对行人交通的影响。另外，还要考虑人行横道的位置、与两侧人行道的连接、人行横道的宽度和长度、街道中心有无安全岛等的影响。

表 5-20　行人过街调查表

日期_____年_____月_____日 星期_____　上、下午 天气_____ 调查地点_____

人行横道编号_____ 人行横道长度_____m 宽度_____m 卡片编号_____ 调查人_____

调查时段	行人种类				走向		信号相位		行人过街情况			行人受阻情况				备注
	男		女		向	向	绿灯	红灯	过街历时/s	走行时间/s	受阻时间/s	非机动车	机动车	机动车	非机动车	
	中青年	老年	中青年	老年												

5.4.6　过街行人流量调查

此法同样可应用于行人通过人行天桥和地道的流量调查。行人过街调查和过街行人流量调查的结果，除可用于分析有关人行横道的交通特性外，还可用于对建造人行天桥、人行地道的分析论证或修建这类人行立交设施前后对比之用。

① 调查地点。与行人过街调查的要求基本相同。

② 调查时间。可参照对行人过街调查的规定或根据实际调研要求具体选定。

③ 调查方法。一般为2～3人一组，负责一条人行横道或一座人行天桥（地道）中一条出入通道（上下台阶）的调查。每组配备1块电子秒表、2个手动计数器、皮尺和记录板等用具。方法大体与人行道行人流的调查方法相同。

④ 资料整理与分析。既可参照对人行道行人流量的分析方法，也可参考对车辆交通量调查的有关分析。

对于人行天桥和人行地道的行人过街调查和过街行人流量调查，大体上与人行横道的这两种调查相似，但应注意二者间的不同点。当人行立交为简单的一字形时，二者之间无多大区别；当其为较复杂的环形、十字形、L形等人行立交时，则要注意其人流的流向和各个流向的比例。另外，行人在上、下台阶（或上、下坡道）时，其速度、步幅和流量均不同于平路上的相应值，因此要分别调查，以便进行深入的研究。

行人在过街时，必须利用车辆之间的空当进行穿越，因此过街人流和车流之间的关系，实质上是车流给行人提供的穿越机会，空当的特性与车流通过人行横道时的到达分布特性有关，如车头时距（或间隔或空当）的长短和次数。当道路上车流的交通量不多时，车辆的到达分布服从"泊松分布"，有人据此提出了行人过街的最小安全穿越空当的计算方法。这种计算可应用于：

① 计算最小安全穿越空当；

② 进一步计算过街行人流量；

③ 根据计算值和实测值的对比，确定行人过街横道的通行能力，为人行横道或人行立交的设置及行人信号灯等的设置提供依据。

● 定义和说明。最小安全穿越空当 $T_{\min}$ 是指车辆到达人行横道的时间间隔 t 大于或等于某一确定的时间间隔 $T_{\min}$ 时，行人可安全穿越街道，即人与车不致发生碰撞，行人又不干扰行车的最小间隔。实际上这里所谓的"时间间隔"就是指车头时距。

另外，这种计算方法是指在无信号控制的路口、环形交叉口入口和路段上的情况，车辆不受信号灯控制而可自由通行；信号灯控制的或有人管理指挥交通的路口的情况与此不同。

车道宽度 S 可按实际丈量的宽度计算。一般单车道可取 $3.5 \sim 3.75 \text{ m}$，双向双车道可取 $7 \sim 7.5 \text{ m}$。

● 单车道单向车流最小安全穿越空当 $T_{\min(\text{单})}$。

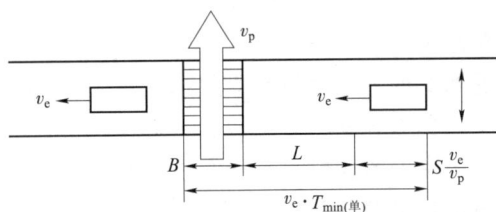

图 5-2　单车道单向车流最小安全穿越空当示意图

从图 5-2 可以看出最小安全穿越空当与人行横道宽度、车辆行驶动力净空、车道宽度等的关系，当 B 的宽度相对较小时，B/v_e 可忽略，则经过整理可得下式：

$$T_{\min(\text{单})} = \frac{L}{v_e} + \frac{S}{v_p} \tag{5-14}$$

式中：

$T_{\min(\text{单})}$——单车道单向车流最小安全穿越空当，s；

v_e——车辆行驶车速，m/s；

v_p——行人过街速度，m/s；

L——车辆行驶时的动力净空，m；

$$L = v_e \cdot t + k \cdot v_e^2 + l_o + l_a + B \tag{5-15}$$

t——司机制动反应时间及制动生效时间（一般小车取 1.2 s，大车取 1.8 s）；

k——系数，可用下式计算：

$$k = \frac{1}{2g\phi}, g = 9.81 \ \text{m/s}^2, \phi = 0.6 \tag{5-16}$$

l_o——制动后两车安全距离，可取 3 m；

l_a——车长，小车 5 m，通道式公共汽车 17 m；

B——人行横道宽度，m；

S——车道宽度，m。

- 类比上述单车道单向车流的最小安全穿越空当，可以计算出双车道双向车流最小安全可穿越空当 $T_{\min(双)}$ 的表达式如下：

$$v_e \cdot T_{\min(双)} = 3S \cdot \frac{v_e}{v_p} + B + 2L \tag{5-17}$$

$$T_{\min(双)} = \frac{2L}{v_e} + \frac{3S}{v_p} + \frac{B}{v_e} \tag{5-18}$$

当 B 的宽度相对较小时，B/v_e 可忽略，则可得下式：

$$T_{\min(双)} = \frac{2L}{v_e} + \frac{3S}{v_p} \text{或} \ T_{\min(双)} = 2T_{\min(单)} + \frac{S}{v_p} \tag{5-19}$$

式中：$T_{\min(双)}$——双车道双向车流最小安全穿越空当，s；

其他符号意义同式（5-14）～式（5-16）。

复习思考题

1. 简述道路交通调查的意义。

2. 交通量、车速、密度调查的方法分别有哪些？

3. 常用的道路交通调查仪器有哪些，各有什么优缺点？

4. 交叉口交通调查中各种方法的优缺点是什么，使用时需要注意什么？

5. 行人交通调查中常用术语有哪些？

6. 如何计算最小安全穿越空当？

第 6 章

道路交通调查新技术

交通调查在交通工程学领域有着非常重要的作用，无论是交通工程理论的形成，还是交通规划和管理都离不开大量的交通调查与分析。所谓交通调查，是利用客观的手段，通过对居民、车辆等的出行需求和停车需求、系统设施、道路交通流及有关现象进行调查，从而掌握交通状态、交通流的规律，以便向交通城建规划与环保以及公安交通管理部门提供改善、优化道路交通的实际参考资料和数据。

定期开展交通调查是国内外城市交通研究的惯例，全面的交通调查能对城市交通的实际状况进行全面、系统的了解，能够为全面科学地制定交通发展规划和改善交通的措施提供依据。

交通调查结果的准确性在很大程度上取决于被调查者的配合程度和对调查的认知程度。随着社会经济的发展和生活节奏的加快，多项传统出行需求调查的实施将面临越来越大的困难，主要反映在以下两个方面。

（1）入户调查越来越困难

入户调查是国内较成熟的居民出行调查方法。在当前居民普遍重视个人隐私保护、防御心理增强等诸多因素影响下，调查员入户容易引起被调查者反感和抵触情绪，从而使调查实施变得越来越困难。

（2）传统车辆出行调查技术的可操作性越来越小

在对车辆进行的调查中，常采用将调查表发放给客货车驾驶员，由驾驶员填写后回收的方法，这样会出现客货车驾驶员少报、漏报出行次数的现象，且受驾驶员文化程度影响，对调查内容的理解也容易产生偏差，从而导致调查数据的准确性降低。

与此同时，随着社会的发展和人民生活水平的提高，人们将会对交通出行提出更高的要求，因此交通调查必须适应这种新要求，具体如下。

① 应对短期交通问题对策的调查方法：对短期交通问题，主要有自行车停车问题、地区交通问题、公共交通的票价和运行间隔问题等，都需要不同于既有交通调查的方法。

② 节省时间和费用的调查方法：既往的调查费时、费工，需要巨额资金，需要新的快速、工耗低、费用低廉的调查方法。

③ 基于个人出行意识的调查：既有的居民出行调查和机动车 OD 调查，尽管采用了抽样调查的方法，并且样本也很小，但是对都市圈和区域而言，调查量非常巨大。因此，基于

人们出行意识的交通调查，如新路或轻轨建成以后利用与否，票价提高之后利用与否等意识调查将获得更多的应用。

④ 交通调查的自动、动态、时序化：现代交通科学技术给人们提供了自动、动态、时序化的交通调查方法，改变以往的调查方法，可省时、省工、实时。

而对于道路交通流及有关现象的调查，目前道路交通运行状态的相关数据的采集主要是通过在道路断面上安装路测交通数据采集设备获得，如感应线圈、视频检测器等。这种方式存在许多缺点：

- 需购买安装大量设备，耗费人力、物力；
- 由于成本和道路的限制，数据采集设备的覆盖率低；
- OD 出行的数据调查方式为人工调查，数据采样率低；
- 多数道路未覆盖光纤，数据传输困难。

相反，基于移动体（如车辆、行人）搭载定位或识别装置的交通信息采集技术的出现解决了传统交通调查技术所存在的问题，其主要载体为手机。手机作为当前广泛使用的移动通信设备，当其移动或对外通信时，基站会记录手机的编号、通信时间、通信类型和基站编号（cell ID，CI）等信息，并传回后台数据管理中心，经过计算机的处理，可以得到用户出行的起讫点及出发到达时刻，然后根据基站所属的小区，从而可以计算各小区之间的交通发生量、吸引量和出行量等交通参数。然后将出行者的空间上的移动和路网中的道路匹配起来，可以得出道路流量和速度等交通流数据。相比于传统的交通采集系统来说，基于移动定位（如手机）或识别装置的交通信息调查在多方面拥有优势。

- 样本量大。手机用户是基础数据的来源，其巨大的市场占有率和不断增加的用户数量为数据采集的样本量提供了保证。
- 覆盖范围广。移动通信覆盖的区域都是数据可以获取和有效传输的区域。
- 数据的实时性。对于实时基础数据的分析可以得到任意时刻的动态交通数据，为全面优化和评估交通运行状态提供数据支持。
- 成本低。因为基础数据源是手机，已经大量存在，不需要大量配备额外装置，只需要配置分析数据所使用的设备即可，相对于传统手段而言，可大大降低成本。

由于调查方法出现的问题往往无法弥补和纠正，因此，需要更科学的方法使调查结果更加准确、真实和实用。随着遥感、图像处理及移动通信等技术的发展，以上技术在交通调查领域的应用也受到了越来越多的关注。本章将对基于遥感技术、数字图像处理技术、浮动车技术、无线通信技术和移动通信技术进行介绍。

6.1　基于遥感技术的交通调查

6.1.1　遥感技术及其特征

遥感技术是当代高速发展的一门信息采集技术，广义上说是不直接接触物体本身，利用机载和星载传感器设备获取地点的图像信息，经过处理和分析，提取目标对象的空间位置、几何形状与大小、自然属性、类别等信息，这些信息是构建数字地球基本的空间数据来源。

这些信息按其利用的波谱段可分为：可见光遥感、红外遥感、多谱段遥感、激光遥感、微波遥感等；按遥感仪器搭载的平台类型可分为航天遥感、航空遥感。

遥感技术具有以下优点。

① 探测范围大。一张陆地卫星图像覆盖的地面范围达到 3 万多平方千米，与我国海南岛的面积大致相等。

② 获取资料的速度快、周期短。

③ 受地面条件限制少，不受高山、冰川、沙漠和恶劣条件的影响。

④ 手段多，获取的信息量大。

⑤ 精度高，有的卫星遥感数据的空间分辨率可达分米级。

鉴于遥感技术的一系列优点，将其应用在交通调查上，不仅可以提高调查的精确度，也能节省更多的人力调查成本。

6.1.2　遥感技术在交通调查中的应用

30 多年来，我国在遥感技术的基础研究和实际应用中均取得了重大进步，遥感应用研究在城市综合调查、矿产资源调查等领域均取得了可喜成就，尤其在城市遥感方面所取得的成果举世瞩目。遥感已成为城市规划、建设和管理不可分割的重要组成部分和技术支持，成为各级政府强有力的辅助决策工具，以及指导与加强地区管理的现代化手段。

在遥感技术的利用方面，上海市自 1988 年以来分别进行了 4 次遥感综合交通调查，为交通规划和建设提供了关键的数据和信息，也为许多政府重大工程提供了研究报告和影像资料。1988 年 4 月，首次采用遥感与地面同步调查方法，系统研究了交通状况；1994 年，在交通遥感调查中，获取了高峰时段内市区道路与机动车在行驶中的单向交通密度及空间平均车速；2000 年在遥感交通调查中发现，环线与高架上下汇合区域附近可见车辆排队拥堵现象；2009 年在第四次交通调查中，进一步探索高新技术在交通调查中的应用，如基于手机、GPS 等双向互动、精准定位的新调查技术。2014 年，在第五次综合交通调查中采用的遥感影像数据以航空遥感影像为主，卫星遥感影像为辅。航空遥感影像包括 2013 年和 2008 年数码航空影像（地面分辨率为 0.25 m）、2000 年扫描航空影像（地面分辨率为 0.4 m），解译获得上海市 23 万个分析单元用地信息。同时综合上海市房屋土地资源信息中心房屋建筑数据及测绘数据，获得全市分类用地分布，得到 28 类用地的面积总量及空间布局，并获得全市 13 类建筑的建筑总量、空间布局及每个分析单元的用地开发强度。2019 年，在第六次综合交通调查中，依托包括遥感测绘技术在内的大数据分析技术，调查范围首次从上海市域拓展到长三角，并通过充分利用各渠道大数据，实现了系统数据全样分析与抽样调查的充分融合。

道路交通调查主要是对机动车辆的密度、空间平均速度与流量、非机动车数量与平均车速及机动车露天停放状况等进行调查。调查通常采用遥感专题飞行、黑白航空摄影与地面同步调查相结合的方法进行。航线大体沿市区主干道路和沿江飞行，选用多个时相的彩色红外和黑白航片为信息源。地面同步与准同步调查，选择在全市有代表性的路口与路段上，由人工计数方法进行。调查内容主要是机动车辆的流量，并用激光测速仪测定过往车辆的瞬时车速。

在交通调查中，利用遥感技术进行照片的航摄，在获取各类数据之前，需要对每张航片量测比例尺，通过对航片上获取的数据进行比例尺换算，即可得到解译成果，再与地面数据进行配准后得到最终成果。解译内容为动态交通和静态交通两部分。动态交通包括机动车容量、密度、车速、流量、流向；静态交通包括道路的长度、宽度、受侵占部位、面积、停车场（点）的分布、容量、利用率。通过遥感调查计算得到解译成果之后，就能利用动态和静态指标进行道路的评价，并对其不足之处进行改善。

6.2 基于数字图像处理技术的交通调查

传统的调查方法耗时长、耗资大，而服务于交通管理和控制又缺乏及时性。利用摄像机对道路上的交通流进行监测，将信号图像通过数字化处理，进而获得道路交通流的各个参数（流量、车速、密度等），能够及时指导交通管理（如交叉口信号自动配时、道路服务水平评级等），弥补传统方法的不足。

6.2.1 图像处理技术概述

所谓图像处理，是指用计算机技术或其他技术，对图像数据进行运算和处理，以改变图像的显示或提取图像中的信息，从而达到某种预想的目的。部分摄像工作是在开放的户外环境中进行的，受自然光照条件、拍摄条件等因素的影响，可能会出现车牌区域图像缺损、倾斜和模糊等严重缺陷，故应对原始图像进行必要的处理。

20 世纪 20 年代，从伦敦到纽约通过巴特兰（Bartlane）海底光缆传输了一幅经过数字压缩的图片，从而宣告了数字图像处理技术的诞生。但真正有意义的数字图像处理技术还是随着计算机的问世而发展起来的。1964 年，位于美国加利福尼亚的喷气推进实验室（JPL实验室）处理了太空船"徘徊者七号"发回的月球照片，用以校正航天器上电视摄像机中各种类型的图像畸变，这标志着图像处理技术开始得到实际应用。

数字图像处理技术主要包括以下内容。

① 图像数字化：研究图像的数字表示方式，将图像信息转化为可被计算机识别的数字信息。

② 图像编码：研究如何在满足一定的失真条件下，改变图像的存储格式，以便尽量压缩图像的存储空间。常用的算法有 Z 形编码、游程编码、Huffman 编码等。

③ 图像增强：将原来不清晰的图像变得清晰或强调某些感兴趣的特征，抑制不感兴趣的特征，使之改善图像质量、丰富信息量，加强图像判读和识别效果的图像处理方法。常用的算法有频率域法和空间域法，前者包括低通滤波法和高通滤波法，后者包括局部求平均值法和中值滤波法。

④ 图像恢复：研究如何将已经退化模糊的图像还原，常用的算法有辐射校正、大气校正、条带噪声消除、几何校正等。

⑤ 图像重建：研究如何由图像的投影数据重建图像，对离散图像进行线性空间内插或线性空间滤波来重新获得连续图像。

⑥ 图像分析：对图像进行分割、识别、描述和理解。

数字图像处理技术是视频交通流信息采集系统和车牌自动识别系统的基础和本质，目前已投入运行的高速公路不停车自动收费系统就是数字图像处理技术成功应用的例子。

6.2.2 基于图像处理技术的交通调查

1. 基于图像处理的交通量调查

基于图像处理的交通量调查可以分为录像法和视频观测仪法两种。

（1）录像法

目前常利用录像机（摄像机、电影摄影机或照相机）作为高级的便携式记录设备，如图6-1所示。可以通过一定时间的连续图像给出一定时间间隔的或实际上连续的交通流详细资料。在工作时要求专门设备，并升高到工作位置（或合适的建筑物），以便能观测到所需的范围，如图6-2所示。将摄制到的录像（影片或相片），重新放映或显示出来，按照一定的时间间隔以人工来统计交通量。这种方法搜集交通量或其他资料数据的优点是现场人员较少，资料可长期反复应用，也比较直观；缺点是费用比较高，整理资料花费人工多。因此，一般目前多用于研究工作的调查中。

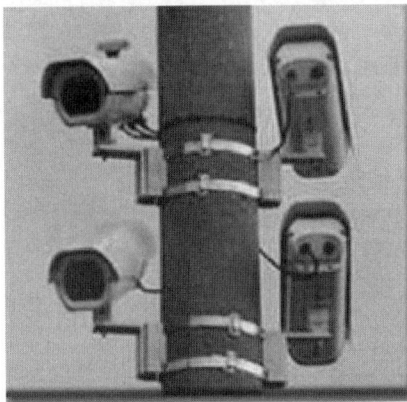

图6-1 设备

图6-2 工作位置

对于交叉口交通状况的调查，往往可采用录像法（或摄像法）。通常将摄像机（或摄影机或时距照相机）安装在交叉口附近的某制高点上，镜头对准交叉口，按一定的时间间隔（如30 s、45 s或60 s）自动拍摄一次或连续摄像（摄影）。根据不同时间间隔情况下每一辆车在交叉口内其位置的变化情况，数点出不同流向的交通量。这种方法的优点是能够获取一组连续时间序列的画面，只要适当选择摄影的间隔时间，就可以得到最完全的交通资料，对于如自行车、行人交通量、分车种分流向的机动车交通量、车辆通过交叉口的速度及延误时间损失、车头时距、信号配时、交通堵塞原因、各种行人与车辆冲突情况等，均能提出令人信服的证据，并且资料可以长期保存；缺点是费用大，内业整理工作量大，需要做大量的图上量距和计算。并且当有茂密树木或其他遮挡物时，调查比较困难或引起较大误差。

（2）视频观测仪法

视频观测仪是一种具有高分辨率彩色影像侦查和变焦镜头的监视系统。以简单的设定、配置和视频压缩为特色。工作原理是结合视频影像和计算机模式识别技术，通过视频录像和计算机模仿人眼功能，模拟各种检测器来获取各种交通信息。系统由摄像机、通信系统和中央控制系统组成，如图6-3所示。

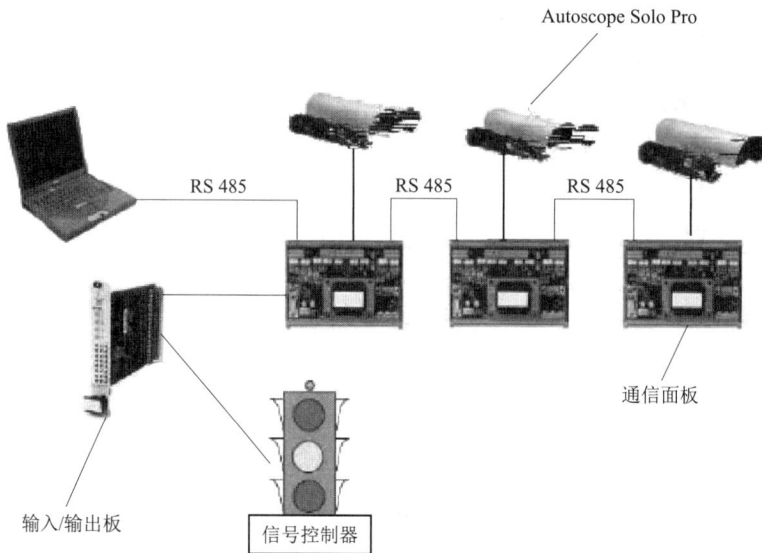

图 6-3　视频观测仪硬件组成

视频检测系统的具体处理流程如图 6-4 所示。

① 在交通控制中心或想要运行视频检测系统的其他地点安装仪器设备。

② 编辑视频检测系统（包括大小、方向和位置以检测精度等）。

③ 通过视频显示装置实时检测。

④ 数据采集，视频输出数据（包括流量、占有率、速度、车辆类型及其他特定时间段上的交通数据）。

⑤ 数据处理。

⑥ 分析并得出结论。

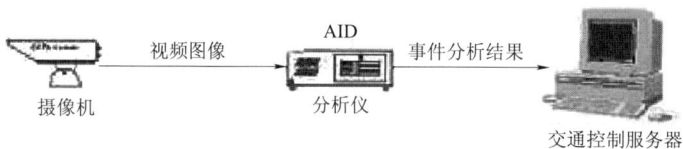

图 6-4　视频检测系统的具体处理流程

2. 基于图像处理的车速调查

基于图像处理的车速调查一般采用录像法。在拟测车速的地点，量取若干段距离，并做好标记。将录像机设置在视野良好的高处，防止行道树及其他设施的遮挡，将录像机镜头瞄准欲测车速地段，以一定的送片速度进行录像。根据汽车通过测定区间的录像胶卷画面数和画面的间隔时间，即可求得车辆的地点车速。录像时应详细记录开始时间、地点、方向、送片速度、气候、观测员姓名等，以免整理时发生错误。

录像法的主要优点是对测定地点有形象记录，不但能录到车辆移动位置，而且能拍摄到车型及实地交通情况，能长期保存，有利于进行地点车速和影响因素的相关分析。在科学研究中有使用价值，但录像的方法成本较高，致使其广泛使用受到限制。

3. 基于图像处理的交通流密度调查

基于图像处理的交通流密度调查主要分为地面高处摄影观测法和航空摄影观测法。

（1）地面高处摄影观测法

用动态录像仪在高处进行摄影。测定区间的长度视地区内的状况和周围条件而变化，一般取 50 ～ 100 m。

摄影的时间间隔随测定区间长度而异。当区间长为 50 ～ 100 m 时，摄影间隔可采用每 5 ～ 10 s 一个画面。遇到详细分析交通流的场合，如需同时观测交通量，为了取得正确的观测值，需缩短摄影间隔，一般取每秒一画面。在高速公路上，由于车速高，这时可取每秒两画面。

在测定密度时，在道路上要标明每台录像机所摄范围内的道路区间长，一般有两处做标记即可。如果容许精度稍低时，可利用车道分割线的段数、护栏支柱数或电线杆数等参照物代替。

整理现场观测结果，按下面介绍的顺序计算密度。在各条录像带的每一画面中，读取摄影观测区间内存在的车辆数，计算总观测时间内区间的平均车辆数，用区间长度求算单位公里长度内存在的车辆数，即密度值：

$$K = \frac{\sum_{i=1}^{n} K_i}{n} \times \frac{1}{L} \tag{6-1}$$

式中：

n——在总计时间内，在胶卷上读取存在车辆数时的画面数，$n = t/\Delta t$；

K_i——第 i 个画面上测定区间内存在的车辆数，辆；

L——观测区间长度，km。

如总计观测时间大于 5 min，则交通的偶然性变化或周期性变化就能消除。这种方法可以很方便地看出密度随时间的变化情况，同时，又因为它包含短时间的变化，也可以描绘出密度的倾向性变化。

需要注意的是，若测定区间过长，测定精度将受到影响，所以不能过长，以不超过 100 m 为宜。

（2）航空摄影观测法

航空摄影观测法是利用普通飞机或直升机从空中向下摄影，由于直升机具有低速且在某种程度上能停在空中的性能，因此被广泛采用。

在航测时，一般用航空照相机，这种照相机的拍摄精度已能满足交通调查的需要。

航空摄影的缩小比例尺，一般按下式求得：

$$摄影缩小比例尺 = \frac{透镜的焦距}{摄影高度} \tag{6-2}$$

考虑到放大照片的限制，航测时所用的缩小比例尺一般取 1/12 000 ～ 1/10 000。由于航空摄影观测法采用在固定长的路段航片上直接数出行驶的车辆数，与常规方法不同之处在于观测点（摄影镜头）是在空中沿路线纵断面方向移动的。需指出的是：在某一时刻摄影到的全路段影像中，与飞机同向的车辆将有一部分驶出影像范围，故车流密度应分同向与反向来考虑。

6.3 基于浮动车技术的交通调查

6.3.1 浮动车技术

浮动车（probe vehicle）是近年来智能交通系统（intelligent transportation system，ITS）中所采用的获取道路交通信息的先进技术手段之一。浮动车是指装有定位和无线通信装置的能够与交通信息中心进行信息数据交换的普通车辆，使用的车辆一般采用出租车、公交车、长途汽车、货运车辆等具有较高行驶率的商用车辆。在我国部分城市已有一定数量的装有GPS的浮动车车辆运行（主要是出租车），如北京、杭州、深圳等城市。通过利用这些 GPS浮动车的交通流数据，以及一定的通信手段和技术措施，实现对路网和路况进行全天候的监测。其中，GPS 是基于卫星的无线导航系统，是一种实用价廉的在全球范围内确定位置、速度和时间的工具。GPS 系统包括 3 部分：空间部分（卫星）、用户部分（接收机）和控制部分（管理和控制）。在使用时至少同时需要 4 颗卫星，确定接收机的三维坐标及接收机和GPS 间的时间偏移，三维坐标采用笛卡尔坐标系或大地坐标系，利用变换公式，可确定在大地坐标系或映射平面内计算装配 GPS 设备的车辆的位置。

浮动车系统是将运行于交通流中一定比例的浮动车辆作为采集设备，并把获取的动态交通信息实时、定期与浮动车交通信息中心交换的一种交通信息采集系统。浮动车系统组成主要包括 3 部分：车载终端、无线通信网路和信息中心，具体如图 6-5 所示。车载终端主要包括 GPS 接收器、无线通信设备；无线通信网络包括通信基站和数据传输服务；信息中心主要包括无线通信设备、信息处理设备等。

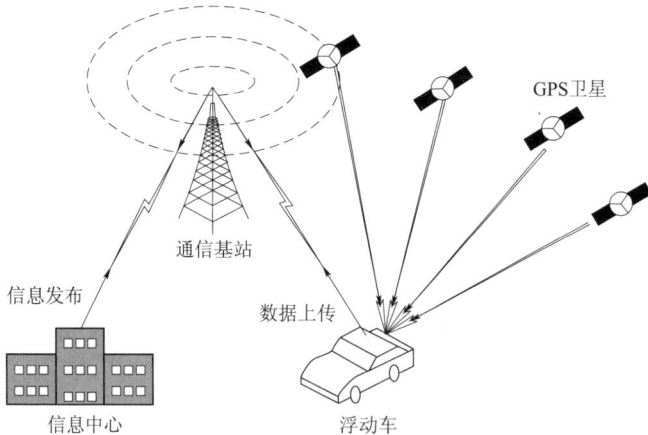

图 6-5　GPS 浮动车系统组成结构图

浮动车数据采集是利用 GPS 接收装置测量出已知位置的卫星到用户接收机之间的距离，然后综合多颗卫星的数据就可知道接收机的具体位置，同时以一定的采样间隔记录车辆的三维位置坐标、车速和时间数据等。浮动车设备向交通信息中心传输的数据主要包括：车辆编号、时间、车辆的位置（包括经度和纬度）、速度、速度方向等字段，具体如表 6-1 所示。交通信息中心通过对车载设备上传的数据进行存储、预处理，结合电子地图利用相应的计算模型对交通参数如速度、行程时间等进行估计和预测，从而得到整个道路网的实时动态交通信息。

表 6-1 浮动车数据

字段	说明
车辆编号	用于车辆间区分的标识
时间	数据采集的时刻
经度	车辆在数据采集时刻所处的经度
纬度	车辆在数据采集时刻所处的纬度
速度	车辆在数据采集时刻的瞬时速度
速度方向	车辆在数据采集时刻瞬时速度的方向

综上所述，浮动车技术是指在行驶于交通流中的车辆上安装 GPS 设备，以及其他辅助仪器和其他远程传感设备，在不妨碍车辆本身运行目的的情况下实时采集道路交通流信息的移动采集技术，即通过已安装的卫星定位车载装置和无线通信设备，将车辆的信息实时传输到浮动车交通信息中心的动态交通信息采集方式。浮动车技术的主要优点如下。

① 整体性：浮动车运行于整个城市道路网上，可以实时采集路网上的动态交通信息。

② 移动性：与固定检测设备（如感应线圈检测器、雷达检测器、视频检测器、红外检测器等）仅能采集断面或某个车道交通信息相比，浮动车可"移动"采集路网的动态交通信息。

③ 实时性：浮动车采集的交通信息通过无线网络实时传输至交通数据中心，数据传输间隔与浮动车的样本量及应用目的等有关。

④ 便利性：浮动车交通信息采集除了固定设备安装外，交通信息能够自动采集并上传至中心，设备维护简单、费用较低。

6.3.2 基于浮动车交通调查

浮动车技术可以用于交通量调查、行车速度调查和车辆 OD 调查等。以下对基于浮动车技术平均速度、行程时间、交通流量及车辆 OD 的交通调查进行简单的介绍。

1. 基于浮动车技术的平均速度调查

平均速度常用两种方法来计算，即时间平均车速和区间平均车速。

（1）时间平均车速

时间平均车速是指道路某一断面车速分布的平均值，即断面上所有车辆点速度的算术平均值。设某一条道路上浮动车数量为 n，每辆车的平均速度为 $\bar{v}_i$（$i=1$，2，3，…，n），则所有车辆总平均速度为：

$$\bar{v} = \frac{\sum\limits_{i=1}^{n} \bar{v}_i}{n} \tag{6-3}$$

式中：

$\bar{v}$——道路上所有浮动车总的时间平均速度，km/h；

$\bar{v}_i$——道路上第 i 辆浮动车的时间平均速度，km/h；

n——道路上浮动车的数量，辆。

（2）区间平均车速

要求区间平均车速，需要获取所测道路的长度、两端路口的经纬度等信息。可以利用地理信息系统（geographic information system, GIS）存储相关的道路信息（道路长度、经纬度等信息）。根据浮动车数据中的车辆经纬度信息，利用地图匹配技术，可以方便地获得车辆在某一具体时刻在道路上的具体位置。设所测区间总长度为 s，第 i 辆车的行程时间为 t_i（$i=1$，2，3，…，n），车辆经路段第一个路口的时刻为 t_{i1}，到路段另一路口的时刻为 t_{i2}，则车辆的区间平均车速为：

$$\bar{v}_s = \frac{ns}{\sum\limits_{i=1}^{n} t_i} \tag{6-4}$$

式中：

$\bar{v}_s$——道路上所有浮动车总的区间平均车速，km/h；

n——同式（6-3）；

s——所测区间的总长度，km；

t_i——第 i 辆车在所测区间内的行程时间单位为 h，$t_i = t_{i2} - t_{i1}$，其中 t_{i1} 为第 i 辆车经过路段第一个路口的时刻，t_{i2} 为第 i 辆车到达另一个路口的时刻。

2. 基于浮动车技术的行程时间调查

行程时间是指在某个时间周期内，车辆驶过道路某一段需要的总时间，包括行驶时间和延误时间。行驶时间是指在路段上车辆处于运动状态的总时间。延误时间是由于交通阻滞和交通控制装置等原因而损失的行程时间。车辆通过整个路段的时间就是行程时间，其中浮动车速度不为零的时间总和就是行驶时间；速度为零的总时间就是停车延误。

行程时间估计的方法有两种：第一种是直接测量法，把观测路段分成小段，计算浮动车在每一小段的行程时间，然后把这些行程时间进行相加，得到总的行程时间；第二种是间接测量法，根据式（6-4）计算出来的路段平均速度，用路段长度除以路段平均速度，得到行程时间。

3. 基于浮动车技术的交通流量调查

交通流量估算是指在单位时间内，通过道路某一地点、某一断面或某一条道路的车辆数，一般流量和空间平均速度具有一定的关系。可以利用浮动车数据根据式（6-4）中平均车速的计算方法获得平均速度，结合交通流模型可以间接推算交通流量，或者用一段时间内的浮动车数据拟合一个交通流模型，从而得到路段上的速度，通过速度分级，用获得的路段速度来表示该时段道路上的交通状态，反映路网状况。但是，以上结果精度在很大程度上依赖于交通流模型的精度。

4. 基于浮动车技术的车辆 OD 调查

根据浮动车数据中车辆的位置信息及车辆的行驶状态信息，同时根据地图匹配可以比较精确、方便地获得车辆在某一时段内车辆的起、终点位置，即车辆的 OD。利用浮动车数据，结合 GIS 技术，通过地图匹配可以获得车辆的行驶轨迹，通过分析轨迹点的时间、速度、空间分布特征，生成车辆 OD 信息。但要想获得路网中所有车辆的 OD，则需要在所有车辆上安装浮动车车载设备。

6.4　基于无线通信技术的交通调查

在交通调查研究领域，随着科学技术的发展，特别是计算机技术、通信技术、传感器技术、互联网等先进技术的发展，交通调查手段和方法发生了很大的变化，数据采集也由过去的单纯人工记录方式向自由化、实时化、动态化方向迈进。其中基于无线通信的交通调查技术就是重要的发展方向。

无线通信就是利用电磁波信号可以在自由空间中传播的特性进行信息交换的一种通信方式，近些年在信息领域中发展最快、应用最广的就是无线通信技术。无线通信技术节省了信号传输载体的成本，相对于传统有线通信有成本优势，同时用户可以改变自身位置，不受或尽可能不受地域限制，因此无线通信技术在信息采集和传输等方面的应用十分广泛。目前应用在交通调查领域中的无线通信技术主要有无线射频识别技术（radio frequency identification，RFID）、专用短程通信技术（dedicated short range communication，DSRC）及基于无线移动定位的交通信息采集技术。这里重点介绍前两种技术。

6.4.1　无线射频识别技术

无线射频识别技术是一种非接触式自动识别技术，它通过射频信号自动识别目标对象并获取对象数据信息，这种识别过程不需要人工干预，可以稳定工作于各种恶劣环境，并且可以同时识别多个目标对象，操作简单易行。RFID 系统由电子标签（tag）、阅读器（reader）、天线（antenna）三大部分组成。RFID 技术具有防水、防磁、耐高温，使用寿命长、读取距离远、存储数据容量大，标签上数据可以加密等一系列优点，其应用将为智能交通运输的管理带来革命性的变化，为整个城市交通运输系统效率的提高提供数据上的支持。目前，许多发达国家开始在智能交通运输方面推广应用 RFID 技术，几家 RFID 业内公司也提出了公路/车辆 RFID 管理系统方案，通过对车辆进行非接触式信息采集处理，从而自动识别道路车辆信息和管理车辆活动。

RFID 的工作原理十分简单，如图 6-6 所示。阅读器首先通过天线发送加密载波信号，载波信号被机动车上安装的电子标签也就是所谓的应答器（transponder）接收，同时应答器的工作电路被激活并将自身所携带的车辆信息以加密载波信号的形式发射出去，阅读器接收载波信号并解读数据。

具体来说，将 RFID 电子标签安装在汽车内部的仪表盘或固封在车辆号牌中。阅读器则在主干道上每隔 $1 \sim 5$ km 设置一组，或者设置在各个高速公路收费车道内及交通流量大的路口，当车辆通过时，阅读器经过天线读得通过车辆的 ID 信息和经过时间值，然后通过光纤、全球移动通信系统（global system for mobile communication，GSM）网的通用无线分组业务（general packet radio service，GPRS）方式或短信通信方式传输到信息中心。由后端的计算机收集统计调查所得的数据，分析处理得出车辆的行驶状态，得出的结论可作为交通疏导决策的依据，并实时调整该路段信号灯和可变信息标志，对外发布相关交通信息。在各路段阅读器收集的交通流信息，除了用于提供实时的路况信息外，还可以作为历史数据保存于信息中心的数据库内，方便日后进行相关交通规划研究。

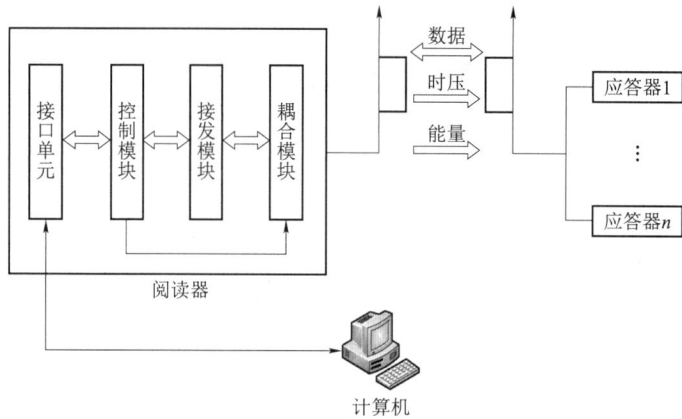

图 6-6　RFID 的工作原理

6.4.2　专用短程通信技术

专用短程通信技术是一种高效的无线通信技术，可以实现在特定区域内（通常为数十米）对高速运动下的移动目标的识别和双向通信。

目前交通调查领域应用较多的是基于 5.8 GHz 专用短程通信技术，它可以实现交通运输安全和公路信息服务等多种应用，具有信息实时性好、可靠性高、发布形式多样化和便于扩展多种信息服务应用等优点。该技术在不受时间、地点因素制约的条件下，通过车路、车车无线实时信息交互，最终形成集道路车辆身份识别、交通信息采集、信息处理、交通信息发布为一体的独立的公路信息采集及服务系统。目前正在使用的电子不停车（electronic toll collection，ETC）系统正是采用了 DSRC 技术，将有利于实现在 DSRC 平台之上的多应用扩展。因此，如何基于 DSRC 车车、车路短距离通信技术，实现信息采集，以及区域化和个体化的安全信息与出行信息服务是目前公路网信息化与智能化的一个技术需求。

6.5　基于移动通信技术的交通调查

在交通调查研究领域，随着科学技术的发展，特别是计算机科学、通信技术、传感器技术、网络等先进技术的发展，交通调查手段和方法发生了很大变化，数据采集也由过去的单纯人工记录方式向自动化、实时化、动态化方向迈进。其中基于移动通信的交通调查技术就是重要的发展方向。

基于移动通信网络的信息采集有其特有的优势：以普通手机作为采集终端设备，节约了大量的前期基础设施投入；手机的广泛普及有效地提高了样本容量，保证了数据质量的可靠性；部署方便，无须安装任何采集终端设备，对移动通信网络的运营不产生任何影响；系统实施周期短，可以达到快速覆盖的效果。目前，应用该技术的商用系统陆续面世，其技术和市场模式正在美国、欧洲等国家得到验证和推广。

另外，利用全球定位系统 GPS 也可以获得出行者的时间和空间信息。利用 GPS 可以确定车辆位置和速度，因此在机动车 OD 调查方面发挥重要作用。利用 GPS 技术进行交通调查具有的优点主要有：不需要维持管理费用，调查结果容易数据化，调查位置的精度较高；缺点是：存在调查的盲区，全样调查困难，难以普及。

基于移动通信网络的信息采集技术方法主要有：基于手机定位的交通信息采集技术和基于移动通信数据的交通信息采集技术。

6.5.1 基于手机定位的交通信息采集技术

手机定位技术有多种，根据定位参数测量和位置计算在哪个设备上进行，可以将其分为基于移动终端和基于网络，以及两者混合的定位方案。基于 cell ID 的定位方法是常用的进行交通信息采集的手机定位技术，其主要内容介绍如下。

基于 cell ID 的定位方法，在其移动通信网络中，小区（cell）的 ID 是唯一的，因为各个 cell 的坐标位置已知，所以如果测得 cell ID，则待定手机的位置也可以确定。这种定位方法的精度在很大程度上依赖于移动通信基站（base station）的分布密度，定位精度在几十米到几千米。一种改进的办法是将 cell ID 与时间提前量 TA（time advance）相结合。TA 是基站与手机之间的传输时延，可以用来估算 TA 与 MS（mobile station）之间的距离。基于 cell ID 的定位方法原理如图 6-7 所示。

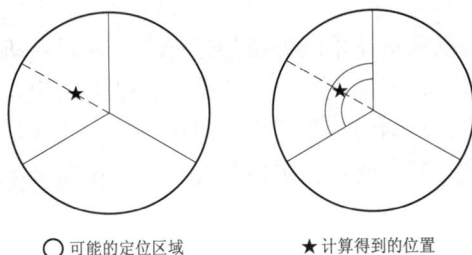

○ 可能的定位区域　　★ 计算得到的位置

图 6-7　基于 Cell ID 的定位方法原理

（1）基于信号到达角的定位方法（angle of arrival，AOA）

AOA 定位方法是由两个或更多基站通过测量接收信号的到达角来估计 MS 的位置。到达角等于两个基站方位角之差，由于两个基站的坐标已知，MS 的位置问题转化为求解三角形的顶点坐标。定位原理如图 6-8（a）所示。由于多径效应的影响，该方法的定位精度一般在 50～300 m。

（2）基于到达时间的定位方法（time of arrival，TOA）

TOA 的定位方法由 3 个或 3 个以上的基站的信号到达时间计算 MS 与基站的距离，以基站为圆心，距离为半径，计算三圆交点坐标即为 MS 的坐标。TOA 定位方法要求基站间有精确的同步时钟。定位原理如图 6-8（b）所示。无线信号受反射、散射和多径效应的影响，该方法的定位精度一般在 50～200 m。

（3）基于到达时间差的定位方法（time difference of arrival，TDOA）

TDOA 定位是 TOA 方法的改进，它计算得到 MS 与两个基站之间的距离之差，根据几何知识可知 MS 必在以这两个基站位置点为焦点的双曲线其中的一条之上，用同样的方法可以获得其他的双曲线，MS 的坐标转化为求解多条双曲线交点的坐标。定位原理如图 6-8（c）所示。该方法的定位精度可达 50～160 m。

以上 AOA、TOA 和 TDOA 3 种方法都是基于网络的定位方案。

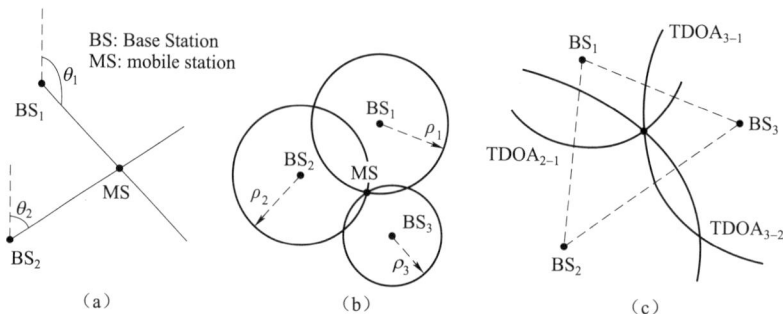

图 6-8　基于网络的定位原理

（4）辅助 GPS 定位（assisted GPS，A-GPS）

A-GPS 定位是通过利用无线网络提供的辅助信息（这些信息是从一些 GPS 参考站取得的）来帮助手机进行定位。由于卫星扫描、捕获、伪距信号接收及定位运算等工作都在服务器端运行，所以 A-GPS 具有定位速度快、抗干扰能力强等特点。A-GPS 的定位精度一般在 10 ～ 20 m。

基于手机定位的交通信息采集技术的方法描述如下：通过手机定位方法获得车载手机的位置坐标，利用地图匹配算法将定位点匹配到道路上，结合历史定位点、定位时间间隔及定位点间的路段长度等信息推算车辆的行驶速度、道路旅行时间等信息，进而推断道路的交通状态。这种技术方法的关键问题主要包括定位精度、定位更新频率、定位数据样本及地图匹配技术等。

6.5.2　基于移动通信数据的交通信息采集技术

移动通信数据是指移动终端在通信过程中产生的各种计费信息（如通话计费单），以及移动终端与无线网络间信令交换产生的各种中间数据（如切换信息、位置更新信息等）。计费信息可在通信系统中有一定的保留时间，而中间数据由于对通信运营商来说没有太大意义，一般都不予保留。目前用于交通信息采集的移动通信数据主要有切换信息、通话量、计费信息等。

切换（handover）是指在通话过程中，为了保持通话的连续性，当手机当前服务区基站信号强度衰减到一定程度时，手机选择新的基站作为当前服务区基站的过程。基于切换的交通信息采集技术的基本思想是利用连续的两个切换点（handover point）和切换点之间的路段长度，估算路段的行程速度。

■ 复习思考题

1. 简述传统路侧交通数据采集设备的缺点及手机等移动检测交通调查设备的优点。
2. 遥感技术的特点是什么？简述其在交通调查中的应用的可行性。
3. 什么是图像处理技术，其主要技术内容是什么？
4. 论述浮动车技术及其主要技术特点。利用浮动车技术能直接获得什么交通参数？

第 7 章

城市公共交通客流调查

7.1 城市公共交通客流调查概述

7.1.1 公共交通客流的概念

公共交通客流是指城市中乘坐公共车辆的乘客群，由于乘客群是沿着公共客运线路流动的，所以又称为公共交通乘客群流，简称公共交通客流。乘客群流动的数量，简称为客流量。轨道交通客流是指在单位时间内，轨道交通线路上乘客流动人数和流动方向的总和，包括流量、流向和流时等要素。公共交通客流的概念既表明了乘客在空间上的位移及其数量，又强调了这种位移带有方向性和具有起讫位置。公共交通客流既可以是预测客流，也可以是实际客流。

7.1.2 公共交通客流的影响因素

城市公共交通客流量从总的方面反映了城市居民需要乘坐公共交通车辆的概括数据，它是由城市市区和郊区的固定居住人口和外来临时人口，因生产、生活等需要而乘坐公交车辆出行构成的。客流量包括时间、方向、地点、距离、数量等因素。

城市公共交通客流量的大小取决于城市性质、城市面积、人口密度、经济水平、就业人口数量、城市布局、出行距离及公共交通线路网的布设、票价和服务质量等因素。

7.1.3 公共交通客流调查的概念

公共交通客流调查是指公共交通企业、城市交通管理部门等，有目的地对公共交通客流在线路、方向、时间、地点、断面上的动态分布等所进行的经常的或定期的、全面的或抽样的调查，并进行统计处理与分析的过程，是对城市居民乘车需求情况分布资料的收集、记录和分析过程。

7.1.4 公共交通客流调查的作用及必要性

乘客是公共客运交通的服务对象和研究对象，对客流的动态调查与分析，是公共客运交通部门必须经常进行的一项工作。公共交通客流量是随着时间的变动在各个方向和各个断面上不断变化的，通过公共交通客流调查，能够掌握客流变化的动态规律和特点，为公共交通运营企业和城市交通管理部门提高运营管理水平，改进调度措施，充分发挥车辆的运营效能，提供重要参考信息和决策依据。具体来说，包括合理布设线路网，开辟新线路，调整现有线路；合理设置停靠站或调整原有停靠站；选择客运交通工具的车种、车型，经济合理地配备运力；组织行车调度，编制行车作业计划，改进调度措施，制定公共交通企业的长远发展规划，适应城市发展，满足人们不断增长的乘车需求等。

公共交通客流时空分布特征及其相关影响因素，是编制城市公共交通规划，合理开辟新线路，调整旧线路，选择车种配备运能等的主要依据。

经常系统地进行公共交通客流调查是为了研究线路在一年中各季节、各月、各周中及昼夜小时客流量的周期性变化规律。公共交通客流调查可以使行车作业计划的组织和设计更切合实际。通过经常的、定期的公交客流调查，可以检验运行调度措施、行车运行实际情况、预测客流和实际客流的偏离程度，并根据客流动态对其进行及时修改、补充和完善。

公共交通客流调查是公共客运经营管理的基础工作，掌握丰富交通客流的规律，有利于合理地平衡行车计划，缓解高峰时间乘车拥挤的矛盾，避免非高峰时间车辆空驶造成的浪费，从而经济合理地使用车辆。通过对客流调查资料的分析，了解线路客流在各断面上、时间上、方向上的不平衡性，合理配备车辆，编制符合实际的行车时刻表，使运营调度进一步科学化。

7.2 常规公交客流调查

城市公共交通客流是由乘客乘坐公交车辆形成的。乘客乘车都有一定的目的性，如上下班、上下学、购买生活必需品、文化娱乐、探亲访友等，由于乘车的目的性不同，乘车的次数和特点也不相同。为了掌握城市公共交通客流的变化规律，需要进一步分析公交客流的类型。

7.2.1 常规公交客流分类

根据城市公共交通客流调查资料分析的需要，按照乘客乘车的目的性，通常可以将公共交通客流分为以下3种类型。

（1）工作性乘车

乘客因工作需要而在上、下班期间乘坐公交车辆形成的客流，统称为工作性公交客流。工作性公共交通客流每天有固定的乘车次数和一定的乘车时间，相对来说比较稳定，有一定的动态规律，是城市公共交通的基本客流。

（2）学习性乘车

乘客因学习需要而在上、下学期间乘坐公交车辆形成的客流，统称为学习性客流，包括城市中各初中、高中、高等院校等的脱产学生客流，业余学习客流，课外辅导培训学习客流等，学习性客流也有固定的乘车时间和乘车次数，但数量比较少，是城市公交系统的次要客流。

（3）文娱生活性乘车

属于文化生活需要而出行的客流范围很广，如乘车去文化娱乐场所，购买商品，走亲访友等，这种客流统称为文化生活性客流。这种客流没有固定的次数，但是数量却很大，特别在节假日的数量更大。影响文化生活性客流的客观因素很多，如天气的转变、社会活动的增减、乘客的经济水平等都直接影响这种乘车的次数。所以，文化生活性客流的稳定性很弱，有着特殊的规律性，是调度部门较难处理的一部分客流。

7.2.2　常规公交客流调查指标

为了分析客流在常规公共客运交通线路上的具体分布，经常要了解某一路段或某一站点的乘客乘车情况，这就需要进行客流调查。常规公交客流调查主要应该掌握以下几个指标。

（1）集结量

集结量是指在单位时间内，某站（站段）需要乘车的乘客人数，它等于运载量和待运量之和。

（2）运载量

运载量是指在单位时间内，某站（站段）上车的乘客人数。

（3）待运量

待运量是指在单位时间内，某站（站段）未乘上车而留站等待上车的乘客人数。

（4）疏散量

疏散量是指在单位时间内，某站（站段）下车的乘客人数。

（5）集散量

集散量是指在单位时间内，某站（站段）的集结量和疏散量之和。

（6）通过量

通过量是指在单位时间内，车辆向一个方向运行时，经过某路段（站段）的乘车人数。

7.2.3　公交客流调查的种类

城市公共交通客流调查要根据一定的目的和需要来进行，通常来说，公共交通客流调查分为以下几类。

（1）季节调查

季节调查是指每季节进行一次公共交通客流调查，如果每季度均进行调查受到限制，则至少要在冬、夏两季固定的时间各进行一次调查。

（2）节期调查

节假日的客流调查可以分节前、节日期间的调查。节前调查是为了向安排节日期间的运行调度提供预测，节日期间调查是为了反映节日期间的实际客流情况，为今后的节日调度积累参考资料。

（3）日常调查

日常调查是城市公共交通运营、管理、调度部门的基本工作。现场调查资料必须符合定时定点的原则，以便于分析和汇总。

（4）随车调查

随车调查是指由专人乘坐在线路运营车辆上，逐站地记录两个方向的上、下车乘客人数。

（5）驻站调查

驻站调查是指派专人在站内记录上、下车乘客人数及通过驻站点的车内乘客人数。

（6）出访调查

出访调查是指派专人走访调查单位，了解该单位所属人员乘车情况和参与该单位主办各项活动的人数。在一定范围内对所有调查对象都进行调查，这虽然能全面反映客流动态，但是因受调查力量等条件限制，在实际应用中较少。在实际应用中，通常在抽样调查的基础上，按照数理统计方法进行数据处理，从而推测得到整体的公共交通客流资料。

（7）直接调查

城市客流随着国民经济的发展而增长，城市建设的发展会影响居民的出行次数和距离。因此，应定期从有关部门了解、收集国民经济和城市建设的资料，以便及时掌握客流的变化趋势。

（8）间接调查

间接调查就是进行出行调查、月票调查和单位调查。居民的出行活动是构成客流的基础，月票乘客是城市公共交通的一种基本乘客。广大企事业单位的上、下班时间和工作班次构成是影响客流的基本因素。直接调查的内容一般均按调查目的设计专用表格。间接调查还包括现场调查，其中有集会调查和线路现场调查。

① 集会调查。集会调查是对客流变化有较大影响的大型活动进行专门性的调查。因为大型活动能产生大客流的集散量，必须派专职人员参与集会观测，为现场调度提供动态信息。

② 线路现场调查。线路现场调查是在固定的线路和站点上对客流来源和去向进行调查，是公共交通调度部门的日常业务。

7.2.4　客流调查常用方法

客流调查方法包括问询调查法、观测调查法、填表调查法、凭证调查法和计票调查法等。

客流调查，一般都需要积累比较长期的资料来进行分析，选择哪种调查方法合适，需要在熟悉各种方法的基础上，结合调查目的和要求，客观、合理地分析来决定。选择调查方法时应注意以下两点：一是要尽可能以最少的劳动消耗和时间消耗，取得能够满足需要精度的资料；二是尽可能以最简便的方法，得到被调查者的配合，保证所需资料的及时性和可靠性。

问询调查法和观测调查法是公交企业经常采用的两种调查方法。

1. 问询调查法

问询调查法，按照调查地点的不同，有驻站问询法和随车问询法。

1）驻站问询法

驻站问询法是指派专人在调查站点内通过询问来调查乘客在线路上的起讫点及客流等其他情况的方法。驻站问询调查的记录表可以参考表7-1。这种方法适合于了解线路某个段或某几个站点客流资料的情况。

2）随车问询法

随车问询法是指派专人在车上，沿线询问调查乘客在线路上的起讫点及客流其他情况的方法，也称为跟车问询法。随车问询调查的记录表可以参考表7-2。若要了解全线路的客流去向情况，通常采用这种方法。

表 7-1 驻站问询调查记录表

路别： 行向： 驻站名称： 日期： 调查员：

时分车号 ＼ 到（或：下）站名		站	站	……	漏查人数	备注

表 7-2 随车问询调查记录表

路别： 车号： 行向： 日期： 调查员：

时间段	上车站名	下车站名	备注

3）问询调查数据的汇总

将驻站或随车问询调查得到的资料按分组时间汇总后，填入表 7-3 中。每组时间一张表，以站点对角线（从左上角至右下角方向）作为基准，将上行方向沿线各站的资料列入左下方的直角三角形表内，将下行方向各站的资料列入右上方直角三角形表内，这样，上、下行两个方向的两个三角形表就构成了一个方形的乘客方向数量汇总表，又称为乘客方向数量三角检验表。

表 7-3 问询调查的乘客方向数量汇总表

R←	$A_上$← / $A_下$→	10	60	60	40	210	630	280	1 290		5 730
140		①	10	20	20	10	80	320	70	530	530
450	5	5	②	40	20	10	60	160	60	350	870
540	15	10	5	③	20	10	40	80	50	200	1 010
	30	15	10	5	④	10	20	40	40	110	
530	55	20	20	10	5	⑤	10	20	30	60	1 060
505	100	25	40	20	5	10	⑥	10	20	30	1 080
435	175	30	80	30	5	10	20	⑦	10	10	900
265	265	35	160	40	5	10	10	5	⑧		280
2 865	645	140	315	105	20	30	30	5		$A_上$← / $A_下$→	R←

在三角检验表内格子中的每个数值为乘客方向数量，即客向量，其含义是：乘客从一站

上车运行到另一站下车的数量，计量单位为人次。客向量不仅能表示客流的数量，同时也反映出客流的流动地段，故又可称为流向量。客向量是重要的度量标准，从拟定线路到规划，组织线路运行、现场行车调度等，都需要有足够的客向量资料，才能使调度工作达到应有的效果。

（1）各站上车量的计算

在乘客方向数量三角检验表中，将客向量按纵向相加即可得到相应停靠站的乘客上车量。

（2）各站下车量的计算

在乘客方向数量三角检验表中，将客向量按横向相加即可得到相应停靠站的乘客下车量。

各站的乘客上车量和下车量应该相等，如果不等，就有可能是计算错误，也有可能是由调查误差引起的，需要进行数据修正。不管是上车量还是下车量，其数值均为旅客运量，或者说是乘客乘车的总次数。旅客运量是运营部门制订线路网规划及远景规划和编制运营计划的重要数据之一。

（3）旅客通过量的计算

根据通过量的定义，可以按照下式计算旅客的通过量。

$$R_n = R_{n-1} + A_{上n} - A_{下n} \tag{7-1}$$

式中：

R_n——本站段的旅客通过量；

R_{n-1}——前一站段的旅客通过量；

$A_{上n}$——相应停靠站的上车量；

$A_{下n}$——相应停靠站的下车量。

旅客通过量表示某站段的客流流动程度，在运营组织中有较大的实用意义，是设计行车组织方案，解决行车现场问题不可缺少的依据之一。

由上述介绍可知，问询调查法提供了基于分析线路客流的乘客分布情况，是调查线路运营实际情况很好的一种方法，它为确定线路的行车组织形式、车辆调度方法及车辆配置等汇集了乘客数量和方向的数值依据。

2. 观测调查法

观测调查法通常包括 3 种常用方法：高断面观测法、随车观测法和驻站观测法。下面将分别对这 3 种方法进行简单介绍。

1）高断面观测法

高断面观测法是指派专人在旅客流量比较多的路段，选取一个合适断面，观测通过该断面的车辆的车内人数，以得到该路段的乘客通过量等客流情况。高断面观测调查表可参考表 7-4。通过高断面观测，可以了解全日各段时间内的客流量变化程度，评价高低峰时间内行车组织的合理性，以作为配车或增减车辆的依据。运用高断面观测法时要注意以下几点。

① 断面的选择要根据日常的观测和工作要求确定恰当的断面地点。应以熟悉线路情况的人员来正确估计流量的密度。一般可以将高断面设在靠近停靠站点的地方。

② 调查日期可以根据客流规律来决定。因为一周里的平日与节假日不同，而平时又因企业交替公休，乘客的多少也不同，所以调查日期应确定得当，既要有代表性，又要保持准确性。

表7-4　高断面观测调查表

断面位置：　　　线路：　　　行向：　　　日期：　　　调查员：

车号	到达时间	车内人数	留站人数	备注

③ 资料的统计分析可以把原始记录以半小时作为组距，结算处通过班次、通过量、平均车容量等数据。高断面观测汇总表可参考表7-5。根据高峰和平峰的客流量，按照车型定员来检查载运人数的多少。如果高峰期乘客太过拥挤，并且有留站人数，就要采取有效的调度方法以增加运输班次；而在平峰时，如果乘客流量少，就要相应地减少班次。

表7-5　高断面观测汇总表

统计员：

时间	通过车次	通过量	留站人数	平均车容量	满载率	上次调查			比较	
						车次	通过量	满载率	客流情况	满载情况
7:00—7:30										
合计										

高断面观测法的特点是处理简单，资料整理速度快，可以比较准确地反映公共交通客流的变化情况，还可以利用调查资料及时修改行车时间表。虽然资料的正确性与实际情况略有出入，但是一般相差不大，完全可以作为运力和运量的平衡依据。

2）随车观测法

随车观测法是在线路上的运行车辆中派专人记录沿途各站上、下车乘客的数量，以及留站人数的方法。随车观测的调查车辆数量，可以采取每车调查的方法，也可以抽其中部分车辆进行调查。随车观测调查记录表可参考表7-6。

表7-6　随车观测调查记录表

路别：　　　行向：　　　发车时间：　　　车号：　　　日期：　　　调查员：

站名	到站时间	上车人数	下车人数	留站人数	备注
××站					
……					

对于随车观测法调查得到的资料，可按以下步骤进行汇总。

① 按分组时间段，将观测记录原始表格中的数据进行汇总后，填入表7-7中。

表7-7　汇总表一

路别：　　　行向：　　　分组时间：　　　车型：　　　车次：　　　平均车容量：

站名	上车人数	下车人数	旅客通过量
××站			
……			

② 按单向的各分组时间段，将各站上、下车乘客量分别填入表7-8相应的项目中。

表 7-8　汇总表二

时间分组	通过车次	×站		××站		……	合计	
		上车人数	下车人数	上车人数	下车人数	……	上车人数	下车人数
						……		
						……		

③ 按单向的各分组时间段，分别计算各站段的旅客通过量，填入表 7-9 中。

表 7-9　各站段旅客通过量

分组时间	车次	车容量	×站	××站	×××站	……	合计

3）驻站观测法

驻站观测法是在规定时间内，派专人分驻各个调查点记录上、下车人数，留车人数和留站人数的调查方法。按清点留车人数的观测方法的不同，驻站观测法一般又可以分为两种：一种是直接点录乘客实数，另一种是估计车厢内乘客的满载率程度。这两种方法在实际中都可以采用。驻站观测调查表可参照表 7-10。

表 7-10　驻站观测调查表

驻站站名：　　　线路：　　　行向：　　　日期：　　　调查员：

车号	到达时间	离站时车内人数	上车人数	下车人数	留站人数	备注
合计						

具体操作办法为：

① 直接清点车厢内的载客人数，在不易点清时按车厢内站立人数的均衡程度以每平方米站立人数来估计；

② 事先制定出车厢满载的标准，调查员按满载标准来估计车厢内的载客数。

经过观测后得到的调查资料，按行车方向分别汇总在表 7-11 中。

表 7-11　驻站观测数据汇总表

分组时间　　观测站	××站						……
	车次数	上车人数	下车人数	平均车容量	旅客通过量（站后）	满载率	……
							……
							……
							……

在一条公共交通运营线路上，选择哪一个停靠站作为观测点，是要根据平时掌握的资料和实际工作中的具体问题来决定的。假如研究一条大线路上是否需要增加一段较短的辅助线

路，就应该选择可作为终点站的停靠站为观测点，这个点既是沿线主要站点，又有流转量较大的特点。如要研究停靠站是否增加、撤销，是否开辟临时站，或者确定大车站、区间车是否需要每站必停，就可以根据观测的数据资料来分析决定。

7.2.5　常规公交客流调查资料的整理与统计

1. 客流调查原始资料的整理

这里的客流调查原始资料整理是指采用各种方法对公交客流调查得到的原始表格资料进行接收、检查、校订及编码等工作，并对这些原始数据和资料经过上机录入和处理后得到进一步数据的一系列过程。

（1）调查表格的接收

调查资料的整理工作是从调查实施现场中回收的第一份调查表格开始的。为了保证调查数据的准确性，需要认真对待资料的接收工作，如果发现问题，还可以及时纠正或改正正在实施的调查工作。

（2）调查表格的检查

调查表格的检查是指对调查表格的完整性和调查数据的质量进行的检查。这些检查常常是在调查实施还在进行的过程中就已经开始的，如果调查实施是委托某个数据机构去做的，那么资料使用者还需要在调查实施工作结束后，独立地检查工作。

（3）调查资料的校订

调查资料的校订主要包括检查不满意的答案和处理不满意的答案两个过程。

（4）数据的编码

数据的编码是指给每一个问题项目及其答案分配一个代号，通常是一个数字或字母。编码工作可以在调查实施前进行，也可以在数据收集结束以后进行，分别称为事前编码和事后编码。为便于后续的统计分析，需要准备一份"编码表（册）"或类似的编码清单。例如"（1）"表示"线路"这一调查问题项目。

（5）数据录入

数据录入是指将调查表格或编码表（册）中的每一个项目的对应代码或数量读到磁盘、磁带中或录入计算机中。通常采用键盘录入方式，但是应该注意到采用该种方式录入产生的误差。为了保证高度的准确性，有必要对数据录入的结果进行检查以发现是否有误差。全面的检查要求每一个个案都必须录入两次，采用一台计算机和两个录入员。两个人录入的数据要进行逐个个案的比较，如有不同，录入的错误就会被检查出来。但是，对整个数据集进行全面检查所需要花费的时间和费用都要加倍。因此，除非是需要特别高精度的情况下，才会采用这种全面核查的方式。根据时间和费用的限制，以及有经验的数据录入人员其准确度一般都相当高的事实，通常只抽查25%或者稍微多一点的数据集就足够了。如果只找出很少的错误，那么没必要变更数据文件；如果查出大量错误，就有必要进行全面的核查，或使用更准确的录入人员重新录入一份文件。

（6）数据净化

数据净化的重要性远远高于一般人的想象。如果数据不"干净"，则可能会发生两方面的严重问题。首先，很有可能无法适当地执行下一步的数据分析；其次，企业在没有意识到数据存在问题时，数据分析报告就已经完成并用于指导运营生产，而不正确的指导可能会为企业带来无法预估的损失。

数据净化主要是尽可能地处理错误的或不适合的数据，以及进行一致性检查。数据净化可以采用专门的软件来进行，而在调查数据数量较少时，也可以采用人工数据净化的方式。

2. 调查数据的统计预处理和分析

（1）统计预处理

调查数据的统计预处理一般包括缺失数据的处理、加权处理和原始数据或变量的转换这3个预处理工作。对于城市公交企业用于指导运营生产的客流调查来说，其数据的统计预处理一般仅进行"缺失数据的处理"就可以达到目的了。

在许多情况下，少量的数据缺失是可以容忍的，但如果缺失值的比例超过了10%，就可能出现严重的问题。如果对缺失值进行了处理，就应该有注明文字的描述，并递交统计预处理报告。处理缺失值主要有以下4种方法。

① 用一个样本统计量的值来代替缺失值。处理缺失值最经典的做法是使用变量的平均量，如当某站的"下车人数"缺失时，可以用该时间段内的平均下车人数代替该缺失值。

② 用从一个统计模型计算出来的值来代替缺失值。例如，利用回归模型、判断分析模型等来推断得出替代值。

③ 将有缺失值的个案保留，仅在相应的分析中作必要的排除。将缺失值删除的结果是减少了调查的样本量，当删除数量较多时，会导致严重偏差的结果产生。

④ 将有缺失值的个案整个删除。当样本量很大、缺失值很少、变量之间的关联度不高时，在实践中常常采用将有缺失的个案整个删除的做法，但应该注意在后期分析中不同的计算将可能产生不适当的结果。

（2）统计分析

这里的公共交通客流调查资料统计分析主要是指对经过上面步骤整理后得到的原始数据，进行统计、汇总处理、计算、绘图等一系列工作，为城市公交企业的运营生产提供基础的分析依据。以下主要是对随车观测法调查的客流数据进行统计分析的过程。

① 对原始数据的计算汇总。

② 绘制各时间段的客流时间（季度、月、周日、日间）分布图。

③ 绘制各时间段的客流空间（方向、站段）分布图。

④ 整理出编制行车作业计划的初算资料表。

7.2.6 常规公交客流变化规律

通过对常规公共交通客流调查数据的整理和分析，可以得到常规公交客流在空间和时间分布上的变化规律。

1. 公交客流在空间分布上的变化规律

由于公共交通客流的构成有多种因素，具体反映在路网上、方向上、断面上的动态规律都有所不同。

1）路网上客流

公共交通线路网上的客流动态规律是指城市全市性的平面上的客流动态规律，它反映城市公共交通线路网上客流量的多少及分布特点。一般城市的中心区客流量总是较密集，而边缘地区则相对稀疏。

线路网上的客流动态，一般是由中心区的集散点逐渐向外围延伸，客流的动态分布与城市的总体布局有很大关系，并受到道路格局的制约，反映在线路网上，根据路网形状一般有放射型、放射环型、棋盘型、不定型等。

线路网上客流量动态数值是用通过量来表示的，各个断面（路段）的通过量按照时间顺序排成数，即可显示出线路网上客流量动态数值及其变动特点。根据线路网上客流量动态变化的方向和数值及其波动幅度，可以为新辟线路、调整运营车辆的选型、定数等提供参考资料。

2）方向上客流

公共交通的每条线路都有上、下两个方向。可以规定：某一条线路两端的站点分别为 A 站和 B 站，若线路可以表示为"A 站—B 站"，则"车辆从 A 站至 B 站方向运行"称为上行方向，反之，"车辆从 B 站至 A 站方向运行"称为下行方向。

同一条线路两个方向的客流量在同一分组时间内一般是不完全相等的。有的线路两个方向的运量几乎相等，而有的线路则差异很大。由于方向上的客流动态只有两个数值，故其动态类型也就比较少，一般有以下两种。

（1）双向型

双向型是指线路上行、下行两个方向的运量值接近相等，很多市区线路是属于双向型的，这种线路在调度上比较容易处理。

（2）单向型

单向型线路上行、下行两个方向的运量数值差异很大，特别是通过郊区或通往工厂区的线路，很多是属于单向型的，这种线路在调度上较为复杂，车辆的利用率较双向型低。

研究公共交通在方向上客流动态，可以确定相应的调度措施，为合理组织车辆配置提供可靠的参考依据。

3）断面上客流

公共交通在同一时间段内线路上各站点的上、下车人数一般也是不完全相等的。若把同一时间段内一条线路各断面通过量的数值，按照上行和下行各个断面的前后次序排成一个数列，则可以从这个数列中能显示出该线路在这个时间段内各断面上的客流动态，这就是公共交通客流在断面上的分布特点和演变趋势。把整条线路归纳起来，公共交通客流大致有以下几种主要断面动态类型。

（1）凸型

凸型是指线路各断面的通过量以中间几个断面的通过量为最高，这些断面上的客流量呈突出的形状。图 7-1 是断面客流的凸型典型分布情况。

（2）平型

平型是指线路各断面的通过量很接近，客流强度近乎一个水平。有的线路在接近起、终点站前一两个站，断面通过量较低或较高，但是其他断面的通过量很接近，也属于此种类型。图 7-2 是断面客流的平型典型分布情况。

（3）斜型

斜型是指线路上每个断面上的通过量，由小到大逐渐递增或由大到小逐渐递减，在断面上呈现梯形分布。图 7-3 是断面客流的斜型典型分布情况。

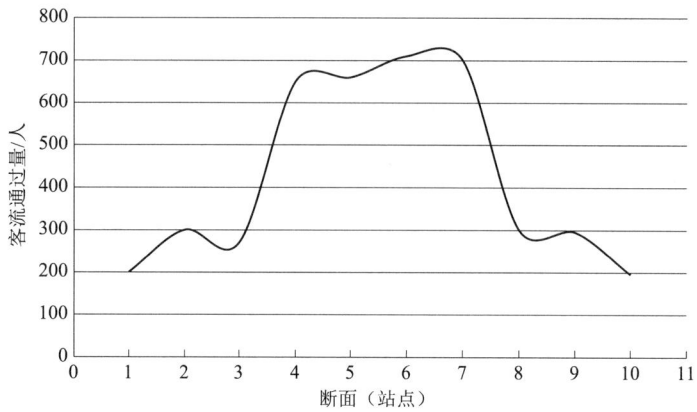

图 7-1 断面客流的凸型典型分布情况

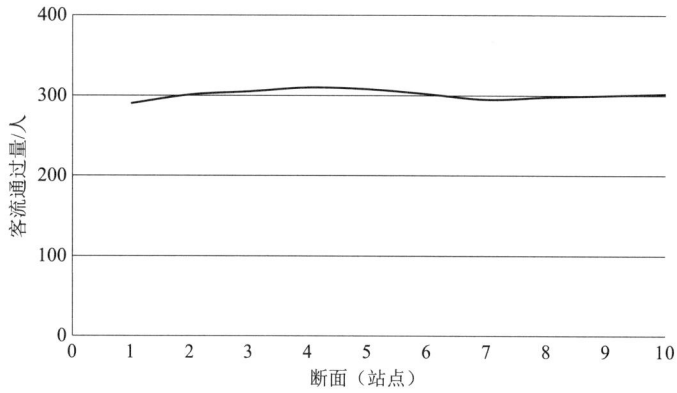

图 7-2 断面客流的平型典型分布情况

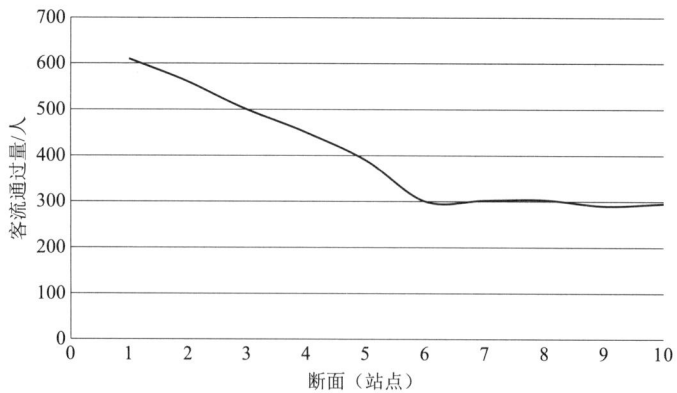

图 7-3 断面客流的斜型典型分布情况

（4）凹型

凹型是指线路中间几个断面的通过量低于两端断面的通过量，全线路断面的通过量分布呈现凹型状态。图 7-4 是断面客流的凹型典型分布情况。

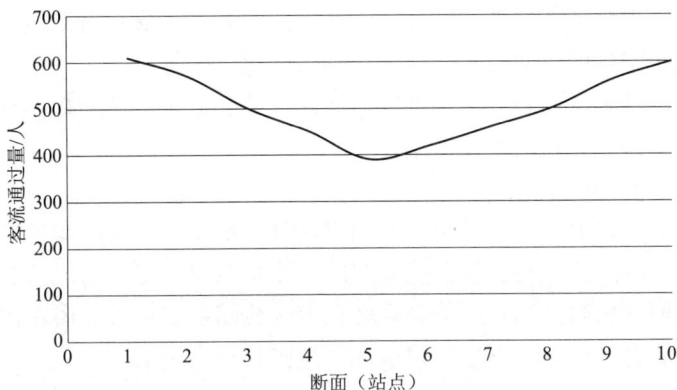

图 7-4　断面客流的凹型典型分布情况

（5）不规则型

不规则型是指线路上各断面的客流通过量高低不一，不能明显表示某种类型的形状。

通过以上公共交通的断面客流动态分析，可以为经济合理地编制行车作业计划及选择调度措施提供重要的依据。

2. 公交客流在时间上的变化规律

实际情况表明，公共交通客流不是固定不变的，而是一刻不停地变动着的，但是这种变化有一定的特性，如果能认识和掌握这种变化的特性，就能使生产调度工作更好地适应客流变化的状况。客流变动的特性，概括地可以称为"多变有规律，集中不平衡"。

各条线路的客流不论在时间上、方向上或地段上都是不停地变化着的，不变的情况几乎是没有的。如一周内每天的客流各不相同，特别是休息日（周六、周日）前后一天的客流可能会形成显著高峰；在一昼夜内，每小时的客流在方向上或地段上也不相同，有高也有低，尤其是在上、下班前后客流更为集中。不仅如此，公共交通客流变化的程度和范围也各不相同，有的越变越高，而有的越变越低，有的变化幅度很大，而有的变化幅度却很小。这种公共交通客流的变化情况多种多样，体现了客流的多变性程度。

常规公共交通客流虽然是多变的，但是其变化在一定程度上、在一定幅度内是有其规律性的。事实证明，客流在时间上总是有一定重复演变的规律呈现。客流在一定幅度内呈现的周期循环演变，就形成了一定的规律性，认识这些公共交通客流变化的规律性是城市公共交通运营调度工作的一项重要内容。

1）客流在季节上的变化

一年中每月的公共交通客流量互有差异、很不均衡。公共交通客流是由乘客乘公交车辆流动所形成的，乘客流动也是由各方面因素所决定。各方面因素的牵涉面既广泛又复杂。因此，客流形成的众多因素（或条件），不论是社会因素还是自然、经济因素，都有着密切的联系，如天气情况、集会游行、施工作业等都会直接影响公共交通客流的变化。客流与各方面普遍联系的特性称为客流的普遍联系性。

客流的普遍联系性，虽然范围很广，内容很多，其中关系比较密切的有乘客的个人经济（就业）情况、自然气候、其他交通工具和服务质量等。例如，冬季公共交通客流量较高，夏季则较低；年终人们出行活动增加，城市市区、郊区的公共交通客流量都有较大幅度上升；夏季学校放假，农村处于农忙，导致市区、郊区客流量下降；沿海地区在春节前后的打工潮，致使运输枢纽附近的公共交通线路客流剧烈变化，等等。

因此，做好季节性客流动态分析，可以为制订季节客运生产计划提供主要资料，这些资料也是编制各月行车作业计划的主要依据之一。

2）客流在周日间的变化

在一个星期的七天之中，由于受到生产和双休日的影响，每天的客流量是不相等的。如果工厂轮休日没有大幅度的变动，就会使每周的客流量有重复出现的规律。其特点是工作性客流在星期一至星期五之内达到一周的最高峰；市区线路在双休日，由于休假单位多而且集中，所以工作性客流量大幅减少而生活娱乐性客流则有很大增加。

3）客流在昼夜间的变化

在一昼夜内，各个单位时间段的客流动态是不相同的。公共交通的基本客流是工作性客流，在市区内这种现象在工作日是非常明显的，一般在早晚上、下班时间内会出现两个客运高峰。在工业区运营的线路上，因受到三班工作制的影响，还会另外形成中午和夜间两个客运小高峰；在郊区，在时间上客流量上午起伏度较小，但是，郊区的客流量受季节、气候变化的影响较大，一般夏季中午客流量较低，早晚较高，而冬季早晚较低，白天较高。

根据客流量在一昼夜不同时间内的分布，其动态演变可以划分为以下4种基本类型。

（1）双峰型

这种类型是指公共交通客流在一昼夜中有两个显著高峰，是一种典型的变化，在大城市和工业性城市有一定的代表性。一般一个高峰发生在上午上班时间，称为早高峰；而另一个高峰则出现在下午下班时间，称为晚高峰。图7-5是在时间上公共交通客流双峰型的典型分布情况。

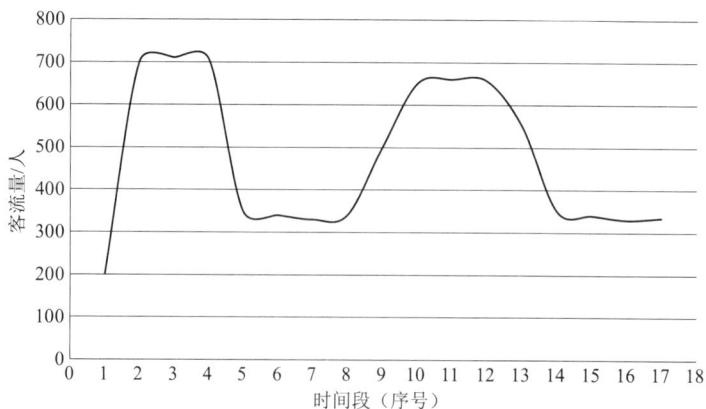

图7-5 双峰型客流典型分布

（2）三峰型

这种类型比双峰型多出一个高峰，如果这个高峰出现在中午时间，则称为午高峰，而出现在夜晚，则称为小夜高峰。在一般情况下，这个高峰的峰值比早、晚高峰要小。这种类型常见于城市内的公共交通线路。图7-6是在时间上公共交通客流三峰型的典型分布情况。

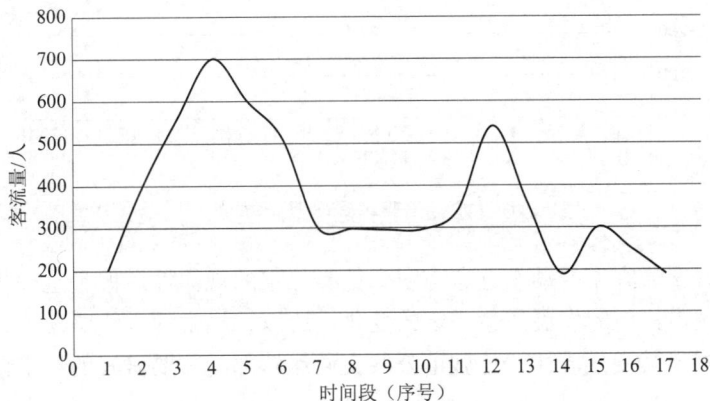

图7-6　三峰型客流典型分布

（3）四峰型

这种类型比双峰型多出两个高峰，这两个高峰一般出现在中午和晚上，而它们的峰值总比早、晚高峰小。这种类型多出现在工业区行驶的线路上，其主要乘客是三班制工作人员，高峰时间较短，但是调度工作必须足够重视。图7-7是在时间上公共交通客流四峰型的典型分布情况。

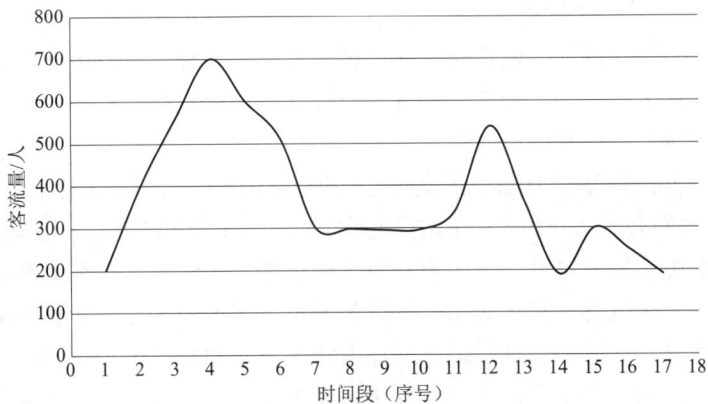

图7-7　四峰型客流典型分布

（4）平峰型

这种类型的公共交通客流动态在时间分布图上没有明显的高峰，客流量在一个昼夜分组时间内虽然有变化，但是升降幅度不大，一般出现在郊区农村行驶的线路上。图7-8是在时间上公共交通客流平峰型的典型分布情况。

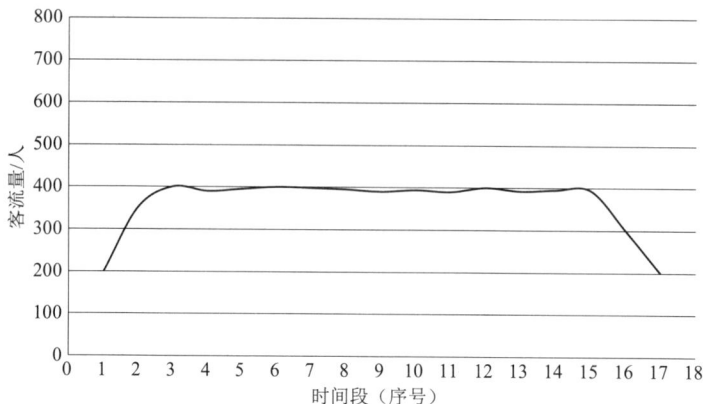

图 7-8 平峰型客流典型分布

城市常规公共交通客流的动态分布与演变都有一定的规律性。但是这种规律性会随着城市布局的改变和城市经济的发展产生一定的变化。所以，经常深入线路现场，加强公共交通客流动态调查，找出其变化规律，是城市公共交通运营部门需要做好的经常性工作之一。

7.3 城市轨道交通客流调查

城市轨道交通客流是规划城市轨道交通线网及线路走向、选择轨道交通制式及车辆类型、安排轨道交通项目建设顺序、设计车站规模和确定车站设备容量、进行项目经济评价的重要依据，同时也是安排城市轨道交通运力、编制列车开行计划、组织日常行车和分析运营效果的数据基础。

7.3.1 城市轨道交通客流分类

根据客流的时间分布特征，城市轨道交通客流可分为 3 种：全日客流、全日分时客流和高峰小时客流。全日客流是指全天的客流量；全日分时客流是指全日各小时的客流量；高峰小时客流是指高峰时段每小时的客流量。

根据客流的空间分布特征，城市轨道交通客流可分为两种：断面客流与车站客流。断面客流是指通过轨道交通线路各区间的客流；车站客流是指在轨道交通车站上、下车和换乘的客流。

根据客流的来源，城市轨道交通客流分为 3 种：基本客流、转移客流和诱增客流。基本客流是指城市轨道交通线路既有客流加上按正常增长率增加的客流；转移客流是指由于轨道交通具有快速、准时、舒适等优点，是原来经由常规公交和自行车出行转移到经由轨道交通出行的这部分客流；诱增客流是指轨道交通线路投入运营后，促进沿线土地开发、住宅区形成规模、商业活动繁荣所诱发的新增客流。

7.3.2 城市轨道交通客流规模影响因素

城市轨道交通客流规模的影响因素主要有：线路沿线的土地利用、城市经济水平、城市中心区潜在的发展前景、与其他运输方式的衔接及城市的相关管理等。下面将分别对其进行介绍。

1. 沿线的土地利用

为保证城市轨道交通客流量的稳定性，国内外成功的经验就是采用 TOD（交通引导城市发展战略）模式带动轨道交通沿线土地的开发，支持居住和商用，以获得就业和小区人口客流量。城市各种经济活动在城市空间上所表现的土地利用是产生交通流的根本。城市轨道交通建设的另外一种方式被称为"客流追随型"发展，即在城市商业区或 CBD（中央商务区）等原本就已经拥有充足客流量的区域修建城市轨道交通线路。相对于"客流追随型"模式，TOD 土地利用模式线路覆盖范围内的人口就业强度强，但其有效覆盖范围的面积比"客流追随型"小，所以土地利用是决定客流规模的基础。

2. 城市经济水平

它一方面能够支持轨道交通建设的费用，另一方面影响客流规模。研究显示，只有当城市居民月均收入平均不低于 1 800 美元时，轨道交通的客流规模才能够得到保证。

3. 城市中心区潜在的发展前景

这决定了城市交通需求结构，尤其是长距离出行的需求。一般来说，城市居民出行距离与城市的当量半径比较接近，因此城市地域面积也在很大程度上决定着城市轨道交通的出行量。

4. 与其他运输方式的衔接

一般城市很难做到像香港一样将大约 50% 的居民和 55% 的职业岗位集中在离城市轨道交通车站 10 min 的步行距离之内。轨道交通的特点决定了其网络覆盖区域的有限性。如果没有其他交通方式进行接驳，轨道交通的吸引半径就只能限制在步行可达的区域，大约离车站 800 m 范围内，这样就会丧失相当多的潜在客源。

5. 城市的相关管理

城市相关政策的出台及管理方式会影响到城市轨道交通的客流规模。例如，政府大力倡导公交优先、保护环境及强化彼此区域间的联系，势必会扩大轨道交通客流规模。另外，速度、可达性、设施水平、交流和礼貌，以及舒适的乘车环境也是影响客流规模的要素。应在分析城市轨道交通客流规模的基础上确定轨道交通建设的力度。

7.3.3 城市轨道交通客流调查指标

城市轨道交通客流是动态变化的，对城市轨道交通运营客流调查数据进行统计分析，可以了解客流在时间、空间上的动态变化规律；同时对既有线路的运营客流特征进行分析，也能为后续实施线路或其他城市的规划路网提供参考依据，从而为其线网规模的控制、基建工程和设备的采用、布置，以及运输组织等诸多方面提供必要的参考资料。

在城市轨道交通运营过程中，为了掌握客流现状和其变化规律，还必须经常进行各种形式的城市轨道交通客流调查，因此客流调查是轨道交通日常运营活动的重要组成部分。

城市轨道交通客流调查涉及客流调查内容、地点和时间的确定，调查表格的设计，调查设备的选用和调查方式的选择，以及调查资料汇总在整理、指标计算和结果分析等多方面的问题。开展轨道交通乘客 OD 抽样调查、换乘量调查等，并通过对调查数据的整理、统计和分析，进行轨道交通以下主要指标的客流分析：

① 全部线路、分线、分站的乘客分票种、分时段进站量、出站量；

② 各车站间乘客 OD 量；

③ 各线路的分时段、分区段断面流量；

④ 各线路分时段、分区段列车高峰满载率、平均满载率；

⑤ 不同线路的本线进站量、本线进站换入其他线路的换乘量，以及其他线路换入本线的换乘量；

⑥ 不同线路、不同车站进站乘客的换乘量、换乘次数及换乘比例；

⑦ 各换乘站的分时、分方向换乘量、换乘比例；乘客平均换乘距离、平均乘车时间、平均乘车站数；各线路乘客平均走行距离。

7.3.4　城市轨道交通客流特性

城市地铁客流是由车站周边的各种出行方式集合形成的，也就是由步行、自行车、公交车、小汽车、出租车等各种交通方式接驳而产生的客流。不同的地铁车站空间位置、功能和周边土地利用特点影响着各种出行方式的客流量比例。因此，各地铁车站应充分满足乘客的接驳方便性、快捷性和安全性。

地铁客流特点是客流整体表现出来的特性，而乘客行为特点更多的是从个体角度研究乘客的出行心理和出行习惯。地铁站的客流构成与特点是客流组织与地铁运营的重点和难点，具有以下特点。

1. 高度集中性

换乘站除了具有普通车站的进、出站客流外，还汇集了相交线路甚至全网多座车站之间的交换客流，由此造成轨道交通换乘站的客流集中，其数值往往是普通车站客流量的数倍之多。

2. 多方向和多路径性

由于进、出站客流具有不同的出行目的、出行方向，适宜的换乘设施设备布局有利于吸引和疏散客流，同时合理的信息引导能够使客流更加有序，因此轨道交通客流表现出明显的多方向性和多路径性。

3. 主导性

在轨道交通换乘站的客流构成中，通常换乘客流占主导（据 2014 年相关研究，北京轨道交通的 37 座换乘站中，换乘客流量占车站乘降量的 63.1%），而在某一时段的多种换乘方向中，同样存在主导换乘方向。因此，在车站设计和管理中应突出对主导客流的关注。

4. 方向不均衡性

同一时段、不同地铁站的客流量会存在较大差异。例如，外围线路与城区线路相接的换乘站，早高峰以进城方向为主，两方向比例可高达几倍；在晚高峰则相反。这种方向的不均衡性会影响设施的利用率，因此，当采用通道换乘时，双向组织较单向组织更有利于均衡通道利用；相应地，岛式站台与侧式站台相比，其对客流的调节能力更强。

5. 时间不均衡性

高峰小时客流需求是影响换乘站的系统规模、设施设备能力等关键参数选取的主要依据，因此对高峰小时系数的把握十分重要。不同区域、不同功能类型的车站高峰系数不同，一般外围区高于中心区，通勤服务类型高于生活服务类型。

6. 短时冲击性

轨道交通客流的到达并非连续均衡的，而是随列车的到达呈现脉冲式的分布规律，也就是在短时间内对换乘设施会产生冲击作用。这种冲击作用形成对轨道交通换乘能力的最大考验。由于短时冲击的存在，使得一批客流到达时，易在设施前形成拥堵和客流排队，当拥堵人数较多时，将会带来较大的安全隐患。

7.3.5　城市轨道交通客流调查种类

城市轨道交通客流调查种类繁多，为了达到不同的调查效果，客流调查需要采取不同的种类，各类客流调查的具体介绍如下。

1. 全面客流调查

全面客流调查是对轨道交通全线客流的综合调查，通常也包含了乘客情况的抽样调查。这种类型的客流调查持续时间长、工作量大，需要配备较多的调查人员。通过全面客流调查及对调查资料进行整理、统计和分析，能对客流现状及其变化规律有一个全面清晰的了解。

全面客流调查有随车调查和站点调查两种调查方式，随车调查是在列车车门处对运营时间内所有上、下车乘客进行现实调查；站点调查是在车站检票口对运营时间内所有进、出站乘客进行现实调查。在上述两种调查方式中，轨道交通全面客流调查基本上都是采用站点调查方式。

全面客流调查一般应连续进行两三天，在运营时间内，调查全线该站所有乘客的下车地点和票种情况，并将调查资料以 5 min 或 15 min 为间隔分组记录下来。

2. 乘客情况抽样调查

抽样调查是用样本来近似地代替总体的一种调查方式，这样做有利于减少客流调查的人力、物力和时间。乘客情况抽样调查通常采用问卷方式进行，调查内容主要包括乘客构成情况和乘客乘车情况两方面。

乘客构成情况调查一般在车站进行。调查内容包括年龄、性别、职业、家庭住址和出行目的等。该项调查的时间可选择在客流比较正常的运营时间段。

乘客乘车情况调查的安排视调查对象及调查内容的不同而不同。调查内容除年龄、性别及职业外，还可包括家庭住址和家庭收入、日均乘车次数、上车站和下车站、到达车站的方式和所需时间、下车后到达目的地的方式和所需时间、乘坐轨道交通列车后节省的出行时间及对现行票价的认同度等。

进行轨道交通乘客情况抽样调查，必须首先确定抽样方法和抽样数，以确保抽样调查的结果具有实用意义。抽样方法主要有简单随机抽样、分层抽样、整群抽样和多阶段抽样等。抽样数的大小取决于总体的大小、总体的异质性程度及调查的精度要求。

3. 断面客流调查

断面客流调查是一种经常性的客流抽样调查。根据需要，可选择一个或几个断面进行调查，一般是对最大客流断面进行调查，调查人员用直接观察法调查车辆内的乘客人数。

4. 车站客流量

它包括全日、高峰小时和超高峰期在轨道交通车站上下车和换乘的客流量，以及经由不同出入口、收费区的进出站客流量和方向的换乘客流量。超高峰期是指在高峰小时内存在一个 15 ～ 20 min 的上、下车客流特别集中的时间段。

车站高峰小时客流量和超高峰期客流量决定了车站设计规模，是确定站台、售检票设备、自动扶梯、楼梯、通道、出入口等车站设备容量或能力的基本依据，如站台宽度、售检票机数量、楼梯与楼道宽度等。

5. 节假日客流调查

节假日客流调查是一种专题性的客流调查，重点对春节、元旦、国庆节、双休日和若干民间节日期间的客流进行调查。调查的内容包括机关、学校、企业等单位的休假安排，城市旅游业、娱乐业的发展程度，市民生活方式的变化等。该项调查一般是通过问卷方式进行。

6. 突发客流调查

突发客流调查是指针对大型集散场所和大型事件活动产生的短时较大客流的地点，如对影剧院、体育场馆等进行的轨道交通客流调查。该项调查主要涉及影剧院、体育场馆的规模与附近轨道交通车站的客流影响程度和持续时间之间的相关关系。

7.3.6 客流调查统计指标

客流调查结束后，对客流调查资料应认真汇总整理，列成表格或绘成图表，计算各项指标，并将它们与设计（预测）数据或历史调查数据进行比较，分析数据增减的比例及原因。城市轨道家庭全面客流调查后应计算的主要指标如下。

① 乘客人数：分时与全日各站上、下车人数，分时与全日各站换乘人数，各站全线高峰小时乘客人数，各站与全线全日乘客人数，高峰小时乘客人数占全日乘客人数的比例。

② 断面客流量：分时与全日各断面客流量，分时与全日最大断面客流量，高峰小时最大断面客流量。

断面客流量指在单位时间内，通过轨道交通线路某一地点的客流量。这里单位时间通常是一小时或全日。显然，通过某一断面的客流量就是通过该断面所在区间的客流量。断面客流量分为上行断面客流和下行断面客流量，计算公式如下：

$$P_{i+1} = P_i - P_下 + P_上 \tag{7-2}$$

式中：

P_{i+1}——第 i+1 个断面的客流量，人；

P_i——第 i 个断面的客流量，人；

$P_下$——在车站下车的人数，人；

$P_上$——在车站上车的人数，人。

最大断面客流量是指在单位时间内，通过轨道交通线路各个断面的客流量一般是不相等的，其中的峰值称为最大断面客流量。轨道交通线路上、下行方向的最大断面客流量一般不在同一个断面上。

高峰小时最大断面客流量是指在以小时为时间单位计算断面客流量的情况下，全日分时最大断面客流量一般是不相等的，其中的峰值称为高峰小时最大断面客流量。轨道交通的高峰小时一般出现在早晨和傍晚，称为早高峰小时（morning peak）和晚高峰小时（evening peak）。高峰小时最大断面客流量是决策是否需要修建轨道交通、修建何种类型轨道交通，确定车辆形式、列车编组、行车密度、运用车配置数和站台长度等的基本数据。

③ 乘坐站数：本线乘客乘坐不同站数的人数及所占百分比，跨线乘客乘坐不同站数的人数及所占百分比。

④ 平均乘距：平均乘车距离。

⑤ 乘客构成：全线持不同票种乘客人数及所占百分比，车站按年龄、家庭住址和出行目的等统计的乘客人数及所占百分比，车站 3 次吸引乘客人数及所占百分比，从不同距离、以 3 种方式到达车站的乘客人数及所占百分比，需不同时间、以 3 种方式到达车站的乘客人数及所占百分比。

⑥ 车辆运用：轨道交通客车公里、客位公里、乘客密度、客车满载率和断面满载率。

⑦ 服务指标：列车运行图兑现率，列车运行正点率，乘客投诉率，车站、列车清洁合格率，乘客满意率。

7.3.7 城市轨道交通客流调查方法与数据处理

城市轨道交通客流调查应结合客流分析内容进行调查方案的设计，确定必要的调查内容。根据调查对象的特征、数据的可获得程度和数据采集的必要性，选用科学的调查方法，确定合理的调查实施时间，最大限度地保证数据的有效性和成果的准确性。

统计学中的抽样种类较多，其中交通调查中常用的有简单随机抽样、分层抽样和系统抽样等，不同的抽样方法有各自的特点（以上各方法都为概率抽样），如表 7-12 所示。合理的抽样方法应该是在保证调查数据精度的前提下，尽可能节省人力、物力和财力。在进行城市轨道交通客流调查时，应根据地铁乘客被选择的随机性和数据处理的思路，选取合理的调查方法。

表 7-12 不同抽样方法的特点

抽样方法	特 点
简单随机抽样	简单直观，对目标量的估计及计算抽样误差较为方便
分层抽样	保证了样本中各种特征的抽样单元，可以有效地提高估计精度
整群抽样	简化工作量，节省费用，但精度较差
系统抽样	操作简单方便，但对估计量的方差估计较困难
多阶段抽样	样本相对集中，节约了调查费用

抽样调查方案设计的基础是抽样率的确定，针对地铁 OD 调查的成果要求，抽样率设计应遵循一定的原则并达到预期的精度目标。

城市轨道交通客流分析首先要对调查数据进行处理。以地铁 OD 调查为例，数据处理的主要工作有以下 5 个方面。

（1）生成抽样出行 OD 矩阵

根据实地调查得到的地铁 OD 调查数据、地铁列车实际开行运行图及被调查乘客在地铁网络中的上车时间，推算出其在换乘站上车时间及最终下车时间，从而整理生成样本出行 OD 矩阵。

（2）扩样生成总体出行 OD 矩阵

根据各车站各时段（一小时间隔）的实际抽样率、各车站实际出站量、换乘车站换乘量等，将样本出行 OD 矩阵扩样为总体 OD 矩阵。

（3）计算整理输出

根据轨道交通总体 OD 矩阵，计算出分时段、全天各线乘降量、断面流量、换乘量、平均运距等指标。

（4）推算样本在换乘站的上车时间和终点站的到站时间

结合列车运行时刻表，对初始 OD 调查问卷进行处理，根据被调查乘客的始发站及进站时间，通过列车运行时刻表和换乘通道步行时间，推算出该乘客在换乘车站的上车时间和到达终点站的时间，从而分析出每位乘客的地铁网络出行链，得到扩展后的数据表（分线路、分方向存储）。

（5）统计生成样本出行 OD 矩阵并扩样到总体

将所有调查样本的出行链进行汇总分析，得出各车站间的全票种、分票种全天、分时段样本出行 OD 矩阵。

7.3.8　轨道交通出行意愿调查分析

城市居民出行调查作为城市交通规划建设和运营管理的一项基础性工作，有助于城市交通运营和管理部门了解目前轨道交通的使用状况，并掌握出行者的意愿，及时对轨道交通运营情况进行调整。居民出行意愿和城市轨道交通之间的关系主要概括为以下几点。

1. 个人信息对轨道交通出行方式选择分析

（1）年龄和职业对轨道交通出行方式的选择

利用轨道交通出行的人群年龄主要集中在 15～40 岁，他们主要是因通勤、商务和通学而选择轨道交通，其他年龄段的轨道交通出行比例较低。平时和节假日区别不大。

在职业方面，平日公务员、企事业单位人员和一般职员、工人的出行比例相对较高，而假日中一般职员、工人和学生的出行比例相对较高，轨道交通出行成为娱乐、休闲的主要交通工具。自由职业者无论平日还是假日，利用轨道交通出行的比例相对较小。

（2）收入分布与有无私家车对轨道交通出行方式的选择

以 2013 年为例，轨道交通的使用者主要集中在年收入 7 万元以下的人群。平日与假日轨道交通使用者的收入差别较大。平日年收入在 3.1 万～5 万元的人群使用轨道交通最多，假日低收入人群使用的轨道交通的比例较高。这可能是由于平日与假日出行目的不同。也就是说，90% 的轨道交通出行者是低收入人群。使用轨道交通的人群，无私家车的比例达到 80% 以上。

（3）出行目的对出行方式的选择

平日利用轨道交通的出行，上班目的明显偏多，假日中购物和娱乐休闲目的相对较高，其他出行目的的平日与假日所占的比例较小。

2. 个人信息与出行方式的关系

（1）年收入与出行方式的关系

随着收入的增加，使用小汽车的受访者逐渐增加，使用常规公交的受访者逐渐减少，使用小汽车的人数也是随着收入的增加而增加，对于使用地铁的受访者，年收入在 5 万～7 万元比例最大，即在这个收入区间的受访者倾向于使用地铁。

（2）职业与出行方式的关系

职业对于出行方式的影响没有明显的规律。公务员、事业单位人员使用地铁的概率较高；而企业管理人员开车出行的概率比较高，一般职员、工人和学生还有其他不确定归类人员，坐公交出行比例则很大。

（3）年龄与出行方式的关系

21～30 岁的人乘坐轨道交通的比例最高，而 41～50 岁的人开车出行的比例较大；可以看出年龄对公交出行的影响不大，公交出行在所有出行方式中都占较大的比例。

（4）出行目的与出行方式的关系

上学的人使用公交的比例很大，这和学生没有经济能力相符；而通勤和探亲访友的人利用地铁出行的比例比较大，上学的人乘坐小汽车出行的比例较小。

7.3.9 城市轨道交通客流特征分析

城市轨道交通的客流是动态流，它的分布与变化因时因地而不同，但这种不同归根结底是城市社会经济活动、生活方式及轨道交通本身特征的反映，因此，城市轨道交通客流的分布与变化是有规律的。

对客流的分布特征与动态变化进行实时跟踪和系统分析，掌握客流现状与变化规律，有助于经济合理地进行线网规划、运力安排与设备配置，对搞好日常行车组织与运营管理工作具有重要的意义。在轨道交通的运营实践中，客流分析的对象既可以是预测客流，也可以是实际客流，客流分析的重点是客流在实践与空间上的分布特征、动态变化规律，以及它们与行车组织、能力配备的关系。

1. 客流的时间分布特征分析

（1）一日内的小时客流分布

城市轨道交通小时客流分布可以归纳为单向峰型、双向峰型、全峰型、突峰型、无峰型 5 种。各峰型示意图如图 7-9（a）～图 7-9（e）所示，其中，横轴为时间轴，纵轴代表客流变化情况。

① 单向峰型：当轨道交通线路所处的交通走廊具有明显的潮汐特征时，或者当车站周边地区用地功能性质单一时，车站客流分布集中，有早、晚错开的一个上车高峰和一个下车高峰。

② 双向峰型：当车站位于综合功能用地区位时，客流分布与其他交通方式的客流分布一致，有两个配对的早、晚上、下车高峰。

③ 全峰型：当轨道交通线路位于用地已高度开发的交通走廊，或者当车站位于公共建筑和公用设施高度集中的地区时，客流分布无明显的低谷，双向上、下车客流全天都很大。

④ 突峰型：当车站位于体育场、影剧院等大型公用设施附近，演出或体育比赛结束时有一个持续时间较短的突变的上车高峰。一段时间后，其他部分车站可能有一个突变的下车高峰。

⑤ 无峰型：当轨道交通本身的运能比较小或车站位于用地还没有完全开发的地区时，客流无明显的上、下车高峰，双向上下车客流全天都较小。通常用线路单向分时客流不均衡系数 α_1 来描述其全日客流分布状况。

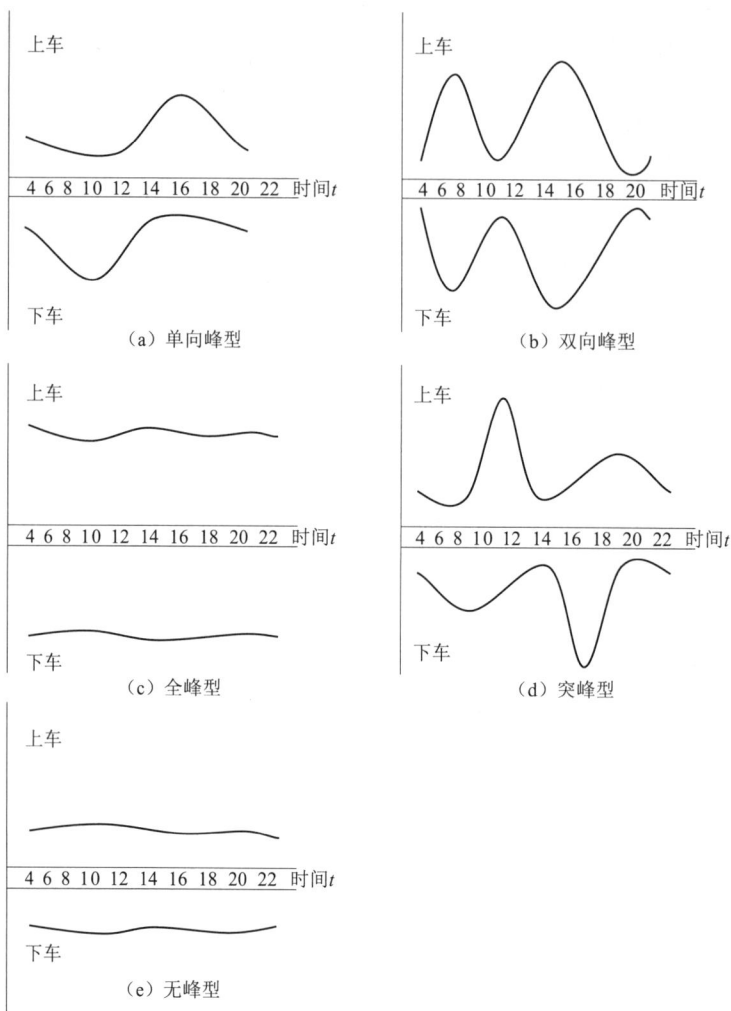

图 7-9　各峰型示意图

$$\alpha_1 = \frac{\sum_{t=1}^{H} p_t / H}{p_{\max}} \tag{7-3}$$

式中:

　　p_t——单向分时最大断面客流量;

　　H——全日营业小时数;

　　$p_{\max}$——单向最大断面客流量。

　　显然,α_1 越趋向于 0,则单向分时最大断面客流不均衡程度越大。在 α_1 较小,即在单向分时最大断面客流不均衡程度较大的情况下,为实现运输组织合理性和运营经济性,可考虑采用小编组、高密度行车组织。

　　(2) 一周内的全日客流分布规律

　　城市轨道交通线路主要是以通勤、通学客流为主,双休日客流有所减少,而连接商业网点、旅游景点的轨道交通线路双休日客流增加。另外，星期一与节假日后的早高峰小时客流、星期五与节假日的晚高峰小时客流，都会比其他工作日早、晚高峰小时客流大。

根据全日轨道交通客流在一周内分布的不均衡和有规律的变化，轨道交通常在一周内实行不同的全日行车计划和列车运行图，以适应不同的客运需求和提高运营经济性。

（3）季节性或短期性客流的不均衡

城市轨道交通客流季节性变化明显。由于梅雨季节和学生复习迎考等原因，6月份客流通常是全年的低谷。旅游旺季，城市中流动人口会使轨道交通线路的客流增加。短期性客流激增通常发生在举办大活动或遇到天气骤然变化的时候。对季节性的客流变化，可采用实行分号列车运行图的措施来缓和运输能力紧张状况。当客流在短期内增长幅度较大时，运营部门应针对某些作业组织环节、某些设备的运用方案采取应急调整措施，以适应客运需求。

（4）车站高峰小时客流分布特征

车站高峰小时客流是确定车站设备容量或能力的基本依据。进行车站高峰小时客流分析，首先应确定进、出站高峰小时的出现时间，其次才是分析客流量的大小。此外，还应分析客流的发展趋势。随着轨道交通新线投入运营，既有轨道交通线路延伸，高峰小时进、出站客流会发生较大的变化。而车站吸引区内在住宅、商业和文化娱乐等方面的发展也会使高峰小时进、出站客流发生较大的变化。研究表明，轨道交通车站高峰小时客流具有以下特征。

① 车站客流的进、出站高峰小时的出现时间与断面客流的高峰小时出现时间通常不相同。

② 各个车站客流的进、出站高峰小时出现时间通常不相同。

③ 同一车站客流的进、出站高峰小时出现时间通常不相同。

④ 同一车站工作日客流与双休日客流的进、出站高峰小时出现时间通常不相同。

⑤ 工作日高峰小时进、出站客流通常大于双休日高峰小时进、出站客流。

（5）车站超高峰期客流分布特征

为了避免因超高峰期内特别集中的客流而影响乘客不能顺畅地进出车站，甚至影响列车的正常运行秩序，在确定车站设备容量或能力时，有必要适当考虑车站客流在高峰小时内分布的不均衡性。

车站超高峰期的客流强度可用超高峰系数来反映，它是单位时间内的超高峰期平均客流量与高峰小时平均客流量的比值。超高峰系数一般可取值为 1.1～1.4。对于终点站、换乘站和客流较大的中间站通常取高限值，而其余车站则可取低限值。

2. 客流的空间分布特征分析

（1）各条线路的客流分布特征

轨道交通沿线土地利用状况的不同是各条线路客流不均衡的决定因素，而轨道交通线网与接运交通的现状也是各条线路客流不均衡的影响因素。各条线路客流的不均衡包括现有客流分布的不均衡和客流增长的不均衡两个方面，它们构成了整个轨道交通线网客流分布的不均衡。

（2）上、下行方向的客流分布特征

由于客流的流向，轨道交通线路上、下行方向的客流通常是不相等的。在放射状轨道交通线路上，早、晚高峰小时的上下行方向客流不均衡尤其明显。可以采用上、下行方向不均衡系数描述轨道交通线路上、下行方向客流均衡程度，其表达式如下：

$$\alpha_2 = \frac{(P_{上max} + P_{下max})/2}{\max\{P_{上max}, P_{下max}\}} \tag{7-4}$$

式中：

α_2——上下行方向客流不均衡系数；

$P_{上max}$——上行方向最大断面客流量；

$P_{下max}$——下行方向最大断面客流量。

α_2越趋向于0，则上、下行方向最大断面的客流不均衡程度越大。此时，直线线路上要做到经济合理地配备运力比较困难，环线线路上可采取在内、外环线路安排不同运力的措施。

（3）各个断面的客流分布特征

轨道交通线路所行经区域的用地开发性质不同，所覆盖的客流集散点的规模和数量也不同，因而线路单向各个断面的客流存在不均衡现象是不可避免的。轨道交通线路单向各个断面客流不均衡系数可按下式计算：

$$\alpha_3 = \frac{\sum_{i=1}^{K} p_i / K}{P_{max}} \tag{7-5}$$

式中：

α_3——单向断面客流不均衡系数；

p_i——单向断面客流量；

K——单向全线断面数；

P_{max}——单向最大断面客流量。

α_3越趋近于0，线路单向最大断面客流的不均衡程度越大，可在客流量较大的区段加开区段列车来解决这一问题。但在行车密度较大的情况下，加开区段列车会有一定难度，并且加开区段列车对于运营组织和车站折返设备等都会提出新的更高要求。

在断面客流不均衡程度较大的情况下，为了提高运营的经济性，可以考虑采用特殊交路列车开行的方案。当轨道交通断面客流分布为阶梯型时，可采用大客流区段和小客流区段分别开行不同数量列车的衔接交路方案，或者在大客流区段加开区段列车的混合交路方案；当断面客流分布为凸型时，可以采用在大客流区段加开区段列车的混合交路方案。在列车密度较大的情况下，可以采用特殊列车交路与加道的方式，但是区段列车对行车组织和折返设备都会提出新的要求。此时线路通过能力与站间折返能力是否适应，是采用特殊列车交路与加开区段列车的充分条件，因此必须进行能力适应性的验算。

（4）站间OD客流分布特征

为使轨道交通运营管理和运营调度能够更好地满足高峰、平峰需求特征，要对轨道交通客流出行OD进行分析。站间OD客流分析的重点是各个客流区段内和不同客流区段内的各站发、到客流分布特征。在轨道交通线路较长，并且各个客流区段的断面客流不均衡程度较大时，大客流区段通常位于市区段、小客流区段通常位于郊区段。站间OD客流分布特征可以用市区段内与郊区段内，各站间发到客流分别占全线各站总发到客流的比例来反映。

如果短途断面客流为阶梯型，则可以采用衔接交路、站站停车方案；如果断面客流为凸型，则可以采用混合交路、站站停车方案；若长距离出行乘客比例较大及某些发到站间的直达客流也较大时，为避免大量乘客换乘，不宜采用衔接交路方案，而应考虑采用混合交路，部分列车跨多站停车方案。如果在非高峰时间，通勤、通学的长距离出行乘客比例明显下降，则可停开跨多站停车的列车。

（5）各个车站乘降客流分布特征

轨道交通各个车站的乘降人数不均衡，甚至相差悬殊的情况并不少见。在不少线路上，全线各站乘降量总和的大部分往往是集中在少数几个车站上。此外，车站乘降客流是动态变化的，新的居民住宅区形成规模，新的轨道交通线路建成通车，既有轨道交通线路延伸使一些车站由中间站变为换乘站，或者由终点站变为中间站，以及列车共线运营等都会使车站乘降量发生较大的变化，从而加剧不均衡或带来新的不均衡。

车站乘降人数的不均衡决定了各个车站的客运工作量、设备容量或能力的配置、客运作业人员的配备及日常运营管理的重点。

（6）车站内的客流分布特征

分析轨道交通车站内乘客流向及行程轨迹时，车站内的客流在空间分布上也存在不均衡现象，它们包括经由不同出入口的客流不均衡，通过不同收费区的客流不均衡、通过同一收费区不同检票机的客流不均衡和上、下行方向的乘降客流不均衡等。

进一步分析可以发现，通过各台进站检票机的客流按距离售票区域的近远而呈现出明显的阶梯状递减态势，而通过各台出站检票机的客流则相对均匀。究其原因，进站客流是陆续到达，乘客为争取时间通常会选择最近的进站检票机；而出站客流是集中到达，客流为避免排队通常会选择比较空闲的出站检票机。

7.4　城市公交客流数据采集与分析的新方法

由于城市公交客流的人工调查需要组织大量调查人员通过随车或通过问卷等形式进行调查，导致公交客流调查成为一项非常烦琐和耗费人力、财力的工作，在实际人工调查操作过程中，做到经常性、系统性非常困难。人工调查也不能为调度中心随时提供实时数据。在调查准备阶段，需对调查人员等做大量的组织工作，公交客流人工调查后，资料整理的工作量也很大，人工调查的数据在使用之前必须经过编辑整理、数据提炼等过程。在费用一定的情况下，人工调查难以保证获得满意的数据质量。

基于城市公共交通客流人工调查存在的缺陷，随着科技水平的不断提高，一些新技术、新方法已经应用于客流调查领域，为城市公共交通运营和管理部门提供了更为准确、实时的调查数据，从而为客流数据分析、调度指挥等工作提供了更为可靠的依据。

7.4.1　利用公交 IC 卡进行公交客流调查

公交 IC 卡的应用，为城市公共交通客流调查提供了一种新的手段。通过对 IC 卡数据接口的系统设计，可以获取乘客上、下车的时间及相应站点等数据，也可以通过数据分析得到乘客出行的基本信息，如平均出行次数、起讫点分布、平均换乘次数、出行耗时、出行距离等。公交 IC 卡系统组成如图 7-10 所示。

1. 公交 IC 卡数据信息

城市公共交通的基础数据分为动态数据和静态数据两类。动态数据是指随着时间实时更

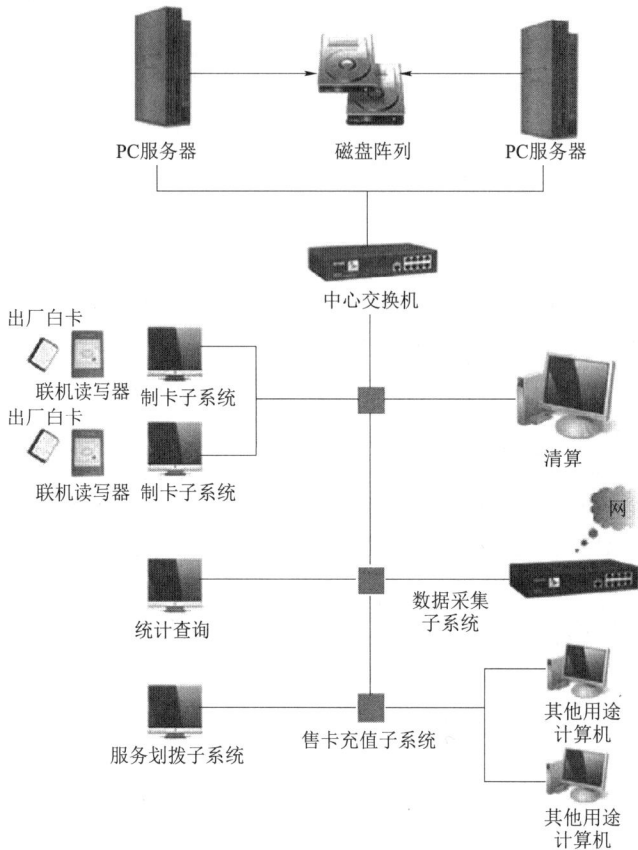

图 7-10　公交 IC 卡系统组成

新的数据，包括站点客流量、线路客流量、交通流量数据、车辆实时速度数据等；静态数据是指一定时间内不发生变化或不需实时更新的数据，包括公交站点位置数据、各公交线路所经过的站点信息、站点间间距、公交站点间运行时间统计数据、换乘站点位置信息、公交线路车辆配置信息、公交运营调度表等。公交 IC 卡数据分析，就是利用公交 IC 卡数据，结合一定的公共交通静态和动态数据，分析得到公交客流等数据的过程。

　　在进行公交 IC 卡数据分析时，一部分公交基础数据作为原始数据，另一部分数据为分析的结果。公交 IC 卡数据分析需利用的原始数据如下。

　　（1）公交静态基础数据

　　① 公交线路信息：线路号、站点数、起点站位置、终点站位置、中间站点位置。

　　② 公交站点信息：站点位置、站点编号、相邻站间距。

　　（2）公交动态基础数据

　　① IC 卡信息：乘客卡号、线路号、车辆代号、刷卡日期、刷卡时刻、刷卡站点。

　　② 公交调度信息：车辆代号、运营线路、发车时刻、到达时刻、发车间隔。

　　IC 卡信息与公交调度信息随时间更新，因此作为动态数据，城市公交线路与站点信息，通常保持固定，变化较少，因此作为静态数据。IC 卡记录的信息有 IC 卡编号、卡余额、消费金额、刷卡日期、刷卡时刻、公交卡类型、收费记号、汽车编号、线路编号、单位编号、记录号，其中对进行分析获取城市公交客流基本信息有直接意义的是 IC 卡编号、刷卡日期、刷卡时刻、公交卡类型、汽车编号、线路编号、记录号。IC 卡编号对应某位持卡乘客，记录号对应一次刷卡行为，这两个数据是进行数据查询和筛选的依据；刷卡日期、刷卡时刻，以及该次刷卡对应的线路编号、车辆编号是进行公交 IC 卡数据分析的最重要条件。

（3）其他基础信息

公交 IC 卡信息分析还需要城市公交基础信息的支持。所需信息包括公交线路信息、公交站点信息、公交调度信息。这些信息可以向公交公司及相关管理部门索取，或者进行简单的公交调查获得。

① 公交线路信息：线路号、站点数、起点站位置、终点站位置、中间站点位置。

② 公交站点信息：站点位置、站点编号、相邻站间距。

③ 公交调度信息：车辆代号、运营线路、发车时刻、到达时刻、发车间隔。

2. 公交 IC 卡数据预处理方法

数据预处理是从大量的数据属性中提取出对目标有重要影响的属性来降低原始数据的维数，或是处理一些不好的数据，从而改善实例数据的质量和提高数据分析的速度。数据预处理方法一般包括基于粗糙集的约简方法、基于概念数的数据浓缩方法、信息论思想、基于统计分析的属性选取方法和遗传算法等。数据预处理的内容包括数据收集、数据清理、数据变换和数据归约等。

（1）数据收集

数据收集一般包括两个方面：一方面是从多种数据源中取综合数据分析所需要的数据，保证数据质量的综合性、易用性和实效性；另一方面就是如何从现有数据中衍生出所需要的指标，这主要取决于数据分析的目标。

（2）数据清理

数据清理要解决如下问题。

① 数据质量。为了保证数据分析结果的价值，必须了解数据本身。输入数据仓库中的异常数据、不相关的字段或互相冲突的字段、数据的编码方式等都会对数据分析结果的质量产生影响。可以通过填写空缺值、平滑噪声数据，识别、删除离群点来去掉数据中的噪声，纠正不一致。公交 IC 卡数据的不一致性，常表现在各类数据之间相同属性数据之间的定义。例如，公交 IC 刷卡数据中的线路编号与公交线路基础数据中的线路编号，在建立数据仓库的同时应加以统一。

② 冗余数据。必须对数据仓库中的冗余数据加以清理，解决错误的、不一致的数据、打字错误、大小写不一致的问题。

③ 过时数据。随着时间的延长，老的数据很可能会过时失效了。例如，公交乘客的注册信息、公交线路的信息已经发生了变化，但数据仓库中的数据仍然为变化以前的信息。

④ 数据缺失。数据缺失是指数据的一些取值常会发生缺失现象。公交 IC 数据分析要求数据的完整性，如发生数据缺失，就很难从中得到有用的信息。公交 IC 刷卡数据缺失的情况很少，公交调度资料由于人工统计容易发生缺失，这种情况可以根据经验和已知连续数据进行推测。

⑤ 指标定义的不同。例如，公交车辆满载乘客数量有不同的指标，这就会在数据分析

过程中产生不同的分析结果。

⑥ 印刷错误。公交 IC 数据中的公交调度信息、公交线路信息、公交站点信息等是由人工输入，难免会有拼写错误。例如，站点名称打字错误，则会对分析过程产生阻碍。

（3）数据变换

数据变换就是将数据进行规范化和聚集。规范化可以改进数据分析的精度和有效性。常用的方法是用平滑（包括分箱、聚类和回归）来去掉噪声数据，用聚集来对数据进行汇总。数据概化是使用高层次概念替换低层次"原始"数据来进行概念分层；规范化是将属性数据按比例缩放，使之落入一个小的特定区间。用属性构造（特征构造）来帮助提高精度和对高维数据结构的理解。

（4）数据归约

数据归约是指通过聚集、删除冗余特征或聚类等方法来压缩数据。常用的方法主要包括维归约、数据压缩、数值归约、离散化等。

维归约是指通过删除不相关的属性（或维）来减少数据量。通常使用属性子集选择方法。属性子集选择的基本启发式方法包括：逐步向前选择、逐步向后选择删除、逐步向前选择和逐步向后删除结合、判定树归纳等技术。

数据压缩的方法主要有小波变换、主要成分分析和分形技术。

数值归约的方法主要有回归和对数线形模型、直方图、聚类和选择。

离散化技术可以用来减少给定连续属性值的个数。区间的标号可以替代实际的数据值。常用的离散化方法有分箱、直方图分析、聚类分析、基于熵的离散化和通过"自然划分"的数据分段。

例如，在公交 IC 卡数据分析过程中，不同出行目的的公交 IC 刷卡数据特征不同。以上班、上学为目的的出行，其公交 IC 刷卡数据比较规律，时间分布相对固定；而其他弹性出行为目的的公交乘客刷卡数据则呈现时间和空间的随意性。在分析公交 IC 卡数据过程中，能够区分不同目的出行的数据，分组进行分析，将极大提高数据分析的精度和效率。

对数据进行分组涉及两个问题：一是数据应该分为哪几组；二是如何对数据进行分组。这就需要数据分析者对分析对象有充分的认识，必要时需要采取实地调查，通过经验及调查结果找到分组的标准，确定分组的方法。现在很多分析软件都有数据分组的功能，如果分组的结果不佳，需要多次进行分组，直到取得较好的分组效果。

在使用 IC 卡时，一般实行上车刷卡，下车不二次刷卡的方式，所以下车人数、起讫点分布等信息需要根据 IC 卡获取的乘客出行信息进行推测。这种调查方法的突出优点是技术简单可靠，成本较低；缺点在于对不使用 IC 卡的乘客不能进行统计。

7.4.2 基于移动支付的公交客流调查

随着移动支付的兴起，其在公共交通领域的应用也日益繁多。使用移动支付代替公交 IC 卡支付正在成为一种新的趋势。同时，移动支付带来的便捷性也体现在了公交客流调查中。在公交车上安装定位系统，乘客使用移动支付方式乘车后，支付终端可获取到信息并将其传输至系统后台，由后台服务器终端处理，得到其 OD 信息，并确定费用由支付平台进行扣费。通过后台处理器得到乘客 OD 信息可以方便地导出，其过程如图 7-11 所示。移动支付场景如图 7-12 所示。

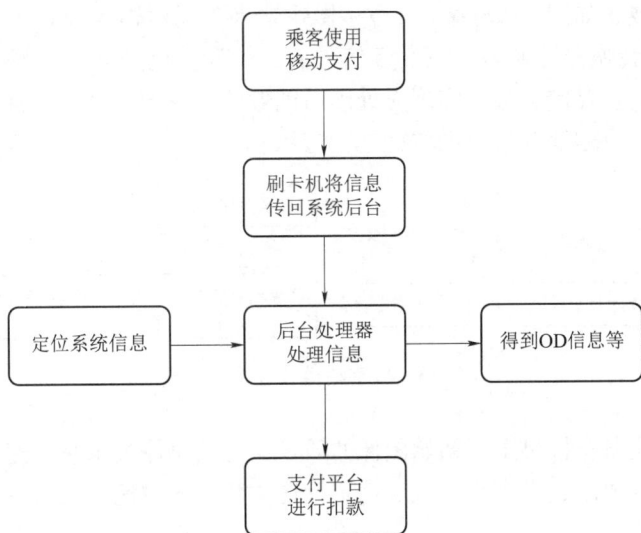

图 7-11 移动支付流程

图 7-12 移动支付场景

7.4.3 基于图像处理的公交客流调查

基于图像处理的公交客流调查的工作原理是：在上、下车门口安装摄像机获取视频图像，通过软件对连续图像进行分析处理，识别乘客及其运动，从而自动对上、下车人数及方向进行计数。

图像识别是结合数字图像采集、数字信号处理（digital signal processing，DSP）等多种技术，利用人体的某个或多个部位的特征，实现对人体的识别，从而实现对人流的统计。一种典型的图像识别方法是结合人脸的肤色和特征部位的几何分布特征，采用快速人脸定位算法，结合运动图像分析，以人脸的移动作为人流统计的依据。图像识别具有精度高、安装范围广的特点，但是价格比较高。另外，由于基于图像处理的公交客流调查涉及比较多的技术，所以此种方式还需要在实际运行中进行验证和调整。

公交客流计数系统是一种数字图像处理系统，它具有其他图像处理系统的一般特性。一般数字图像处理系统是执行处理、分析、理解图像信息任务的计算机系统或嵌入式系统。最基本的数字图像处理系统由数字图像输入、计算机或嵌入式处理器、图像存储部件和目标检测与输出 4 部分组成，如图 7-13 所示。数字图像输入单元由输入设备将实际景物转换为模拟信号，在经 A/D 转换器转换为离散数字信号后，供计算机处理。计算机完成对数字图像的处理、分析和理解。存储、显示实现对处理后图像的记录与再现。目标检测与输出是数字图像处理的后过程，可理解为数字图像处理的应用。

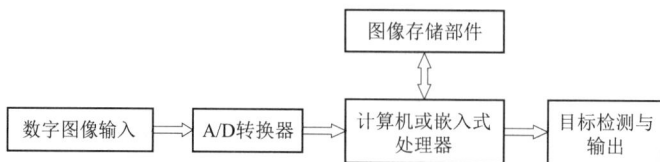

图 7-13　数字图像处理系统组成

数字图像输入设备直接决定了初始图像的质量，对其总体要求是：速度匹配，空间分辨率、密度分辨率满足要求，噪声小，成像稳定。通常数字图像输入设备有数字摄像机、扫描仪、扫描鼓等。

图像输出设备含显示设备和硬拷贝设备两方面。图像显示是为了方便用户对系统实现交互，对图像实现分析和识别。图像拷贝则是以数据或像点阵列的形式将处理后的图像永久地保留下来。随着技术的发展，LCD 显示设备因显示稳定、辐射小等优势已经大部分取代了传统的 CRT 显示设备。图像硬拷贝设备有打印机、绘图仪、鼓式扫描器、激光扫描器等。图像存储设备要求容量大、信息保存时间长、存取速度快。现在市场上出售的图像存储设备有磁盘驱动机、硬盘、光盘驱动机、磁带机、磁盘阵列等。

目前，数字图像处理系统向两个方向发展：一个是面向小型用户的微型机数字图像处理系统或嵌入式图像处理系统；另一个是面向用户群的大型机数字图像处理系统。无论是哪一类图像处理系统，其在图像处理这一目标下的基本要求是相同的，那就是巨大的数据量和苛刻的处理速度。

基于图像处理技术的客流调查方法的计数精度在很大程度上取决于图像分析软件的设计水平。系统易受振动、光线、温度的影响，图像质量的好坏影响软件分析结果的精度。由于需要高质量的摄像器件、很强的图像处理能力，这就使得系统成本较高，一般可用于检验人工调查及自动乘客计数系统的计数精度。

7.4.4　自动乘客计数系统

自动乘客计数（automatic passenger counter，APC）是自动收集乘客上、下车时间和地点的有效方法，结合车辆自动定位、无线信息传输等技术，可以实时传送客流信息。通过数据管理系统和地理信息系统，经过数据统计和空间分析可以得到运营所需的多样、广泛的数据资料。在一般情况下，相对于人工调查，其可以用较合理的成本不间断地实时获取大量一定准确度的数据资料，与统计分析软件相结合，自动产生公交系统运营管理所需的各种报表，减少大量数据采集及统计工作。同时，由于这一系统需要与其他系统共同协调使用，所以成本及运营环境要求较高。

1. 压力板式自动乘客计数

压力板式自动乘客计数仪安装在车辆的前后门踏板上，乘客上、下车时触发压力传感器就会被自动记录下来，除了用于乘客计数外，还可以在乘客上、下车时防止车门关闭。压力板式自动乘客计数技术不判别上、下车方向，要求乘客必须前门上车，后门下车。当乘客上、下车秩序较差时，或者当客流量大，难以保证前门上、后门下时就不适用了。压力传感器件在没有台阶的公交车辆上使用时，计数不可靠。另外，这种计数器系统部件易损坏、可维护性差，由于设备合适的安装位置对于准确计数至关重要，所以安装调试费用也较高。压力板式自动乘客计数设备如图 7-14 所示。

图 7-14 压力板式自动乘客计数设备

2. 被动红外式自动乘客计数

被动红外式自动乘客计数技术由于采用了合适的热释红外线探头，所以只能检测到人体发出的信号，这就避免了其他物体的干扰。当上、下乘客时，红外传感器探测人体红外光谱所造成的变化，即得到乘客上、下车的过程，通过信号处理，可以判别上、下车方向和上、下车人数。虽然人体温度相对稳定，但红外传感器的探测信号会受到乘客着装的影响。这种技术的固有缺点在于，如果环境温度与人体温度接近时，传感器就不能有效探测乘客上、下车过程，对于环境温度快速变化和强烈日光照射也比较敏感。

3. 主动红外式自动乘客计数

主动红外式计数系统安装在车门附近特定的高度，通过发射头发射定制波长的红外线覆盖一定的区域，并通过传感器检测从乘客身上反射回来的光线，从而自动识别乘客上、下车方向及人数。

由于主动红外式自动乘客计数技术采用自身光源，所以它不易受外界环境温度、光线状况等的影响，能够达到较高的精度，是城市公共交通客流信息采集比较理想的计数技术。

4. 红外式复合系统自动乘客计数

被动红外式自动乘客计数与主动红外式自动乘客计数同时采用，构成复合系统以弥补被动红外式自动乘客计数的误差。复合系统的成本大，当两种传感器同时被激发时，还需要解决重复计数问题。从目前我国国情来看，公交 IC 卡由于技术简单而成熟、采集信息量较大且在很多城市已应用的现实基础，利用 IC 卡技术调查前景较好。当然，由于主动红外式自动乘客计数系统可判别上、下车方向，不易受外界环境因素影响，且计数精确性较高，在公交 IC 卡应用较少的地区和场合可优先考虑采用。红外式自动乘客计数系统如图 7-15 所示。

图 7-15　红外式自动乘客计数系统

5. RFID 网络自动乘客计数

有源 RFID 标签置于乘客的公共交通卡，有源 RFID 读写器固定在公交车上。在携带有源 RFID 标签的乘客打卡时表明已有一乘客上车，车内人数加一；若在规定的时间 T reader wait（读写器等待时间）（T reader wait≥轮询周期），读写器都没有收到标签的应答信号，则可认为携带此标签的乘客已下车，车内人数减一。与传统视频技术相比，该技术具有较高的客流信息采集精度且不受拥挤状况的影响，在一定程度上改善了公交车车内人数采集精度，特别是为智能公交车内拥挤状况分析、线路优化提供数据支持。

6. WiFi 识别自动乘客计数

该技术原理是在公交车上设置无线接入点（access point，AP）热点，读取乘客所持有 WiFi 设备的媒体存取控制位置（media access control address，MAC）地址，利用 MAC 地址识别乘客的身份，并将 MAC 地址存储到 AP 中的 wc 地址列表中；通过对列表中的 MAC 地址进行统计，得到公交车上、下车及断面持有 WiFi 乘客总人数，并通过数学运算得到各站上车、下车的总人数，以及出站台后公交车上的总人数。

7. 测重技术自动乘客计数

该技术的原理是在公交车上安装传感器，由传感器所得数据通过计算得出公交车的承载总重，再根据乘客的平均体重计算出车厢载客人数，这种技术的优点是人数越多，检测准确率越高。图 7-16 为德国载重技术客流统计设备。

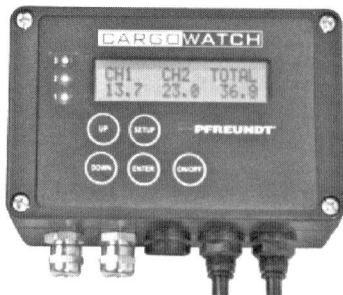

图 7-16　德国载重技术客流统计设备

8. 3D 技术自动乘客计数

该技术的原理是在车上装载 3D 客流传感器，当乘客上车，传感器扫描到人体的三维轮廓后，以不同颜色代表不同距离的地形图方式呈现，DSP 高速处理器再通过计算机视觉算法识别出具体的人数。利用 3D 技术测量公交客流准确率一般在 90%～99%。然而，该技术成本较高，在国内应用较少。图 7-17 为 3D 技术客流计数识别过程示意图。

图 7-17　3D 技术客流计数识别过程示意图

7.4.5　城市公交客流数据分析方法

1. 基于统计学的公交客流数据分析

统计学是关于数据收集、整理、归纳和分析的方法论科学，是实证研究的一种最重要的方法。统计学研究的对象是客观事物的数量关系和数量特征。统计方法广泛地运用于各个领域，起着信息功能、咨询功能、监督功能、辅助决策功能等作用。统计分析主要分为以下 3 种。

（1）评价分析

评价是最初步，也是最基本的统计分析。所谓评价分析，即是从数量上描述研究对象规模的大小、水平的高低、速度的快慢，以及各种关系是否协调。评价分析一般通过与一定的标准比较来衡量，作出判断。

（2）依存关系分析

依存关系是指客观现象之间内在的、必然的联系。以事物直接依存关系为目标的分析就是依存关系分析。

（3）动态分析

动态分析即从数量上研究客观现象随时间发展变化的规律，并预测其未来的发展变动趋势。动态分析通过统计指标来综合客观现象发展的基本特征，如计算发展速度、增长速度、增长水平等。通过图示或数学模型来分解或描述各种波动的变化规律。

2. 基于人工智能的公交客流数据分析

人工智能也称为机器智能，它是计算机科学、控制论、信息论、神经生理学、心理学、语言学等多种学科互相渗透而发展起来的一门综合性学科。人工智能的快速发展，也为数据分析提供了一种新的方法。人工智能的一些算法如遗传算法、蚁群算法、禁忌搜索和模拟退火算法等在数据分析中已经有了一些应用。作为一种新兴的数据分析处理方法，人工智能在城市公交客流分析中也有了一定的应用。例如，利用遗传算法、模拟退火算法等进行公交静态调度优化，利用神经网络算法进行客流预测等。

（1）利用神经网络的公交客流预测

现有许多公交客流预测神经网络方法，例如，经典的前馈反向传播（back propagation，BP）神经网络方法、动态回归神经网络（Elman）方法等。下面以 BP 神经网络算法为例说明神经网络方法的原理。

一个典型的 BP 神经网络结构由输入层、隐藏层（只有一层）和输出层组成。观测客流数据从输入层，经过权重值和偏置项的线性变换处理，再通过激活层，得到隐藏层的输出，也即输出层的输入；隐藏层到输出层之间，经过权重值和偏置项的线性变换，之后通过激活层，得到输出层。典型的三层结构如图 7-18 所示。

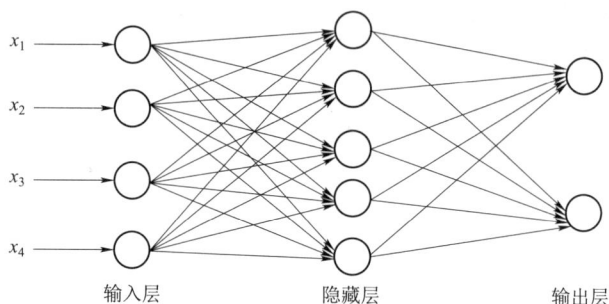

图 7-18　BP 神经网络典型三层结构

（2）利用深度学习的公交客流预测

深度学习的概念源于人工神经网络的研究。含多隐含层的多层感知器就是一种深度学习结构。深度学习通过组合低层特征形成更加抽象的高层表示属性类别或特征，以发现数据的分布式特征表示。常见的预测公交客流深度学习方法有卷积神经网络（convolutional neural networks，CNN）及改进的卷积神经网络，后者包括 SSD（single shot multibox detector）卷积神经网络、多时间单位的神经网络（multiple temporal units neural network，MTUNN）方法、并行组合神经网络（parallel ensemble neural network，PENN）等。其与普通神经网络方法相比更为准确，精度更高。

3. 基于大数据的公交客流数据分析

近几年，大数据（big data）作为一种新兴技术，在各个领域得到了广泛的应用。在交通领域大数据也有许多应用，如使用大数据预测公交客流。下面以基于公共交通 IC 卡大数据的公交客流预测为例，说明其原理。首先通过 IC 卡数据采集方法，采集大规模的海量客流大数据，并使用数据清洗、融合、变换、归约等数据处理方法对数据进行处理。随后，综合考虑线路类型、时段、日期类型、天气状况、温度、风力等不确定因素，采用多元线性回归模型、支持向量机模型和模糊神经网络模型等相应算法，建立适当的模型，实现客流预测。

4. 公交客流数据分析方法的比较

统计学已经有了数百年的发展历史，在各个行业的数据分析中都有着广泛的应用。当前大部分的数据分析都是依据统计学的基本原理、使用统计学的方法完成的，公交客流数据分析也不例外。但基于统计学的数据分析也有其自身的缺点，在使用统计方法进行数据分析时需要过多的人工干预，它所擅长的是进行数据汇总、计算，但对于一些复杂的问题就无能为力了。

人工智能的方法是较新的数据分析方法，它可以完成一些统计学方法无法完成的任务。例如，对于复杂事物的分类、发现数据中隐含的知识等问题，可以通过聚类分析、数据挖掘等人工智能的方法来解决。人工智能还处于发展中，虽然趋于成熟，但还有许多问题有待进一步研究。

大数据的方法近年来趋于成熟，它与人工智能的方法有密切的联系，一方面人工智能需要大量的数据作基础，另一方面大数据也需要人工智能技术进行数据的分析处理。同样，大数据也能完成统计学方法无法完成的复杂任务。随着社会的发展，相信大数据在公共交通领域的应用将越来越多。

统计学、人工智能及大数据作为城市公共交通客流分析的常用方法，存在很强的互补性，彼此既相互联系，又有各自适用的情况。在进行实际城市公共交通客流数据分析时，要根据具体的分析目的、数据量等因素，选择合适的方法，进而保障公交客流数据分析的科学性和有效性。

复习思考题

1. 什么是公共交通客流？城市公交客流调查有什么作用和意义？
2. 常规公交客流有什么特征？分为哪些类型？
3. 常规公交客流调查的常用方法有哪些？客流有何特征？
4. 城市轨道交通客流的影响因素有哪些？
5. 请列举城市公交（常规公交和轨道交通）客流调查的常用指标。
6. 城市公共交通客流的数据采集与分析新方法有哪些？

第 *8* 章

停车调查及停车特性分析

　　近年来，随着城市机动车保有量及机动车出行需求的快速增长，我国很多城市都面临日益突出的停车供需不平衡、占道违章停车及停车秩序混乱等停车问题，也因此成为我国城市发展中亟须解决的一个重要问题。作为停车场规划与设计的前期准备工作之一，停车调查和停车特征分析能够为停车规划提供翔实、可靠的基础数据。

8.1　停车调查概述

　　停车调查是指运用科学的观测和统计方法，针对城市内停车设施的供应和需求状况进行调查，并通过评价相关指标值分析停车特征。停车调查是获取停车规划数据的基础，主要包括停车设施供应调查、车辆停放实况调查、停车者行为决策调查及停车特征分析。

　　其中，停车供应主要指各类型停车设施可能提供的停车容量及场地位置等，而停车需求（又称停车吸引）则指车主（驾驶人、骑车人）在出行活动中有目的的路内或路外的车辆停放。值得一提的是，因受阻延滞、信号灯、沿途上下车等引起的临时停车不被视为"停车需求"，而停靠时间大于 5 min 以上的公交车、出租车、厂车、长途客车等车辆的停车则被视为"停车吸引"。具体的停车吸引量，是指在特定小区或停放点（段）上一定时间内（一天、高峰、小时等）的停车数量，可用实际停车数和累计观测停车数两个指标来表征。

　　城市停车的总体水平与特性，即城市停车供给和需求的时空分布，主要通过车辆停放的统计特征指标得以反映。通过停车调查得到翔实、可靠的基础数据资料，并通过计算、分析基础数据，获得车辆停放统计特征，从而了解停车场实际利用情况、城市停车设施供应状况和停车行为及停车意识。

8.1.1　停车调查的目的及意义

　　相比车辆在道路上行驶阶段所存在的交通问题（交通拥堵、交通安全及交通环境等），车辆在停放阶段存在的问题长期以来并没有受到足够的关注。然而，由于车辆（包括机动车和非机动车）每次出行的两个端点（出行起点和讫点）都存在停车问题，特别是随着近年来我国城市车辆保有量及出行需求的快速增长，在很多大城市中心区，停车供需不平衡、占道违章停车及停车秩序混乱等停车问题愈发突出，让人们不得不认真审视停车供需不平衡本身，以及这些停车问题对城市道路交通所带来的影响。

通过停车调查，从动态和静态两个角度研究停车供应与需求的适应性及其时空分布与城市发展、土地利用等相关因素的关系，才能为今后解决停车问题、改善城市交通问题提供依据，才能为建设综合交通运输体系奠定基础。

停车调查的目的具体如下。

① 了解停车设施供应状况，包括路边和路外的各类停车场地及车位容量、位置、设施、管理及收费情况等。

② 了解各类停车设施（如路边、路外停车场、停车库和临时设施等）停放车辆的基本特征（包括停放数量、车型、停放时间、空间分布等）。

③ 了解车主的停车行为，包括停放的目的、停放处至出行目的地步行时间（距离）、对停放点设施及管理收费的意见等。

④ 针对现行停车供应，调查其是否进行调整或增减，提出近期改善停车紧张的对策措施。

⑤ 调查停车吸引与土地利用、交通量及管理措施的相互关系。

由上可见，停车调查研究对把握停车问题现状、制订适宜的停车问题解决方案具有重要的现实意义。

8.1.2　停车调查的主要内容

停车调查主要包括停车设施供应调查、车辆停放实况调查及停车者行为决策调查。通常，完整的停车调查报告还应包含近期改善措施，以及从长远上考虑的动态与静态、时间与空间结合的供需关系分析等研究内容。

停车调查的主要内容如下：

① 停车设施的容量、位置和相关运营指标（收费、营业时间等）；

② 不同时刻、不同车型、不同停车时间的停车数量；

③ 现有停车设施的使用情况（停车时间、停车目的等）；

④ 停车形式（平行式、垂直式等）；

⑤ 平均停车时间；

⑥ 停车地点和目的地的关系（位置、距离、步行时间等）；

⑦ 停车场的使用状况（停车场利用率、周转率、停车集中指数等）；

⑧ 对停车设施客货装卸设施的要求，对停车及客货乘降的限制等；

⑨ 对新停车场的位置规划；

⑩ 停车场对地区交通流的影响；

⑪ 停车场的经营情况等。

8.1.3　停车调查方法介绍及优缺点分析

停车实况调查的方法主要有航测照片方法和人工实地调查法，其中人工实地调查法又可分为实地观测调查和询问式调查。在实际的调查中，根据实际的调查目标、规模和要求，选择与停车特征相适应的方法。通常会采用几种方法的组合，以保证调查项目与调查目的相适应。

1. 航测照片方法

对于地面停车场，通过空中摄影照片来判别停车数量，这是一种效率较高的大面积的停放车辆调查技术。

航测照片方法的优点如下：能够真实、直观地反映瞬间交通情况，且可多次在线对摄影现场进行测量和校正；可以掌握较大范围的道路设施和同一瞬间的交通资料，并保持以同一精度进行测定；省时省力，避免了人工调查组织实施的种种困难。

但航测照片方法也存在以下缺点：与实地现场调查比较，航测拍照易受气候条件影响；对于高层建筑密集区域，容易失去停车的许多细节，无法掌握停车场、库内的情况；由于反射和阴影反差，容易对不同类型车辆和地面的地物等产生判读的错误。

2. 人工实地调查法

人工实地调查法，即直接派人在停车场地对停车情况进行观测记录的实地观测调查，以及通过发放明信片或调查员直接向驾驶员征询意见的询问式调查。其中，实地观测调查又可分为连续式调查和间歇式调查。

1）实地观测调查

（1）连续式调查

连续式调查是指从开始存车到结束存车为止，连续记录停车情况。连续式调查可以了解停放车辆的车型及车牌号、最多存放车辆数、停车最长时间等情况，是一种精度比间歇式调查更高的调查。该方法适合于大型公共建筑、专业停车场的机动车停放调查，如果将此项调查与征询意见调查相结合，可得到包括停放目的、步行距离、管理意见在内的丰富的停放信息。

连续式调查有两种方法，即泊位连续调查法和停车车辆连续调查法。

泊位连续调查法是连续记录每个泊位的停车车辆及其相应的停车时间的方法。这种方法对泊位数量较少，而周转率高的情况较适用。这种调查方法对分析停车场泊位的利用情况有很大的帮助。其采用的调查表格可参考表8-1。

表8-1 泊位连续调查法调查表

调查日期：   调查地点：   调查时间：   调查人员：

泊位编号		泊位编号		……	泊位编号	
车号	进泊位时间—出泊位时间	车号	进泊位时间—出泊位时间	……	车号	进泊位时间—出泊位时间

停车车辆连续调查法是指对进入停车区域的每辆车，记录其进入停车区域的时间和离开停车区域的时间。其方法有牌照式和非牌照式两种。牌照式调查在调查中记录车辆牌照来区分停车车辆。而非牌照式调查则是在调查时不记录车辆牌照，由于非牌照式调查无法区分具体车辆的停车时间，因而使用较少。

牌照式停车车辆连续调查法比较容易统计停车场的平均利用率和平均周转率，还比较容易得出停车的高峰时段和实际停车数，这对分析整个停车场的停车时间分布特征很有帮助，需要的人力、物力较泊位连续调查法少。其采用的调查表格可参考表 8-2。

表 8-2 牌照式停车车辆连续调查法调查表

调查日期： 调查地点： 调查时间： 调查人员：

车牌号	进入停车场时间	驶出停车场时间	停放时间
...			

传统的连续式调查方法多采用人工调查员对泊位及车辆的相关信息进行记录，近年来随着视频及图像处理等技术的快速发展，连续式停车调查可以通过采用摄像机对泊位及停车场出入口的车辆进行连续的观测记录，然后再通过视频检测软件对记录的视频画面进行处理，就可以自动获取相关的停车调查信息，从而大大提高连续式调查的效率。

（2）间歇式调查

间歇式调查是指调查人员每隔一定时间（5 min、10 min、15 min）记录调查范围内停放车辆的数量、停车方式和车型等情况的停车调查。该调查可分为牌照式和非牌照式调查两种，非牌照式调查主要是调查指定范围内各种车辆停放数量随时间的变化，而牌照式调查除了能获得非牌照式的调查信息外，还可以获得机动车的停车延续时间和停放点上的周转率等特征参数。由于非牌照式调查只观测记录调查区间内的各种停车数量，所以其了解的信息不如牌照式调查丰富，另外前者通常适合自行车的停车调查，而后者更适合于机动车的停车调查。牌照式车辆停放的间歇调查表可参考表 8-3。

表 8-3 牌照式车辆停放的间歇调查表

调查日期： 调查地点： 调查时间： 调查人员：

序号	车型	调查时间												......
		牌照	0	1	2	3	4	5	0	1	2	3	4	5	...
1														
2														
3														
...														

间歇式调查的精度与观测时间间隔的选定有一定的关系，观测时间间隔可根据不同的停车场类型确定，同时，车型的分类也可根据调查需要设置相应的代号，以方便记录填写。

2）询问式调查

询问式调查是指给调查员派发调查卡片，调查员直接向驾驶员询问，以了解车辆停放目的、停放点到目的地的距离、车辆的 OD 及步行时间等信息。该调查主要适用于停车场使用者停放行为的调查。

在实际调查中，根据调查目的和内容的不同，可采用不同的调查方式，如向停车者提问、当面发放问卷，以及向停车者发放问卷或明信片，由停车者填完后邮寄回收等方法来获得足够的调查样本。询问式调查需要积极的宣传，以得到公众最大限度的支持。直接访问可以在路边或停车场（库）内进行，或者在出入口。访问内容应该简明、准确，访问项目控制在 1～3 min 完成为宜。通常，明信片的回收率较低，为 30%～50%。

针对以上各种停车调查方法，根据美国、日本和我国上海市等地进行停车调查的资料，各类调查方法对不同调查项目的适应性如表 8-4 所示。

表 8-4　调查方法比较一览表

	航测照片判读	间歇式调查		连续式调查		询问式调查	
		记车号	不记车号	记车号	记车号与征询意见并用	明信片	面谈
不同时刻停放车辆数	△	△	△	○	○	×	×
最大停放车辆数	△	△	△	○	○	×	×
车辆平均停放时间	△	△	×	○	○	×	×
平均周转率	△	△	×	○	○	×	×
停放点至出行目的地距离	×	×	×	×	○	△	○
停放车辆起讫点	×	×	×	×	○	△	○
停放车目的	×	×	×	×	○	△	○
调查人员数	—	②2 人／（100～200 m）	①1 人／（100～1 000 m）	②2 人／50 m	②4 人／50 m	③1 人／100 m	②2 人／100 m

注：○——所得数据能满足精度要求；

　　△——所得数据精度不高；

　　×——所需数据几乎不能获得；

　　① ——步行时 1 人／（100～200 m），骑自行车或乘汽车巡回可达 1 人／1 000 m；大量自行车停放时人数要增加；

　　② ——人数减半，负责路段和调查车辆数宜减半；

　　③ ——专指明信片发放，边巡回，边宣传。

8.1.4　停车调查资料的应用

通过停车调查获得的停车设施供应（包括路边和路外场、库）、停车使用状况（包括停车数量的时空分布、停车时间、步行时间、停车目的等资料）及停车特征对治理与改善日常的交通活动过程无疑是十分有用的。一方面，有助于交通管理部门采取正确的管理措施疏导交通，也有助于停车管理部门制定合理的收费办法与收费标准；另一方面，由于停车与土地利用密切相关，停车供需调查也可以为城市规划和交通规划提供必要和丰富的基础资料。具体来讲，停车调查资料主要可应用于以下方面：

① 评价区域内的停放车辆供应状况；

② 绘制各个停放点（区）内停车数量与时间变化曲线，以及整个调查范围的日累计和高峰停放量的空间分布图，以分析停车密度和饱和程度，并进行分级评价，为局部的改善和提高周转率指明方向；

③ 运用停车目的和停放时间调查资料，可以找出不同出行目的停放时间的基本规律；

④ 制定科学的停车收费政策，通过对停放时间分布规律、步行距离和停车密度（吸引量分布）分析，可以为调整收费政策、控制停车需求提供依据；

⑤ 根据调查数据，构建累计停放量（或吸引量）与土地利用的现状关系模型，以分析土地利用和停车吸引的关系，并预测不同区域的停车需求。

8.2 停车设施供应调查

停车设施调查是采用交通调查与分析的手段，测定停放设施现状，以掌握规划区现有停车设施总特征，是进行停车场规划的前期准备工作之一。

停车设施供应调查的目的主要是了解设施供应情况，包括路内和路外的各类停放场地及其车位容量、位置、设施、管理、收费情况，并通过分析得到停车吸引与土地利用、交通量及管理措施间的相互影响关系。

8.2.1 调查内容

停车设施供应调查包括路内和路外停车场地，主要调查规划专业停车场（库），大型公建的停车场（库），社会公用停车场（库）等的位置、停车诱导设施、容量及其他相应的特征资料。其中，路内停车场是指在道路用地红线以内划定的供机动车或非机动车停放的场所，而路外停车场是指在道路用地红线以外专门开辟、建设的供机动车或非机动车停放的场所。

停车设施供应调查的具体内容如下。

① 地点与位置。路内部分应注明道路的具体路段地名、部分（车行道、人行道）和路侧（东、南、西、北、中）；路外设施应具体编号和用示意图表示停车车位的分布区域、数量。

② 停车场容量。停车场容量是指停车车位（停车车位即一个停车空间，其单位一般为标准小汽车的车位面积）数或面积。其中，路内停车容量应指法定的车位容量，在我国指公安具体管理部门划线或标志指定允许停车的范围；路外停车场容量则指能实际使用的车位数。

规定的停车区域或停车场停放范围内的最大停车泊位数量通常用车位数量表示。对于路内停车，允许停车路段的停车能力 C 为：

$$C = L_p / l \tag{8-1}$$

式中：

L_p——允许停车路段长度，m；

l——每辆车的停车占地长度，m。

对于某一地区来说，停车能力 C 为：

$$C = \sum_{k=1}^{K} C_k \tag{8-2}$$

式中：

C_k——第 k 个停车场的停车容量；

K——该地区停车场的数量。

③ 停车场的设备情况。

④ 停车时间限制或营业时间。

⑤ 管理经营，包括归属、管理情况。

⑥ 收费标准。

⑦ 内部及周边的停车诱导信息发布设施。

8.2.2 调查范围

中心商业区的调查应包括周围的次级商业、零售点和业务办公楼及边缘区，通过现场勘察确定停车设施实际上可能扩大的范围（机动车一般以 150 m 为界，自行车以 50 m 为界）。交通集散中心可选择自然边界划定，如河流、铁路或主要干线等界定的区域。典型停放吸引点，包括路外社会停车场、专业停车场和大型公共建筑、文体场馆配建停车场，其调查界限由现场实际情况决定。

干线道路的停车设施调查应包括沿横向街道 100 ~ 150 m 的距离，当干线道路上限停、禁停时，这些区域内正是路边停车者的潜在停放点。

8.2.3 调查方法

路内停车场调查应包括停车车位的位置、数量、停放方式及临时停车、禁止停车或限时停车的位置，结合我国路内停车实际情况，还应标注该停车场法定部分以外的常被停车占用的面积。所有调查数据均以实地勘测丈量为准。

路外停车场一般调查停车车位数或直接丈量计算。国家实行标准按停车方式的不同而不同，车位面积 A_0 通常取 25 ~ 30 m²。

1. 表格法

将调查得到的停车场设施特征数据填入专用表格，这种方法可以清楚地看到停车场的供应配置情况。表 8-5 是一种停车场设施供应调查表格。

表 8-5 停车场设施供应调查表

街区	设施	路内停车			路外停车		停车位总数	备 注 诱导设施等
调查区域：					调查日期：			

2. 图示法

采用图示的方法对停车场设施信息进行直观表示。在调查前应有一张 1∶2 000 左右的地形图，将停车场的位置、停车位数量及相应的停车诱导设施在图上标注出来。另外，对于大型停车场，应用示意图的形式画出设施配置情况、通道及内部交通组织等信息，以反映停车场内部布置。

8.3 车辆停放实况调查

停车实况调查即停车场利用情况调查，其目的主要是了解停车需求情况，包括各停车场累计停车数量、累计观测停车数、平均停放时间、停放饱和度、停放周转率、停放方式、停放地点与目的地的关系、步行时间及停车地点附近的交通情况、环境条件等。停车实况调查的时间原则上需要包括有停车需求的高峰小时，且连续进行 8 h 以上。由于调查费用、调查目的等原因，许多停车调查仅在高峰小时内进行。而停车需求的高峰因停车场的位置、性质、设施不同而不同，因此，有时需要事先进行预备性调查。

8.3.1　调查内容

车辆停放实况调查的主要指标归纳如下。

1. 实际停车数 S

实际停车数是指调查区域内在调查期间的实际停车数量。

2. 累计观测停车数 S_t

累计观测停车数是指各调查时段观测到的停车数量的总和。累计观测停车数不考虑一辆停车是被多次观测，只是简单地将每次观测到的车辆数相加。而实际车辆数则考虑上次是否被观测记录过，如果上次被观测记录过，则不再被记录。

3. 平均停车时间 $\bar{t}$

$$\bar{t} = \frac{\sum\limits_{i=1}^{S} t_i}{S} \tag{8-3}$$

式中：

$\bar{t}$——调查期间内所有停车车辆平均停车时间，min；

t_i——第 i 辆车停车时间，min；

S——实际停车数，辆。

平均停车时间表征了不同停车场的停车者的停车时间，在一定的社会经济条件下，它与停车场的性质、位置、主要停车目的等因素密切相关，选择这一指标可以比较直观地了解不同性质停车场的停车时间特征。

4. 泊位周转率 α

泊位周转率是指停车场的停车周转速度，指单位时间段内（一日或几个小时），每个停车位平均停放车辆次数。简单地说，就是在调查时间内，一个停车泊位被重复停过的平均车辆数，它反映停车设施的利用程度，计算如下：

$$\alpha = \frac{S}{C} \tag{8-4}$$

式中：

α——泊车周转率；

S——实际停车数，辆；

C——停车场容量。

选择这一指标，可以宏观地看出不同性质停车场的相对停车数的大小。通常，平均周转率越大，该停车场的相对停车数就越多。一般来讲，路边停车场泊位周转率高于路外停车场泊位；收费停车场泊位周转率高于专用泊位。

5. 停车密度

停车密度是停车负荷的基本度量单位，即单位区域内的停车吸引量。它可以作两种定义：一是指停放吸引量（存放量）大小随时间变化的程度，一般高峰时段停车密度较高；二是对空间分布而言，表示在不同的吸引点停车吸引量的大小程度。

6. 停车场利用率 γ

停车场利用率是指调查期间停车场的使用效率，即停车场被使用的容量占总容量的比例。计算如下：

$$\gamma = \frac{\sum\limits_{i=1}^{s} t_i}{T \cdot C} \tag{8-5}$$

式中：

γ——停车场利用率；

t_i——第 i 辆车停车时间，min；

s——停车场总停车数，辆；

T——调查时间长度，min；

C——停车场容量。

通过这一指标，可以宏观地看出不同性质停车场的使用效率。一般来说，平均利用率越大，说明该停车场的使用效率越高。

7. 停车集中指数 λ（停车指数）

停车集中指数是指给定停车区域内某一时刻实际停放量与停车设施容量之比，它反映了停车场或停车区域在某一时刻的拥挤程度，可分为高峰小时停车集中指数和平均停车集中指数两种。

高峰小时停车集中指数计算如下：

$$\lambda = \frac{S_j}{C} \tag{8-6}$$

式中：

λ——高峰小时停车集中指数；

S_j——某时刻 j（停车高峰小时）的停车数量，辆；

C——停车场容量。

由式（8-6）可以看出，停车集中指数在数值上等于某一时间断面（如停车高峰小时）的停车场利用率。

对于多次的连续调查，平均停车集中指数计算如下：

$$\bar{\lambda} = \frac{S_t}{C \cdot X} \tag{8-7}$$

式中：

$\bar{\lambda}$——平均停车集中指数；

S_t——调查期间累计观测停车数，辆；

C——停车场容量；

X——观测次数。

8. 步行距离

步行距离是指从停放车处到出行目的地的实际步行距离，可反映停车场布局的合理程度。

8.3.2　调查方法的选择

根据停车场的分类，车辆停放实况调查又可以分为路内车辆停放实况调查和路外车辆停放实况调查。由于停车位置的不同，车辆停放的特点也不尽相同，在调查方法的选择上也存在区别。

1. 路内车辆停放实况调查

路内停车是指在道路用地红线以内划设的供机动车或非机动车停放的场所停车。

（1）调查方法的选择

调查方法的选择应考虑以下因素。

① 调查目标要求：如果调查目标比较单一，则可选择简单的方法；若调查要求多、内容广，调查方法就要复杂些，通常宜采用几种方法组合使用。

② 调查范围大小：确定为一条路、一个集散中心或是一个区域内的道路。

③ 调查时间：应包含车辆停放高峰时段在内 8 h 以上，也有出于目的不同仅调查高峰时段停车情况的情形。

④ 调查过程人力、物力与设备条件、完成调查的时间要求。

⑤ 调查车型：机动车、非机动车或两者兼有。

⑥ 调查要求的精度。

（2）辅助调查

路内停放车使道路有效宽度减少，路侧停放车即使是临时出入，也会影响车行道的流量。这种影响可通过调查障碍率来获得，其中障碍率 μ 的计算公式如下所示：

$$\mu = \left(1 - \frac{D}{W}\right) \times 100\% \tag{8-8}$$

式中：

μ——障碍率；

W——车行道总宽，m；

D——供交通用的宽度，即从总宽 W 减去停车带（一般为 3.0 m）和为停放车辆出入用的余宽后所剩余的宽度。

2. 路外车辆停放实况调查

路外停车主要是指位于道路系统之外的停车场所，包括公共停车场、配建停车场和专业停车场（或车库）的停车。调查方法是根据路外车辆停放特点、设施分类和调查精度要求来选择的。

（1）路外车辆停放特点

① 路外停车设施（无论是停车场或停车库）在设备上与管理上通常要优于路内停放，也更具规模。

② 与路内停车相比，路外停车场的出入口少，容易进行控制性调查。

③ 停放时间通常比路内停车的停放时间长。

④ 无论采取哪种停放方式，都应设置一定宽度的通道。

⑤ 相比路内停车，路外停车的单个车位占地面积较大。

（2）辅助调查

① 路外单位（或个体）车辆停放调查。路外停放不可忽视的一个内容是自家（单位或个人）车辆停放分布，它们不同于社会停车场、配建停车场或专业停车场，其特点是分散、任意、较难管理。

② 路外停车场的建设和选址情况调查。此调查是为了对已建和拟建的路外停车场的停放供需量、建场（库）的性质、规模、投资、拆迁和收费标准进行综合研究，从而对整个区域的路内外停车系统的选址及规模做出全面规划。

③ 出行中转停放车辆的实况调查。此调查是乘机动车或骑自行车进入市内（或交通枢纽）的辅助性调查，可对通勤出行的中转或购物等目的的出行中的转停、放车方式等情况进行了解，从而为研究进入市中心（或交通枢纽）的车辆出行中转、停放车方式及特征提供依据。

辅助调查方法如下。

① 停放实况调查：以市中心或交通枢纽（地铁、铁路、高速公路、主要交通换乘站）车站为对象，以对象为圆心，在半径 500 m（机动车）或 200 m（自行车）范围内的路内外（主要空地、收费停车场）停车场进行停放车调查，可以采取间断式调查方法（机动车对车号）观测。

② 收费停车场调查：对调查对象范围内的收费（或社会公用）停车场管理人员，就停放车辆数、费用、使用中转停放方式的数量进行访问。

③ 征询意见调查：对出行中转停放方式的车主进行停放目的、中转停放方式、原因、使用频率及对停车场设施与收费标准意见的调查。

8.4 停车行为调查

8.4.1 停车行为概述

停车行为亦称停车选择行为，是出行行为的重要组成部分，与驾车者个人的社会经济属性、出行目的及停车设施的特性（如容量、位置、类型、停车费率）等因素密切相关。要使停车需求在时间、空间上基本适应停车供给，就必须分析和研究停车行为，并通过调整、改变停车者的停车行为，达到调整停车需求的目的。

多年来，国内外学者对停车行为进行了多方面的研究。Mildner 等人对美国多个城市的停车法规、公共交通服务水平与出行和停车行为之间的关系进行了研究；董苏华等人研究了美国、日本、新加坡等国家及中国香港、台湾等地区停车政策的历史沿革，并从法规、财政、管理和硬件设施 4 个缓解停车问题的对策和措施方面进行了较为全面的总结。吴涛等人针对上海的典型停车设施，对 215 名停车者进行了有关停车行为决策属性的问卷调查；关宏志等人对北京西单地区进行了停车行为调查，建立了地上、地下停车场停车行为选择模型，并对利用停车费调节停车选择行为的可行性及效果进行了讨论。

8.4.2 停车行为调查

停车行为调查有着非常重要的意义，是进行城市停车场选址规划和总体评价研究必不可少的基本条件。但是，由于我国交通行为的相关研究尚处于起步阶段，停车行为调查的实例相对较少。

1. 调查内容

停车行为主要是指驾车者对停车地点的搜寻和选择行为。它包括很多方面的内容，本书侧重于讲解对停车目的、停车时间、停车费用支付者、停车场的选择、停车诱导系统的使用意向等相关因素的调查。

（1）停车目的

停车目的是指驾乘人员在出行中停放车辆后的活动目的。车主的停车目的有很多，主要包括上班、购物、文化娱乐、餐饮及其他目的。在工作日和周末，各种停车目的的比例存在明显的不同。在一般情况下，无论是工作日还是周末，停车目的都是以上班、购物为主。周末以文化娱乐、购物为目的的停车比例明显比工作日偏大；而工作日以上班为目的的停车明显比周末要多。图 8-1 是北京某地方停车目的的调查结果。

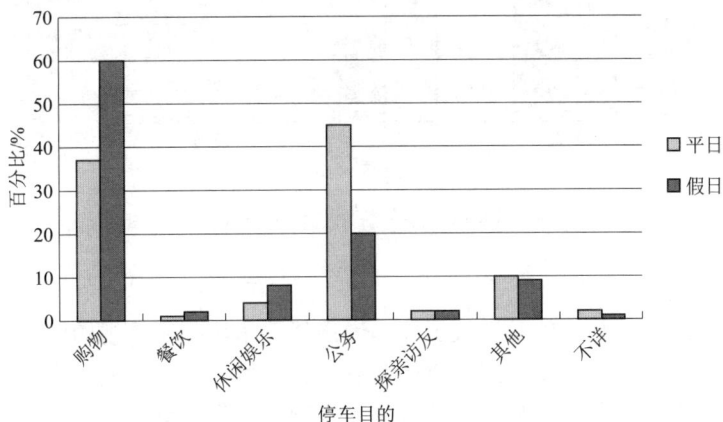

图 8-1 停车目的分布

（2）停车时间

在一般情况下，停车时间的长短在工作日和周末存在明显的不同。在工作日，以工作（上午）为目的的停车较多，所以约 47% 停车的停车时间都在 1 h 以内；相反，在周末以购物、休闲娱乐为目的的停车行为更多，因此停车时间在 1~2 h 的比例最多，约占 41%。图 8-2 是北京某地方停车时间的调查结果。

（3）停车费用支付者

停车费用支付者的不同，在很大程度上关系到以停车费为杠杆的调节停车供需关系的措施是否成功。通常，私人支付者对于停车费率更加敏感，而由他人支付停车费用的情况下（如单位报销等），停车者对停车费率的变化反应不太敏感。换句话说，利用停车费率调节停车需求的措施对于停车私人支付者较为有效，而对于停车他人支付者则效果较差。图 8-3

是北京某地方停车费用支付者的调查结果。

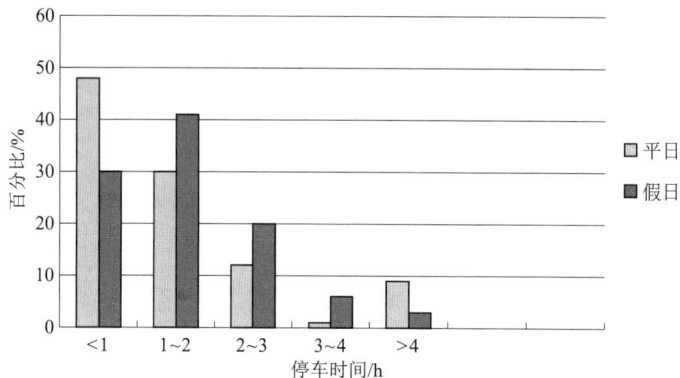

图 8-2　停车时间分布

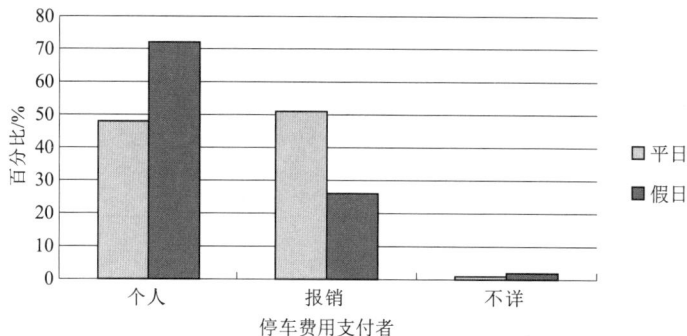

图 8-3　停车费用支付者分布

（4）停车场的选择

选择停车场的理由从某个侧面反映了停车者选择停车场时所重视的因素。通常，停车场距目的地的距离、停车是否方便等因素对停车者在选择停车场时影响较大。然而，随着近年来人民生活水平的提高，我国的私家车拥有率越来越高，驾车者对停车费率的敏感程度也越来越高，停车费率也就逐渐成为影响或调节停车行为的重要因素。图 8-4 是北京某地方停车场选择理由的调查结果。

（5）停车诱导系统的使用意向

向停车者提供停车场信息，不仅可以简化停车者寻找停车场的过程，还可以减少路上寻找停车场的交通量及入库等待时间，从而促进交通秩序的好转。

（6）违法停车行为

违章占路停车即在有禁停标志、标线指示的地点停放车辆。法定停车点是指公安交通管理部门用标志、标线等隔离标记、设施划分的容许车辆停放的空间；容许停车点是指道路内（路边）的法定容许停放部分和因历史沿袭的可以停车的部分设施。违章占路停车及不在法定停车点和容许停车点内停车的行为均可以被称为违法停车行为。违法停车行为的调查应包括地点、车辆数、持续时间等指标。通过违法停车行为的调查，可以分析违法停车行为发生的潜在原因，从而为制定相关管理措施或确定潜在停车需求点提供决策依据。

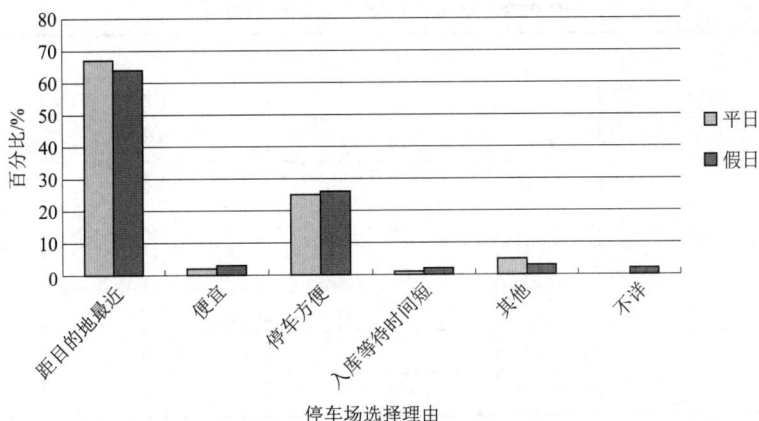

图 8-4　停车场选择理由分布

2. 调查方法

（1）询问调查

询问调查是采用发调查表和直接与车主对话方式的调查。询问调查可分为 RP 调查（revealed preference survey）和 SP 调查（stated preference survey），分别对车主的日常停车行为及停车意向等进行调查。一般需要较详细地调查以下内容：停放车辆目的、从停放车辆地点至出行目的地的距离、出发地点、目的地，在该地停放车辆频率，对停车收费与管理的意见等。

询问调查需要通过积极的宣传才能得到公众最大限度的合作，调查的回收率一般较低，仅有 30%～50%。询问调查可以在路边或停车场（库）内进行，也可在出入口进行，访问内容应该简洁、准确，访问项目应该控制在 1～3 min 完成为宜。为了解驾车者行为特征及出行前和出行途中的反应特征，使调查获得预期的效果，最理想的方法就是将二者结合，发挥各自的优点，取长补短，完善调查内容，减少在调查过程中可能出现的偏差。

（2）现场观测调查

现场调查主要针对城市不同类型的停车设施，了解其车辆停放特性（包括停放时间分布、停车周转率、泊位利用率等指标）。调查人员于一定时段内在选定的停车场现场分车型记录车辆数目变化情况，在条件允许的情况下，可以借助停车场电子管理系统，在出入口现场观测、抄录离开停车场车辆的到达时刻和车辆离去时刻来完成调查。

8.4.3　停车行为影响因素分析

了解城市的停车行为特性对于城市停车设施的布局规划、选址规划、类型选择及停车政策的制定，都具有重要的意义。城市的停车行为特性是在停车者行为决策调查的基础上对调查数据进行分析得出的。

1. 停放时间

车辆停放时间与各个城市的生活节奏、土地使用、人口规模和出行目的等因素有关。城市规模大，则车辆平均停放时间长，而且以工作出行停车时间最长。基于美国、中国台湾及上海的停车行为的调查结果，不同城市规模及不同出行目的的停放时间统计如表 8-6 所示。

表 8-6 　按出行目的分类的停放时间 　　　　　　　　　　　　　　　　　h

城市人口/万	出 行 目 的			各类停放时间的平均值
	购物	私事	工作	
[1, 2.5)	0.5	0.4	3.5	1.3
[2.5, 5)	0.6	0.5	3.7	1.2
[5, 10)	0.6	0.8	3.3	1.2
[10, 25)	1.3	0.9	4.3	2.1
[25, 50)	0.3	1.0	5.0	2.7
[50, 100)	1.5	1.7	5.9	3.0
>100	1.1	1.1	5.6	3.0

2. 停车目的

不同土地利用的停车目的也不尽相同,住宅用地以上下班为目的非公共停车为主;在工厂用地和行政办公用地中,以上下班为目的的非公共停车、以公务为目的的公共停车占据了重要地位;宾馆、旅馆用地和商业、商务、餐饮业用地及批发市场用地,则以等待服务和从事与其功能相关的活动为目的的公共停车为主。

3. 停车信息的影响

调查表明,超过 81% 的被访者在寻找停车场时希望获得停车场信息,其中停车场是否有空位和到达停车场的道路交通信息是被调查者最希望获得的信息。由此可见,停车场诱导信息对停车者的停车行为具有重要的影响,应该在调查中给予重视。

4. 步行距离

停车场选择的另外一个影响因素是停车后到达目的地的步行时间。它对停车选择行为的影响非常大,这也是为什么在我国很多城市,路内停车场的使用率要明显高于路外停车场的使用率。日本的研究表明,多数人愿意为了节省 100 日元的停车费用而多走 190 m 的距离。

停车后的步行距离是停车者优先考虑的问题之一,停车者步行距离有一定的容忍度。停车者的步行距离因其出行目的和停车时间长短而异:工作出行步行距离最长,而停车时间越长,停车者愿意付出的步行距离越长。国外对停车者的调查结果表明,停车者有时愿意将车停放在距离出行目的地较远但停车费用较便宜的停车场内。

步行距离随城市规模的增大而增大,与路外停车相比,通常路内停车的步行距离更短。表 8-7 和表 8-8 为美国几个城市的调查结果,表 8-9 给出了中国台湾提出的可接受步行距离的建议标准。

表 8-7 　美国几个城市各出行目的从停车点到出行终点的平均步行距离 　　　　　　　　m

城区人口/万	出 行 目 的			
	购物	私事	工作	其他
[1, 2.5)	60	60	82	60
[2.5, 5)	85	73	120	64
[5, 10)	107	88	121	79

续表

城区人口/万	出 行 目 的			
	购物	私事	工作	其他
[10, 25)	143	119	152	104
[25, 50)	174	137	204	116
[50, 100)	171	180	198	152

表8-8 美国几个城市各设施类型从停车点到出行终点的平均步行距离　　　　m

城市人口/万	停车设施类型			平均
	路内	路外		
		地面停车场	车库	
[1, 2.5)	64	64	—	64
[2.5, 5)	76	107	30	85
[5, 10)	85	116	73	85
[10, 25)	113	165	101	125
[25, 50)	119	232	213	168

表8-9 中国台湾提出的可接受步行距离的建议标准　　　　m

城市人口/万	步行距离	城市人口/万	步行距离
<2.5	91	[10, 25)	162
[2.5, 5)	105	[25, 50)	226
[5, 10)	149	>50	229

5. 停车费率

在某些条件下，停车费率是影响停车行为的重要因素之一，不同的停车者对于停车费率的敏感程度也有所不同。通常，在其他条件相同时，停车费用越高，该停车场的利用率越低。

停车费率是对停车行为产生影响的最重要的因素之一。停车费用支付者的不同也影响驾车者对停车费用的敏感程度。在我国，公务员的所占比例比较大（如在某出行调查中，公务车的比例占到了48%以上）。很显然，如果停车者不是停车费用的最终支付者，很难通过降低停车费率来吸引驾车者并影响自驾车者的停车行为。近年来，随着人民生活水平的提高，私家车在我国的拥有率越来越高，驾车者对停车费率的敏感程度也越来越高，停车费率也就逐渐成了影响或调节停车行为的重要因素。

停车场的停车费率对停车行为的影响，已经为国际上许多交通工程者及经济学者所广泛认可，许多城市的政府管理相关部门也利用停车费率的调整来进行城市交通需求及交通组织的管理。显然，提高停车费率不但可以迫使驾车者在条件无法接受的情况下，选择其他的停车场进行停车，而且也可以使部分开车上班、购物或娱乐的出行者转移到其他的交通方式，以避免支付高昂的停车费用。在城市中心商业区，停车费率不仅对停车行为，而且还对交通出行方式产生直接的影响，因此很多时候也作为一种交通需求管理的方式被加以运用。

6. 停车场使用方便程度

停车场使用方便程度由抵达停车场的难易程度（道路的拥挤状况）、到达停车场后的入库等待时间（是否能够及时入库），以及入库后存取车的方便程度等因素构成。停车者希望选择等待时间较少、存取车方便的停车场。

7. 取缔违法停车执法力度

在驾车者选择停车场时，对违法停车的执法力度也是影响驾车者的停车选择的重要因素之一。若区域内对违法停车的执法力度大，路外停车的选择率则大；反之，在相同条件下，驾车者更愿意选择路内停车，特别是对于短时间内停车的车辆。

8. 其他与停车行为相关的因素

除上述影响停车行为的因素之外，还有许多其他的影响因素：停车者特性，包括停车者的职业、收入等；停车场特性，包括停车场的大小、结构、停车方式（自行、机械等）是否安全等；车辆特性（即私人车辆还是公务车辆等）也会对停车行为产生影响。

8.5 停车特征分析

停车特征是城市停车行为的集计效果和停车供应设施利用程度的集中体现，反映了城市停车的主要特征、停车设施使用情况及城市停车供需关系。停车特征是停车设施规划和评价的主要依据，了解停车特征有助于科学进行停车设施规划，制定停车政策和管理措施，从而更有效地调控停车供需结构，优化用地布局。对停车特征的分析，可以从停车设施特征分析和停车行为特征分析两方面进行。

8.5.1 停车设施特征分析

在对原始的调查数据进行处理的基础上，计算表征停车设施特性的若干指标（如停车需求的波动性、泊位周转率、平均利用率、停车类型分布、公共停车设施供应比例和规模、高峰小时停车集中指数等），从而获得停车设施的现状特征。

1. 停车需求的波动性

停车需求的空间分布与城市用地的功能和布局、城市的规模有关。一般来说，城市停车需求集中的地点主要有行政单位、医疗单位、教育单位、娱乐健身场所、购物中心和居住区等。对于小城市来说，教育、医疗等公共资源较为集中，路内停车需求在空间上也有集中分布的特征，由于行政单位一般有配建停车场，路内停车需求较大的区域主要集中在医疗单位、教育单位和购物中心。

停车需求具有随时间（月、日、小时）和停车场服务对象波动的特性。图 8-5 为某市具有代表性的两个典型公共建筑物配建停车场某天早 7：00 到晚 18：00 的停车需求情况对比图。

从图 8-5 中不难看出，旅游景点和医院的停车需求高峰出现的时间、停车需求的时间分布各不相同，这种差异是由于停车目的的不同造成的。

2. 泊位周转率

在一般情况下，城市规模越大，泊位周转率越低；路边停车泊位周转率高于路外停车泊

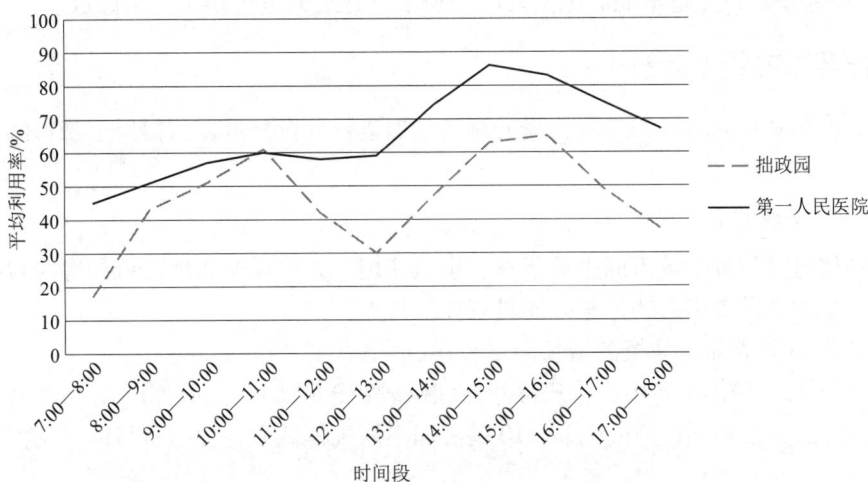

图 8-5 停车场停车需求特性对比图

位；收费停车泊位周转率高于专用泊位。

泊位周转率的大小决定了停车场的利用程度和使用频率，周转率越高，使用程度越高。城市不同区域、不同停车设施的泊位周转率各有差异，城市中心区的泊位周转率要高于中心外围区，路内停车周转率要高于配建停车和路外停车。在一般情况下，城市中心区停车泊位周转率在 6～9 次/天，其他区域在 3～6 次/天。

3. 平均利用率

平均利用率表征了停车场的使用效率，即停车场被使用的容量占总容量的比例。选择这一指标，可以宏观地看出不同性质停车场的使用效率。泊位利用率的高低反映了泊位的时间利用效率和服务水平的差异。

4. 停车类型分布

不同土地利用性质的停车类型不同，如住宅用地、宾馆、旅馆用地和行政办公用地的停车类型以小汽车停车为主，而工厂、批发市场用地的停车类型则以货车等车辆为主。

5. 公共停车设施供应比例和规模

公共停车设施供应比例和规模主要有路内停车泊位与公共停车泊位比，以及机动车拥有量与公共停车泊位比两个指标。

路内停车泊位与公共停车泊位比：该指标反映了城市不同类型公共停车设施，即路内公共停车设施与路外公共停车设施的比例关系。

机动车拥有量与公共停车泊位比：该指标较为直接地反映了公共停车设施的供应水平、对城市机动车的服务水平。

6. 高峰小时停车集中指数

高峰小时停车集中指数反映的是高峰时段停车设施的拥挤程度。随着城市建设用地开发强度的增大，大中城市的高峰小时停车集中指数出现偏高的现象，城市中心商业区的停车设施高峰小时停车集中指数甚至超过 1（一般而言，高峰小时停车集中指数在 0.8～1 之间较为合理），即停车泊位数量不能满足高峰时的需求，导致大量机动车占路停放。

8.5.2 停车行为特征分析

通过对停车者行为决策调查所获得的调查数据进行分析，可以获得以下城市的停车行为特征指标。

1. 平均停车时间

车辆停放时间与各个城市的生活节奏、土地使用、人口规模和出行目的等因素有关。一般而言，停车者在城市市区的停车时间具有以下特点：

① 停车时间随着城市规模的增长而增长；

② 在不同目的的停车者中，上班停车时间一般在 3 h 以上，而购物、办事及其他目的的停车时间较短，一般不超过 2 h。表 8-10 是美国不同规模城市各种出行目的平均停放时间的统计结果。

表 8-10　美国不同规模城市各种出行目的的平均停放时间　　　　　　h

城市人口/万人	出　行　目　的			停放时间的平均值
	购物	个人私事	工作	
[5，10)	0.6	0.8	3.3	1.2
[10，25)	1.3	0.9	4.3	2.1
[25，50)	1.3	1	5	2.7
[50，100)	1.5	1.7	5.9	3.0
≥100	1.1	1.1	5.6	3.0

2. 停车目的

停车目的是指停车者的出行目的（如上学、上班、公务、购物、文化娱乐和回家等）。城市停车设施规划与停车管理措施的制定需要考虑不同区域的停车目的的结构组成对停车泊位供需调控和停车管理政策的影响。图 8-6 为吉安市主要停车场的停车目的调查结果。

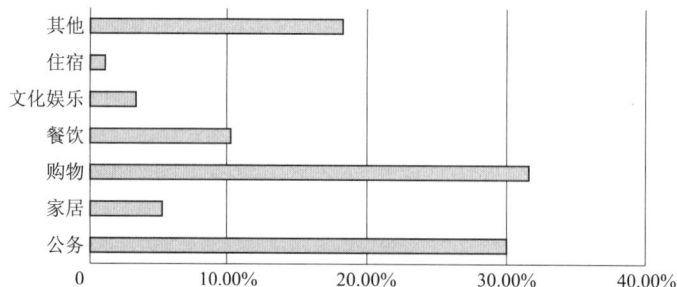

图 8-6　吉安市主要停车场的停车目的调查结果

从图 8-6 中可以看出，以购物为停车目的的停车为 31.6%，以公务为停车目的的停车为 30.0%，以餐饮为停车目的的停车为 10.3%，三者共占总停车数的 71.9%。由此可以看出，在进行停车场规划与管理时，重点应考虑商业设施、机关事业单位和餐饮场所的停车设施规划。

此外，不同停车目的对停车收费的容忍程度也存在差异。一般而言，以上班为目的的停车者对停车收费价格的容忍值最低，而以业务、娱乐、购物为目的的停车者对停车收费价格的容忍值则相对高得多。表8-11为台北市按停车目的划分的不同停车收费价格容忍值的分布。

表8-11　台北市不同停车目的下的停车收费价格容忍值的分布　　　　　　%

停车收费/（新台币/h）	上班	业务	购物	娱乐	餐饮	其他	总计
≤15 元	4.6	1.1	2.6	16	0	0	3.9
15～25 元	54.7	23.4	26.3	20	20	23.8	33.2
25～35 元	17.9	27.7	26.3	20	20	28.6	26.1
35～45 元	3.5	11.7	5.3	10	10	9.5	7.9
45～55 元	7.0	11.7	7.9	30	20	14.3	12.1
>55 元	2.3	24.4	31.6	4	30	23.8	16.8
人数统计/人	86	94	38	10	10	21	274

3. 停车步行距离

停车步行距离是停车者从停车设施到出行目的地的实际步行距离。停车步行距离对停车行为有重要的影响，它反映了停车设施布局的合理程度。在考虑停车场使用者对步行距离的忍受程度的同时，应对停车场本身的设计进行优化，对停车者的停放过程进行简化，缩短停车者的停放时间和到达目的地的步行时间。

不同目的的停车者对停车步行距离的要求也各不相同，一般而言，城市中心区的停车步行距离具有以下特点。

① 停车者的步行距离随城市规模的增大而加长。中小城市的停车步行距离一般在50～100 m，而大型城市的停车步行距离一般在100～300 m。

② 停车者在中心区的步行距离因其出行目的的不同和停车时间的长短而出现差异，如上班的停车者对停车步行距离的要求较低，而对停车费和停车安全的要求较高，而娱乐、餐饮等对停车步行距离的要求较高。表8-12为台北市不同停车目的下可接受停车步行时间的分布。

表8-12　台北市不同停车目的下可接受停车步行时间的分布　　　　　　%

步行时间/min	上班	办事	购物	娱乐	餐饮	其他
≤1	1.2	0	5.3	0	0	0
1～5	23.4	45.8	31.6	28	40	38.1
5～10	44.2	33.0	31.6	60	40	33.3
10～15	20.9	13.8	7.9	4	10	4.8
>15	10.3	7.4	23.6	8	10	23.8

从上述对停车特性的分析可以发现，停车特性随城市规模及停车场的位置而各有不同。

一般而言，随着城市规模的增大，居民所能承受的停车步行距离增大，停车规模与分布方式也与小城市有所不同；就停车场的位置而言，路外公共停车设施是完全面向社会车辆开放的停车设施，对中心区内社会经济活动的正常进行起到重要的影响，且路外停车的平均停放时间长，周转率低，泊位利用率低，高峰停放指数也低，各方面的指标都逊于路内停车场。相反，路内社会公共停车场主要是方便短时停车用户的需要，相对于路外停车场，停车者不用花费长时间停入和驶出。它不仅能够缓解路外公共停车设施的供应不足，而且能够充分利用城市道路基础设施，具有投资效率高、建设周期短、设置方式灵活、节约社会资源及使用方便等优势。因此，应根据停车场的位置及城市规划对停车特性进行具体分析，使停车设施的规划与管理更加合理。

4. 停车行为影响因素分析

随着城市规模的扩大，停车费用的差异、出行者的个人属性和车辆特征、停车设施的可达性、执法力度及停车信息等都会对停车行为产生影响。

（1）停车费用的影响

停车收费是影响停车行为的最为重要的因素之一。根据国外有关研究成果，个人出行的产生条件包括出行机会的产生、出行的效用大于出行的代价等，如果出行的代价大于出行所带来的效益，出行者则会考虑取消出行或改用更为经济的出行方式。停车费用作为汽车出行经济代价的重要组成部分之一，汽车出行者对停车费用存在一定的敏感性，一般而言，由停车者自己支付停车费用时，停车者对于停车费用比较敏感。并且，当停车费用高过出行者的承受意愿或能力时，出行者会考虑放弃汽车出行方式，而转向其他的出行方式。因此，通过调节停车费用，可以调控私家车的出行比例。

通过调节停车费用可以有效地调控城市不同区域的停车供需关系、停车设施供应结构和汽车使用率。目前我国公务用车的数量占相当大的比例，这一部分停车者对停车费用不是很敏感，但随着我国城市机动化进程的发展，私家车的比例将逐渐上升，通过停车费用来调节停车供需关系将成为非常有力的手段。

（2）出行者的个人属性和车辆特征的影响

不同类型的出行者对停车费用的反应存在很大的差异，这一差异主要源于停车者对时间价值观念的不同。出行者的时间价值越高，越在意出行时间的节约而相对忽略出行费用的影响；出行者的时间价值越低，越在意出行费用的影响，而对出行时间要求相对宽松。一般而言，家庭经济收入越高，其时间价值也越高。

同时，停车习惯也是影响停车行为的重要因素之一。停车习惯是在个人偏好、社会环境、停车设施的供应特点等因素的影响下形成的。不同类型的城市的停车习惯有较大的差异，如停车时间长短对停车设施选择的心理差异、大中小城市对步行距离要求的差异等。

车辆特点对停车行为的影响，主要表现为公车和私车、本地车与外地车、新车与旧车及车辆价格的高低等所体现出来的停车行为差异。公车由于不需要停车者本人承担停车费用，一般会选择就近停车；私家车需要停车者本人支付停车费用，多倾向于选择成本低的停车设施。外地车辆一般对停车设施的位置、收费等情况不熟悉，一般以距离目的地最近为原则或按习惯选择停车设施；本地车辆则会综合考虑各方面的影响因素作出选择。新车或高价位车辆的使用者更加注重停车安全，在停车选择时相对倾向于选择路外停车，以降低受到损伤的可能性，而且对停车费用的高低相对来讲不太敏感；旧车或价格较低车辆的使用者一般不会过于担忧停车的安全性。

（3）停车设施可达性的影响

停车设施的可达性越高，表明停车场的使用方便程度越高，即等待时间较少、存取车较为方便等。一般而言，停车设施可达性越高则更容易吸引短时间的停车者，因此停车设施可达性越高，停车设施周转率就越高；而可达性低的停车设施的利用者往往停车时间越长，停车设施周转率较低。

（4）执法力度的影响

对违章停车的执法力度是影响停车者选择路上违章停车或停车场停车的重要因素之一，执法力度对停车行为有着重要的影响。

（5）停车信息的影响

调查表明，超过81%的被访者在寻找停车场时，希望获得关于停车场的信息。在希望获得的信息中，最希望获得的信息是停车场是否有空位（满、空信息）和到达停车场的道路交通信息。超过80%的被访者表示会利用停车场信息，因此可以认为停车场引导信息对停车者的停车行为具有重要的影响。

复习思考题

1. 停车调查的目的和内容是什么？
2. 简述泊位周转率、停车场利用率和停车指数的定义。
3. 简述停车设施调查的目的。
4. 简述停车实况调查的主要内容。
5. 简述停车行为的主要影响因素及停车行为特征分析的主要目的。

第9章

道路交通安全调查

9.1 概　　述

9.1.1 国内外道路交通安全现状

在全世界范围内，道路交通事故是一个极为严重的问题。据统计，全世界每年约有5 000万人在道路交通事故中受伤，约有130万人死于道路交通事故，平均每天就有超过3 000人因道路交通事故而丧生。因道路交通事故伤害造成的死亡人数已经占到所有伤害原因造成的死亡总人数的25%左右。数据显示，道路交通事故是全世界5～29岁儿童和年轻人的头号杀手，全世界道路交通死亡者中约有一半是"弱势道路使用者"，即行人、骑车者和摩托车手。在全世界道路死亡中有93%发生在低收入和中等收入国家，而这些国家的车辆占全世界总量的约60%。非洲区域的道路交通伤害死亡率最高。即使在高收入国家，社会经济地位较低者也更容易卷入道路交通事故。在2021—2030年，道路交通伤害将导致估计1 300万人死亡，5亿人受伤。

道路交通事故的危害性不仅仅反映在伤亡人数上，在经济上造成的损失也是巨大的。道路交通碰撞的损失占大多数国家国内生产总值的3%。世界银行最近预测指出，发展中国家每年因道路交通事故造成大约1 000亿美元的损失。根据世界卫生组织发布的《全球道路安全现状报告》（2018年），近年来，死亡总人数在上升，尽管一些中、高收入国家目前在道路安全方面作出的努力使情况得以缓解。但事实上，低收入国家中的道路交通死亡风险仍比高收入国家高3倍。死亡率最高的是非洲（每100 000人死亡26.6人），最低的是欧洲（每100 000人死亡9.3人）。

自2005年以来，我国道路交通安全形势有所好转，交通事故次数、死亡人数、受伤人数、经济损失等交通事故指标均呈现不同程度的下降。2011—2020年我国历年的道路交通事故统计数据如表9-1所示。

表 9-1　我国 2011—2020 年道路交通事故统计表

年份	事故次数/起	死亡人数/人	受伤人数/人	直接经济损失/万元	十万人口死亡率
2011	210 812	62 387	237 421	107 873	4.62
2012	204 196	59 997	224 327	117 490	4.41
2013	198 394	58 539	213 724	103 897	4.28
2014	196 812	58 523	211 882	107 543	4.25
2015	187 781	58 022	199 880	103 692	4.19
2016	212 846	63 093	226 430	120 760	4.53
2017	203 049	63 772	209 654	121 311	4.55
2018	244 937	63 194	258 532	138 456	4.50
2019	247 646	62 763	256 101	134 618	4.45
2020	244 674	61 703	250 723	131 361	4.37

　　道路交通事故涉及面广，事故隐患频发，且具有突发性和极强的社会性特点。有人说现代车祸"是一场无休止的战争"，"汽车是杀人的活动工具"。由此可见，道路交通事故已经发展成为一个社会性的大问题，必须对其给予足够的重视。

9.1.2　道路交通安全调查的目的与意义

　　道路交通安全是保证一个国家国民经济持续发展和社会安定团结的重要因素，也是道路交通管理的两项基本任务之一。我国通常用交通事故次数、死亡人数、受伤人数、经济损失4 项指标来描述道路交通安全状况。为了预防交通事故，确保道路交通系统的安全通畅，必须对交通事故现象进行客观、全面的认识。

　　道路交通事故调查与分析为查明交通事故总体的现状变化趋势和各种特征提供了统计数据，采用数学的统计分析方法，可以从宏观上定量地认识事故现象的本质和其内在的规律性。交通事故的调查与分析是一项繁重的工作，明确事故的原因和责任也是必不可少的工作。总体而言，通过对道路交通事故的调查与分析，可以为今后预防和减少道路交通事故而采取有效措施提供可靠的数据依据。概括地说，实施城市道路交通安全调查与分析的目的主要有以下几个方面：

　　① 鉴别与确认城市道路交通事故多发路段，并提出相应的保护措施；

　　② 评价道路几何线形指标、视距和环境条件，以便提出改善工程或改变管理与控制方法的依据；

　　③ 调查并总结各类预防道路交通事故的交通工程设施的效果，并提出改进的办法；

　　④ 为改进道路规划、设计与维护提供依据；

　　⑤ 为修正交通法规提供依据。

　　交通事故的调查与分析对于指导交通管理、道路设计和规划有许多重要意义，如掌握事故的变化规律和交通管理中的薄弱环节，明确交通管理目标、重点及对策，发现、控制事故多发区域及地点并加以改进等。只有使道路交通事故数量降低，才能减少人员伤亡和经济损失，从而提高人们乘车出行的安全感，促进社会的安定团结。

从道路交通安全政策与管理方面考虑，城市道路交通事故调查与分析的目的主要有以下4个方面：

① 为制定交通法规、政策和改善交通安全设施提供重要依据；

② 检验某项交通安全政策和措施的实际效果；

③ 为交通管理提供统计资料；

④ 为交通安全教育和交通安全研究提供资料。

从改善道路交通安全状况方面考虑，城市道路交通调查与分析的目的主要有以下4个方面：

① 研究整个路网的道路安全状况，制定路网安全改善战略规划；

② 路网级事故多发点鉴别与改造设计；

③ 项目级事故多发点鉴别与改造设计；

④ 为道路安全评价及其他安全项目的研究提供基础数据。

大多数交通事故都是由于驾驶员和行人的不小心或者冒险行为引起的，采用适当的交通控制装置和良好的道路设计特性，往往可以减少发生道路交通事故的可能性，或者降低事故的严重程度。

对事故档案（record）的分析可以为评价某些特定地点的交通控制装置和道路几何设计的成功或失败提供必不可少的资料。但是，在分析过程中起到重要作用的那些资料，在数量和质量上经常是不够充分的，例如许多保存在警察部门的案卷里的事故信息并没有得到最大程度的利用。

9.2 交通冲突调查

9.2.1 基本概念

交通冲突（traffic conflict，TC）调查通常是在交通工程师的指导下实施的。交通工程师必须确定研究的必要性，设计调查时间表，监督数据的收集及实施或指导分析工作；同时，交通工程师也要分析结果，并提出安全改善意见。现场资料的收集一般是调查员的任务。

交通冲突调查通常需要花几个小时到几天时间，在某个点段进行人工观测。为确保标准数据的收集，必须建立明确的步骤，以便作出有效的比较和判定。调查需要一个或更多观测者，按照一系列时间表执行许多既独立又相关的任务，这些任务包括记录范围和其他细节（如当地交通控制设备的类型）。观测者也要求对交通流问题及它们的起因作出判断，最重要的是观察和记录交通事件。交通冲突调查无须复杂的设备，过去一些调查机构一直使用运动图片或视频设备记录冲突数据。然而，为了提高精度和减少数据收集费用，在现场进行交通冲突的人工观测方法是首选。

统计交通冲突可以对一些特定地点的潜在事故作出估计，这些地点一般包括平面交叉口、交织区段（weaving section）、合流和分流区（merging and diverging areas）。因为用来分析某选定地点的安全状况的交通事故资料可能不够充分，因此核查冲突次数可以对潜在的碰撞情况作出某种评价，而不必等到事故发生。

一次交通冲突就是一个潜在的事故苗子（potential accident situation）。驾驶员的躲避行动（evasive action）和交通违章（traffic violation）是冲突的两种形式。当一个即将来临的事故情况出现时，驾驶员为避免碰撞而采取某种躲避行动，例如，使用制动或改变行驶方向。这两种行动可分别由制动灯的显示和车道的改变而被观测到。

交通违章可以根据"统一车辆法规"（uniform vehicle code）来判定，即使附近没有别的车辆，任何一项违章都应记作一次交通冲突和潜在的事故苗子。

交通冲突的调查对评价交通改善措施的效果是一个很有用的工作。冲突形式和数量的变化可以在前后对比分析中加以比较。

交通冲突技术（traffic conflict technique，TCT）是一种依据一定的测量方法与判别标准，对交通冲突的发生过程及其严重性程度进行定量测量和判别，并应用于交通安全的非事故统计评价方法。20世纪70年代末期，世界各国相继开展了对TCT的研究。目前，交通冲突技术在世界上许多国家得到了广泛的应用。自1988年TCT被介绍到我国以来，我国的道路交通冲突技术有了一定的发展，它将成为我国乃至国际上用于定量分析交通安全（特别是地点安全）问题及对策的重要方法。

下面对交通冲突的定义及相关术语进行简单介绍。

交通冲突的定义有两种：一种以美国为代表，其定义为：交通冲突是驾驶人的躲避行动或交通违法行为。躲避行动是由制动灯显示表明的车辆制动和由车道改变表明的原定行驶方向的改变。另一种以欧洲国家为代表，其定义为：交通冲突是交通行为者在参与道路交通的过程中，与其他交通行为者发生相会、超越、交错、追尾等交通遭遇时，有可能导致损害危险发生的交通现象。

交通冲突技术是指依照一定的标准，对冲突发生过程及其严重性程度进行定量测量与判别，并应用于安全评价的技术方法。

冲突避险行为是指冲突当事者为避免事故发生而采取的"制动、转向、加速、制动转向、加速转向"5种规避行为。

冲突速度（conflict speed，CS）是指冲突当事者避险行为生效时的瞬间速度，以m/s计，以机动车一方或高速一方的运动状态发生外观突变的瞬间为测量基准。

冲突距离（distance to braking，DB）是指冲突当事者开始采取避险行为的瞬间位置距事故接触点的时间过程，以米计。

冲突时间（time to accident，TA）是西方交通冲突技术的"距事故发生的时间"，即"冲突当事方开始采取避险行为的时间至肇事点的时间过程"。

1977年在奥斯陆召开了首届国际交通冲突学术年会，会上Amundsen和Hyden正式提出了交通冲突的标准定义，即：两个或多个道路使用者在一定的时间和空间上彼此接近到一定程度，此时若改变其运动状态，就有发生碰撞的危险，这种现象称为交通冲突。

交通冲突发生与不发生的过程如图9-1所示。

由图9-1可见，交通冲突是在交通环境中，交通参与者出现的一种非正常的交通状态，这种非正常的状态就是避险行为或交通违法行为。交通冲突过程表示为两个作相对运动的对象在一定时间内，相互逼近的空间变化趋势，这一特定的时空变化关系可用时间、距离、速度等参数定量描述。

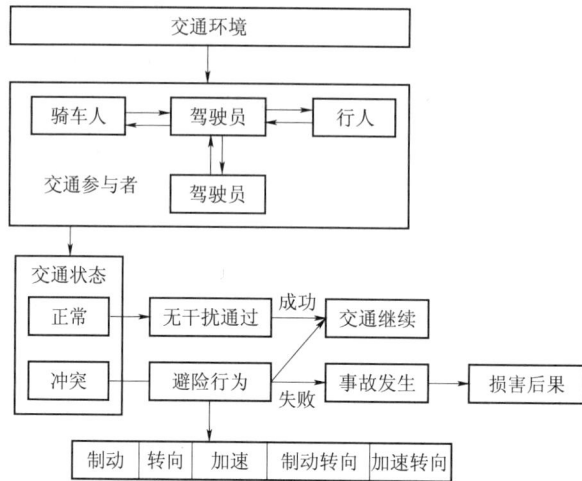

图 9-1　交通冲突发生与不发生的过程示意图

9.2.2　交通冲突调查的目的与特点

1. 交通冲突调查的目的

鉴于以往对危险路口安全状况改善的方式，均对一般路口作交通基本资料的调查，并配合路口交通事故资料，作为进行路口危险程度分析及判断的基础。另外，由于长久以来事故资料存在一些不完整的记录，类似的道路交通事故资料的获取并不容易，而且路口交通状况变化的情况，也使得路口过去的事故资料失去足够的应用价值。因此，在评估路口的危险程度时，不容易获得正确的最新资讯，或者在作路口安全状况改善时，找不出真正的事故原因。

交通冲突调查是一种在道路车流运行时，收集车流冲突发生的类型及交通冲突量，用以判断路口事故危险程度大小的依据，可弥补以往用事故资料判断路口危险性的方式的缺陷。所以，交通冲突调查的目的，可以认为是取代以往仅用事故资料作为改善危险点、段的方法，以达到更直接了解交通状况的目的。

道路交通冲突调查以非事故统计为基础，基于交通冲突技术，依据一定的测量方法与判别标准，以大样本、短周期、小区域、高信度、快速、定量的方式研究评价道路交通安全的现状与改善效果。交通冲突调查代替了传统的事故统计调查方法，实现了道路交通安全的快速评价和预测，它可以对交通运营系统的许多方面，如地点安全度、安全改善措施的效果进行快速评价。交通冲突调查是用于定量研究多种交通安全问题及其对策的重要方法，它为提高城市道路交通安全性能，减少交通事故的发生，客观评价城市道路交通安全状况，进而提出整改方案，提高道路安全性能和运行效率提供了不可或缺的数据资料。

2. 交通冲突与交通事故的关系

交通冲突的实质是不安全交通行为的表现形式，其发展可能导致事故发生，也可能因采取的避险行为得当而避免事故的发生，因而事故与冲突之间存在某种相似的内容。交通冲突在交通事故生成过程中的作用可从图9-2交通事故生成过程看出。由交通冲突技术的理论研究发现，事故与冲突的成因与发生过程的最后阶段存在着极为相似的形式，两者的唯一差别在于是否发生了直接的损害性后果。

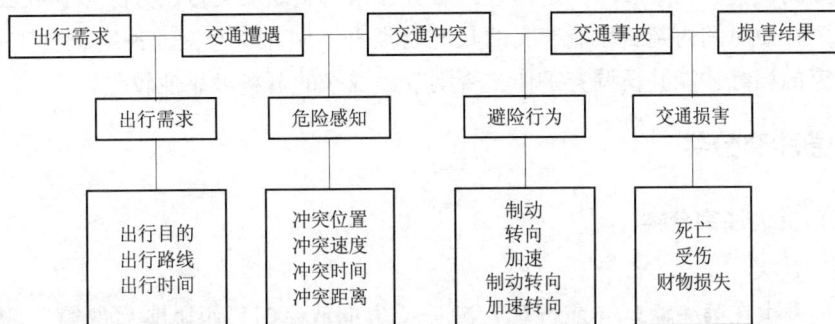

图9-2 交通事故生成过程

由于这一特性，可以作出如下假设：交通事故与交通冲突的发生概率虽然存在着差异，但是这种差异将具有线性特征且呈一定的规律性，即具有统计意义。因此，二者相应的各项代表性参数将存在着某种强相关关系。在对交叉口的冲突技术的研究中已证实了冲突与事故之间的线性关系。根据国内外研究资料，一次冲突将导致事故发生的概率是 $1.0 \times 10^{-5} \sim 1.24 \times 10^{-5}$，即 80 000~100 000 次冲突有可能导致一次事故的发生。冲突与事故的分类关系如图9-3所示。

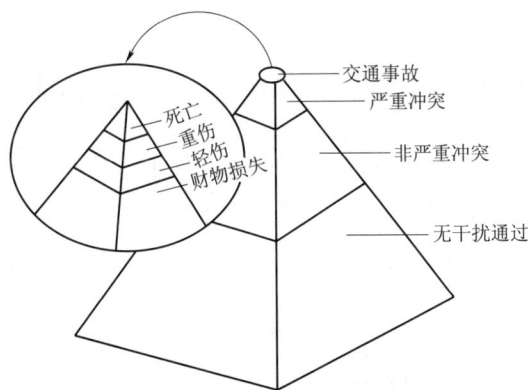

图9-3 冲突与事故的分类关系

基于对道路交通冲突的调查与研究，交通冲突技术在现代交通安全评价及事故分析中发挥了越来越重要的作用。在国内，关于中国交通冲突技术（Chinese traffic conflict technique, CTCT）的研究也在不断深入，提供了适合于我国国情的研究方法，这项技术逐步解决了传统事故统计评价方法中存在的"样本小、统计周期长、区域大和信度低"的问题。利用交通冲突所具备的"大样本、短周期、小区域和高信度"的统计学优势，用定量测定"准事故"（严重交通冲突）的方法代替传统的事故统计方法，实现了小区域地点快速评价的目的。

3. 交通冲突调查与一般交通调查的区别

一般的交通调查几乎都是由调查员依照调查的性质，对道路或车流及其他与道路相关的交通资料，进行其速度、方向、时间等的资料收集，因此相应的调查比较简单且容易操作。至于交通冲突的调查，比一般的交通调查困难且复杂。交通冲突量调查除了要收集一般路口资料外，还要在短时间内判断车流冲突的状况及类型，因此参与交通冲突调查工作的人员，必须经过一定的训练才能胜任调查工作，否则收集回来的资料可靠性较差。

9.2.3 交通冲突分类

1. 交叉口交通冲突分类

（1）同向冲突

同向冲突发生在第一辆车（前行车）减速或方向改变时，跟随其后的第二辆车处于可能前后碰撞的危险状况，此时第二辆车以刹车或迂回闪避的动作，避免发生碰撞后，继续通过交叉路口。同向冲突可以分为以下 4 种类型。

① 同向左转冲突。

② 同向直行减速冲突。当前行车辆通过交叉口时出现减速动作，使得跟随其后的第二辆车处于一种可能碰撞的危险状况，这种冲突称为同向直行减速冲突。

③ 同向右转冲突。当前行车辆减速欲右转时，跟随其后的第二辆车处于一种可能碰撞的状况，从而采取刹车或迂回闪避的动作，这种冲突称为同向右转冲突。

④ 同向变换车道冲突。

（2）对向左转冲突

当对向车道上驶来的车辆采取左转时，使直行的车辆处于可能与之对撞或侧撞的状况。

（3）穿越交通冲突

当前行车辆转向或直行穿越具有优先通行权的干道时，干道上与其距离最接近的车辆处于可能产生前后碰撞、侧撞或擦撞的情况，从而采取刹车或迂回闪避的动作防止碰撞，然后才继续通过交叉口。这种穿越交通的冲突又可以分为右端车道穿越冲突和左侧车道穿越冲突两种。

（4）红灯右转冲突

① 右端红灯右转冲突。当右端车辆在红灯时右转，使具有优先通行权的干道车辆处于可能擦撞或前后追撞的状况。

② 对向红灯右转冲突。对向红灯右转冲突发生在信号交叉口的左转专用相位，对向车辆在红灯时右转，与左转车辆可能产生侧撞、擦撞或前后追撞的情况。

（5）行人与车辆冲突

当车辆通行时，行人在其前方穿越，可能引起碰撞危险，从而使驾驶员必须采取刹车或迂回闪避的情形。

（6）二次冲突

在前面所述的冲突情形下，当第二辆车采取刹车或迂回闪避的动作后，紧随行其后的第三辆车处于一种可能碰撞的危险状况，从而必须采取刹车或迂回闪避的情形。

2. 路段交通冲突分类

路段交通冲突是在可观测的条件下，两个或多个道路使用者之间，或者道路使用者与道路构造物之间，在同一时间、空间上相互逼近，其中一个道路使用者进行了某种不规范或不恰当的操作，如转换车道、改变车速、突然停车等，导致至少一方必须采取回避措施（改变行车状态），否则会处于碰撞或危险的境地。路段交通冲突定义与交叉口交通冲突定义的差别在于路段交通冲突强调了（单方）道路使用者与构造物之间的冲突问题，突破了传统意义上仅仅局限于交通行为主体的冲突定义。事实上，道路构造物在逻辑上也可以看作一种特殊的交通行为参与者，只是它的绝对运动速度为0。

根据路段交通冲突的定义，可以把"交通冲突"表示为两个作相对运动的物体在一定的时间内向事故接触点逼近的空间变化趋势过程，并且可以从以下3个要素进行判别：

① 心理上已经明显感知到事故危险的存在；

② 必须采取及时有效的避险行为，并使其行驶方向或速度发生瞬间的变化；

③ 如果方向或速度不变，必然会导致交通事故或碰撞的发生。

在一般道路上，由于公路交通的特殊性，车辆行驶方向比较单一，车辆间的行驶状态比较简单，因此可以从冲突角或碰撞角对交通冲突进行分类。所谓"冲突角（碰撞角度）"，是指发生交通冲突的行为者的行驶方向之间的夹角 θ，其中 $\theta \in [0°, 180°]$。如果其中一方是道路构造物，则它的行驶方向规定为固定物纵断面方向。应用冲突角进行路段交通冲突分类可以得到以下4种冲突类型。

（1）正向冲突

冲突角 $\theta \in [135°, 180°]$ 时的交通冲突称为正向冲突，主要表现为冲突车辆以相反的方向相互逼近，是车头与车头之间的碰撞。

（2）追尾冲突

冲突角 $\theta \in [0°, 45°]$ 时的交通冲突称为追尾冲突，主要表现为冲突车辆以相同方向相互逼近，是车头与车尾之间的冲突碰撞。

（3）横穿冲突

冲突角 $\theta \in [45°, 135°]$ 时的交通冲突称为横穿冲突，主要表现为车辆以交错的方式相互逼近，是车头与车辆中部之间的冲突碰撞。

（4）碰撞固定物冲突

道路使用者与道路上的固定构造物发生冲突，冲突角 $\theta \in [0°, 90°]$，主要表现为车辆以一定的角度逼近道路构造物，是车头与道路构造物之间的冲突碰撞。

9.2.4　交叉口交通冲突调查

1. 交叉口冲突调查地点

驾驶员的躲避行动和/或交通违章以某种频率出现的地点就是存在潜在事故的地点。这样的地点常常可以从交通量、事故数、行程时间（travel time）和延误（delay）时间的调查，以及从观察或公众的抱怨中鉴别出来。过多的交通冲突常常发生在拥挤的交叉口、主要车行道、交织区段，合流和分流区。

我国城市道路交叉口交通流复杂，各种不安全因素高度集中，事故比例位居各类路况之首且高达 40%，因此，冲突调查地点选择在交叉口很具有代表性。

城市道路交叉口有十字形、T 形、环形交叉口等基本形式，在交通冲突调查期间，要求被调查的交叉口具备以下条件：未进行任何改造；交通流量基本无变化；交叉口的日平均交通流量应大于 1 万辆，同时还应保持相当比例的自行车及行人流量。

因为交叉口交通冲突量的调查工作耗费人力与时间，所以对于要实施交通冲突调查的路口，应保证其具备以下条件：

① 当路口的事故次数突然增多或死伤特别严重，急需立即改善时；

② 由于路口的事故资料不完整，且又有安全顾虑，急需改善，无法判断路口真正的危险程度时；

③ 事故资料显示路口具有危险性，但是事故记录的分析报告无法找出其事故的真正原因时；

④ 对于将作较大改善的路口，除一般分析资料外，仍需其他更多补充资料提供参考时。

2. 交叉口冲突调查时间

交通冲突的现场调查通常是在交通流的高峰期间进行的。由于城市道路交通方向的分布在整个一天中是变化的，因此早晚高峰期间应该分别进行核查。交通流高峰周期的时间是通过交通量统计来确定的。

一般冲突调查都在上、下午高峰时段进行，有的上、下午高峰及非高峰时段均需要调查，以获得更确实的资料。由于受到人力、财力的限制，每项交通调查工作都应依其调查工作的性质及作用，选择其合适的调查时间。

交通冲突调查在以往研究文献中，常常采用周一至周五、自上午七时至下午六时止共 11 h（至少不应少于 4 h），在干燥的路面作阶段性的调查。其中调查的时段包括高峰及非高峰时间，至于白天 11 h 内未调查的时段，则以其前后两调查时段冲突量的平均值，按该未调查时间长短的适当比例，估计出其冲突量，然后将 11 h 中各时段的所有冲突量相加，即成为路口一天 11 h 的交通冲突量。

交通冲突的调查通常是在好天气和正常交通条件下进行。当需要坏天气的资料时，才进行坏天气下的调查。在进行一项"事后"调查时，各种条件如时间、天气、交通量等，必须和"事前"调查时相似。

由于交通冲突属于随机偶然事件，所以尽管在同一地点，冲突数都会有差异。因此，进行多天的调查以保证其调查样本回归至均值是比较稳定可信的。

虽然调查数据的精度会随着年度或观测天数的增加而增加，但由于随机的原因，这一精度并非无限的，同时还要受到调查经费的制约。根据西方的经验及我国的实际情况，同一地点的调查时间为 3 天以上均值为宜。调查时段可参照交通调查规范推荐，调查时间可选择 10～12 个时段，时段定义为每小时的第 1 个 15 min 或 30 min，这一时间包括了早晚高峰与低峰流量时段。可选择从早上 7：30—19：00 这一时间段，以 30 min 或 15 min 为一时段。

3. 交叉口冲突观测方式

（1）录像观测法

录像观测法是利用摄像机在可能发生交通冲突的现场进行摄像，然后在室内放映并进行记录的方法。录像观测法的主要优点是：① 录像可以反复放映，并可随时定格研究，直至获取全部数据；② 可以供多人同时在同一条件下观测同一事件，并进行讨论分析，以确定冲突事件的发生、成因及类型，观测精度高；③ 室内工作条件好，录像资料可以作为文件保存并用于安全分析。录像观测法的缺点主要是：① 要清楚地拍摄整个冲突现场的全貌有一定的困难；② 观测的机动性和灵活性受到限制；③ 摄像机只能反映冲突现场的部分情况，而且从摄像机观测的情况与肉眼观测的情况存在一定的差异；④ 需要的观察统计人员较多。

（2）人工观测法

交叉口交通冲突的统计更多的是采用人工观测法进行的。在人工观测法中，一个观测者记录一种或多种运动（直行、左右转弯）的冲突次数和交通量。如果交通量太大，一个观测者来不及观测和记录，可以增加调查人员的数量，指定一个观测者只观测一条车道。每个观测者都需要配备必要的冲突次数和交通量的统计表。

人工观测法的优点是：① 具有较大的机动灵活性，观测工作的组织和实施及记录形式和内容的变化调整均比较容易；② 观测人员可以直接观察冲突发生的全过程，能较好地体会冲突的真实性，并以此作为判断各种冲突事件的参考；③ 观测员可以随时调整位置和角度，选择最好的观测点；④ 费用低，可靠性高。人工观测法的缺点主要是：① 要求观测人员具有很高的记录可靠性；② 要求观测时有一定的隐蔽性，必须选择好的位置和角度；③ 恶劣的天气或环境对观测不利。

4. 冲突调查样本容量

（1）混合交通当量（mixed passenger car unit，MPCU）

近年来，西方交通调查普遍采用了小汽车交通当量（passenger car unit，PCU）的概念，用于描述各类机动车出行分布对交通流量的影响程度，但PCU概念中未涉及自行车和行人流量。与西方发达国家相比较，我国城市道路交通是以混合交通方式为明显特征的，CTCT调查表明：在交通冲突与事故中，属于自行车和行人责任的原因占据了相当的比例。根据我国部分城市交通调查对自行车和行人当量值的推荐，引入了混合交通当量的新概念，用于描述各类道路使用者出行分布对交通安全的影响程度。混合交通当量定义值如表9-2所示。

表9-2　混合交通当量定义值

道路使用者	大货	大客	中客	小货	小客	摩托	自行车	行人
MPCU	1.5	1.5	1.5	1	1	0.3	0.2	0.1

注：调查单位为MPCU/h交叉口。

（2）在进行交通冲突调查时，CTCT采用以下公式来确定调查的最小样本容量（需调查的严重冲突数量）

$$N=P \cdot Q \cdot K^2/E^2 \tag{9-1}$$

式中：

N——样本最小容量；

P——卷入某种特定交通冲突的车辆所占观测的交通量比例；

Q——未卷入某种特定交通冲突的车辆所占观测的交通量比例；

K——对应于一定置信水平常数值；

E——交通冲突比例估计值的允许误差。

选定 *P*、*Q* 各为 0.5，即可确定一个保守或合理的样本容量估计值。当 *P* 从 0.5 增加或减少时，都会使样本容量减少，因为 *P* 和 *Q* 之和永远为 1。

常数 *K* 取决于所要求的置信水平。若置信水平取为 95%，则 *K* 值为 1.96，说明在 20 次冲突中，只有一次冲突出现误差。表 9-3 为不同置信水平下所对应的 *K* 值。

表 9-3 不同置信水平下所对应的 *K* 值

常数值	1	1.5	1.64	1.96	2	2.5	2.58	3
置信水平/%	68.3	86.6	90	95	95.5	98.8	99	99.7

交通冲突比例估计值的允许误差取决于调查所需精度，一般在 $-0.01 \sim +0.10$，由式（9-1）可算得各种特定交通冲突所需观测的最小冲突数。另外，在任何情况下，样本容量不得小于 30。

5. 调查资料收集与整理

（1）资料收集时间

一般在非信号控制路口的干道方向及信号控制路口的各方向实施交通冲突量调查。为使路口交通调查能客观真实，调查时段应包括上、下午高峰及非高峰时段；为方便计数，一般以 30 min 为一调查时段。CTCT 调查经验表明，一个观察员最多可连续观测 2 h，否则观测将出现误差而导致记录的可靠性下降。因此，现场观测可采用观测人员与记录人员 1~2 h 互换的观测方式，或者观测 30 min 为一个时段，在休息间隔 30 min 后，再做下一个时段的间歇式观测。例如，在非信号控制路口，由一人或二人同时做调查，为使调查员在调查时段有短暂的休息或变换位置，在调查的 30 min 中，只做前 20 min 或 25 min 的调查，剩余几分钟变换调查位置或整理记录资料。

（2）资料收集方式

在实施城市道路交叉口交通冲突调查时，资料的收集应依照调查表格内的冲突类型依序填入，并且各方向应分开记录。对于调查时间、地点、方向、路口形式等资料均应详细填写，以便日后资料的整理。

在调查中发现比较特别的交通事件或影响路口安全及顺畅的现象，均可记录在表格下方的补充说明栏中，作为调查后整理分析时对路口状况判断的参考。

（3）资料整理

每个调查部门都将绝大多数调查数据的程序进行了标准化，并给出了一般指导。对于收集的资料，应先检查有无漏填，并将资料依下列步骤进行整理。

① 物理调查。标志、信号灯、标线、交叉口类型和其他有用的信息都应在物理调查中注明。观察者还需要将有时速限制标志的所有道路上的时速标出。这些信息要做成一个永久记录并在前后对比研究中运用。在许多情况下，刚竣工的设计基础调查信息是有效的，但在进行冲突调查时应更新这些信息。

② 交叉口简图。当刚竣工的规划或交叉口先前的简图无效时，必须对要调查的地点再绘制一张简图。为了包括交叉口几何信息、标志、信号灯、标线、渠化、车道、房屋、商场、电杆、树及其他有用的物体，这张简图应绘制在格纸上。此图还应包括指北针、街道名

称和路线数量。

③ 信号配时。在渠化了的交叉口，应由设计师设计信号配时，它包括周期时长和所有进口的绿灯、黄灯和红灯时间。还应该给出所有的分离相位，如左转信号相位。观察者应确认信号操作是否与计划相适应。若信号配时不同的话，应将其记录下来。

④ 照片。应对交叉口进行拍照，从驾驶员的视点对每个进口拍 5 张照片，其中的 3 张照片分别从距交叉口 60 m、180 m 和 300 m 处进行拍摄。另两张转弯照片应在停车线拍摄，如同将要通过交叉口车辆上的司机向左右观望一样。照片是唯一能够确保没有物理装置或某些细节部分被遗漏的方法。照片也可以使从未见过这些交叉口的设计者能更好地理解其物理和操作特征。

⑤ 现场调查报告。在观察过程中，观察者应注明所有明显的交叉口运行状况和安全缺陷，这包括了问题原因及可能的解决办法。观察者可通过经验识别出其中的缺陷。

⑥ 交通流量。如果交通总量与交通冲突数据同时使用，那么它们最好是被同时调查得到。当冲突观察人员在进行交通冲突计数时，不能同时观察到交通总量和转向流量。交通总量和转向流量必须由另外的人进行观测。

⑦ 其他数据收集时间表。物理调查、交叉口简图、信号时长和拍照片可以在冲突观测开始前完成。这些信息至少要花 1 h 去收集。如果这些信息不能预先收集到，可以在调查时间段之间或调查结束后进行收集。现场调查报告应在冲突数据调查完后立即完成。

⑧ 特殊问题。气候的转换可能会中断或推延冲突调查。通常不应在气候恶劣时进行调查，如在下雨、下雪或起雾时。如果道路潮湿程度很高或可见度降低，就应停止观察。观察者可以做其他的工作，如物理调查数据收集等，直到道路接近正常状态或直到导致调查推延的状况有所好转。

在某个地点列为调查地点之前，需要确定规划中的建筑是否会对正常的交通流产生影响。由街道管理处或公司引起的非计划或紧急修理事件也将会中断交通流，一旦此类事件发生，观察者应与事件负责人联系，以取得此次事件的影响范围及持续时间等相关信息。观察者应有临时事件处理计划来应对发生的问题，当有疑问时要及时与工程师联系。

⑨ 安全考虑。在任何调查领域，一个相当重要且不能忽视的问题就是安全。无论什么时候，当调查人员在移动车辆附近进行调查时，总会有一些驾驶员无法看到。

⑩ 调查完毕。在完成所有的调查后，调查人员应将数据提供给交通工程师或交通管理人员，以便进行分析和判别。只要有可能，调查人员就应该亲自与交通工程师说明发生的不寻常问题及特殊的冲突状况。

9.2.5　路段交通冲突调查

随着道路交通的迅猛发展，城市道路建设力度在不断加大，TCT 也开始应用于城市道路交通的安全诊断和改善措施评价中。一旦确定了城市道路中的事故多发路段，就可以确定城市道路的优先改善次序，进行事故多发点的成因分析，并提出相应的整改对策，从而逐步改善城市道路的交通安全状况。

1. 路段冲突调查地点

交通冲突观测地点的选择很重要，它直接影响着道路交通安全改善的有效性和经济性。因此，在应用冲突技术进行安全分析评价时，首先就要确定一些冲突观测区域，它们或多或少存在着危险，并且共同反映了一个容许的安全平均水平。这样做就可以在大范围普查的基础上缩小需要深入研究的范围，从而节省更多的时间和资金。

一般可以采用以下几个途径进行冲突观测地点的确定，这也是进行地点安全分析时必须首先要做的工作。

① 进行公众调查，或是随机抽样询问当地居民、驾驶员，或是发放信息卡片，以找出那些令人担忧安全的地点。

② 从当地道路交通安全管理机构取得信息，如请该地区的交通警察提出他们认为的"事故多发点"，或者邀请当地公安交通管理部门、公路养护管理部门的人员进行座谈，听取他们的意见。

③ 进行全面的城市道路普查，包括路况、交通量和交通事故等的调查，并应用一定的方法进行分析。

④ 可以根据交通管理和安全分析的需要选择交通冲突调查地点。在路段冲突调查地点的选择中，要注意各种方法的结合应用。当道路有比较完备的事故统计资料时，可以直接根据事故的空间分布情况来初步判定事故多发点，选择冲突观测地点。例如，可应用"动态聚类分析方法"来进行研究。当所查道路缺乏事故记录档案时，可以从路段的速度变化率来初步判定事故多发点，以此为据来选择冲突观测地点。

2. 路段冲突调查时间

调查时间对保证冲突数据的均一性、统计上的可靠性、分析结果的精度有十分重要的影响。要保证调查样本数量比较稳定可信，必须进行连续观测，但是由于调查资金的制约，也不可进行无期限的观测。

参照交叉口交通冲突观测时间的安排及路段交通事故的特点，从成本、精度和研究目的等因素综合考虑，可以对同一地点进行路段交通冲突观测的时间为 2 天或 3 天，都在工作日进行，每天 8 h，早上 7：00—10：00，中午 11：00—13：00，下午 15：00—18：00，在每时区再根据实际情况划分观测时段，可采用 15～30 min 间歇观测方法。

3. 调查人员与观测范围

调查人员的配置取决于被调查路段的车道数、流量和路段研究长度。一般分为流量观测组和冲突观测两类，两类观测可同时进行。原则上流量观测组只需要一组人员（2 人），冲突观测组人员依据冲突的多少进行配置，每组一般配 1～2 人，负责观测往返车道的冲突。根据实际冲突训练和应用的效果来看，一个观测员观测 30 min，休息 30 min，定时轮班倒换。冲突观测人员必须经过严格的检验，并且满足下列要求：切实掌握冲突定义及分类标准；明确各自的分工；熟悉记录表格的各项内容等。

每名观测人员的冲突观测范围以调查现场能见度和工作是否方便、判断是否准确为选择依据。根据实际冲突观测训练的结果，冲突观测范围在 100 m 内比较适宜。在具体的应用中，应针对坡道、弯道、有无中央分隔带相应地增减冲突观测人员和调整冲突观测范围。

4. 调查内容与样本容量

路段交通冲突调查的内容主要包括：道路几何条件、沿线设施、路面状况、交通流量及组成、地点车速、交通事故，以及交通冲突本身等内容。

在进行交通冲突观测时，必须填写大量的冲突数据记录表，以便进行细致的分析。冲突记录表的格式必须简单清楚，表9-4是路段交通冲突记录表的一种形式。

表9-4　路段交通冲突记录表

年　月　日　时间：am：　pm：　冲突观察员						
地名		观察		晴　阴　雨		流量
		位置		雾　风		
路面	水泥，沥青，渣油，碎石，土路				干燥，潮湿，泥泞，冰雪	
冲突类别	① 正向冲突 ② 追尾冲突 ③ 横穿冲突 ④ 撞固定物冲突					
冲突参与者	① L-大货；② B-大客；③ M-中货；④ MB-中巴；⑤ PC-小货；⑥ C-小客；⑦ A-摩托车；⑧ T-拖拉机（三轮车）；⑨ Cy-自行车；⑩ P-行人					
避险措施	① 制动；② 转向；③ 加速；④ 制动转向；⑤ 加速转向					
时　　分				时　　分		
DB =	CS =		=	DB =	CS =	=
冲突过程简述：				冲突过程简述：		

在进行道路交通安全分析评价时，主要考虑的是严重冲突，根据客观情况，又可以依据冲突的危险性把严重冲突分为3级，即低危险、危险、很危险严重冲突。根据统计学理论，在进行冲突研究时，严重冲突数据的最小样本容量可由式（9-1）计算得出。

一般的路段只有两种流向（无分隔带），每一种冲突及两个方向的车流，共有4种冲突状态，故选定 P、Q 分别为0.5。交通冲突比例估计值的容许误差取决于研究精度，一般为0.01～0.10，可以求得各种特定的冲突所需要观测的最小冲突数。在任何情况下，样本容量不得小于30。

9.2.6　冲突测量与判定

1. 冲突心理变化的测量

冲突行为心理特征分类如表9-5所示。

表9-5　冲突行为心理特征分类表

冲突类型	危险预判时间	心理反应	避险行为
非严重冲突	（1）充分的驾驶反应时间 （2）较充分的驾驶反应时间	（1）不紧张，反应从容 （2）注意力范围急剧缩小 （3）综合判断能力下降	（1）压制，点刹 （2）预防性转向 （3）压刹时伴有小幅度转向 （4）加速转向
严重冲突	（1）极短的驾驶反应时间 （2）没有驾驶反应时间	（1）紧张，反应突然 （2）注意力范围急剧缩小 （3）基本依赖于驾驶习惯的条件反射	（1）点刹 （2）紧急制动 （3）大幅度转向

严重冲突是以一两个道路使用者之间的相互作用将导致损害后果为基本特征的。冲突的

严重性是根据"距事故发生的时间（TA）"来测定的，即 TA 值越低，冲突的严重性越高。综上所述，冲突行为心理测量的途径可归纳为以下 3 点：

① 冲突当事人感知危险的机会（判断时间）；

② 冲突当事人感知危险的程度（反应水平）；

③ 冲突当事人感知危险的能力（避险方式）。

2. 冲突状态变化的测量

事故研究表明，大多数交通事故的发生均伴随有不同形式的避险行为，这一结论意味着大多数车辆在肇事前均存在着速度或方向的状态变化，且具有瞬间突变的特性。因此，可以认为：

① 避险行为是冲突主体（机动车驾驶员）对事故危险反应的必然行为；

② 避险行为的发生必然导致车辆的运动状态发生可见的瞬间突变；

③ 由避险行为引起的车辆运动速度或方向改变的瞬间位置，可以作为冲突测量的一个观测始点。

3. 冲突测量参数选择

事故分析方法的研究表明，事故勘察测量主要是根据 $t = s/v$（时间 t、距离 s、速度 v）的基本关系式，即分别采用 v-s、t-v、t-s 3 类测量参数来研究肇事责任者与事故接触点的关系。

交通冲突作为未产生损害后果的"准事故"，其测量参数可作如下选择。

（1）冲突距离的测量

① 由经过专门训练的冲突观测员根据冲突距离进行现场观测；

② 由定点自动追踪摄像—屏幕监测系统进行追踪遥测记录。

（2）冲突速度的测量

① 由经雷达测速仪训练的冲突观察员进行现场测量；

② 由雷达测速仪—自动摄像—计算机监控系统进行追踪遥测记录；

③ 由车载记录（黑匣子）—计算机处理系统追踪测量记录。

（3）冲突时间的测量

① 由冲突观测员根据目前得到的冲突距离值和冲突速度值，查 TAC（time of avoid conflict）标准表得出；

② 由中心监控室计算机编程输入处理。

根据对部分国家的 TCT 研究表明，如果选择现场人工观测员观测方式，则应选择冲突距离、冲突速度作为测量参数，并以冲突距离、冲突速度观测值导出的 TB（time to braking）值作为冲突严重性判别参数较为合理。

4. 测量参数的相互关系

测量参数的相互关系如图 9-4 所示。

$$TB = \frac{DB}{CS} \tag{9-2}$$

式中：

TB——距可能肇事点的时间，s；

DB——距可能肇事点的距离，m；

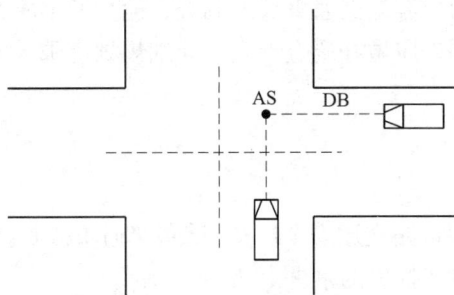

图 9-4　参数测量的相互关系
注：AS—accident site，肇事碰撞点

CS——紧急避险时的瞬间速度，m/s。

研究表明，目前部分西方国家的 TCT 对于冲突的测量始点存在不同的选择。通过 TAS（time of avoid start）、TAC（time of avoid conflict）、MTA（minimum time of avoid）等冲突测量方式的比较，可以认为 TAC 方式较为合理。TAS 是冲突当事人开始采取避险行为的瞬间到肇事点的时间；TAC 是冲突避险行为生效的瞬间至肇事点的时间；MTA 是冲突发生距肇事点的最小时间。

9.3　交通事故调查

道路交通事故及其相关数据资料是进行道路安全研究最基础的数据，也是制定和评价道路安全改善设施的依据。然而由于交通事故的随机性和不可重复性，获得交通事故数据有很大难度。总体而言，交通事故数据的来源有以下几个方面。

（1）交通警察部门

交通警察部门是交通事故处理的执法部门，所拥有的道路交通事故数据最全面。但交通警察部门采集的数据主要是为了分清当事人的责任，而较少是为了从道路交通技术的角度研究道路交通安全的。同时，由于大量的轻微事故一般不被记录入档，所以使我国道路交通事故数据的统计特性受到了较大影响。

（2）公路管理部门

当道路交通事故的处理涉及公路财产的理赔时，公路管理部门也会有相应的事故记录数据，可以用于交通事故调查。

（3）保险部门

在我国，每一辆挂牌上路的合法车辆都必须要上机动车辆责任强制保险，除了交强险以外，有的车主还会选择性地投保一些第三方责任险。当发生城市道路交通事故时，车主会向保险公司提出理赔申请，这时保险公司会派专人到现场踏勘或到交通部门了解出险情况，同时对车辆进行定损，估算合理费用，并通知车主到保险公司指定的修理厂处理事故车辆。因此，通常可以从保险部门获得有关的交通事故数据。

（4）医院

当交通事故较为严重，出现伤者时，必须要将事故伤者送往医院进行治疗。此时调查人员可以在医院获得一定的交通事故数据。

交通安全调查最重要的内容是交通事故的调查，但交通事故调查因调研的目的不同而有很大差别，因此交通事故调查应做好调查计划，详细规划应采集的相关数据。

9.3.1 基本概念

1. 交通事故的定义

根据《中华人民共和国道路交通安全法》，道路交通事故是指车辆在道路上因过错或者意外造成的人身伤亡或者财产损失的事件。

目前世界各国对交通事故的定义并没有一个统一的提法，都是根据本国的相关法律、法规和实际情况而确定的。

美国国家安全委员会对交通事故所下的定义是：交通事故是在道路上所发生的意料不到的有害的或危险的事件。这些有害的或危险的事件妨碍着交通行动的完成，其原因常常是由于不安全的行动（指精神方面——不注意交通安全）或不安全的因素（指客观物质基础条件），或者是两者的结合，或者一系列不安全行动或一系列不安全因素。

日本对交通事故的定义是：由于车辆在交通中所引起的人的死亡或物的损伤。由于交通事故的急剧增加，日本警察部门在统计交通事故中不考虑物损事故，只考虑人身事故。

2. 构成道路交通事故的条件

道路交通事故是指车辆在道路上因过错或意外造成的人身伤亡或者财产损失的事件。构成道路交通事故必须具备以下几个要素。

（1）车辆条件

必须是车辆造成的，这是交通事故的前提条件，即在当事方中，至少有一方使用车辆。没有车辆参与的道路事故，不算交通事故。车辆包括机动车和非机动车。机动车是指以动力装置驱动或牵引，上道路行驶的供人员乘用或用于运送物品及进行工程专项作业的轮式车辆。非机动车是指以人力或畜力驱动，上道路行驶的交通工具，以及虽有动力装置驱动但设计最高时速、空车质量、外形尺寸符合有关国家标准的残疾人机动轮椅车、电动自行车等交通工具。

（2）道路条件

道路条件是指交通事故是在规定的道路上（即特定道路上）发生的。这是道路交通事故的特征，是指事故发生的空间。根据《中华人民共和国道路交通安全法》，道路是指公路、城市道路和虽在单位管辖范围但允许社会机动车通行的地方，包括广场、公共停车场等用于公众通行的场所。其中供车通行的地方为车行道，供人通行的地方为人行道。在非道路上行车发生的事故不属于交通事故。判断是否在道路上应以事故发生时车辆所在的位置，而不是事故发生后的最后停止位置。

交通事故只要发生在上述特定的道路上，即应认为是道路交通事故。发生在厂矿、企业、机关、学校、住宅区、施工现场、田野等不具有公共使用性质的道路上的事故不在此列。

（3）人员条件

人是发生交通事故的主体，是指与交通有关的、从事交通活动的自然人。包括驾驶人员、行人、乘车人及其他人员。其中驾驶人员包括没有驾驶证而驾驶机动车辆或驾驶与驾驶执照不相符车辆的人员。

（4）损害后果条件

损害后果条件是指事故的发生必然会造成人身伤亡或财产损失的后果。如果没有损害后果或损害后果是轻微的，并在规定的尺度以下，则不能构成交通事故。

（5）过错或意外条件

当事人主观心理状态可以是过错，也可以是没有任何过错，但不能是故意。在道路上发生的危害后果，如果是当事人故意造成的，则适用《刑法》或《治安管理处罚法》去解决。这里需指出，当事人的交通违法行为可能是故意，但是交通事故一定是过错或意外。

道路交通事故是偶然发生的，是出于人的意料之外的事件，当事人的心理状态是过错。这些事故包括碰撞、碾压、刮擦、翻车、坠车、爆炸、失火等。如果事故发生时，当事人的心理状态处于故意，则不属于交通事故。凡利用交通工具自杀或故意制造车辆事故的，不属于交通事故。所谓故意，是指行为人明知自己的行为会发生危害的结果，并且希望或有意识地放任这种结果发生。交通事故既可以是由于特定的人员违反交通管理法规造成的，也可以是由于地震、台风、山洪、雷击等不可抗拒的自然灾害造成的。

以上的几种要素，可以作为鉴别道路交通事故的必要条件和依据，在实际工作中应加以利用，对确定事故的管辖权和保护当事人的合法权益具有十分重要的意义。

9.3.2　交通事故的形态

交通事故发生的形态基本可以分为碰撞、碾压、刮擦、翻车、坠车、爆炸和失火7种。

① 碰撞：指交通强者的机动车正面部分与他方接触。主要发生在机动车之间、机动车与非机动车之间、机动车与行人之间，以及机动车与其他物体之间。

根据碰撞时的运动情况，机动车之间的碰撞可分为正面相撞、迎头相撞、侧面相撞、追尾相撞、左转弯相撞和右转弯相撞。

② 碾压：指交通强者的机动车，对交通弱者如自行车、行人等的推碾或压过。

③ 刮擦：指交通强者的机动车的侧面部分与他方接触。机动车之间的刮擦，根据运动情况，可分为会车刮擦或超车刮擦。

④ 翻车：指车辆没有发生其他形态，两个以上的侧面车轮同时离开地面。一般可分为侧翻和大翻两种。两个同侧车轮离开地面成为侧翻；4个车轮均离开地面为大翻。也有称90°、180°、360°翻车。

⑤ 坠车：指车辆或车辆装载的坠落，且在坠落的运动过程中，有一个离开地面的落体过程。

⑥ 爆炸：指车内有易爆物品，在行驶过程中，因振动等原因引起的突爆。

⑦ 失火：指车辆在行驶过程中，仅因人为或车辆原因引起的火灾。

交通事故发生的现象有的是单一的，有的是两种以上并存的。对两种以上现象，一般采用时间先后顺序加以认定，如刮擦后翻车、碰撞后失火等；也有按主要现象认定的，如碰撞后碾压，简称为碾压。

9.3.3　交通事故的分类与统计

1. 交通事故的分类

根据人身伤亡或财产损失的程度和数额，交通事故分为特别重大事故、重大事故、较大事故、一般事故。随着道路交通事故应急预案的完善，根据省份发展特点，不同地区对于交通事故等级划分稍有差别。如《浙江省道路交通事故应急预案》（浙江省人民政府办公厅2020年12月17日发）中明确，根据道路交通事故严重程度和影响范围，分为特别重大、重大、较大和一般4级。

（1）特别重大道路交通事故

出现以下情形之一的，为特别重大道路交通事故：

① 造成30人以上死亡（含失踪，下同），或100人以上重伤的；

② 直接经济损失1亿元以上的；

③ 事态发展严重，产生特别严重社会影响的；

④ 国务院认定为特别重大道路交通事故的。

（2）重大道路交通事故

出现以下情形之一的，为重大道路交通事故：

① 造成10人以上、30人以下死亡，或50人以上、100人以下重伤的；

② 直接经济损失在5 000万元以上、1亿元以下的；

③ 省政府认定为重大道路交通事故的。

（3）较大道路交通事故

出现以下情形之一的，为较大道路交通事故：

① 造成3人以上、10人以下死亡，或10人以上、50人以下重伤的；

② 直接经济损失在1 000万元以上、5 000万元以下的；

③ 设区市政府认定为较大道路交通事故的。

（4）一般道路交通事故

出现以下情形之一的，为一般道路交通事故：

① 造成3人以下死亡，或10人以下重伤的；

② 直接经济损失在50万元以上、1 000万元以下的；

③ 事故产生一定社会影响的。

在上述有关数值表述中，"以上"含本数，"以下"不含本数。

在《江苏省重特大道路交通事故应急预案》（江苏省人民政府办公厅2021年9月16日发）中明确，根据道路交通事故严重程度和影响范围，也将事故等级分为特别重大、重大、较大和一般4级。但是和浙江省划分标准稍有不同。江苏省划分标准如下：

（1）特别重大道路交通事故

本省行政区域内发生的一次死亡30人（含）以上的道路交通事故；载运爆炸性、易燃性、毒害性、放射性、腐蚀性、传染病病原体等危险物品车辆发生或可能发生爆炸、燃烧、泄漏，对周边区域公共安全、生态环境造成特别严重危害或威胁的道路交通事故。

（2）重大道路交通事故

本省行政区域内发生的一次死亡10人（含）以上、30人以下的道路交通事故；大中型客车翻坠、燃烧造成群死群伤的道路交通事故；载运爆炸性、易燃性、毒害性、放射性、腐蚀性、传染病病原体等危险物品车辆发生或可能发生爆炸、燃烧、泄漏，对周边区域公共安全、生态环境造成重大危害或威胁的道路交通事故。

（3）较大道路交通事故

本省行政区域内发生的一次死亡 3 人（含）以上、10 人以下的道路交通事故；载运爆炸性、易燃性、毒害性、放射性、腐蚀性、传染病病原体等危险物品车辆发生或可能发生爆炸、燃烧、泄漏，对周边区域公共安全、生态环境造成较大危害或威胁的道路交通事故；高速公路、国道干线公路发生多车相撞并造成严重堵塞或交通中断的道路交通事故；其他对人身安全、社会财产及公共秩序造成较大影响的道路交通事故。

（4）一般道路交通事故

本省行政区域内发生的一次死亡 1 人（含）以上、3 人以下的道路交通事故。

受伤人员在事故发生 7 天以后死亡的，不纳入死亡人数统计范围。

另外，根据事故的原因，交通事故可分为责任事故、机械事故和道路事故；根据事故形态可分为单车事故、双车事故、多车事故；根据事故地点可分为平直路段事故、交叉口事故、弯道事故、坡道事故；根据人员伤害程度可分为死亡事故、重伤事故、轻伤事故；根据事故发生的形态基本上可分为碰撞事故、碾压事故、刮擦事故、翻车事故、坠车事故、爆炸事故和失火事故 7 种，其中碰撞是大多数道路交通事故的发生形态。

对道路交通事故进行分类，目的在于对交通事故进行分析研究和处理，便于确定交通事故处理标准、进行档案管理和事故统计、找出交通事故的发生规律和原因，以便制定有针对性的预防措施。因分析的角度、方法不同，分类方法也不相同。

《生产安全事故报告和调查处理条例》（国务院令第 493 号）第三条规定：根据生产安全事故（以下简称事故）造成的人员伤亡或者直接经济损失，事故一般分为以下等级。

① 特别重大事故，是指造成 30 人以上死亡，或者 100 人以上重伤（包括急性工业中毒，下同），或者 1 亿元以上直接经济损失的事故。

② 重大事故，是指造成 10 人以上 30 人以下死亡，或者 50 人以上 100 人以下重伤，或者 5 000 万元以上 1 亿元以下直接经济损失的事故。

③ 较大事故，是指造成 3 人以上 10 人以下死亡，或者 10 人以上 50 人以下重伤，或者 1 000 万元以上 5 000 万元以下直接经济损失的事故。

④ 一般事故，是指造成 3 人以下死亡，或者 10 人以下重伤，或者 1 000 万元以下直接经济损失的事故。

2. 交通事故的统计

公安部交通管理局《交通事故统计暂行规定》对我国道路交通事故统计规定如下。

① 交通事故受伤人员于事故发生 7 天以后死亡的，不列入死亡人数统计范围。因抢救治疗过程中发生医疗事故导致交通事故受伤人员死亡的；以及载运易燃易爆、剧毒、放射性等危险化学品的车辆发生交通事故后，因燃烧、爆炸及危险化学品泄漏导致人员伤亡的，不列入交通事故伤亡人数统计范围。

② 各级公安机关交通管理部门应当对下列在道路上发生的交通事故进行信息采集，并录入信息系统进行统计和分析。

- 造成人员死亡的事故；
- 造成人员重伤或者轻伤的事故；
- 适用一般程序处理的财产损失事故。

③ 各级公安机关交通管理部门应当对适用简易程序处理的交通事故起数，以及接到报

案并处理的路外交通事故起数、死伤人数和直接财产损失数额进行统计。

④ 下列情形不属于交通事故统计范围：

- 渡口内发生的事故及铁道路口内车辆或行人与火车发生的事故；
- 军事演习、体育竞赛时车辆发生的事故；
- 利用交通工具故意伤害他人或伤害自身的事件。

世界上大多数国家对于交通事故的统计大致分为两种情况：一是由交通警察部门或交通运输部门统计；二是由卫生部门统计。前者是有严格的时间限制的，一般国际标准为30天，即发生交通事故后在30天内死亡的就算交通事故死亡。世界上大约有80%以上的国家采用这个标准，但也有一些国家采用自己的时间标准，如葡萄牙是现场死亡即算为交通事故死亡；西班牙、日本对交通事故的死亡时间规定为是1天；中国、俄罗斯和意大利对交通事故的死亡时间规定为7天。部分国家对交通事故中死亡时间的规定如表9-6所示。严格地讲，如果进行国际比较，就要将上述国家和地区的交通事故乘以相应的时间系数，如表9-7所示。

表9-6 部分国家对交通事故中死亡时间的规定

国家名	规定时间	国家名	规定时间
葡萄牙	即刻	意大利	7天
西班牙	1天	中国	7天
日本	1天	俄罗斯	7天
匈牙利	2天	英国	30天
波兰	2天	加拿大	1年
澳大利亚	3天	美国	1年
法国	6天		

表9-7 交通事故死亡的时间标准系数

交通事故死亡时间	30天	7天	6天	3天	1天	现场
时间系数	1	1.07	1.09	1.12	1.2	1.35

注：该时间系数由欧洲运输部长会议提出。

由各国卫生部门统计的交通事故死亡人数一般大于由交通警察部门或交通运输部门统计的数据，因为卫生部门在统计交通事故死亡时是在一年内。而且，所有人员死亡原因中只要有交通事故在内都计入交通事故死亡。原则上卫生部门统计的交通事故死亡数据要比交通警察部门或交通运输部门的统计数据高30%左右。

9.3.4 交通事故调查方法

1. 事故资料收集方法

常用的交通事故及其相关资料的调查收集方法有以下几种。

（1）向有关管理部门收集数据资料

如到交通警察部门收集交通事故数据、气象部门收集有关气象资料、公路管理部门收集道路原始设计资料和改建与养护历史数据、交通量观测资料等。

（2）现场调查

现场调查是处理事故的基础，是分析鉴定事故的依据。为了研究交通事故与道路交通环境等方面的关系，在很多情况下现场勘查和调查也是必不可少的，如当确定了某些路段事故较明显地高于其他路段时，不仅需要通过事故记录、分析原因，更重要的是进行现场勘查和调查。

（3）沿线调研

沿线调研的内容可以是道路线形状况、交通安全设施状况、自然环境、交通状况、村镇及居民点状况、沿线学校、特殊问题、交叉口的位置与环境等。沿线调研勘查必要时应在不同的时间、气象条件和交通状况下进行。沿线调研的另一项重要工作是对交通状况予以观测，包括必要时的交通量及其交通组成观测。

（4）问卷调查

道路用户是道路安全的受益者，对道路交通安全状况和交通环境有最直接的感受，因此可以通过不同的道路用户（如驾驶员、行人及沿线居民等）开展问卷调查。问卷内容可以包括对道路交通环境的认识、某些事故多发路段的事故情况、交通拥挤情况等。

（5）专题试验研究

对某些特定道路与交通环境进行跟踪调查或进行必要的行车试验等。

2. 交通事故调查与分析

1）现场调查

交通事故现场是指发生事故的地点及事故有关的空间场所。

现场调查是对交通事故现场的情况（当事人、车辆、道路和交通条件），用科学的方法进行时间、空间、心理和后果的实地验证和查询，并将所得结果完整、准确地记录下来的工作。一般公安部门均有统一的表格供执行人员填写。现场调查是取得客观的第一手资料的唯一途径，是交通事故处理的核心，是采取预防事故对策的关键。现场调查的程序主要有：尽快赶赴事故现场，采取应急措施，保护现场，现场勘查，确定并监护事故的当事人，询问当事人和调查证人，现场复核，处理现场遗留物，恢复交通。

2）当事人调查

（1）确定事故当事人

交通事故当事人，是指车辆驾驶人员、受伤（死亡）人员和其他有关人员。除逃逸的死亡交通事故外，当事人多数是明确的。有的事故当事人单一，而有的事故当事人互相交叉。

根据事故的基本情况，尽快确定当事人，并开展调查，是查明事故的真相，便于事故调查工作顺利进行的重要方法之一。

（2）调查重点当事人的内容

① 一般自然的情况：姓名、年龄、民族、籍贯、文化程度、职务、工作单位、政治面貌、驾驶经历、准驾车型、驾驶证字号、有无违章、肇事前科。

② 出车目的、行车路线、装载情况。

③ 出车前是否检查车辆技术状况、休息是否充足、有无思想负担、是否饮酒等。

④ 使用的挡位和行驶速度。

⑤ 距对方（车、人、畜、物）多远感到危险，适用的挡位和时速。

⑥ 距肇事地点多远处，采取何种避险措施，是否减速、鸣号、开灯、转向避让，行驶方向及位置。

⑦ 发生事故形态的具体情况。

⑧ 对方在发生事故前后的车速、行驶方位或行人行走动态，采取措施情况。

⑨ 对事故发生的原因，责任的看法和依据。

3）车辆调查

车辆调查是对交通事故车辆技术状况进行检查和鉴定，对与交通事故有直接关系的乘员、装载情况进行了解和认定。其主要内容包括以下6点。

（1）载货和乘员情况

包括货物的种类与质量、安放位置、捆绑固定情况及乘员人数、乘坐位置等。车辆装载不当，会使车辆的重心发生偏移，从而成为诱发事故的潜在因素。

（2）操纵机构运用情况

包括所使用的变速器挡位，驻车制动器操纵杆所处位置，点火开关、转向盘自由转动量、转向灯开关及其他电器开关的位置，以及车辆转向、制动、行走机构的渗漏、磨损、松动等情况。

（3）安全装置技术情况

重点检查车辆的制动、转向、悬架、轮胎、灯光、后视镜及其他附属安全设备等是否齐全有效，是否符合国家颁布的有关法律法规，对事故的形成有无影响。

（4）车辆结构特征

根据事故案情分析的需要，有时需记录下车辆的外廓尺寸、轮距、轴距、轮胎型号、最小转弯半径等参数。

（5）车辆动力性能

包括肇事车辆起步后的加、减速性能，汽车通过弯道而不产生侧滑和侧翻的最高行驶速度等。

（6）车辆破损情况

记录车辆破损部位的位置、名称、形态、破损原因和破损程度等。在检查断裂的转向拉杆等金属构件时，应注意分析是事故造成断裂还是断裂诱发事故。车辆调查对各项调查内容都要做好详细记录，如检验内容、试车路面、试车次数、检验结果等。

4）道路调查

交通事故与道路条件和交通环境有着密切关系，必须认真检查和鉴定，分析交通事故的道路原因，从中吸取教训和提出改进措施。

道路调查的内容有：路面状况（有无积雪、冰冻、干湿、平整度等）、车道宽度、路基、路边构造物、桥涵的质量、道路的坡度、弯道超高、视距、天气影响（雨、雪、雾等）及是否白天或晚上等。判断道路条件的依据是交通部《公路工程技术标准》（JTG B01—2014）。

3. 交通事故现场勘查

1）交通事故现场的概念及分类

交通事故现场是指发生事故的地点及事故有关的空间场所。根据现场的完整真实度，交通事故现场一般可分为以下3类。

① 原始现场：指没有遭到任何改变或破坏的现场。

② 变动现场：指由某种人为的或自然的原因，致使现场的原始状态有一部分、大部分或全部面貌改变的现场。

③ 伪造现场：指当事人为了逃避责任，毁灭证据或达到嫁祸于人的目的有意改变或布置的现场。

2）现场调查的含义和内容

现场调查是对交通事故现场的情况（当事人、车辆、道路和交通条件），用科学的方法进行时间、空间、心理和后果的实地验证和查询，并将所得结果完整、准确地记录下来的工作。现场调查一般包括时间调查、空间调查、心理（书证）调查和后果调查。

① 时间调查：确定发生交通事故的时间坐标（这是人类活动的最基本坐标之一），是分析事故过程的一个重要参数。

② 空间调查：调查各有关物体（车辆、散落户、印迹、尸体等）的相对位置，用来确定车辆相互运动的速度、路线和接触点。

③ 心理（书证）调查：调查当事人的心理状态、身体和精神条件，交通条件（车、路、环境）对当事人的影响。

④ 后果调查：查明人员伤亡情况，致伤、致死的部位和原因，车物损坏和物资损失情况。

3）现场丈量及绘图

（1）丈量现场

① 确定方位、选定坐标、现场定位。

● 确定方位：即确定肇事路段的走向。通常用道路中心线与指北方向的夹角来表示，若肇事路段是弯道，可用进入弯道的直线与指北方向的夹角和转弯半径表示（见图9-5）。

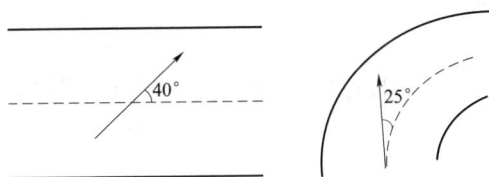

图9-5　直道方位与转弯处方位

● 选定坐标：在事故现场附近选定一永久性的固定点作为固定现场的基准点。

● 现场定位：即把事故现场的一个主要点确定在一个固定的位置。

② 丈量道路。先勘察道路的走向、附近的交通标志、安全设施、停车视距，后丈量路面、路肩、边沟的宽度和深度。

③ 丈量主要物体及痕迹。

④ 丈量肇事接触部位。

要丈量车与车、车与人、车与畜或其他物体上相对应的部位，以及其距地面的高低、形状的大小（长、宽、深）、受力方向等。

（2）绘制现场图

① 现场草图：通常包括现场位置和周围环境，以及遗留有痕迹、物证的地点，运动的

关系，将事故现场的情况给人们以总观的印象。要求内容完整、齐全、尺寸准确。

② 平面图：是以出事地点为中心，把痕迹、其他物体的相互关系，按比例、图例标准绘制的现场图。平面图的绘制要求完整、准确、规范。

4）现场摄影

现场摄影是现场调查的组成部分。应用摄影方法可以细致、真实地反映事故现场情况，并把与事故有关的、不便提取的、用文字及绘图难以表达的痕迹和物证，迅速、准确、清楚地记录下来，为研究和处理事故提供有利证据。用专用的摄影设备还可以准确地记录现场内各有关物体、痕迹的位置，经过一定处理后，还可以得到正确的现场平面图。

（1）现场摄影内容

① 环境摄影：拍摄现场道路的全貌和现场周围的环境情况，表明事故现场所处的位置及与周围事物的关系，用以说明现场环境和有关人、车的行进路线。

② 概貌摄影：以整个现场或现场中心地段作为拍摄内容，主要目的是把现场的整个情况反映出来。如道路、车辆、伤亡人员原始位置、制动痕迹等。

③ 中心摄影：拍摄与事故有关的重要物体或路段特点及物体与痕迹的关系等。反映现场中心部分的情况。

④ 细目摄影：拍摄现场内发现的痕迹、文字材料等各种物证，记录这些物证的大小、形状、特征等。

（2）现场立体摄影

现场立体摄影是一种常用的道路交通事故测量手段，它可以代替实际的现场测量工作。现场立体摄影必须使用专用的立体摄影机。使用现场立体摄影法，可以简化现场调查与测量过程，使现场图的绘制能够在现场撤除以后进行。这样可以缩短事故现场的保留时间，使正常的交通秩序得以尽快恢复。

9.4　事故多发点（段）调查

9.4.1　基本概念

迄今为止，理论上尚无完整、统一的道路交通事故多发点的定义。不同国家和地区因道路交通状况和道路安全度不同，对道路交通事故多发点有不同的描述。国内更多的是使用"事故多发点（段）"一词，国外则多称为事故黑点。对交通事故多发点（段）作一个定义，客观、统一地判断和分析事故多发点（段）是十分必要的。

澳大利亚莫那什大学（Monash University）的欧顿教授（K. W. Ogdend）在《道路安全工程指南》一书中将事故多发位置定义为：道路系统中事故具有无法接受的高发生率位置。

湖南大学冯桂炎教授在《公路设计交通安全审查手册》中指出：事故密集型分布的路段和交叉口成为多发事故点。

北京工业大学任福田、刘小明教授则指出：在计量周期内，某个路段的事故次数明显多于其他路段，或超过某一个规定的数值时，该路段即为危险路段。

归纳国内外对事故多发点（段）定义的特征，可以对事故多发点（段）作如下定义：

在较长的一个时间段内，发生的道路交通事故的数量和特征与其他正常位置相比明显突出的某些点（路段或区域），国外称为 accident-prone location（事故多发位置），hazardous location（危险位置）或俗称 black-spot（黑点）。

事故多发点（段）的定义有以下几个含义。

① 严格地讲，事故多发点的"点"代表一个位置，可以是一个点或断面、一个路段、整个一条道路或一个区域。

② 事故多发点对数据的统计时间有要求，即"较长一段时间"。这主要是避免事故统计的偶然性，这个时段长度应根据所研究道路的运营情况来确定，通常为 1～3 年。

③ 定义中的道路交通事故数量是一个广义的概念，它可以是事故的绝对次数，也可以是死亡人数、受伤人数、各种事故率、事故损失等不同指标或某些事故特征的发生量（如追尾、坠车事故等）。

④ 这里的事故不仅简单代表总的绝对事故次数，还可以代表相对事故率（如人口事故率、车辆事故率、百万车公里事故率等），某种特定形态的事故次数（如尾随相撞事故、路侧事故等）或者特定类型事故次数（死亡事故、重大事故等），根据决策者想要达到的安全改善目标，选择适当的事故指标。

⑤ 定义中的"正常"和"突出"是事故多发点分析的最关键点，也是安全评价的主要内容之一。"正常"和"突出"是相辅相成的，没有"正常"就无所谓"突出"。"正常"值的取得通常来源于事故的历史资料，也可以是相似道路的历史资料。

从道路安全工程研究的角度，事故多发点调查鉴别的目的是通过事故多发点的道路交通环境、人文、特征等与事故的关系的研究，发现影响交通安全的因素和规律，用于指导今后的道路与交通的设计。

从事故多发点（段）的本身来看，其所占道路的长度通常很少，却集中了较大比例的交通事故，具有极大的危害，可见通过事故多发点（段）的调查、鉴别与治理可以极大地消除事故隐患，对于提高交通安全水平具有重要的意义。

分析典型是科学研究的基本方法，事故多发点对于研究交通事故与道路的关系就具有典型意义，它是事故的集中表现，事故达到一定数量特别是某些特征的重复出现，有利于分析事故的特点、原因，从而获得有规律有价值的东西。事故多发点的形成多与道路线形、交通设施和交通环境等因素有关，即与公路的设计有关，因此研究事故多发点与道路的关系是公路设计和管理部门十分关心的问题。

从工程角度讲，事故多发点（段）的调查鉴别与改造是改善道路安全状况的有效技术途径，在大部分情况下也是最为经济的。

9.4.2　事故多发点调查内容

事故多发点调查的内容主要是获得完整和有效的道路交通事故数据。道路交通事故数据涉及的方面很广，从记录的对象来看，可划分为事故与环境两个方面。

事故方面的数据包括事故地点、事故时间、事故对象、事故形态、事故结果和事故原因等，是对所发生事故的描述。

1. 事故地点

调查事故地点的具体位置。事故地点的记录方式通常以"线"和"点"两种方式作为索引。以线作为索引就是以道路里程桩号作为定位标志，确定事故发生的位置；以点作为索引是指以道路上的一些特征位置作为定位标志，最常见的有平面和立体交叉口、道路出入口、路线上的特征点等。

2. 事故时间

调查发生事故的时间，目的是研究交通事故的时间分布特征。调查事项包括事故发生的年、月、日、时刻等。

3. 事故对象

首先，应该调查事故当事方的情况：是车—车相撞，人—车相撞或车—物体相撞等；事故为单车事故还是两个当事者以上的事故。

其次，调查当事各方的情况：机动车与非机动车的情况，如车型、车牌号、车况等；当事人的数据，如职业、驾龄、身体状况等；动物和物体的状况等。

4. 事故形态

调查事故发生的形态是碰撞、碾压、刮擦、翻车、坠车、爆炸、失火等中的哪一种类型。

5. 事故结果

调查内容包括事故的人员伤亡情况、经济损失情况及事故相应等级的划分等。

6. 事故原因

事故原因的调查可以从人、车辆、道路、环境4方面入手。

（1）人的因素

各种交通参与者在交通环境中的行为与交通事故有直接的关系，换句话说，人既是交通事故的受害者，同时又是交通事故的肇事者。在任何一起交通事故中，没有不存在人的因素的。我国各地的交通事故统计数据表明，属于驾驶员责任的事故占事故总数的70%～80%，属于行人责任的事故约占15%。

（2）车辆因素

一般是因车辆性能差、维修保养不完善、不及时，使车辆在行驶中发生机械故障所致。也有时是因为车辆装载超高、超宽、超载及货物拴绑不可靠所致。

（3）道路因素

道路条件是否与人、车保持协调，对交通安全有重要影响。在某些情况下，道路因素甚至能成为导致交通事故的直接原因。

（4）环境因素

环境因素的调查包括除了交通事故涉及者（人、车、车载物体）之外的交通外部因素，它涉及道路设施、交通设施与管理、气候条件、照明条件、路侧环境、道路施工及管制、交通环境等多个方面。

9.4.3 事故多发点（段）排查方法

1. 事故多发点（段）排查标准

建立交通事故多发点（段）排查标准的目的是设定明确的定量指标，判别特定地点

（点、段、区域）是否危险，即交通事故多发或交通事故损失严重的可能性是否明显高于其他特点。因此，确定公路危险地点的鉴别标准通常要考虑交通事故的发生次数和损失情况这两个因素，也有人用交通冲突次数来评价危险地点。

一些国家制定的公路危险地点的鉴别标准如下。

① 事故数（accident frequency）、事故率（accident rate）标准。其中事故率为相对于单位道路长度、每百万车公里或单位交通流量，公路上所发生交通事故的次数。

② 事故率质量控制（accident rate quality control，ARQC）标准。当某一地点发生交通事故的频率超过相应的概率（由 Poisson 分布得到），则该地点为危险地点。

③ 危险指数（hazard index）标准。综合考虑到事故数、事故率、损失情况、交通流量或行车视距等因素后得到的综合指标的标准。

④ 道路特征（road feature）标准。在综合考虑道路特征参数（如道路构造、道路线形、路面状况、交通设施等）对交通事故的影响后，所设定的鉴别阈值。

⑤ 事故损失指数（accident loss index）标准。将表征鉴别对象交通事故损失状况的指标（受伤人数、死亡人数、经济损失等）加权综合后，得到的鉴别标准。

⑥ 安全系数（safety index）标准。考虑行车速度的变化所设定的鉴别阈值。

⑦ 潜在改善效能（potential accident reduction，PAR）标准。选择能够通过改善措施，获得最大改善效能的地点作为危险地点。

事故多发点鉴别标准的选择取决于决策者的安全改善目标，但事故多发点鉴别的根本目标是通过治理事故多发点获得最大的安全改善效果，因此，潜在改善效能标准相对于其他标准更有效、更有现实意义。

潜在改善效能代表事故地点通过改善措施能够减少的事故数。由于事故不可能完全避免，只能是尽可能减少到接近地点的期望事故数，因此潜在改善效能的大小不仅取决于地点事故数的大小，还要考虑地点的期望事故数，能否获得地点准确的期望事故数决定了事故多发点鉴别方法的准确性。

2019 年公安部交通管理局发布了《公路交通事故多发点段及严重安全隐患排查工作规范（试行）》（公交管〔2019〕172 号），其中对公路交通事故多发点、段分类参考标准进行了如下规定。

（1）交通事故多发点、段划分

道路交通事故多发点、段是指 3 年内，发生多起交通事故或事故损害后果极其严重，有一定规律特点的道路点、段。

① 普通公路

普通公路交通事故多发点的范围为：距交叉路口中心点 250 m（含，下同）范围内或一般路段上 500 m 范围内，以及隧道口、接入口等。

普通公路交通事故多发段的范围为：道路上 2 000 m 范围内或桥梁、隧道、长大下（上）坡全程。

② 高速、一级公路

高速公路、一级公路多发点范围为：道路上 1 000 m（含）范围内或收费站、隧道口、匝道口（含加减速车道）、接入口、平面交叉口等点。

高速公路、一级公路交通事故多发段的范围为：道路上 4 000 m 范围内（单向）或桥梁、隧道、长大下（上）坡全程。

（2）交通事故多发点、段分类

按照公路所发生交通事故的数量及后果（不含毒驾、酒驾等事故），公路交通事故多发点、段分为一类、二类、三类 3 种类型。

① 一类点、段需符合下列条件之一：近 3 年内，发生 1 起及以上一次死亡 5 人（含）以上道路交通事故，且事故的发生与道路因素有关的；近 3 年内，发生 2 起及以上一次死亡 3 人（含）以上道路交通事故的；近 3 年内，发生 6 起以上死亡交通事故的；公安机关交通管理部门认为存在特别严重安全隐患的其他事故多发点、段。

② 二类点、段需符合下列条件之一：近 3 年内，发生 1 起一次死亡 3～4 人道路交通事故，且事故的发生与道路因素有关的；近 3 年内，发生 3～5 起致人死亡的交通事故的；近 3 年内，发生 6 起以上致人伤亡的交通事故的；公安机关交通管理部门认为存在严重安全隐患的其他事故多发点、段。

③ 三类点、段需符合下列条件之一：近 3 年内，发生 1～2 起死亡交通事故，且事故的发生与道路因素有关的；近 3 年内，发生 3～5 起致人伤亡的交通事故的；在一定时间内，发生道路交通事故（含简易事故）情况突出的；公安机关交通管理部门认为存在安全隐患的其他事故多发点、段。

2. 事故多发点（段）排查方法

经过多年的研究和理论的发展，国内外对事故多发点的鉴别提出了一系列方法。根据其判定方法的不同，事故多发点（段）的排查方法主要可以分为以下几种：事故数据统计分析法、安全系数法、冲突推断法、专家经验法、模型预测法等。

从事故多发点的含义及其鉴别方法的成熟性、可操作性、可靠性等角度来看，事故数据统计分析法具有明显的优势。归纳起来，事故数据统计分析法经常采用的方法有事故数法、等效物损指数法、事故率法、临界事故率法、矩阵法、质量控制法、速度比判断法等，下面简单介绍这几种方法的基本思路。

（1）事故数法

事故数法的基本思路是：将地点发生的交通事故的绝对数，作为事故多发点鉴别的指标，根据交通事故的统计特征或交通安全治理的目标，确定事故多发点的判别标准。

（2）等效物损指数法

如果将事故严重程度不同地点的事故次数进行简单累加，往往会忽视掉具有相同事故次数但严重程度不同的两条道路的危险性的差别。据此提出等效物损指数法，赋予不同类型事故（死亡事故、受伤事故、仅造成财产损失事故）不同的权重系数，以得到各个事故地点的事故次数和严重程度的综合得分，即等效物损值。

（3）事故率法

事故率法是以地点发生的事故相对数（如人口事故率、百万车公里事故率）为指标，确定正常值的判断标准。若事故率大于判断标准值，则被认为是事故多发点。

（4）临界事故率法

临界事故率法的基本思路是：假设各地点的事故数服从泊松分布，然后将路段的事故率与一定显著性水平下的临界事故率相比较，如果所考察路段的事故率大于其临界事故率，则被认为是事故多发点。

（5）矩阵法

该法是把事故次数和事故率联合起来作为鉴别标准的方法。如图 9-6 所示，以事故次数作为横坐标，以事故率作为纵坐标，按事故次数和事故率的一定值，将图中划出不同的危险度区域（矩阵单元），如处于危险级别 I 的区域内的评价对象比危险级别 II 的区域内的更危险。

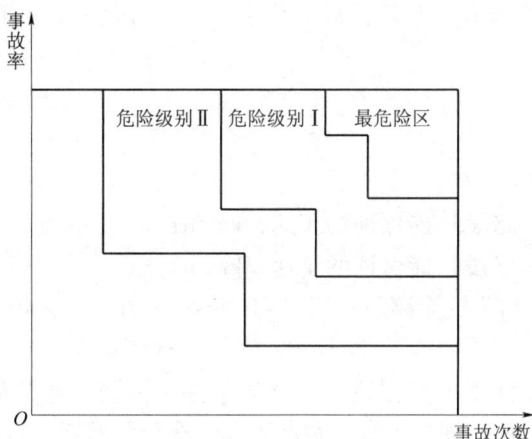

图 9-6　事故次数与事故率综合法示意图

图中右上角的矩阵单元是最危险区域，同时也是交通事故次数和事故率均很高的事故多发地点。矩阵法鉴别事故多发点（段）的优点是：兼顾了事故数法和事故率法；可直观地判断不同评价地点的安全程度；矩阵的大小可根据使用的需要来确定。但是，该方法只表示了评价地点的危险程度，而不能对低事故次数、高事故率的地点与高事故次数、低事故率的地点作出本质区别，只是简单地将其作为非危险路段对待。

（6）质量控制法

质量控制法是将特定地点的事故率与所有相似特征地点的平均事故率作比较，并根据显著性水平建立评价危险路段的事故率的上限和下限。具体计算公式如下：

$$\begin{cases} R_c^+ = A + K\sqrt{\dfrac{A}{M}} + \dfrac{1}{2M} \\ R_c^- = A - K\sqrt{\dfrac{A}{M}} - \dfrac{1}{2M} \end{cases} \tag{9-3}$$

式中：

R_c——临界事故率，R_c^+ 为上限值，R_c^- 为下限值；

A——相似类型交叉口或路段的平均事故率；

K——统计常数，取 1.96（95% 置信水平）；

M——评价地点在调查期内的平均车辆数（交叉口以百万辆车计，路段以亿辆计）。

如果评价地点的事故率大于上限值，则认为是危险地段；如果小于下限值，则认为是非危险地段；处于上下限之间的地点需要更为详细地考察后再进行确定。

质量控制法是一种基于假设的理论方法。实际应用表明，该法要比上述其他统计方法更为合理，但它没有表明危险路段改善的优先次序。

（7）速度比判断法

交通心理研究表明，驾驶员在行车过程中会产生一种心理惰性。在高速行驶状态下，驶入危险路段时，仍不减速或减速幅度不够。当驾驶员由行车条件好的路段进入条件差的路段时，由于惰性原因，使得实际车速大于道路条件允许的车速，这就有可能导致交通事故。因此，可从相邻路段的行车条件来确定危险路段。

车辆从路段 L_1 驶入路段 L_2，L_1 能保证的车速为 v_1，L_2 能保证的车速为 v_2，则有：

$$R = \frac{v_1}{v_2} \tag{9-4}$$

式中：

R——相邻两路段的车速比；

v_1——路段 L_1（前一路段）能保证的车速，km/h；

v_2——路段 L_2（后一路段）能保证的车速，km/h。

当 $R \geqslant 0.8$ 时，路段 L_2 为安全路段；当 $R = 0.5 \sim 0.8$ 时，L_2 为稍有危险路段；当 $R < 0.5$ 时，L_2 为危险路段。

车速可通过实测直接获得或根据道路、交通条件来推测。通常危险路段有以下几种情况：道路上有坑洼或阻挡物，连接不良，视距不够，线形急转弯，坡度突变，超高不足或反超高，行人、非机动车设施不足或质量差，交通工程设施等不足或设置不当等。

对于交叉口，可用通过交叉口的机动车速度与相应路段上的区间速度之比来判定某一地点是否为道路交通事故多发点（段），具体公式为：

$$R = \frac{v_J}{v_H} \tag{9-5}$$

式中：

R——交叉口车速与相应路段区间车速之比；

v_J——交叉口车速，km/h；

v_H——交叉口间路段的区间车速，km/h。

9.4.4　事故多发点调查方法

9.4.3 节主要介绍了道路交通事故多发点（段）排查的理论方法，然而在实际应用中，详细研究多发事故点较好的方法通常有以下几种。

① 取得最近两年内全部事故资料的副本（最好是报告本身）。如果是进行一项交通改善措施的前后对比调查，最好拥有采取改善措施前至少两年的资料，以及采取改善措施后至少 12 个月（12～36 个月更好）的资料。

② 绘制碰撞图，用图形表明每起事故的重要细节。

③ 绘制环境图或原始资料简图。如果需要的话，环境图是一张表明交叉道路的位置、宽度和坡度、交叉口视野障碍物（人为的或天然的）和交通管理装置的位置，以及停车习惯的比例图。

④ 取得其他有关的交通资料主要包括：

- 交叉口高峰时间转弯运动的车流量总数；
- 交叉口各进口的速度核查（如果它是一个因素的话）；

● 观察或控制违章的调查（如果事故的模式与此有关）。

⑤ 如果是在一个不设管制的交叉口发生直角碰撞模式的事故，则要进行安全进口速度分析。

⑥ 事故地点的现场检查。现场观察的重要性在于，查明那些在环境图中反映不明显，或从碰撞图的事故模式中不能明确鉴别的危险因素，指出不正常的交通流，检查控制装置的可见度和放置地点。在装有交通信号的交叉口，应考虑信号的定时和相位是否适当。另外，需要进行夜间观察，以检查障碍物的可见度，控制、警告或引导装置的反射程度。

⑦ 利用资料选择对该调查地点最合适的处理方案，并考虑能提供的资金及该调查的相对重要性。

⑧ 在改善措施已经实施后，用前后对比调查进行事故多发点的重新核查。

复习思考题

1. 交通冲突调查的目的是什么？与一般交通调查有什么区别？

2. 交叉口交通冲突调查包括哪些方法？各有什么优点与不足？

3. 在交通冲突测量中包含哪些参数？它们之间有何关系？

4. 交通事故可分为哪几类？交通事故现场调查包含哪几方面？

5. 对事故多发点的调查包含哪些内容？其鉴别标准包括哪些？

第 *10* 章

大数据采集和应用分析

随着信息化、智能化手段的普及，交通数据的采集手段不断丰富，如车载 GPS、手机定位、无线射频等物联网技术的应用，以及高速公路收费系统、监控系统等，都能从不同角度获取反映交通运行特征的相关数据。交通数据已由原来单一的静态数据集，拓展至静态与动态数据结合的多源数据集，呈现出典型的大数据特征，对交通发展产生深远的影响，并带来交通数据在采集、应用与管理各方面的重大变革。

交通大数据具有样本量大、携带空间属性和动态连续等优势，能够大幅降低调查工作量。在人口岗位分布、道路交通流量和速度、公共交通客流等多个方面，交通大数据可以准确观测基本特征和规律，为分析掌握城市交通提供了新型技术手段，为剖析交通活动分布和城市空间格局提供了更多元的参考依据，可以拓宽调查广度、增加调查深度。

交通大数据是"互联网+交通"发展的重要依据，现代城市交通管理已经不再单纯依赖交通系统的数据，来自不同领域、不同行业的数据与交通系统自身产生的数据一起为交通控制和交通管理服务。城市交通大数据的发展及应用在宏观层面能为综合交通运输系统的"规划、设计、建设、管理、运营、养护"等提供支撑，在微观层面能够指导优化区域交通组织，在交通信号优化、路况信息发布、交通诱导、停车场管理等方面发挥巨大作用。

10.1 概　　述

提及城市交通大数据，人们的第一反应可能是许多与交通直接相关的数据——探头数据、全球定位系统（GPS）数据、可变信息提示板上红黄绿显示的拥堵程度等，汇聚在一起形成 TB（terabyte）级甚至是 PB（petabyte）级体量庞大的数据集。实际上，在城市交通大数据中，除了交通领域直接产生的数据资源外，还有许多相关领域的数据资源、公众互动的数据资源，这些数据资源共同构成了城市交通大数据，通过大数据的技术方法，为交通建设、交通管理和交通服务提供决策支持。

10.1.1 城市交通大数据的含义

城市交通大数据是指由城市交通运行管理直接产生的数据（包括各类道路交通、公共交通、对外交通的线圈、GPS、视频、图片等数据）、城市交通相关的行业和领域导入的数据（气象、环境、人口、规划、移动通信手机信令等数据）以及来自公众互动提供的交通状况数据（通过微博、微信、论坛、广播电台等提供的文字、图片、音视频等数据）构成的，用传统技术难以在短时间内管理、处理和分析的数据集。城市交通大数据同时包含了来自交通行业与非交通行业的格式化和非格式化数据。

10.1.2　城市交通大数据的特点

1. 数据量巨大

城市交通时时刻刻产生大量的数据，各类数据的汇聚，尤其是视频、图片等非结构化数据，以及气象、环境等数据，直接导致城市交通大数据的数据量十分巨大。如果再算上道路监控视频和卡口照片等非结构化数据、相关行业和领域导入的数据，以及公众互动提供的数据，数据量更是无比庞大。

2. 数据种类多样

从数据来源上看，城市交通直接产生的数据本身就包含了道路交通、公共交通、对外交通等数据，还汇聚整合了气象、环境、人口、规划、移动通信等多个相关行业的数据，以及政治、经济、社会、人文等领域重大活动关联数据。从数据类型上看，既有结构化数据，也有各种类型的非结构化数据、半结构化数据。从数据形式上看，既有传感器、线圈等产生的流数据，也有以文件形式保存的数据，还有保存在数据库、数据表中的记录，以及互联网上的网页文字和图片等。再加上其他行业的各类相关数据，种类就更繁多。

3. 蕴含丰富的价值

城市交通大数据可以实现智慧交通公共信息服务的实时传递，满足出行者实时准确获取交通出行信息服务的需求；为交通管理部门的交通应急决策系统提供有力的数据分析处理层面的支撑，实现对交通紧急突发状况的快速反应及应急指挥，对维护社会稳定和减少经济损失有重大意义；为城市规划和功能区设置、政府跨部门协同管理提供决策依据；为交通管理及相关产业的科学研究提供数据，例如，交通管理措施的效果模拟，深度挖掘影响交通拥堵程度的因素和作用，交通信息服务和产品的研发测试等。

4. 具有明显的时效性

利用城市交通大数据，在可能发生拥堵之前通过提示板、交通信号灯控制等手段提前进行分流和疏导；在极端天气状况发生前提前预警；在重大活动进行过程中实时干预，保证交通通畅，防止人群滞留、挤踏；在公众出行时根据用户所在地点附近的交通流量等信息，通过移动终端应用实时给出出行建议和路径规划等。这些都需要在获取到数据后能够及时准确地处理，尤其是对车辆通过线圈、卡口等数据的分析，以及利用手机信令来分析交通状态，都需要毫秒级的响应速度。此外，随着城市交通的发展，交通管理和城市规划等决策更注重分析近期数据，历史数据（尤其是几年前的历史数据）的权重较低，这也是时效性的一种体现。

10.1.3　城市交通大数据的分类

一般而言，大数据要做的是融合汇聚，将不同来源尤其是不同领域的数据集进行整合，本身就需要打破数据已有的分类,因此经过整合后的数据已经不再体现出单一的类别特性。但是,对城市交通大数据中的数据可以从某些角度进行划分,便于更好地分析、理解和使用。

1. 按照数据与交通管理和交通信息服务的关联度划分

按照数据与交通管理和交通信息服务的关联度,城市交通大数据可以分为交通直接产生的数据、公众互动交通状况数据和相关行业数据,这3类数据与交通管理、交通信息服务的关联度依次降低。

① 交通直接产生的数据包括了各类交通设施如线圈、摄像头等产生的数据,以及车载GPS产生的车辆位置信息等数据,这些数据能够反映出总体和局部的交通状况,与城市交通最直接相关。

② 公众互动交通状况数据包括公众通过微博、微信、论坛、广播电台等提供交通状况相关的文字、图片、音视频等数据。例如,某个路段上刚刚发生车祸,这些信息未必会被交通设施直接捕获到,但它们能够直接反映局部的交通状况,因此和城市交通的关联程度也很紧密。

③ 相关行业数据包含了气象、环境、人口、规划、移动通信,以及其他与交通间接相关的数据,这些数据能够更准确地分析、预测交通状况与总体交通状态,与城市交通有一定的关系。

2. 按照数据类型划分

按照数据类型,城市交通大数据可以分为结构化数据、非结构化数据和半结构化数据。

① 结构化数据是指数据记录通过确定的数据属性集定义,同一个数据集中的数据记录具有相同的模式。结构化数据具有数据模式规范清晰,数据处理方便等特点。结构化数据通常以关系型数据库或格式记录文件的形式保存,例如,传统的智能交通信息系统采集、加工过的数据和线圈等传感器产生的数据,一般来说具有固定的比特流格式,各字段的比特长度和含义固定,可以视作比特尺度下的结构化数据。

② 非结构化数据是指数据记录一般无法用确定的数据属性集定义,在同一个数据集中各数据记录不要求具有明显的、统一的数据模式。非结构化数据能够提供非常自由的信息表达方式,但数据处理复杂。非结构化数据通常以原始文件或非关系型数据库的形式保存,例如,摄像头采集的视频,公众发布在微博或微信上的图片和语音信息等。

③ 半结构化数据是指数据记录在形式上具有确定的属性集定义,但同一个数据集中的不同数据可以具有不同的模式,即不同的属性集。半结构化数据具有较好的数据模式扩展性,但需要数据提供方提供额外的数据之间关联性描述。半结构化数据通常以可扩展标记语言(extensible markup language,XML)文件或其他用标记语言描述数据记录的文件保存,例如在超文本标记语言(hypertext markup language,HTML)文件中以<table>标签形式保存的数据、资源描述框架(resource description framework,RDF)格式的本体库文件等。

3. 按照数据形式划分

按照数据形式,城市交通大数据可以分为(传感器)流数据、数据文件、数据库记录、在线文字和图片、音视频流等。

① 流数据是指各类交通设施或传感器以数据流的形式持续不断产生的具有确定格式的

数据，其特点就是已经产生的数据无法再现。除了数据处理算法在内存中保存的一部分外，无法重复获取之前的数据记录、对数据的获取和访问存在先后顺序。

② 数据文件是指以文件的形式在介质上持久保存的数据，又分为记录文件和无记录文件（如文本文件）。其特点是可以反复获取，并可根据需要随机访问，没有先后顺序要求。

③ 数据库记录是指在关系型数据库系统或非关系型数据库系统中，以"数据记录"的形式保存的数据，其特点是用户不用自己维护数据记录的存取，提供了处理和计算上的便捷性。

④ 在线文字和图片是指存在于互联网上并需要通过特定的网络协议才能获取数据，其特点是以文件形式存在，通过数据流方式可以反复获取（前提是服务器端的文件未被删除）。

⑤ 音视频流是指经过数字化的并能够通过某种方法还原的音频或视频信息，其特点与流数据类似，但属于非结构化数据，往往需要非常复杂的算法才能从中提取所需要的信息。

4. 按照数据产生和变化的频率划分

按照数据产生和变化的频率，城市交通大数据可以分为基础数据、实时数据、历史数据、统计数据（结果数据）等。

① 基础数据是指静态的、规范化的描述城市交通基本元素的数据，其特点是数据定义/产生后基本不会发生变化，例如道路名称、匝道口编号等。

② 实时数据是指随城市交通活动实时产生的，反映城市交通运行情况的数据，其特点是数据会非常频繁地产生和变化，例如线圈数据、温湿度气象数据、微博和微信上的公众互动的交通状况等，这类数据对判断短时交通拥堵等具有重要作用。

③ 历史数据是指实时数据按一定时间周期（如按月）归档后产生的数据，其特点是新数据产生和变化的周期性明显，这类数据可以用来预测未来交通状况的变化趋势。

④ 统计数据（结果数据）是指系统根据一定算法或根据使用者的主观需求，经过计算后所产生的数据，其特点是新数据的产生和变化的周期性不明显，例如拥堵指数、路段平均车速、人流量随时间变化趋势图等，这类数据可以为公众出行服务、管理部门作决策支持。

有时候也可以用高频、中频、低频来划分，基础数据属于低频数据，统计数据和历史数据属于中频数据，实时数据属于高频数据。

10.2　城市交通数据资源及应用

城市交通数据资源主要由交通行业运行和管理产生。按城市交通特性，可以大体将交通领域的数据来源分为：道路交通、公共交通和对外交通。道路交通数据主要是指布设在地面道路、城市快速路和高速公路的采集设备采集的车流量、车速等数据；公共交通数据主要是指公交汽电车、出租汽车、轨道交通、停车场库等汇聚的调度、客流量等数据；对外交通数据包括铁路、公路、航空、航运等行业信息化建设汇集的客流、货流等交通数据。

10.2.1　道路交通

道路交通是城市交通体系的重要组成，根据城市道路的性质，可以将其分为城市地面道路、城市快速路和高速公路3类。总体来讲，在城市的道路交通体系中，地面道路是基础和根本，快速路是提升和飞跃，高速公路是城郊和城际的骨干。在城市交通信息化发展的进程中，由于建设、管理、运维、技术等不同因素，这3类道路交通数据的类型、采集、存储、处理、应用等也体现出不同的特点。

1. 城市地面道路

（1）基础数据采集

城市地面道路是道路交通体系的主要组成部分，是一座城市市内交通运输的主动脉。按照道路等级分类，城市地面道路主要有主干路、次干路、支路等。各级道路在城市交通中担负的运量各不相同，主干路是城市地面道路网的骨架，连接城市各主要分区；次干路配合主干路组成城市干道网，起联系各部分和集散交通的作用；支路则是次干路与街坊路的连接线，解决局部交通问题。

随着道路交通管理和服务对信息化需求的提升，基于电感线圈检测器、微波检测器、视频检测器、全球定位系统等交通数据采集设备，可以采集车流量、车辆速度、车辆类型、牌照、位置等更多丰富的数据和信息。这些不同类型的检测设备，各有优点、互为补充，使采集到更多、更全面的交通数据成为可能。

（2）数据的应用

在地面道路交通原始数据汇聚的基础上，通过数据分析和挖掘，可以开发出多种应用。不论管理者还是出行者，都对道路的运行状态和路况变化趋势十分关心。可以根据车速信息用红、黄、绿等颜色实时地显示地面道路双向路段的交通路况，以表征拥堵或畅通等状态，图10-1为某日北京市五环内道路的拥堵状态。通过城市地理信息系统，可以直观地看到城市地面道路路网的交通运行状态和路况实时变化。实时路况是把握道路运行现状，进行应急处置和指挥的第一手信息，而历史路况信息则可以为数据分析和挖掘积累宝贵的资料。

图 10-1　某日北京市五环内道路的拥堵状态

地面道路交通状态信息的展示应用较为直观，但在区分拥堵量级、分析拥堵成因的时候，却存在明显不足。因此，基于车速、流量等数据分析的交通指数成为各大城市用于细化道路交通状态的重要指标。交通指数是量化的道路状态,介于原始车流量、速度数据和道路交通状态之间的层面,可以从宏观城区到微观路段,以数值或最值的形式细化表达。交通指数的提出、研究和应用,为评判道路服务水平、提供公众出行个性化服务等奠定了坚实的基础。例如,近几年来百度地图基于海量的交通出行数据、车辆轨迹数据、位置服务数据,通过挖掘分析,计算出反映中国100个主要城市交通状况的各项指标,并向社会发布年/季度城市交通报告,《2021年第2季度中国城市交通报告》部分内容如表10-1所示。

表 10-1 2021 年第 2 季度百城通勤高峰交通拥堵榜前十

排名	排名环比升降	城市	通勤高峰拥堵指数	通勤高峰实际速度/(km/h)
1	—	北京	2.147	24.36
2	↑ 1	贵阳	2.059	24.80
3	↓ 1	重庆	2.057	24.28
4	↑ 5	长春	2.046	24.20
5	↑ 19	哈尔滨	1.928	23.64
6	↓ 2	上海	1.904	24.87
7	↑ 1	西安	1.872	26.69
8	↓ 2	武汉	1.843	26.24
9	↑ 4	青岛	1.838	26.64
10	↑ 10	大连	1.833	24.19

道路交叉口的运行状况也可以用类似的方法表达。对于经常出现拥堵的区域、路段或道路交叉口,可以结合车流量等各类数据联合分析,找出可能对其进行优化的地方。

事故、事件等报警信息,通过与城市GIS的结合,可以挖掘出经常发生事故的"黑点"地段。对这些事故"黑点"进行分析,能够为改善道路通行安全、出行安全提醒等提供支持。同时,这些交通路况、交通指数、事故等信息还可以通过互联网、电视台、电台、车载设备、手机等移动终端应用软件等方式发布,作为出行者对交通出行方式和路径选择的参考依据。

2. 城市快速路

(1)基础数据采集

城市快速路是道路交通体系的重要组成部分,是联系城市市区各主要区域、主要近郊区、卫星城镇和主要对外公路的快速通道。城市快速路有高架道路和地面封闭道路两类,对向车行道之间设有中央分隔带,上下匝道或进出口采用全控制或部分控制,通常采用立体交叉的方式与城市地面道路相交,为较长距离、大流量、高车速出行服务。

城市快速路的数据采集通常由感应线圈、车辆全球定位系统、牌照识别系统、视频采集系统等来支撑。不同的数据采集手段,所获取的数据和信息有很大差别,在设备布设、运行和维护中所耗费的成本也不一样。例如,感应线圈一般埋设在快速路路段或出入口,采用单排或双排断面的形式,用来采集车流量、车型、速度、占有率等信息,这些信息可以支持相关的应用,但感应线圈采集的数据仅是特定路段的特定点,对整条路段上的车辆空间分布和密度则无法获取,而且布设的成本较高。车辆全球定位系统,可以采集到车辆的瞬时速度和位置，采集周期也可以灵活选择，但由于定位精度的影响，可能会导致相邻地面道路、快速路主线、匝道或出入口位置车辆混淆的问题。牌照识别系统可以有效地抓住流经识别车道断面的车辆，并可以根据积累的数据找出车辆的起讫点，识别的准确率和稳定性是系统评价和应用的基础。视频采集系统采集到的视频数据是某特定路段或路口车辆流动、密度等情况的直观记录，但由于视频数据分析难度大，加上可能存在的镜头灰尘阻挡、天气等各种影响因素，往往使视频数据的利用效率不高。因此，如何发挥各类采集设备的优势，取长补短，是有效利用交通数据的重点。

（2）数据的应用

基于城市快速路系统采集、汇聚的各项数据，相应部门的运行管理和面向公众的信息服务等不同需求可以得到有效支撑。作为城市道路交通的快速通道，快速路交通的运行状况是衡量一座城市交通运行是否良好的重要指标。因此，不论是管理者还是出行者，都较为关注城市快速路的交通状况，这也推动了快速路数据的分析、挖掘和应用。

与城市地面道路类似，可以从感应线圈、GPS 车速等数据分析中得到快速路的路段、出入口、匝道的状态，并以红、黄、绿等颜色信息或者交通指数等方式，来描述道路拥堵或畅通等状态。管理人员可以在指挥中心或监控平台上看到快速路的交通状态，并能够通过信息共享实现跨部门的联动管理。出行者则可以通过布设在道路上的可变信息情报板，了解到前方的实时路况，从而决定出行的时间和路线。快速路车牌识别系统的车辆号牌数据，可用来捕捉特定号牌车辆的行驶路径，支撑快速路车辆平均出行距离、出行时间、OD 分析、出行高峰期限牌管理、公安侦查破案等多种不同的应用。

3. 高速公路

（1）基础数据采集

高速公路覆盖范围广、区域跨度大，这使信息采集的难度相对较大。城市地面道路、快速路的交通数据采集方法不能简单照搬到高速公路系统。依靠密集布设感应线圈获取交通流量和速度数据的方法不可行，因为这直接会导致成本过高。依靠密集布设摄像头获取实时交通运行视频的方法也不可行，因为有些地方没有条件进行电缆或光缆的布设。行经高速公路车辆来自不同城市，依靠车辆 GPS 数据获取计算道路状态的方法也不可行，因为各城市在车辆安装 GPS、GPS 信息采集和共享方面尚未形成一套统一的标准。因此，由于管理体制、道路现状、技术成本等方面的原因，高速公路交通数据的采集存在一定的难度。

鉴于这些问题和现状，高速公路交通数据的采集主要从以下 3 个方面展开：

① 布设适量的感应线圈、视频监控系统等设施设备，满足高速公路日常管理的需要；

② 将数据采集的重点放在收费站，如车辆识别系统、不停车收费（electronic toll collection，ETC）系统、车辆行驶 OD、行程时间等流水信息；

③ 利用覆盖范围大、数据密集度低的数据采集方式，如手机信令、手机上网数据等。

不同省份、不同城市对高速公路管理的权限分工不同，但从总体上看，目前全国大部分城市对高速公路入城段、出城段、城市道路网连接段的交通数据采集较为全面。

（2）数据的应用

高速公路交通数据的挖掘和应用水平，取决于数据采集和汇聚的基础。作为城市道路交通的一部分，高速公路入城段和出城段交通数据采集和汇聚的基础较好，是与城市道路交通关系较为密切的部分。

如果要提升高速公路入城段和出城段管理与服务水平，则需加强入城段或出城段与城市地面道路、快速路交通数据的关联应用。有些城市的高速公路出入城段与城市快速路系统直接连接，有些城市则与城市高等级公路或地面道路相连接，起到了承接不同种类道路路网的重要作用。因此，在高速公路的出入城段，传统的交通数据采集手段，如车辆牌照识别系统、感应线圈、车辆 GPS、射频识别技术等，都可以形成面向管理和服务的应用，这与城市快速路和地面道路的数据应用类似。但是，建立在高速公路出入城段与城市快速路、地面道路数据互联共享基础上的联动，才是数据应用真正的重点。

10.2.2　公共交通

公共交通是城市交通系统的重要组成部分，是承担城市客运交通的主体。发展以城市轨道为骨干，城市公交为基础，出租汽车为补充的城市公共交通体系，是引领城市交通集约化发展，解决城市交通拥堵顽症的必要途径和手段。而城市停车系统也是城市公共交通服务的不可或缺环节。公共交通系统一直经历着信息化和智能化的技术升级，积累了大量数据，为日益增长的城市客运出行服务需求提供保障。图 10-2 为某城市客运大数据平台界面，从中可以反映城市客运系统、网约车和公交系统的客流量、运营数据及人流强度等信息。

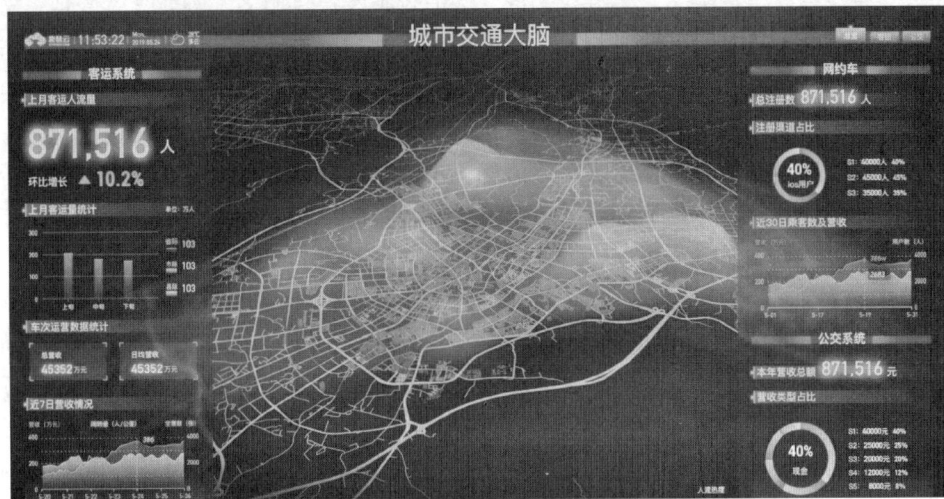

图 10-2　某城市客运大数据平台界面

1. 公交汽电车

（1）基础数据采集

随着城市化进程的不断加速，交通拥堵加剧，公共交通优先发展已成为城市交通发展的重要战略，常规公交系统成为承担城市中、短程客运交通的主体。公交数据从产生的来源主要分为：公交基础设施资源数据、公交汽电车运行状态数据、公交客流数据、公交汽电车运营管理数据。

公交基础设施资源数据主要是用来描述公交设施的静态基础空间数据，包括公交枢纽、站点、线路、路段、场站等空间信息，以及与公交设施相关的道路要素。这些信息是公交系统的基础数据，随时间变化较小，一般主要在公交地理信息系统中，数据来源于系统外部的规划、测绘和建设部门等，数据存储格式多样。

公交汽电车运行状态数据是指车辆在运行过程中产生的各种数据，主要包括公交车辆自动定位信息、实时调度信息、自动计费信息和公交客流数据。其中，公交车辆自动定位信息是指公交车辆自动定位系统通过车载 GPS 接收终端对车辆进行连续定位，测量获得的公交车辆的位置、速度等信息。实时调度信息是指运营调度中心后台系统根据车辆的定位信息和乘客信息等，按照一定的算法得出的公交车辆的动态班次、发车时间、进站出站信息、停靠等待时间等控制信息。自动计费信息是指车载智能公交卡收费机记录的编号、日期、消费金额、消费时间等刷卡信息，以及车队编号、线路编号等读卡机内部信息。

公交客流数据通过安装在车站、公交车的乘客检测器来采集。目前的检测技术主要包括红外检测、视频检测、称重检测等，测定乘客的到达率、到达时间、上下车乘客数、上下车时间等信息，以一定的时间间隔将这些信息通过通信网络传输至控制中心。

公交汽电车运营管理数据是指与公交运营效益、运营安全和运营成本等评估性信息有关的数据。

（2）数据的应用

随着信息化技术和智能公交系统技术的不断发展，国内智能公交系统水平和效率也随之不断提高。智能公交信息采集、集群化调度、智能化乘客信息服务、高效运营管理、节能环保等主要功能得到了长足的发展。例如，上海智能公共交通系统以调度系统为核心实行公交调度中心、分调度中心和公交车队三级管理。公交车实现车辆自动定位，并将定位信息发送给分调度中心，使其能够实时监测车辆的运行状况，并向车辆发出加速、减速、越站、跨线折返等指令，依据当前的客流信息、交通流量、占有率等数据合理调度车辆。上海部分公交车辆内还设有电子收费、乘客计数、电子公告板等装置，实现了乘车服务的自动化和信息化，这样公交公司可统计客流情况，为线网规划与行车时刻表的编制提供了可靠数据。

2. 出租汽车

（1）基础数据采集

城市出租车客运系统是城市公共交通的重要组成，是城市轨道交通和常规公交客运的重要补充。随着技术的不断进步，智能化出租监控调度系统或平台通过设置在出租汽车上的 GPS 车辆位置信息采集系统及调度呼叫系统，将车辆实时 GPS 经纬度坐标、车厢空车重车状态、乘客用车时间、上车地点、车型等信息返回统一调度平台。

（2）数据的应用

出租车车载 GPS 终端返回的信息可以确定出租车的起终点，还能够反映车辆是空载行驶还是载客行驶，通过建立相应的指标条件来对数据进行处理，剔除无效数据，可为 GPS 数据的有效利用提供数据基础。利用出租车的 GPS 数据可以有效解决许多交通问题（如出租车运营状况分析、交通拥堵状态分析、交通出行需求空间分布），以及为交通规划、交通管理提供决策依据。

将出租车出行起终点的 GPS 数据进行处理分析，利用每次出行起终点的经纬度、速度、时间、载客状态等信息，对出租车的交通运行特性进行分析，可评价出租车平均载客时长、平均出行距离、上下客高峰期、时间和里程空驶率等指标，为出租车投放量、运营模式及交通分担率等提供支撑条件。通过出租车 GPS 数据计算上下客热点的时空分布，可以分析出租车方式的运营时空特征和分布密度，为出租车的运营调度提供数据支持和理论支撑。利用

GPS数据计算出租车停靠站的位置与上客空间分布之间的适应性，识别出租车上客热点区域或者路段，可以合理估计乘客最短步行距离，为出租车停靠站设置方案提供依据。

3. 轨道交通

（1）基础数据采集

城市轨道交通数据主要分为由车辆运行产生的运行控制数据和由运营管理产生的业务数据。列车运行控制系统是设置在线路运行控制中心的最主要系统，除此之外，线路运行控制中心还设置列车监控、电力供应、车站设备、防火报警、票务管理等运营管理系统。汇聚到线路运行控制中心的数据包括静态数据和实时动态数据。静态数据是一些与属性相关的信息，包括列车车辆类型、列车速度等级、车长、车站位置、车站股道数量、信号灯等。实时动态数据包括列车动态信息、车站股道占用和开放情况、线路设备的动态信息等。轨道交通自动售检票系统（auto fare collection，AFC）通常包括自动售检票终端设备监控与信息管理的票务处理、通信传输、汇总统计、清分结算、设备监控和运行管理等应用功能，其获取的票和设备状态数据能够为客流分析、票/卡分析、运载量分析、收益分析、设备故障分析等提供数据来源。

（2）数据的应用

轨道交通数据是在系统的运行过程中产生，同时也为运营、管理、信息服务等系统提供数据反馈与评估。来自列车运行控制系统的轨道运行数据，可为列车自动监控、超速防护、安全行驶提供大量历史数据积累。例如，列车超速防护系统通过采集行驶列车自身运行速度及与前行列车的追踪间隔距离，判断运行速度是否超出列车最高允许速度，追踪间隔是否满足该条件下的最小追踪间隔，当列车超速运行或不满足最小追踪间隔时，采用适当的制动曲线实施列车制动，以保证列车安全运行。

4. 停车场库

（1）基础数据采集

城市停车场（库）包括公共停车场和专用停车场，即路内、路外停车场。路内停车场一般采用人工收费或自动停车管理系统。路外停车场包括社会停车场、小区停车场及特殊场合停车场等，通常利用车辆检测器采集停车信息，在停车场进出口或车位上方安装车辆检测器，如感应线圈、微波检测器、超声波检测器等，车位变化数据通过无线网络由停车场诱导管理系统进行汇聚，经后台计算处理，生成对应相关停车场的空余泊位数据，并对相应信息诱导显示空余泊位，向驾驶员提供各停车场的有效空位信息。

（2）数据的应用

先进的城市停车场（库）信息化管理通常可以实现泊位管理、停车引导、收费计费、经营管理、服务管理等功能。借助停车数据挖掘分析，为城市停车建设管理提供决策依据，利用每日积累的停车信息实时数据，逐步建立静态交通管理体系。收费终端的每一步操作在后台都有详细的记录，其采集的车辆信息还可与城市车辆管理天网、车管所、交警执法数据对比，及时发现套牌、盗抢、报废、事故逃逸、未年检、涉案、违法未处理等车辆，并及时协助公安交警执法、与110联动等。

10.2.3 对外交通

对外交通是城市交通对外的门户，是车流、客流、货流交互的通道。通常来讲，一座城市的对外交通体系包含铁路、公路、航空、航运和交通枢纽等组成部分，而其又与城市道路交通、公共交通这两大体系紧密相连。由于它们分属不同的管理和运营主体，其信息化推进与发展的程度各不相同，数据与信息的共享与汇聚也存在一定的难度。由于城市对外交通对整个城市交通体系具有巨大的影响力，甚至可以改变城市原有的交通特征，对其进行数据资源的联合挖掘与应用开发成为决策管理、出行服务共同的关注点。

1. 铁路

（1）基础数据采集

作为城市对外交通重要组成部分的铁路运输体系，担负着客流和货流进出市域的重任。随着对管理和服务实时性与精细化要求的提高，铁路客货运信息化建设已经在中国铁路总公司和各局全面展开，并取得了丰硕的成果。

铁路货运信息化系统建设较早，网络覆盖铁路总公司、路局，以及全国多个货运车站。铁路客票系统推出的 12306 互联网售票系统，实现了客票数据在全国范围内的互通共享。通过已建的信息化系统，汇聚的数据种类十分丰富，涉及管理、运营、生产、安全等各个方面。

（2）数据的应用

铁路数据的应用主要有两个方向：一是管理决策参考，二是公众信息服务。铁路数据的高度集中和实时性，可以很好地支撑这两方面的需求。

2. 公路

（1）基础数据采集

作为连接城市之间、城乡之间陆路交通的重要纽带，公路网系统包括了高速公路、一级公路、二级公路、三级公路、四级公路等，是进出市域陆路交通的重要组成部分。随着城市公路网信息化建设的不断推进，公路管理运营水平和公众出行信息服务质量日益提高。

高速公路收费站，可以对过往的车辆本身，以及其行程信息等数据进行全面的采集。具备条件的高等级公路，可以布设线圈、雷达、红外线车辆检测器等设备，全天、全方位地采集车辆的行驶速度、车辆类型、车辆长度、行驶方向和车流量等信息。视频图像设备能采集并记录车辆及路况真实的视频和图像信息。气象检测设备可采集路段温度、湿度、雨量、风向、风速、能见度、结冰情况等。隧道环境检测设备可采集隧道内一氧化碳浓度、火灾、能见度、视频图像、照度等有关信息。车辆超限管理（称重）系统的称重设备可以采集车辆轴重、车速等数据。这些基础数据的采集，是支撑管理和服务应用的基石。

（2）数据的应用

通过分析公路网采集的各项数据，可以为管理措施的制定提供依据和参考，还能为公众出行提供更高质量的服务。对高速公路收费站收费流水数据的分析，可以从收费时间、进站车速、收费车辆数、收费站规模、排队车辆数等因素之间的关联性考虑，合理解决可能的收费车辆积压问题，用以提高收费站的运行效率和服务水平。也可以从车辆 ID 标识、进站位置和时间、出站位置和时间数据进行挖掘，分析车辆的行程车速、车辆类型、出行 OD 等信息，用以评估公路路网的运行效率，定位交通压力关键节点，寻找相应的解决途径等。对公路网采集的视频信息，可以实时监控路网交通运行，及时发现事故、事件等突发问题，提高相应部门的应急反应速度和应急处置水平。通过对车辆号牌的存储、调用与分析，可以为公安破案提供线索和证据，直接为国家安全和公共安全服务。采集了经由不同等级公路进出城市的车辆数、车型等信息，对这类数据的挖掘分析，可以从整体上估算出进出城市车辆的时空分布、规模和总量等信息。

3. 航空

（1）基础数据采集

与其他交通运输方式相比，民航的国际、城际间交通运输效率最高。我国高频地空数据通信网络的基础已经建好，为飞机和地面的实时信息交换提供了可靠平台。这些基础建设是民航数据采集、信息传输和交换的根基。民航管理局、机场和航空公司对信息和数据采集有不同层面的需求，民航系统采集的数据种类繁多，已经具备了大数据挖掘的基础。

（2）数据的应用

目前，基于信息化系统支持的民航决策管理和服务体系已经初具规模，国家民航局、各地区管理局、机场和航空公司各层面的数据仓库建设逐步展开，相应的民航数据分析和挖掘系统已投入了实际应用，为建设和打造"中国数字民航"奠定了基础。如机载快速存取记录器真实、准确地记录了飞行过程中的各种参数，可以监控、检查飞行员操纵的每一个细节，及时发现不符合飞行标准的不规范动作，避免飞行事故的发生。信息化技术在订座系统、安检系统、行李系统的应用，为满足乘客购票、安全等需求提供了坚实的保障。航班班次、延误等数据和信息的及时采集和汇聚，为公众信息查询和服务提供了便利等。

4. 航运

（1）基础数据采集

航运是水上运输的统称，可以分为内河航运、沿海航运和远洋航运三大类，涉及客流、物流运输等主要业务。各种新兴的信息技术在航运信息化进程中的应用已取得显著成果。例如，航运物流信息化条形码技术和航运物流信息化射频识别技术，可以提高航运物流企业信息采集效率和准确性；基于网络互联的航运电子数据交换技术，对航运物流信息化企业的内外信息传输，实现航运物流信息化订单录入、处理、跟踪、结算等业务处理的办公无纸化形成重要的支撑。

（2）数据的应用

随着航运信息化的推进，"智慧航运"的概念应运而生。利用航运数据分析和挖掘技术的信息化管理、营运、服务等，是推动并实现"智慧航运"的基础。各个层面的航运信息管理平台、航运信息服务平台、航运营运系统等，已经开始建设并逐步投入使用，并在政府管理与引导、企业管理与营运等各方面发挥重要的作用。

5. 综合交通枢纽

（1）基础数据采集

作为城市多种交通方式集成的有机整体，综合交通枢纽在城市对外交通运输中发挥着中枢作用。综合交通枢纽涵盖民航、高速公路、城际铁路、磁浮交通、城市轨道交通、公交巴士、长途客运、出租车、停车场（库）等多种交通系统。从数据采集和信息汇聚模式来看，大体分为两种类型：一类是由综合交通枢纽统一进行数据采集和信息化工程建设；另一类是由综合交通枢纽汇聚多个交通部门采集的数据和信息。

（2）数据的应用

综合交通枢纽交通数据和信息的应用，主要在两个层面得以实现：一是保证相应管理部门实现内部业务管理和服务的需求，保证乘客在选择特定交通方式中得到优质的信息服务，这是数据和信息应用的最低要求；二是由交通枢纽相应部门发挥协调作用，满足不同交通管理部门之间的合作和协同，为换乘中的乘客提供相应的信息化服务，并能在突发事故、事件出现时，实现跨部门的应急处置。其中，第一个层面是数据应用的基础和保障，第二个层面则是综合交通枢纽信息汇聚与应用的重点和难点。

10.3　相关领域数据资源及应用

在城市交通管理决策和提供公众出行服务过程中，除了会使用到交通数据资源外，还会涉及与交通相关的，来自其他行业领域的数据资源，例如气象数据就是一个很重要的相关数据资源。不同的天气状况（如晴天或雨天）对交通管理和公众出行行为的影响有着明显的差异，而引入其他一些相关领域的数据资源，如手机信令、城市人口分布等，采用大数据技术手段，能为城市交通管理决策提供更精准的方法。

10.3.1　气象与环境

通俗地说，气象是指发生在天空中的风、云、雨、雪、霜、露、虹、晕、闪电、打雷等一切大气的物理现象。

1. 气象环境数据获取

气象环境数据通常可以通过以下两个层面获取。

（1）传统的气象、环境监测管理部门统计发布的报表

传统的气象、环境监测部门的统计发布数据，具有准确性高、完整性强的特点，但实时性通常较差，数据颗粒度较粗，不利于多源数据的关联性分析。

（2）通过互联网获取气象台、环境监测站的实时数据

随着互联网的发展及数据透明度的提高，使得直接获取监测站实时数据成为可能。此类实时数据具有较细的颗粒度，能够反映一个监测区域的精细化气象及环境状况，使得精细化、定量化的气象环境与其他行业领域关联分析应用成为可能。国内比较有名的网上气象台有天气在线、中国天气网等，环境监测站点有中国环境网、生态环境部网站等。

2. 气象环境数据属性

常见的气象环境数据包含气温、露点、湿度、气压、能见度、风向、风速、天气状况等属性。

10.3.2　人口与社会经济

城市人口分布、社会经济活动都会对城市交通产生重要的影响。人口与社会经济数据也是城市交通大数据的重要组成部分。

1. 人口普查数据

人口普查是在统一规定的时间，按统一的方法对全国人口进行逐户逐人的调查活动，可

以获得性别、年龄、民族、受教育程度、职业、住房等社会经济属性信息，这对于城市社会空间分析、交通行为和活动建模具有重要的意义。

在交通领域中，这部分数据通常用于人口结构、家庭结构和就业结构的分析，其中，人口结构包括人口数量、人口密度、性别结构、年龄结构、人口教育结构、家庭结构、就业人口结构等；家庭结构包括平均家庭户规模、中老年人比例等；就业结构包括就业人口比例、不同职业人口比例、不同行业就业人口分布、就业人口平均工作时间等。

2. 住房价格的空间分布

从房地产行业中可以获取关于住宅价格的历史变化信息，以及当月住宅价格信息。从城市规划和交通规划角度出发，人们关注的是房价的相对关系，从而研究城市交通区位与房价的关系，城市居民的空间迁移及城市功能的空间集聚等。

3. 公共服务设施的空间分布

公共服务设施是指为公众提供公共服务的基础性、公共性、服务性设施。按对应的城市用地类型，可以分为行政办公、商业金融、文化娱乐、体育、医疗卫生、教育科研和社会福利设施等。公共服务设施是吸引人员到达并进行活动的主要地点，是交通需求的主要吸引地。

公共服务设施数据可以从规划部门获取。随着互联网地图服务的发展和信息的不断丰富，也可以从 POI（point of interest）数据中获取公共服务设施数据。POI 数据主要包括名称、行业类别、经纬度等信息，是基于位置的地图服务、出行信息查询、出行路径规划等服务的基础。通过公共服务设施的空间布局与交通网络（道路、公交、轨道）的关联可以进行公共服务设施的可达性分析。

10.3.3 城市规划与土地利用

1. 土地开发强度与交通需求的关联信息

土地开发强度反映的是土地的利用程度。一方面某区域的交通区位越好，土地利用的经济效益就越高，土地开发强度也就越大；另一方面某区域的土地开发强度越高，其交通需求的产生量和吸引量也就越大，对配套的交通基础设施和交通服务设施的要求也就越高。土地开发强度通常采用容积率、建筑密度、建筑高度等指标进行衡量。

2. 居住与就业的空间分布

影响城市客运空间结构的重要因素就是城市中的居住与就业的空间分布关系，它形成了城市交通刚性需求的主要部分。这种关系通常可以用一个城市的居住人口密度图和就业岗位密度图表达，也可以用通勤通学客流的空间流向和流量、中心城区与外围区域的流量比例关系等形式来展示居住与就业的联系。图 10-3 为 2019 年北京市通勤人口空间分布热力图。

10.3.4 移动通信数据

移动通信数据，是指用户在移动通信网络中产生的数据。当前应用于交通领域的移动通信数据，主要包括话单和信令两类。

话单是指通信原始记录信息，又可以称为详单。通信设备之间任何实际应用信息的传送总是伴随着一些控制信息的传递，它们按照既定的通信协议工作，将应用信息安全、可靠、

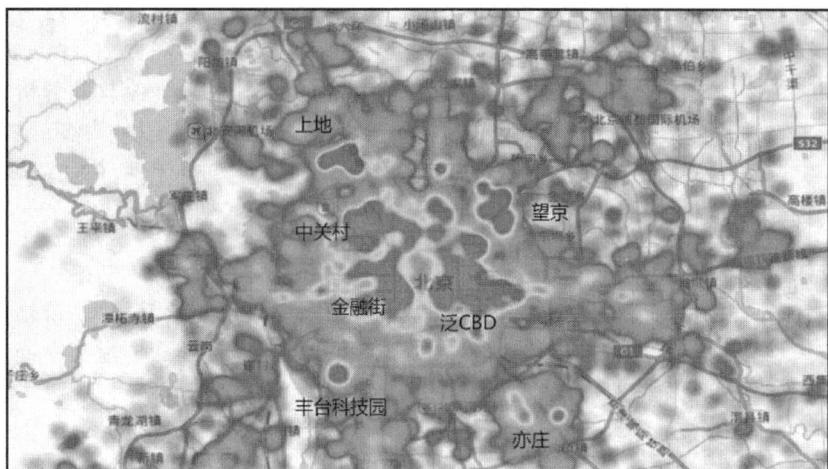

图 10-3　2019 年北京市通勤人口空间分布热力图

高效地传送到目的地，这些信息在通信网中叫作信令。由于话单和信令数据能够记录设备的基于基站小区的位置信息，故在交通领域有着较为广泛的应用。

1. 移动通信数据的获取

通常运营商会保存一段时间的用户话单，作为话务量统计及网络优化的依据。交通规划及管理部门可以通过与运营商建立合作机制，获取与个人用户无关的统计数据及其分析结果。而信令数据的获取则需要在移动通信网络的相关接口设置采集装置，由运营商负责采集和解析后通过一定的方式呈现给数据使用部门。

2. 移动通信数据的属性

根据移动通信网络的覆盖特性，以及移动通信网络需具备为移动通信用户连续提供服务的功能，移动通信用户的终端与移动通信网络始终保持紧密联系，这些联系被移动通信网络识别成一系列的控制指令。通过对这些指令的记录分析，能够获取到一系列移动通信数据，具体包括以下几点。

（1）加密后的设备标识号

为了保证通信用户的绝对隐私，移动通信数据记录的用户编号是单向加密的结果，保证加密过程的不可逆性。

（2）时间戳

移动通信数据包含时间戳信息，记录了数据的产生时刻。

（3）位置区编号

它是指移动通信系统中的位置区码，是为寻呼而设置的一个区域，覆盖一片地理区域。

（4）小区编号

在移动、联通的网络中，位置区编号加上小区编号能够唯一确定终端所处位置，电信网络略有不同。

（5）事件类型

它是指通信数据产生的事件类型，通常包含通话、短信、切换、位置更新等不同的类型。

3. 移动通信数据的特征

以移动通信中典型的信令数据为例，移动通信数据具有以下特征。

（1）全覆盖性

只要携带开启的手机，定位系统将自动捕获用户全天候的动态实时信息，并且范围不局限于手机运营商的属地范围，多数用户都可以获取全国范围的活动轨迹，而全球通等用户还能捕获到其全球范围的活动轨迹。

（2）高精度性

高精度性是指手机信令的位置信息有准确的经纬度信息，时间精确到秒，数据精度高，便于精确推算用户的活动轨迹。

（3）实时动态性

实时动态性是指用户的不同时刻的空间信息都在发生变化，位置信息处于不断变化中。

（4）存储冗余性

手机信令数据非常海量，每天产生大量的存储信息，这些信息如果不及时处理，就会形成非常占用硬盘和服务器空间的海量数据库，其中含有大量的冗余信息。

10.3.5　公众互动信息

公众互动信息是指公众通过社交网络、广播互动平台、咨询投诉热线、移动终端应用程序等渠道，进行投诉、发表评论、传播交通信息、上传与交通状况或交通事件相关的图片和语音等信息，可以从这部分数据源中提取有关交通状态、交通事件、交通设施状况、公众对交通政策和措施的看法等信息。根据来源可以分为社交网络数据、广播电视数据和咨询投诉数据等类型。

1. 社交网络数据

社交网络包括微博、微信、网站和移动应用等多种形式。

（1）微博、微信数据

自 2009 年新浪网推出"新浪微博"，2011 年腾讯公司推出"微信"后，微博、微信等新型网络媒体已成为中国网民主要的社交网络活动之一。根据注册用户类型，可以将微博或微信分为政务、企业和个人 3 种类型。

① 政务微博或微信。政务用户是指由政府部门推出的官方账户。对于交通行业，一方面，政府部门可以通过这些政务新媒体，及时发布公众关切的交通事件和政策法规等权威政务信息；另一方面，政府部门还可通过新媒体的评论、转发等互动功能，及时了解网络舆情对所发布信息的反应态势，应对网络上关于所发布信息的负面舆论影响。

② 企业微博或微信。企业用户通过微博、微信等打造属于自己的基于客户关系的信息传播、分享及获取平台，可以通过网页及各种客户端组建企业专属社区，并实现即时商业分享。我国各大城市的公交、地铁、公共交通卡公司、运输公司等交通行业企业，通过微博或微信发布相关交通线路及时刻表、公共交通卡技术服务、运输班次及时刻表、票价等交通服务信息。

③ 个人微博或微信。个人用户占微博、微信等新媒体的绝大多数，是与政务用户和企业用户互动的主力。在交通方面，个人用户通过微博、微信发表交通设施状况、交通状况、

交通事故，以及对交通政策或措施的评价等信息。通过对个人用户产生的社交网络数据进行挖掘分析，可以发现交通问题的信息，以及公众对交通政策或措施的看法，为交通管理部门及时处理交通问题或制定有效的交通管理措施提供依据。

（2）网站数据

与微博、微信等新媒体类似，各级政府的交通管理部门及大中型交通企业都建立了自己的官方网站，交通管理部门可以通过网站发布交通资讯，公开最新的交通信息政策，交通企业单位也可以通过网站进行产品信息的宣传和品牌形象的推广。此外，也有一些交通行业网站、论坛等平台供网友进行交流互动，包括事件投诉、问题解答、政策讨论等。

（3）移动应用数据

随着智能手机的日益普及，产业界从出行安全及出行服务质量等角度，推出了一些基于位置服务的移动应用软件。交通出行用户可通过这些应用来发布路况、行驶状况信息，向指定人群分享自己的出行轨迹等，产生带有位置属性的数据（如图像、轨迹数据等）。而通过对这些数据的挖掘、分析，可以了解路网的交通状况、经典旅行线路等，从而为出行用户（尤其是户外爱好者）提供更好的出行路径选择和相关服务。

2. 广播电视数据

广播电视，是通过无线电波或导线向广大地区播送声音、图像节目的传播媒介，具有形象化、及时性和广泛性等特点。交通广播较早在各大城市得到应用，通过交通广播发布道路交通状况信息，对交通诱导起到了重要作用。此外，交通广播电视在公交、地铁中也得到了广泛应用，进行公交、地铁的到站信息发布等。

3. 咨询投诉数据

城市的交通主管部门一般都开设了专门的咨询投诉热线、电子信箱等，针对交通领域所出现的各种问题收集民众的疑问与意见，接受民众的咨询与投诉。道路交通系统或公共交通系统在运行过程中，如果某些环节发生异常（如交通拥堵、交通事故、交通设施故障等），就可能会引来民众投诉。而通过投诉，交通主管部门可以及时发现问题，了解问题产生的原因，制订相应的解决方案。

10.4　城市交通大数据应用展望

城市交通大数据并不是一个全新的领域，它是交通信息化和城市交通管理发展到一定阶段的必然产物，是城市交通信息化发展过程中的必经之路。大数据带给人们一个很美好的愿景，提供了认识世界的新途径，提高了人们的决策能力。城市交通大数据作为大数据在城市交通规划、管理和应用领域的具体实践，有许多吸引人的地方，其中不乏让人耳目一新的内容。但同时也应看到，城市交通大数据不是城市交通信息化的终点，更不可能解决所有城市交通问题。城市交通大数据也会随着大数据技术和应用服务的发展而发展，甚至未来会随着新兴信息技术的出现，产生跳跃式的发展。当把关注点从信息技术移回城市交通信息化需求本身，可以洞察到一些城市交通信息化未来的发展方向。

10.4.1　交通政策和管理的精细化决策支持

针对重大交通政策措施的出台、重大交通工程的立项等不同的应用对象，利用大数据等信息技术，通过对大量历史的交通信息数据及相关联的土地、人口、经济等相关领域数据的分析，建立相应的精细化决策支持方案，甚至还可以对公众舆论等数据加以综合分析，使每一项重大交通决策的出台都经过科学评价和论证，决策效果将不再像以前那样主要依赖决策者的能力和经验。此外，针对重大交通决策实施后的效益评价，也可以基于城市交通大数据建立有效的推演和预测方法，为政策的实施或修订等提供技术支撑。

10.4.2　交通设施规划和建设的优化辅助设计

通过信息化、大数据等技术手段的辅助作用，未来道路等交通设施将实现整体协同控制与运行。实时、精确、符合个性化出行路径的道路交通拥堵指数、里程指数、停车指数、安全指数、油耗指数等一系列交通综合信息的发布，有效诱导和控制车流高效运行，促进交通设施规划和建设的优化辅助设计。

通过信息化技术手段的辅助作用，未来道路等交通设施将更加智能。地面下的感应线圈检测每个车道交通流量、车速、车型等信息，传输至管理中心集中处理和应用。路侧具有信息接收和交换装置接收来自周边车辆提供的各类车速、安全事件、视频等检测信息、位置信息，通过光纤或无线通信方式传输至管理中心进行大数据挖掘分析，处理成交通管理部门所需要的管理信息和社会公众需要的出行信息，并通过路侧信息接收和交换装置，反馈至相关区域道路两侧的车辆，诱导车辆避开拥堵和事件发生区域，提示车辆安全驾驶。也可以通过路边计算处理装置，就地处理成管理者和出行者需要的各类交通信息，向周边区域相关车辆发送相关拥堵信息，真正实现车车联网、车路协同，辅助道路交通组织管理和决策科学化，使道路通行能力达到高效和最优。

10.4.3　基于智能车辆和道路技术的智能化交通协同

智能车辆和智能道路技术代表了未来车路智能化的发展方向。智能车辆基于高度传感、智能辨识、通信等技术，通过驾驶行为分析、环境感知、车辆交互通信、主动安全等系统，实现车辆的高度自动化与生态化，为驾乘人员提供预警信号、避障防撞、智能导航、辅助驾驶、自动驾驶等各项服务。智能道路在车路联网的技术基础上，以先进的通信设施汇集车辆发送的各种交通信息，实现道路与车辆的高度协调，提供不停车缴费、个性化诱导、分类信息查询、最佳路径选择等服务，保障行车的安全和畅达。

通过智能车辆和智能道路技术，结合移动智能设备，使车辆之间、交通设施、驾驶员和乘客使用的移动设备之间建立安全、可互操作的无线连接。通过建立有效的驾驶员预警技术，降低驾驶员注意力分散，共同为驾驶安全、高效、环保的目标提供支持。此外，还能在节约客货运成本、治理车辆尾气排放与交通环境问题、主动式交通管理、边境跨境运输等方面提供支持。

10.4.4　客货运交通快速集散和多式联运的高效化服务

在城市交通大数据的基础上进行货运信息采集、整合和共享，建设货运信息公共平台，提高货运集疏运效能和物流配送能力。采集以对外交通枢纽为主的货运量、集疏运结构、方向及水上航运状态等信息，整合和共享港航运、铁路、机场的货运信息数据，提高航运信息服务能力，促进集疏运多式联运整体效率不断提高。

在城市交通大数据的基础上建立对外交通枢纽客流采集和信息服务平台,加强对外客运交通方式的客流信息、运行信息采集和数据共享,实现区域多方式客流高效联运。采用视频检测、红外感应等多种技术,统计分析客运枢纽的客流密度与客流集散分布,实时掌握客流分布及其周期性集散规律等。

10.4.5 公众出行全过程交通信息的便捷、个性化服务

个性便捷的公众综合交通信息服务目标是让出行者能随时随地掌握动态交通信息,在出行全过程中能运用手机、广播、移动导航终端等多种方式获取综合性、个性化交通信息,满足公众出行便捷、高效、安全、舒适的要求。

展望未来,车联网技术、高精度位置导航服务、北斗卫星定位、移动互联网、视频识别与分析、信息技术及大数据技术等将得到大规模推广应用,自动驾驶和辅助驾驶技术逐步成熟,交通信息化将形成庞大的产业链,成为国家战略性新兴产业。交通信息化的发展借助于信息技术和城市交通大数据的广泛应用,将实现以信息化为纽带的人(出行者)、车(出行设备)、路(出行设施)协同目标,出行者高度享受交通信息服务带来的便利,通过信息辅助使出行变得舒适和安全,交通工具变得更智能,并与交通设施高度和谐,使有限的交通资源发挥最大效益。

10.5 城市交通大数据调查案例

本节以大数据在广州市第三次交通综合调查中的应用为案例进行概要介绍。主要介绍广州市第三次交通综合调查框架和特点、大数据在广州市交通综合调查中的应用等内容。

10.5.1 广州市第三次交通综合调查框架和特点

1. 调查框架

广州市 2017 年交通综合调查包含人员出行调查、交通系统运行状况调查、信息数据挖掘三大板块。

① 人员出行调查,主要包含居民出行调查、流动人口出行调查、枢纽问询调查;

② 交通系统运行状况调查,目的是为调查提供抽样母体并对人员出行调查提供校核,包含人口就业、土地利用、道路流量、轨道交通出行、公共汽(电)车出行等调查;

③ 信息数据挖掘,包含对公路交通信息、道路卡口车牌识别数据、公共交通 IC 卡数据、营运车辆 GPS 数据、互联网位置数据及手机通信数据等方面的数据挖掘。

该调查采用大数据挖掘和传统交通调查并行模式(见图 10-4),目的是充分利用现有信息化资源,提高调查数据的广度、精度及效率。

2. 调查特点

(1)强有力的调查组织框架

本次调查范围广、规模大、专业性强,需提供协助的部门多,因此调查工作采用市交通工作领导小组统筹、多个职能部门协助、专业机构提供技术支撑的组织形式,在市交通工作领导小组框架内,组建了市、区、街(镇)三级调查办公室。其中,市调查办公室设在市

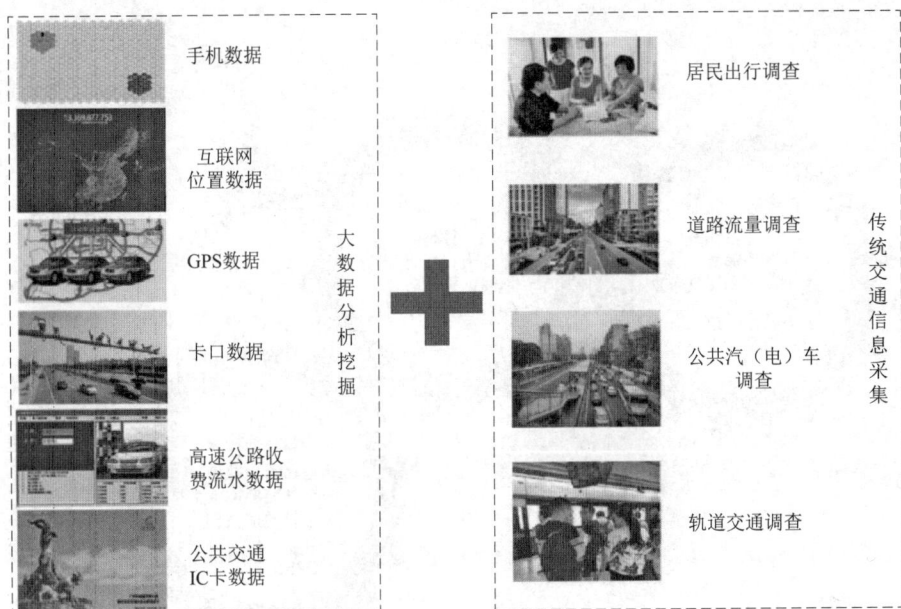

图 10-4 广州市第三次综合交通调查框架

交通委员会，成员单位包括市交通委员会、公安局、民政局、统计局、教育局、旅游局、国土规划委员会及各区政府，主要负责总体统筹工作，并委托第三方机构开展调查方案设计、调查培训等工作；区调查办公室设在各区政府，主要负责配合指导本区各街（镇）调查办公室工作；街（镇）调查办公室设在各区街（镇），主要负责组建调查队伍，并配合第三方机构开展具体的调查工作等。

（2）充分利用相关部门既有统计资料

通过相关部门固有的调查机制、日益完善的统计报表制度、手段多样的信息采集技术形成系统的统计资料，有助于降低调查的人力、物力和财力成本。本轮调查充分协调采用相关部门既有统计资料，包括市统计局人口普查、经济普查及 1% 人口抽样调查数据，市教育局就学统计数据，市旅游局旅游人口统计数据，市公安局机动车登记数据，广州地铁集团地铁运营统计数据及市交通委员会公共交通运营统计数据等。

（3）调查方案考虑不同数据关联

在调查方案设计阶段考虑了不同数据之间的关联，并通过调查内容设计强化数据之间的联系，实现各个板块之间相互补充、校核，方便后续综合校核扩样工作（见图 10-5）。

（4）采用新技术替代传统人工调查，降低人工调查难度，提高调查效率

人员出行信息采集采用 PDA 设备取代纸质问卷，采用最新的地理信息数据库作为数据采集基础，系统在出行信息采集过程中实现了地址经纬度准确定位、自动逻辑纠错、数据及时上传、数据采集进度查看及指标校核等功能，极大提高了调查效率、数据可靠性及后期数据的应用广度。车流量和载客率调查采用外业视频拍摄、内业软件计数及人工抽检的方式取代大规模人工外业调查，降低了人工调查实施难度，提高了安全性。轨道交通乘客出行调查在人工问询的基础上，高峰期采用微信二维码开展调查。公共汽（电）车典型线路客流调查采用车载视频监控数据对人工调查结果进行校核。

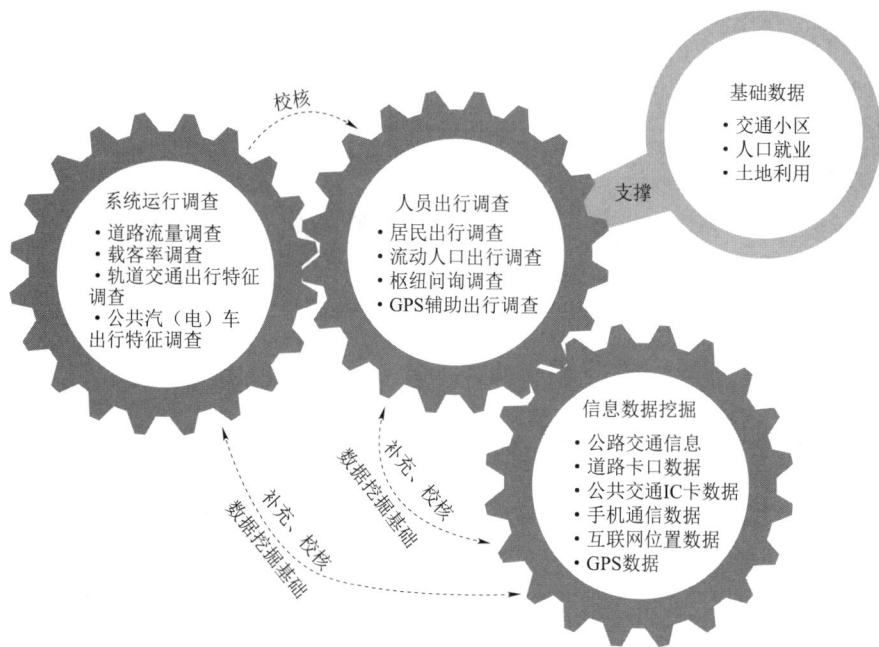

图 10-5　广州市第三次交通综合调查中传统调查与大数据调查关系

（5）实施单位多专业联合及多数据综合校核确保质量

① 在完善的上层组织架构下，实现调查工作多专业联合。规划研究单位和统计研究单位作为上一轮交通综合调查组织实施单位，具有组织居民出行调查的经验，且后者凭借每年的专项统计调查与基层已形成良好的沟通机制。交通研究单位承担交通综合调查的前期研究工作，在公共交通、道路交通等特征调查方面具备丰富的经验。第三方调查公司在居民出行的调查实施方面积累了大量的实践经验。四家单位各尽其能，发挥各自特长和优势，最大限度地保证了调查工作圆满完成。

② 交通大数据挖掘采用交通与信息技术跨界合作，包括交通研究单位、规划研究单位、腾讯、联通、交通数据中心等多专业联合，充分利用统计数据、大数据与人工抽样调查数据相互补充和校核，实现大数据充分挖掘，并与运营商和互联网企业实现较好的契合。例如，针对手机数据运营商和互联网企业提供的样本数据，咨询单位和运营商联合完成算法设计、测试工作，然后利用运营商和互联网企业的服务器运算资源进行数据挖掘并输出统计分析结果。既实现了运营商和互联网大数据信息不向外提供，又完成了科研机构要求的分析结果，并且利用大型企业的运算资源提高了整体计算效率。

10.5.2　大数据在广州市交通综合调查中的应用

1. 挖掘特殊指标

大数据的重点并不在大，而在于其数据质量和数据价值含量。数据质量是基石，依托较好的质量挖掘有用的数据，才能发挥大数据的分析和决策作用。本次分析分别基于手机信令、互联网位置、道路卡口车牌识别、高速公路流水、IC（integrated circuit card，集成电路卡）卡和 AFC（auto fare collection，自动售检票系统）、GPS 等数据资源，挖掘传统抽样调查无法获取的特殊指标（见表10-2）。

表10-2 大数据挖掘特殊指标

数据类别	挖掘特殊指标
手机信令数据	（1）人口总量修正：通过手机用户在广州市境内的停留（驻点判断）情况，分别判断常住人口、流动人口、过境人口总量及分布情况。 （2）职住分布特征：根据超过6个月手机信令数据的时间跟踪分析，判断手机用户的居住地、工作地及职住特征。 （3）城际出行特征：利用全省手机数据分析广州与周边城市出行特征。 （4）轨道交通换乘特征：利用轨道交通地面和地下基站不同，以及每条线路和每个车站基站编号不同判断、分析换乘客流。 （5）出行频次分布：通过职住特征和驻点判断，统计各个小区不同出行频次的用户分布，校正传统抽样调查的沉默需求
互联网位置数据	（1）人口迁徙特征：对2016年和2017年的人口职住分布特征进行跟踪挖掘，分析广州市的人口迁徙特征及变化情况。 （2）交通可达性：依托城市浮动车速度数据、"众包"数据等资源，计算不同小区之间早晚高峰、平峰的出行时间和交通可达性。 （3）典型建筑出行生成率特征：利用互联网位置数据分析典型建筑在不同时段的居住、工作、来访人员的到达及离开情况，挖掘不同类型建筑的交通吸引率。 （4）志愿者出行轨迹：通过开发志愿者轨迹信息采集系统，采集志愿者一天的出行轨迹信息，校正人员出行调查的出行频次
道路卡口车牌识别数据	（1）车辆拥有分布：通过卡口数据连续监测车辆出行信息，挖掘车辆的停放地，并判断、分析分区车辆拥有情况。 （2）外地车特征：通过卡口数据对外地车辆进行连续跟踪分析，识别长期本地化运营车辆和短期到访车辆的出行特征及时空分布特征
高速公路流水数据	过境交通特征：通过分析广东省高速公路进出收费站的流水数据，识别广州过境车辆，分析过境车辆经行路段及时空分布特征
IC卡和AFC数据	出行特征：通过分析广州市公共交通IC卡数据及AFC数据，分析公共交通的时空分布特征、运行特征、出行规律等
GPS数据	OD分布：通过分析广州市出租汽车和"两客一危"的GPS数据，分析出租汽车、大客车、危险货物等车辆的时空分布特征、货运物流聚集地及货运通道等

2. 实现多源数据相互补充与校核

多源数据相互补充与校核主要分为以下5个步骤（见图10-6）：

① 通过传统抽样调查得到样本OD，结合职业、车辆拥有、年龄结构、人口规模等因素，组合扩样得到分方式出行OD分布；

② 利用手机信令数据和互联网位置数据进行扩样（主要利用联通用户比例、不同年龄段手机用户使用率、人口普查年龄结构及一人多机等属性数据），获取全方式OD矩阵；

③ 以组合扩样的交通结构拆分总体OD矩阵，得到各方式的基础OD矩阵；

④ 获取各方式OD矩阵后，利用IC卡数据、AFC数据、GPS数据分别校正公共汽

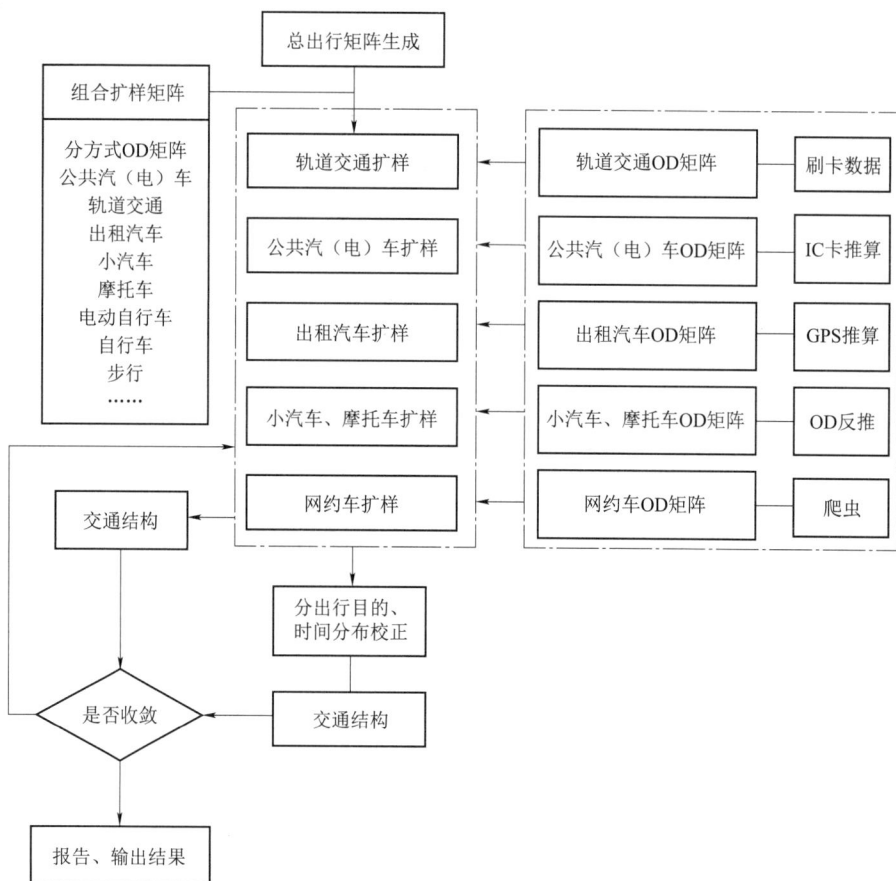

图 10-6　多源数据相互补充与校核

（电）车、地铁、出租汽车 OD 矩阵分布（还将其作为公共交通 OD 分布的约束条件进行修正），并利用交通量和载客率调查结果、卡口数据、高速公路收费数据进行 OD 反推，校正小汽车出行 OD；

⑤ 利用 GPS 调查和手机信令出行频次校正沉默需求和出行时间分布。针对手机信令数据模糊（由于部分区域基站分散）的特点，采用基站序列嵌入活动基站序列标签、空间核聚类、折返识别，以及正向传播与反向反馈相结合的驻点参数优化技术，提高了手机信令数据应用于出行活动分析的可行性，并利用手机用户的实际出行数据对结果进行检验。结果表明，通过相关技术和算法融合，使得出行频次的分析精度在 95% 以上。

复习思考题

1. 什么是城市交通大数据？城市交通大数据的特点有哪些？
2. 城市交通大数据的种类有哪些？
3. 城市交通资源有哪些？各自有哪些应用？
4. 与交通相关的其他领域有哪些数据资源？
5. 未来城市交通大数据有哪些应用趋势？

参 考 文 献

[1] 刘东. 交通调查与分析 [M]. 北京：中国人民公安大学出版社，2008.

[2] 王建军，严宝杰. 交通调查与分析 [M]. 2版. 北京：人民交通出版社，2004.

[3] 陆化普. 交通规划理论与方法 [M]. 北京：清华大学出版社，2006.

[4] 王炜. 交通规划 [M]. 北京：人民交通出版社，2007.

[5] 李杰，王富，何雅琴. 交通工程学 [M]. 北京：北京大学出版社，2010.

[6] 陆化普，隋亚刚，郭敏，等. 城市道路混合交通流分析模型与方法 [M]. 北京：中国铁道出版社，2009.

[7] 李淑庆. 交通工程导论 [M]. 北京：人民交通出版社，2010.

[8] 陆化普，李淑敏，朱茵. 智能交通系统概论 [M]. 北京：中国铁道出版社，2004.

[9] 梁金萍. 物流管理实务 [M]. 北京：清华大学出版社，2010.

[10] 詹春燕. 物流营销基础与实务 [M]. 北京：机械工业出版社，2010.

[11] 王红扣. 我国交通运输业统计指标体系的建立与分析 [D]. 上海：上海海运学院，2004.

[12] 罗春芳. 交通行业现代物流统计指标体系及统计方法研究 [D]. 北京：北京交通大学，2008.

[13] 凌方. 交通行业现代物流统计指标体系及调查方法研究 [R]. 北京：交通部科学研究院，2009.

[14] 邵春福. 交通规划原理 [M]. 北京：中国铁道出版社，2004.

[15] 任福田，刘小明，荣建. 交通工程学 [M]. 北京：人民交通出版社，2003.

[16] 罗霞，刘澜. 交通管理与控制 [M]. 北京：人民交通出版社，2008.

[17] 王炜，过秀成. 交通工程学 [M]. 南京：东南大学出版社，2000.

[18] 严宝杰. 交通调查与分析 [M]. 2版. 北京：人民交通出版社，2004.

[19] 布罗肯伯勒，小伯德克. 公路工程手册 [M]. 张彦林，曹花娥，许有俊，等译. 北京：中国电力出版社，2007.

[20] 李作敏. 交通工程学 [M]. 2版. 北京：人民交通出版社，2000.

[21] 中国公路学会《交通工程手册》编委会. 交通工程手册 [M]. 北京：人民交通出版社，1998.

[22] TRB. High capacity manual（HCM）[M]. Washington，DC：The National Academy of Sciences，2010.

[23] 徐良杰. 城市信号交叉口人行横道处行人通行能力研究 [M]. 武汉：交通与计算机出版社，2003.

[24] 安福东. 机动车的几种测速方式原理及性能的分析比较 [J]. 警察技书，2003（3）：33-35.

［25］朱洪，曲广妍．新发展形势下的交通调查技术探讨［J］．上海建设科技，2009（6）：43-46.

［26］孔祥华，黄泽民，孙建华．遥感技术在城市综合调查中的应用［J］．城市勘测，2003（4）：15-18.

［27］张强强．遥感技术在城市发展中的应用［J］．科技信息，2011（9）：130，150.

［28］孙建中．21世纪特大城市信息化基础之一：航空遥感综合信息场（上）［J］．上海建设科技，2001（1）：36-37.

［29］陈华文．航空遥感技术在上海市交通调查中的应用［J］．遥感技术动态，1990（3）：55-59.

［30］陈基伟，程之牧．城市遥感技术在特大型城市政府决策中的重要作用：以上海市为例［J］．测绘科学，2004（3）：61-64.

［31］张利峰．面向智能交通的图像处理技术与应用［J］．金陵科技学院学报，2010，26（4）：32-35.

［32］刘进才，张王月，池秀静．数字图像处理技术在交通调查与分析中的应用研究［J］．内蒙古科技与经济，2005（16）：66-67.

［33］朱爱华．基于浮动车数据的路段旅行时间预测研究［D］．北京：北京交通大学，2008.

［34］李莜菁，孟庆春，魏振刚，等．GPS技术在城市交通状况实时监测技术中的应用［J］．青岛海洋大学学报（自然科学版），2002（3）：475-481.

［35］杨涛．基于浮动车技术的路段交通流量推算研究［D］．北京：北京交通大学，2006.

［36］詹起林，高俊，王磊．基于货车GPS数据的交通调查技术研究［J］．地理与地理信息科学．2011，27（3）：30-33.

［37］余峻彦．关于无线射频识别技术在智能交通管理中的应用探讨［J］．中国公共安全，2009（1）：194-196.

［38］王雅平．基于射频技术的牌照识别系统［J］．电脑开发与应用，2008（5）：43-44.

［39］朱洪，曲广妍．新发展形势下的交通调查技术探讨［J］．上海建设科技，2009（6）：43-46.

［40］林科．面向交通信息采集的移动通信仿真平台研究［D］．广州：中山大学，2009.

［41］莫露全．城市公共交通运营管理［M］．北京：机械工业出版社，2004.

［42］VUCHIC V R. Urban transit: operations, planning and economics［M］. New York: Wiley, 2005.

［43］刘莉娜．城市轨道交通客运组织［M］．北京：人民交通出版社，2010.

［44］陈必壮．轨道交通网络规划与客流分析［M］．北京：中国建筑工业出版社，2009.

［45］董婉丽．公共交通客流量调查方法及数据库设计［J］．交通科技，2011（Z2）：90-94.

［46］张秀媛．城市轨道交通客流分析［M］．北京：北京交通大学出版社，2011.

［47］戴霄．基于公交IC信息的公交数据分析方法研究［D］．南京：东南大学，2006.

［48］朱晓宏．公交客流信息采集的方法与技术［J］．城市公共交通，2005（7）：20-21.

［49］王春雨．公交客流数据分析的研究［D］．天津：河北工业大学，2006.

[50] 姚宝珍，于艳弘，于滨．公交 IC 卡收费系统与客流数据采集、处理［J］．长春工业大学学报（自然科学版），2005（3）：239-241.

[51] 洪娥．卫星城与中心城间客流特性分析与供给对策［D］．成都：西南交通大学，2009.

[52] ROBERT F C，LAWRENCE N L，ELISABETH J C. Advanced public transportation system，the state of the art update'98［R］. Cambridge：U. S. Department of Transportation，1998.

[53] 曹守华．城市轨道交通乘客交通特性分析及建模［D］．北京：北京交通大学，2009.

[54] 杨智伟，赵骞，赵胜川，等．基于公交 IC 卡数据信息的客流预测方法研究［J］．交通标准化，2009（5）：115-119.

[55] 马嘉琪．城市轨道交通网络及客流特性研究［D］．北京：北京交通大学，2010.

[56] 李志刚．基于图像的公共汽车人数自动统计技术研究［D］．太原：中北大学，2008.

[57] 罗培全．图像处理技术在客流统计系统中的应用及研究［D］．上海：上海交通大学，2006.

[58] 王君伟．基于 DTW 的红外自动乘客计数方法研究［D］．上海：上海交通大学，2008.

[59] 沈丽萍，马莹，高世廉．城市轨道交通客流分析［J］．城市交通，2007（3）：14-19.

[60] 郭平．城市轨道交通客流特征及预测相关问题［J］．城市轨道交通研究，2010，13（1）：58-62.

[61] 徐红红，田利，赵峻，等．商业区停车调查研究［J］．城市建设理论研究，2012（3）.

[62] 尹焕焕，秦焕美．北京市居民区停车调查［J］．城市交通，2007.

[63] 过秀成．城市停车场规划与设计［M］．北京：中国铁道出版社，2008.

[64] 陈峻，周智勇，梅振宇．城市停车设施规划方法与信息诱导技术［M］．南京：东南大学出版社，2007.

[65] 张秀媛，董苏华，蔡华民，等．城市停车规划与管理［M］．北京：中国建筑工业出版社，2007.

[66] 张辉，陈峻．城市中心区路内停车调查分析：以南京为例［J］．道路交通与安全，2007（2）：45-48.

[67] 赵磊，张欣环，晏克非．上海市第四次交通大调查道路（内）停车调查内容简述［J］．交通与运输，2010，26（3）：50-52.

[68] 顾志康，李旭宏，杭文．基于数据挖掘的城市机动车停车调查分析研究［J］．公路交通科技，2005（3）：108-110，118.

[69] 杨芳．CBD 停车行为模式与引导系统优化研究与实践［D］．长沙：长沙理工大学交通运输工程学院，2010.

[70] 关宏志，刘兰辉．大城市商业区停车行为调查及初步分析：以北京市西单地区为例［J］．北京工业大学学报，2003（1）：47-50.

[71] 徐青，乐小燕，陈金山．福州市东街口中心商业区停车行为初步研究［J］．福建工程学院学报，2008（1）：84-87.

[72] 王鑫，关宏志，秦焕美．一般地区停车行为调查初步分析：以北京市为例［C］//2005 年海峡两岸智能运输系统学术研讨会暨第二届中国·同舟交通论坛．上海：同济大学出版社，2005：777-782.

[73] 刘兰辉．大城市商业区停车行为研究［D］．北京：北京工业大学，2003．

[74] 张泉，皇富民，曹国华，等．城市停车设施规划［M］．北京：中国建筑工业出版社，2009．

[75] 贾健民，徐也．小城市路内停车特征及优化方法研究：以商河为例［J］．交通与运输，2011（2）：166-170．

[76] 刘洪启，李辉，史建港，等．小城市停车调查以及停车特性分析：以江西省吉安市为例［J］．交通标准化，2005（5）：61-63．

[77] 梁娇娇，马晓旦，何继平．典型社会公共停车场现状调查与分析：以张家界中心城区为例（学术版）［J］．交通与运输，2012（1）：98-101．

[78] 交通运输部公路科学研究院．2010年中国道路交通安全蓝皮书［M］．北京：人民交通出版社，2010．

[79] 吴义虎，喻丹．道路交通行为与交通安全［M］．北京：人民交通出版社，2011．

[80] 中华人民共和国国家统计局．中国统计年鉴：2011［J］．中国统计，2011（11）：2．

[81] 李江，王文治．交通工程调查指南［M］．北京：人民交通出版社，1988．

[82] 成卫．城市交通冲突技术理论与应用［M］．北京：科学出版社，2006．

[83] 成卫．城市道路交通事故与交通冲突技术理论模型及方法研究［D］．长春：吉林大学，2004．

[84] 张殿业．道路交通事故与黑点分析［M］．北京：人民交通出版社，2005．

[85] 罗石贵，周伟．路段交通冲突的调查技术［J］．长安大学学报（自然科学版），2003（1）：71-75．

[86] 赵海存．道路交通事故数据统计分析系统研究［D］．西安：长安大学，2005．

[87] 裴玉龙．道路交通安全［M］．北京：人民交通出版社，2007．

[88] 朱新征．事故多发点鉴别实践方法研究［D］．北京：北京工业大学，2008．

[89] 肖贵平，朱晓宁．交通安全工程［M］．北京：中国铁道出版社，2012．

[90] 郭秦川．加快建设现代化统计调查体系的思考［J］．中国统计，2019（5）：8-10．

[91] 梁红霞．物流统计［M］．北京：清华大学出版社，2013．

[92] 张志俊．物流与供应链统计［M］．北京：化学工业出版社，2012．

[93] 唐云建，吴江洲，胡晓力，等．基于RFID网络的公交客流信息采集系统设计［J］．自动化与仪器仪表，2014（1）：45-47．

[94] 王贺．基于大数据的公交客流分析与公交运营评价研究［D］．兰州：兰州交通大学，2018．

[95] 刘雪琴．基于交通一卡通大数据的公交客流分析与预测［D］．广州：广东工业大学，2016．

[96] 徐特，陈学武，杨敏，等．基于深度学习的城市地面公交客流集散点刷卡客流预测：以常州市为例［J］．交通工程，2018，18（2）：13-18．

[97] 梁展凡，韦海和，商小燕，等．城市公交动态客流统计技术研究［J］．企业科技与发展，2016（12）：31-33．

[98] 王静，刘剑锋，马毅林．城市轨道交通车站客流时空分布特征分析及启示：以北京为例［C］//新型城镇化与交通发展：2013年中国城市交通规划年会暨第27次学术研讨

会论文集，2014：56-65.

[99] 徐宗本，张维，刘雷，等. 数据科学与大数据的科学原理及发展前景：香山科学会议第462次学术讨论会专家发言摘登 [J]. 科技促进发展，2014（1）：66-75.

[100] 宿增强，陈忱，韦卫. 公路交通调查数据应用分析 [J]. 中国交通信息化，2020（S1）：50-51，56.

[101] 张子培，彭武雄，孙贻璐，等. 基于大数据的武汉市综合交通调查方案研究 [C] // 2019年中国城市交通规划年会，2019-10-16.

[102] 刘晓玲，段进宇. 大数据背景下交通调查的创新与交通模型的构建 [C] // 创新驱动与智慧发展：2018年中国城市交通规划年会论文集，2018.

[103] 管娜娜，宁怡旻. 大数据在城市综合交通调查与交通模型中的应用分析 [J]. 四川建筑，2016，36（5）：24-27.

[104] 徐玉萍，覃功，张正. 城市轨道交通调查大数据应用研究 [J]. 铁道运输与经济，2015（4）：78-81.

[105] 刘博恺. 交通OD调查与交通大数据应用 [J]. 中国公路，2016（1）：144.

[106] 陈林武. 基于浮动车数据的城市道路交通事件自动检测技术研究 [D]. 金华：浙江师范大学，2020.

[107] 韩张宇. 基于IC卡数据的区域公交行车计划优化研究 [D]. 哈尔滨：哈尔滨工业大学，2020.

[108] 张虹琼，黄造娟. 基于移动通信定位数据的交通信息提取及方法研究 [J]. 通讯世界，2019，26（4）：14-15.

[109] 张昕，曾鹏，张瑞，等. 交通大数据的特征及价值 [J]. 软件导刊，2016，15（3）：130-132.

[110] 何承，朱扬勇. 城市交通大数据 [M]. 上海：上海科学技术出版社，2015.

[111] 苏跃江，陈先龙，吴德馨. 大数据在广州市第三次综合调查中的应用 [J]. 城市交通，2019，17（3）：30-38.